LES

DÉPORTATIONS DU CONSULAT

ET DE L'EMPIRE

PARIS

IMPRIMERIE DE G. BALITOUT ET Cⁱᵉ

7, rue Bailli, 7

JEAN DESTREM

LES

DÉPORTATIONS

DU CONSULAT & DE L'EMPIRE

(D'après des Documents inédits)

Index biographique des Déportés

PARIS

EN VENTE CHEZ JEANMAIRE, LIBRAIRE

32, RUE DES BONS-ENFANTS, 32

Voici, en peu de mots, quelle contribution nouvelle le présent ouvrage apporte à l'Histoire du Consulat et de l'Empire.

1° De la déportation qui eut lieu à la suite de l'événement du 3 nivôse an IX, on ne sait qu'une chose, c'est qu'un sénatus - consulte du 14 nivôse condamna à la déportation cent trente républicains, dont soixante-dix furent relégués aux îles Seychelles. Ce livre nous apprend qu'un certain nombre des proscrits désignés par le sénatus - consulte furent envoyés à Cayenne.

2° L'ouvrage dénonce l'existence d'une autre déportation effectuée par les ordres directs de l'empereur; des généraux, des fonctionnaires, des citoyens, non compris dans l'acte du 14 nivôse, sont transportés à la Guyane.

3° Les pièces qui vont suivre nous fixen

sur le sort de quatre personnages condamnés à la déportation dans l'affaire Babeuf : c'est la Guyane encore qui reçoit
ces condamnés.

4° Des patriotes de la Guadeloupe sont
déportés de cette colonie en France, et
réexpédiés de France à Cayenne.

5° Notons, en outre, les préparatifs faits
par la marine pour déporter, immédiatement après Brumaire, des députés, des citoyens qui se sont signalés par leur opposition au coup d'État; notons la mise en
surveillance, dans différentes villes, de
nombreux proscrits; l'emprisonnement
d'un certain nombre de femmes aux Madelonnettes; la déportation des noirs de
Saint-Domingue; la déportation de cinq
cents prêtres italiens en Corse, à l'île
d'Elbe et à Caprera, etc., etc.

Les documents cités sont inédits; ils
présentent des faits ignorés jusqu'à ce
jour.

J. D.

LES DÉPORTATIONS

DU CONSULAT & DE L'EMPIRE

I

BRUMAIRE — PREMIER ARRÊTÉ DE DÉPORTATION

Il y a quelques années, au moment où se plaidait devant la cour de cassation l'affaire dite « des commissions mixtes », l'un des avocats présents au procès s'exprimait ainsi :

... Le 18 Brumaire, un coup d'Etat identique à celui du 2 Décembre était exécuté par le premier Bonaparte ; mais aucune transportation, aucun exil, aucun assassinat, aucune confiscation n'accompagnait l'attentat qui a renversé le gouvernement.

Les mesures dictatoriales, illégales qui ont accompagné et suivi l'acte de violente illégalité connu dans l'histoire sous le nom de 18 Brumaire sont en effet si peu connues, qu'un avocat très hostile lui-même aux mesures arbitraires et qui les eût certainement flétries avec indignation s'il n'en eût ignoré l'existence, a pu prononcer les paroles citées plus haut, sans que ces paroles reçussent aucun démenti.

En réalité, le coup d'Etat du premier Bonaparte ne présenta pas cette différence, avec celui du second, d'être exempt de crimes contre les personnes et les propriétés. Transportations, exils, tentatives de confiscation, il y eut de tout cela dans l'attentat du 19 Brumaire.

Il serait trop facile d'établir que le régime né du coup d'Etat rétablit purement et simplement la lettre de cachet, qu'il en usa couramment contre ses ennemis et même contre les individus suspects d'avoir l'intention de lui être hostiles. Il me suffira d'ailleurs de faire remarquer que des diverses proscriptions dont l'histoire va suivre, PAS UNE n'eut lieu en vertu des lois ou des décisions judiciaires; toutes furent exécutées à la suite d'arrêtés pris par les consuls, de sénatus-consultes (arrêtés consulaires visés par le Sénat seulement, sans que le Corps législatif eût été appelé à se prononcer) ou plus simplement encore sur les décisions impératives signées : Bonaparte.

On sait que dans la soirée du 19 brumaire an VIII, vingt-cinq à trente députés, conjurés depuis quelques jours pour assurer le succès du coup d'État, se rassemblèrent dans cette salle de l'Orangerie de Saint-Cloud, qui quelques heures auparavant avait vu le crime. Sous la présidence de Lucien Bonaparte, ces hommes rédigèrent un acte qui fut enregistré comme loi de l'Etat, et dont voici le début :

Il n'y a plus de Directoire ; et ne sont plus membres de la représentation nationale, pour les excès et les attentats auxquels ils se sont constamment portés, et notamment le plus grand nombre d'entre eux, dans la séance de ce matin, les individus ci-après nommés. (Suivent les noms de 61 représentants.)

Dès le 20 brumaire au matin, la chasse aux républicains commença. Si l'acte du 19 brumaire rédigé et voté par vingt-cinq conjurés était une loi, cette loi dans tous les cas n'avait pas ordonné l'arrestation des représentants exclus. Cependant on les arrêta ou on tenta de les arrêter. Un procès-verbal du commissaire de police Lafitte, conservé aux archives de la préfecture de police, nous montre ce fonctionnaire se présentant le 21 brumaire, « en vertu de sept mandats d'amener, décernés par le bureau central, le jour d'hier » chez sept représentants du peuple : Hugues Destrem, rue de Bourgogne; Boulay-Paty, rue de Bellechasse; Daubermenil, rue de Lille, maison de Salm; Dessaix, rue du Bac; Duplantier, rue Dominique; Talot, rue de Grenelle et Frizon, rue de l'Université ». Il ne trouva personne et dut se retirer sans avoir accompli sa mission.

Bien plus, on arrêta ou on tenta d'arrêter des citoyens nombreux, des femmes, des domestiques dont le crime était d'être au service de représentants non visés par l'acte du 10 brumaire, etc.

A la date du 20 brumaire (1) intervient un arrêté de déportation qui dit :

1° Les individus ci-après nommés : Destrem, ex-député; Aréna, ex-député; Marquezi, ex-député; Truc, ex-député; Félix Lepelletier; Charles Hesse; Scipion Duroure; Gagny; Massard; Fournier; Giraud; Fiquet; Basch; Boyer; Vanhek; Michel; Jorry; Brutus Maignet; Marchand; Gabriel; Mamin; J. Sabathier; Clémence; Marné; Jourdeuil; Metge; Mourgoing; Corchant; Maignan; (de Marseille); Henriot; Lebois; Soulavie; Dubreuil; Didier; Lamberté; Daubigny; Xavier Audouin, sortiront du territoire continental de la République française. Ils seront, à cet effet, tenus

---

(1) L'acte est probablement antidaté. Il ne figure au *Bulletin des Lois* qu'à la suite d'arrêtés datés du 27 brumaire. Le texte inséré au *Bulletin* ne porte pas les noms de Jorry, de Quirot et de Jourdan.

de se rendre à Rochefort, pour être ensuite conduits et retenus dans le département de la Guyane française.

2° Les individus ci-après nommés, Briot; Antonelle; Lachevardière; Poullain-Grandprey; Grand-Maison; Talot; Quirot; Daubermesnil; Frison; Declercq; Jourdan (de la Haute-Vienne); Lesage-Senault; Prudhon; Groscassand-Dorimond; Guesdon; Julien de Toulouse; Sonthonax; Tilly (ex-chargé des affaires à Gênes); Stevenotte; Gastaing; Bouvier, et Delbrel, seront tenus de se rendre dans la commune de La Rochelle, département de la Charente-Inférieure, pour être ensuite conduits et retenus dans tel lieu de ce département qui sera indiqué par le ministre de la police générale.

Le ministre de la marine, invité à procéder à l'embarquement des personnes ainsi frappées, écrivit le 29 brumaire, au ministre de la police générale, qu'il était prêt à mettre l'arrêté à exécution.

Il y avait alors à Rochefort une frégate et un brick (la *Syrène* et la *Mutine*), destinés à conduire à la Guyane Victor Hugues, récemment nommé gouverneur de cette colonie. Le ministre de la marine avertit son collègue de la police que ces deux navires attendraient pour mettre à la voile que les trente-sept déportés visés par l'arrêté des consuls fussent arrivés à Rochefort; tout était donc préparé pour que les proscrits fussent embarqués, lorsque le ministre reçut contre-ordre. Le 1er frimaire, Victor Hugues fut invité à rejoindre son poste, à Cayenne, sans attendre plus longtemps les prisonniers.

En effet, l'arrêté du 20 brumaire ne devait pas être exécuté. Nous assistons ici aux premières tentatives du despotisme césarien. Ses pas sont encore mal assurés. Le coup d'Etat qu'un vote des Cinq-Cents, qu'un mot dit à propos aux troupes eût suffi à entraver le 19, le coup d'Etat ne se sentait pas, dès le 20, en mesure de braver ouvertement l'opinion. Or, le général Jourdan, le vainqueur de Fleurus soumis à l'internement (on a vu plus haut que son nom figure parmi les victimes de l'arrêté du 20), l'opinion aurait pu mal prendre son parti de cela.

Dès le 4 frimaire intervint un ordre des consuls rapportant l'arrêt de déportation. Ce nouvel arrêté prenait toutefois contre les patriotes détenus les précautions suivantes :

Article 1er. — Les individus, qui, en conformité de l'arrêté du 20 brumaire, étaient tenus de sortir du territoire continental de la République, et ceux qui devaient se rendre dans le département de la Charente-Inférieure, sont mis sous la surveillance du ministère de la police générale.

Art. 2. — Ils se retireront respectivement dans les communes qui leur seront désignées par ce ministre ; ils y demeureront jusqu'à ce qu'il en soit autrement ordonné.

Art. 3. — Il leur est enjoint de se présenter

à l'administration municipale, aux époques que le ministre de la police générale aura soin de déterminer.

Le nouveau gouvernement se sentait, comme on voit, forcé à des ménagements, pour peu de temps d'ailleurs. On se promit de travailler l'esprit public, de l'assouplir, et, ce résultat obtenu, de saisir la première occasion qui se présenterait de prendre de nouvelles mesures contre les républicains.

Cette occasion s'offrit un an plus tard, le 3 nivôse an IX.

II

LE 3 NIVOSE

Le 3 nivôse an IX, au moment où le premier consul se rendant à l'Opéra traversait la rue Saint-Nicaise, une explosion retentit. Une sorte de barrique, remplie de poudre et de projectiles, placée sur une charrette, venait d'éclater. C'étaient les royalistes qui tentaient de se débarrasser du premier consul en le faisant sauter.

Le coup manqua, mais le gouvernement profita de l'émoi causé par l'événement

pour mettre en cause le parti républicain
dans une affaire à laquelle il est constant qu'il n'avait pris aucune part.

Il fut promptement établi, en effet, que
la tentative faite contre la vie du premier
consul était exclusivement l'œuvre de
royalistes que, du reste, on ne manqua
pas, pour ce fait, de poursuivre et de condamner. On peut même soutenir que jamais, à aucun moment, soit avant, soit
après l'arrestation de Saint-Réjent et Car-
bon (auteurs du coup de la rue Saint-Nicaise), les membres du gouvernement consulaire ne crurent sérieusement que la
main du parti républicain fût dans cet incident. Seul Bonaparte le pensa un instant,
ou fit semblant de le penser ; mais ses conseillers ne furent aucunement dupes de
l'erreur dans laquelle il s'entêtait. Il y eut
là un prétexte qui fut saisi pour supprimer,
sans trop faire crier le public, des hommes
dont on redoutait l'énergie. Thibaudeau,
alors conseiller d'Etat, par conséquent bien
placé pour tout voir, a, dans ses mémoires
sur le Consulat, raconté la série de discussions secrètes qui aboutit à la déportation
de tant de victimes innocentes. Fouché,
qui n'avait jamais eu l'ombre d'un doute
sur les véritables auteurs de la machine infernale, n'en dressa pas moins la liste de
proscrits que le premier consul exigeait de
lui ; aussi Thibaudeau lui reproche-t-il
d'avoir eu « la *faiblesse*, dans son rapport,

de transiger avec l'irritation du premier consul contre les terroristes ».

Fouché « transigea » au point qu'il ne se contenta pas de livrer les proscrits, mais qu'il les couvrit en outre d'injures majestueuses : « Ce ne sont plus là de ces brigands contre lesquels la justice et ses formes sont instituées, et qui menacent seulement quelques personnes et quelques propriétés, ce sont les ennemis de la France entière, et qui menacent à chaque instant tous les Français de les livrer aux fureurs de l'anarchie... C'est une guerre atroce, qui ne peut être terminée que par un acte de haute police extraordinaire... *Tous n'ont pas été pris le poignard à la main*, mais tous sont universellement connus pour être capables de l'aiguiser... »

Pourtant, rendons cette justice à Fouché, qu'il s'insurgea contre l'erreur feinte ou réelle de Bonaparte autant que le pouvait faire un homme parfaitement décidé à ne point compromettre sa propre situation, même pour sauver des innocents. On connaît Fouché, on sait que, seul à peu près dans l'entourage immédiat de Bonaparte, il eut l'originalité très grande de ne point croire au premier consul, ni même à l'empereur, tout en servant l'un, puis l'autre, avec une intelligence non exempte de sournoiserie; suspect au maître qui sentait en lui un ennemi, un fauve mal enchaîné, capable de lui sauter à la figure au premier symptôme de faiblesse, il en faisait assez pour se rendre très utile, sinon indispensable, acceptait, entassait les dons et les honneurs, mais louvoyait, combinait, en toute affaire se préparait des lieux de refuge, des portes de derrière, en somme travaillait surtout pour son propre compte.

La lecture des innombrables dossiers de police relatifs à la machine infernale du 3 nivôse, me montre Fouché toujours semblable à lui-même : l'âme basse, mais le regard clair; il obéit, mais il sait qu'il commet une infamie. Il a comme un remords de coopérer à une aussi criante injustice ; il veut du moins pouvoir dire si les républicains reprennent le dessus : « J'ai fait ce que j'ai pu pour vous. » Il se répand, en marge des rapports d'agents, en petites notes sèches, acrimonieuses, qui étonneraient chez un homme si prudent, si l'on ne devinait qu'elles sont là pour servir plus tard, en cas d'un retour offensif des victimes.

Il a clos sa liste, il a fait les sacrifices qu'il a jugés nécessaires pour ne point se compromettre auprès du premier consul ; mais arrivent les gens zélés, le flot des dénonciations contre les républicains monte autour de lui, alors il s'impatiente, s'exaspère. Il écrit au-des·ous des élucubrations de certains délateurs : « Il ne sait ce qu'il dit ». Ou encore : « Ce rapport n'a pas le sens commun, ces hommes (les hommes dénoncés) me sont connus très avantageusement. »

Le préfet de la Haute-Marne et le préfet de la Haute-Saône recherchent des jacobins. Ce dernier écrit au ministre de la police le 17 pluviôse an IX. En marge de sa lettre je trouve cette annotation :

Il est curieux de voir qu'on poursuive encore les anarchistes comme les auteurs de l'attentat du 3 nivôse. Ces messieurs devraient bien plus voir, dans ce crime, les royalistes, etc. Accuser réception, lui marquer qu'il y a lieu de croire que la suite de l'instruction ne donnera aucune preuve contre ces hommes, puisqu'il est prouvé et avoué que l'attentat du 3 nivôse est l'ouvrage de George, exécuté par quelques hommes ex-nobles faisant partie des bandes qui dévastent la cy-devant Bretagne, etc. Au surplus, il n'en doit pas moins faire exécuter les mandats qui lui sont adressés.

Le secrétaire du commissaire général de Lyon lui annonce que le complot doit venir non des royalistes, mais des jacobins. Fouché écrit : « Cet homme ne voit que jacobins, il ne sait pas même trouver les émigrés qui se promènent publiquement à Lyon. »

Au reste, dans un rapport qu'il adresse aux consuls le 11 pluviôse an IX, au moment où il tient enfin les royalistes qui ont fait éclater la machine infernale, il se donne la satisfaction d'écrire ce passage dont Bonaparte doit saisir le sens ironique :

Deux des auteurs de l'attentat du 3 nivôse sont entre les mains de la police, et leurs aveux ont nommé les autres.·

Au premier instant de l'horrible explosion un seul soupçon se fit entendre, une haine publique et méritée en accusa les mêmes hommes qui venaient de conspirer la mort du premier consul, par les mêmes moyens de destruction.

C'est-à-dire les républicains. Fouché fait ici allusion à la tentative attribuée à Metge, Chevallier et autres.

La police, à ce moment, *eut d'autr.s soupçons*, parce qu'elle avait d'autres indications.

Dès le mois de brumaire dernier, j'étais instruit que George, etc.

(*Archives nationales.*)

Puis le rapport établit clairement la responsabilité des royalistes seuls dans l'affaire du 3 nivôse.

Tout cela n'empêcha pas les arrestations de républicains de continuer, de se succéder nombreuses et d'être maintenues pour la plupart contre l'évidence même. Les auteurs royalistes de la tentative sont arrêtés, jugés; cela n'interrompt pas l'exécution des mesures de proscription édictées contre les membres du parti patriote.

Mais je dois passer rapidement sur celles des arrestations qui ne furent point suivies de mesures de déportation. Je me contenterai de reproduire ici le texte de quelques actes consulaires, restés inconnus jusqu'à ce jour, qui donneront une idée de ce qui se passait alors.

Voici d'abord un arrêté, en date du 17 nivôse an IX, qui met en état de surveillance (par simple mesure administrative) un certain nombre de citoyens :

Seront mis en surveillance dans l'intérieur de la République, excepté les départements de la Seine, Oise, Eure-et-Loir, Eure, Seine-Inférieure, Somme, Aisne, Loiret, Seine-et-Marne, Orne, Marne, Aube, Yonne, les individus dont les noms suivent :

Antonelle; Astruc (Charles), dit la Violette; Aubry (Jean-Baptiste); Ami (Louis-Georges); Berger, serrurier; Bétrémieux, Botto (François-Marie); Breton (Pierre-Denis); Bonjour (Jean-Pierre); Bomzet, marchand de bois; Bergoëng; Bernard (Abraham); Bayle (Moyse); Cochet; Camin, place Sorbonne, 415; Collin de la Comble; Castel, marchand d'argent au perron; Coutras (Philippe-Marie); Corsaint; Cappy (Antoine-François-Joseph); Copin; Drap (Jean-Pierre); Drouet fils (Toussaint-Théodore); Dalloyau (Pierre-Jean-Baptiste); Grisier (Edme-Antoine); Gozeau; Gubicon; Jeunot; Juilhes la Roche (Jean); Laignelot (Joseph-François); Lagéraldy, vitrier, rue Mazarine; Lebrun; Lochard (François); Lecointre, de Versailles;

Mouton (Charles-Simon) ; Méhée (Jean-Claude-Hippolyte) ; Marchandet (Claude-Nicolas-Joseph) ; Madiot (Maurice) ; Mars ; Morice (Jean) ; Mouvernet ; Morichon (Jean-Basile) ; Magendie ; Pasquez ; Ricord (Jean-François) ; Souchet (Etienne-Joseph) ; Sergent ; Tronc, ex-employé au ministère de la police ; Verrier, ex-employé au ministère de la police : Vauversin (Pierre) ; Verpaux (Barthélemy-Augustin) ; Vilner (André).

(Archives nationales.)

Voici un arrêté qui ordonne (par mesure purement administrative) la détention d'un certain nombre de femmes :

10 nivôse an IX. — Les consuls de la République arrêtent...

Article 1er. — Les femmes Bousquet; Chaumette (Marie-Jeanne-Clotilde Duflocq, divorcée); Colombe (Jeanne-Françoise); Desforges (Marguerite-Antoinette Delaunay); Fumey; la Vendée; Pignan (Thérèse); Sijas (femme Préville), seront détenues à Bicêtre.

Art. 2. — Le ministre de la police générale est chargé de l'exécution du présent arrêté qui ne sera pas imprimé.

(Archives nationales.)

Ces arrêtés sont incomplets et sont loin de tout dire. Pour ne citer qu'un exemple, je ne vois point figurer sur celui qui précède le nom des veuves Marat et Babeuf, qui, à ce moment, sont, elles aussi, administrativement détenues.

Ces surveillances, ces détentions administratives ne sauraient être assimilées à ces mesures violentes, mais provisoires, prises parfois par certains gouvernements dans une heure de trouble extrême, et qui cessent avec les causes qui leur ont donné naissance; elles ont ici un caractère définitif, et ceux qui en furent les victimes en ressentirent les effets pendant de longues années. Ainsi, quatre ans plus tard, Lenoir-Laroche, « président de la commission sénatoriale de la liberté individuelle », se préoccupe de la situation de la femme Chaumette, qui, alors, est encore détenue, le 3 vendémiaire an XIII; ce personnage écrit au ministre de la police :

Dans votre lettre du 28 thermidor, relative à Claudine Duflocq, femme Chaumet, détenue aux Madelonnettes, vous annoncez, monsieur, que cette détention a eu lieu en vertu d'un arrêté du gouvernement rendu à la suite de l'attentat du 3 nivôse an IX... la commission a vérifié... cette femme Chaumet n'y est pas comprise... Voudriez-vous nous faire connaître s'il existe quelque autre arrêté, etc.

(Archives nationales.)

Le ministre répond aussitôt au président de la commission « de la liberté individuelle », lequel, bien entendu, se contente de cette réponse, que la femme Chaumette a été désignée par un « autre arrêté » qui n'a point été imprimé ni inséré au Bulletin des lois.

existait, en effet, à côté des arrêtés que je viens de faire connaître, un acte inséré au *Bulletin des lois*, le seul dont la commission sénatoriale « de la liberté individuelle » eût été, par conséquent, en mesure de prendre connaissance, c'est le sénatus-consulte du 14 nivôse an IX auquel il a été fait allusion au début de ce chapitre, sénatus-consulte qui ordonne la déportation de 130 républicains.

Le sénatus-consulte décide :

Seront mis en surveillance spéciale, hors du territoire européen de la république, les citoyens dont les noms suivent :

André (Louis); Bailly (André-Antoine-Côme); Barbier (Jean-François); Baudray, rue de Marivaux; Bescher, rue de la Pépinière; Bois-Jolly, dit Chrétien; Boniface (Antoine); Bormans (Adrien-Antoine); Bouin (Mathurin), de la division des marchés; Bréban (Jacques); Brisevin (Jean-Michel); Brochet, rue du Vieux-Colombier; Barlois (Laurent); Cardinaux (Pierre-Maurice); Carretté (Pierre); Ceyrat, président aux massacres de Septembre; Chateau (Joseph); Chateauneuf père (Joseph-Hugot); Chateauneuf fils (Philippe-Valerie-Hugot); Chalandon (Claude); Cheval (Charles-Auguste); Chevallier (Claude-Louis); Choudieu; Chrétien (Pierre-Nicolas); Colette (Claude), faubourg Antoine; Coquerelle, rue du Crucifix; Cordas (Jacques); Corchant (André); Cozzette (Pierre); Crépin (Jacques); Crosnier, rue des Postes; Vilain-Daubigny; David, marchand de vins, rue du Théâtre-Français; Delabarre (Robert-Guillaume-Antoine); Delrue (Jean-Baptiste-Edouard-Joseph); Derval (Nicolas-Joseph); Destrém (Hugues); Derville (Georges - Laurent); Ducatel (Pierre); Dufour (François); Dupont (Guillaume - Jean); Dusoussy (Joseph); Eon (Paul-Marie-Dominique-Bonaventure); Fiquet (Claude-Antoine); Flamant (Claude); Fontaine, quai Pelletier; Fouryon (François); Fournier l'Américain (Charles); Frénière (Barthélemy); Fyon (Jean-Joseph); Gabriel, ouvrier septem-briseur; Gaspard (Gilles), septembriseur; Georget (Jean Baptiste); Gerbaux (Jean-Louis); Giraud, rue du Vert-Bois; Gosset (Jean); Gosset (Louis); Goulard (Jean-Baptiste); Guilhémat (Bertrand); Hesse (Charles); Humblet, rue Daval; Jacquot-Villeneuve (Jacques-Chrisostôme); Jallabert (Etienne); Jolly (Réné), septembriseur; Jourdeuil (Didier); Lagéraldy (Jean-Pierre); Lamberthé (Théodore); Laporte (Antoine-Jean-Baptiste); Lacombe (Bertrand); Lefebvre, colonel de gendarmerie ; Lefebvre (Pierre); Lefranc (Jean-Baptiste-Antoine); Legros aîné, septembriseur; Lemmery (Louis-Julien); Lepelletier (Félix); Lépine (Louis - Marie - Daniel - François-Victor); Leroy (Julien), dit Eglator; Lesueur (Jean-Nicolas); Lebois (René-François); Linage (Jean-Pierre); Linage (Christophe); Louis, dit Brutus ; Mamin (Jean-Gratien-Alexandre-Petit); Marlet (Michel), septembriseur; Maignan (Joseph); Marconnet (Ambroise); Marseau (René-François); Marquesi, de Toulon; Marcelin (Jean-François-Julien); Marchand, orateur du manège; Massard (Guillaume - Gilles - Anne); Menessier (Claude); Métivier (Pierre); Michel (Etienne), du 6ᵉ arrondissement; Michel (Sulpice); Millières (François); Moneuse, marchand de vins; Moreau (Louis); Mulot, faubourg Saint-Martin;

Niquille (Jean) ; Pachon (Charles) ; Paris (Nicolas) ; Perrault (François) ; Pépin-Desgrouettes (Pierre-Athanase) ; Pradel (Jean-Baptiste) ; Prévost (Gabriel-Antoine), septembriseur ; Quinon (Joseph), septembriseur ; Richardet (Claude-Marie) ; Richon (Pierre) ; Rivière, rue des Prêtres-St-Paul ; Rossignol, général de l'armée révolutionnaire ; Rousselle (Robert) ; Saint-Amand (Jacques Gallebois), septembriseur ; Saulnier (Jean) ; Saulnois (Charles) ; Serpollet, dit Lionnais (Nicolas-François) ; Simon (Jacques-Marie) ; Soullier (Nicolas) ; Talot (Michel-Louis) ; Taillefer (Jacques) ; Thiébault (Sébastien-Hubert) ; Thirion, faubourg Antoine ; Tirot (Claude) ; Toulotte, de Saint-Omer ; Tréhant (Jean-Nicolas-Paul) ; Vacray (Jean-Martin) ; Vanneck (Jean-Baptiste) ; Vatar (René) ; Vauversin (Pierre) ; Vitra (Agricole-Louis).

Un mot seulement sur ce sénatus-consulte : on remarquera que les actes dont j'ai précédemment donné le texte, celui qui place sous la surveillance de la police, dans divers départements, un certain nombre de citoyens, et celui qui ordonne la détention d'un certain nombre de femmes, se contentent de donner des noms sans les faire suivre d'aucune annotation. C'est que ces actes ne seront pas publiés, et qu'aucune mise en scène n'est ici nécessaire. Le sénatus-consulte du 14 nivôse, au contraire, doit être inséré dans les journaux, de là ces qualités d' « ouvriers septembriseurs », de « président aux massacres de septembre », etc., qui apparais-

sent çà et là, à la suite des noms de quelques-unes des victimes, dans le but évident
de jeter de la défaveur dans le public sur
l'ensemble des personnes arbitrairement
frappées par la décision consulaire.

Sans m'attarder à rechercher ici jusqu'à
quel point ces qualifications peuvent être
fondées, je me contenterai de noter deux
particularités : Ceyrat, qui produit sur la
liste un si bel effet avec son titre de « président aux massacres de septembre », ne
fut même pas maintenu en arrestation. Sa
femme n'eut aucune peine à établir qu'il
avait été, en effet, président à l'époque
des massacres, mais président de sa section et non président des massacreurs;
qu'en outre, loin d'avoir dirigé les tueurs,
il avait fait des efforts pour décider les
gardes nationaux de sa section à empêcher les massacres. Quant à « l'ouvrier septembriseur » Gabriel, le gouvernement ne
devait pas avoir la peine de le conduire à
Cayenne, puisqu'à ce moment même il
habitait déjà cette colonie en qualité
« d'agent civil » du gouvernement consulaire, détail que la police de Fouché ne
s'était pas donné la peine de remarquer.
Ajoutons que les consuls croyaient bien
peu à la qualité d'ouvrier septembriseur
de leur propre agent civil, puisque quelques mois plus tard ils devaient le nommer vice-président d'une cour d'appel.

Au reste, j'ai eu la bonne fortune de

trouver, dans les dossiers conservés au
ministère de la marine, un très curieux et très intéressant mémoire, trop
long malheureusement pour être repro-
duit en entier, mais auquel il m'arrivera fréquemment de recourir dans les
chapitres qui vont suivre. Ce mémoire (1),
signé de vingt-quatre des proscrits frappés
par le sénatus-consulte du 14 nivôse,
donne sur le sort de tout un groupe de
déportés des renseignements très précis
qui me serviront parfois à corriger utilement les affirmations un peu trop unifor-
mément « satisfaites » des pièces officielles. Voici en quels termes ce mémoire
s'exprime sur les arrestations qui ont suivi
le 3 nivôse et sur le sénatus-consulte du 14.

Le 3 nivôse, an IX, l'horrible explosion de la
rue Nicaise eut lieu au moment où le premier

---

(1) *Mémoire pour les 28 malheureux, reste de
71 citoyens français mis en surveillance spéciale
à Mahé, principale d'îles Seychelles, par ordre du
gouvernement de la République française... Ce
24 germinal, an XII de la République française
une et indivisible.*
Ce mémoire est signé par les déportés Moneuse, Prevost, Massard, Jacquot-Devilleneuve,
Bormans, Cardinaux, Barbier, Marlet, Quinon,
Vitra, Dusoussy, Vacret, Cheval, Métivier, Eon,
Chevalier, Delabarre, Niquille, Flamand,
Châteauneuf (et pour son beau-fils aveugle),
Jalabert, Guilhémat, Gaspard Gilles.

consul passait. Cinq minutes après cette
explosion, on cria et répandit avec profusion
dans Paris, une foule de libelles ou pamphlets
dans lesquels on imputait aux républicains,
sous le nom banal de jacobins, la scélérate
tentative qui venait d'être faite. On fit crier,
toute la nuit, par des hommes à voix de
stantor : « *Qu'il fallait égorger ces monstres.* »

Les jours suivans, les prisons de Paris furent
encombrés de républicains, d'anciens repré-
sentans du peuple français, de magistrats, de
fonctionnaires publics, de généraux et d'officiers de tous grades, on les retint tous au
secret le plus absolu ; on ne leur permit pas
même de tirer aucun secours de leur maison.

Désespérés de ne pouvoir faire réussir en
grand leur abominable dessein, les ennemis
de la République, toujours en flattant ou trompant le premier consul, résolurent de rendre
ridicule la mesure qu'il voulait prendre. A cet
effet, ils lui présentèrent une liste de 132 citoyens, dans laquelle ils mêlèrent des personnes mortes depuis longtems, des hommes qui
depuis plusieurs années étaient absens de la
France, et qui exerçaient, par commission du
gouvernement, des fonctions publiques dans
les colonies françaises de l'Amerique. A côté
de quelques noms connus, on accola des noms
parfaitement ignorés, et, pour indigner la multitude, on composa cette liste de presque tous
pères de famille nombreuse, d'ouvriers, d'hommes du peuple, dont plusieurs ignoraient jusqu'au nom de la révolution et ne l'avaient jamais n'y servie n'y combattue. On y foura un
homme imbécile et paralitique depuis sept ans
et âgé de 77 ans, un aveugle, des tortus, des
bossus, nombre de sexagénaires accablés d'infirmités.

III

LA DÉPORTATION DE NIVOSE — MESURES QUI PRÉCÈDENT LES EMBARQUEMENTS

Un caractère particulier des déportations effectuées sous le consulat et l'empire, c'est l'éparpillement des proscrits. Aucune colonie n'est spécialement affectée à leur relégation. On envoie des déportés à Mahé (dans les îles Seychelles), à Anjouan, sur la côte d'Afrique, à Saint-Domingue, à Cayenne, en Corse, à l'île d'Elbe, etc. Les mesures de déportation sont fréquentes, mais portent chaque fois sur un nombre relativement restreint d'individus, et les jettent sur des plages sans cesse différentes.

De là, une difficulté pour le narrateur : il risque de voir à chaque instant sa marche entravée par l'anecdote, l'incident, le détail.

Il m'a paru que le meilleur moyen d'être complet, tout en sauvegardant l'unité du récit, était de ne relever, dans cette première partie, que les faits concernant l'ensemble des déportés ou, tout au moins, des groupes de déportés, et de renvoyer à un index biographique les faits particuliers intésessant chacun des proscrits pris isolément. En sorte que l'on pourra suivre d'abord l'histoire générale des déportations, puis connaître en lisant la seconde partie du livre les vicissitudes subies par chacun des exilés. L'étude des dossiers de la police de Fouché m'a surtout été précieuse pour l'élaboration de cette seconde partie ; elle m'a permis, comme on le verra, de reconstituer presque complètement la biographie d'un grand nombre de personnages, représentants du peuple, généraux, officiers, magistrats, membres de la commune de Paris, babouvistes, orateurs des clubs, journalistes, etc.; personnages intéressants à connaître, à raison du rôle qu'ils ont joué pendant la période révolutionnaire.

Dès le 14 nivose an IX, c'est-à-dire le jour même où le Sénat vient de ratifier l'arrêté pris par les consuls contre 130 républicains, Decrès, ministre de la marine, par une note qu'il communique à Bonaparte, fait connaître ses vues sur la question des déportations :

Citoyen premier consul, au moment où l'on va purger le territoire de la République d'un certain nombre de scélérats qui ne cessent de menacer la sûreté générale , je vous dois comme ministre de la marine et des colonies le tribut de quelques observations.

Le ministre passe alors en revue les colonies : la Guyane ? il faudrait n'y envoyer qu'un petit nombre de déportés, afin qu'on pût les surveiller et les nourrir. Le Sénégal? Il ne reste à Saint-Louis que peu de Français. Sodor et Galam où se faisaient la traite et le commerce de la gomme sont détruits et abandonnés; on ne peut envoyer dans ces parages qu'un excessif petit nombre de condamnés. La plus grande des Seychelles? Mais environ deux cents Français y vivent d'une manière patriarcale... ne serait-ce pas les mettre au désespoir que de placer au milieu d'eux des hommes repoussés du sein de la mère patrie?... Reste Madagascar : le riz, les bestiaux, y sont en abondance, les habitants sont pacifiques et amis des Français, mais nous n'avons par là plus d'établissement, le climat est redoutable « et si l'on y portait quelques individus, il faudrait les choisir parmi les plus coupables ».

En résumé : tant qu'il n'y aura pas d'établissement *ad hoc*, diviser les lieux de déportation pour faciliter la subsistance des détenus, les empêcher de nuire, et enfin pouvoir « établir des degrés dans la peine de déportation par les avantages différents des lieux ». (*Archives de la marine.*)

Telle est, en résumé, l'opinion du ministre. Nous allons voir, tout à l'heure, quelle sera la décision du gouvernement.

Pendant que se discute le point de savoir à quelle colonie elles sont destinées, les personnes désignées par l'arrêté du 14 nivôse (du moins celles que la police a pu arrêter), sont détenues dans diverses maisons d'arrêt : le Dépôt de la préfecture de police, le Temple, Pélagie, la Force. Quelques jours plus tard, ordre est donné de rassembler la plupart des prisonniers à Bicêtre. Dans cette dernière prison se feront les préparatifs de départ pour les ports d'embarquement.

Le 19 nivôse, Dubois, préfet de police, écrit à Fouché :

Suivant votre intention exprimée dans la lettre que vous m'avez écrite ce matin, quarante d'entre les individus qui doivent être placés sous surveillance spéciale, etc., ont été extraits tant du dépôt de la préfecture de police que des maisons d'arrêt de la Force, de Pélagie et du Temple et transférés à Bicêtre. J'ai chargé le maire de Gentilly de se rendre à Bicêtre demain matin pour appel nominal, et procès-verbal de leur départ... Je n'ai à ma disposition aucunes voitures propres à ce transfèrement, et celles qu'on emploie pour les départs de chaînes ne sont que des charrettes non couvertes que se procure l'entrepreneur de la conduite des forçats. Je vous prie en conséquence de vouloir bien donner des ordres pour en fournir.

En marge, un employé du ministère écrit:

Cette lettre est arrivée pendant la nuit. Je n'ai pas cru qu'il fût nécessaire de réveiller le ministre, puisqu'il avait prévenu, par sa lettre d'hier soir, la demande que lui fait le préfet de police.

(Archives nationales.)

Le lendemain, 20 nivôse, six prisonniers sont encore extraits du Temple et envoyés à Bicêtre. Le 26, ils sont rejoints dans cette prison par trente-deux compagnons d'infortune extraits de « la maison de Pélagie ». Notons en passant qu'au moment de quitter la maison de Pélagie, ces trente-deux personnes ont refusé de signer le procès-verbal d'extraction disant que « c'est chose inutile ».

On sait déjà par ce qui précède que les malheureux entassés à Bicêtre ne devaient faire dans cette prison qu'un très court séjour. Dès le 22 nivôse d'ailleurs, Fouché avait écrit au ministre de la marine :

Je vous préviens, mon cher collègue, que, d'après les intentions du premier consul, j'ai donné ordre de conduire à Nantes les personnes dont la déportation est ordonnée par le sénatus-consulte du 14 de ce mois; elles devront être détenues dans le château de cette ville jusqu'à leur embarquement par une disposition particulière du premier consul.

Les prisonniers, divisés en deux convois, partirent en effet à quelques jours d'intervalle pour leur nouvelle destination.

Voici quelques renseignements sur leur marche, d'après les pièces des archives nationales.

20 nivôse an IX. — **Préfet de police à Fouché :** Les administrateurs des Messageries auxquels je me suis adressé d'après la lettre que vous m'avez écrite hier soir, enverront ce matin à dix heures, à la maison de détention de Bicêtre, les voitures nécessaires pour transférer à Orléans les 40 individus que j'ai fait conduire hier dans cette maison. Je viens d'écrire au général commandant les 15e et 17e divisions afin qu'il ordonne l'escorte nécessaire pour assurer cette translation.

Le 22, Radet, général de brigade de la gendarmerie, écrit :

... Je me suis concerté... à l'effet de déterminer le départ des 40 individus désignés. Ce départ ne pourra être exécuté demain attendu : 1° que les voitures ne sont point encore assurées; 2° la rédaction du procès-verbal d'identité et la facture de leur signalement, opération préalable et indispensable ne peuvent avoir lieu d'ici à demain. Dispositions seront faites pour que le départ aye lieu le 24 de très grand matin... sous l'escorte d'un détachement de troupes de ligne et sous la garde et responsabilité d'un officier de gendarmerie ayant avec lui six gendarmes et commandant l'un et l'autre détachement.

Les difficultés indiquées par le généra Radet sont sans doute levées, car le premier convoi de déportés part le 22. Ce jour-là Fouché écrit, d'abord au préfet de Nantes :

Les individus dont la déportation est ordonnée par le sénatus-consulte doivent être conduits à Nantes... Ordre de prendre des mesures... Vous ferez à cet effet préparer le château pour les recevoir. Un convoi de 40 individus part aujourd'hui, un autre du même nombre partira demain... Vous me rendrez compte.

Puis au préfet d'Orléans, auquel il donne avis du départ des déportés : « Ordre de remettre des fonds au capitaine de gendarmerie pour sa route jusqu'à Nantes; il a de quoi partir de Paris à Orléans. Même ordre pour le 2ᵉ convoi lorsqu'il arrivera à Orléans. »

Radet envoie jour par jour des notes sur la route suivie par les condamnés. Le 23 ils sont arrivés à Etampes; le 25 à Angerville; la journée d'Angerville à Orléans étant trop longue, et mettant dans la nécessité de traverser la forêt de Seriotte (Cercottes?) de nuit, on s'est décidé à choisir Artenaye pour y coucher, ce qui différera d'un jour l'arrivée à Orléans.

25 *nivôse*. — Le capitaine de gendarmerie Courbeville, chargé de la conduite et du commandement du premier convoi de déportés, est arrivé à Artenaye. Les condamnés sont toujours dociles; quelques-uns montrent de l'exigence, mais sans troubler l'ordre... On a dû arriver à Orléans hier... On a prévenu à l'avance le

préfet et le chef d'escadron de gendarmerie de cette ville... Le capitaine se loue des fonctionnaires de la garde nationale sédentaire dans chacune des communes situées sur la route.

3 *pluviôse*. — Le capitaine annonce son départ d'Orléans, son arrivée à Beaugency et Blois. Il se loue... de la situation et de la tranquillité des individus qu'il conduit. Il rend compte que le citoyen Dumas, ex-administrateur du département de la Seine, a, en présence des gendarmes, donné au nommé Métivier, un des déportés, de l'argent et une traite de 250 fr., que l'officier a prise pour la remettre à la destination... Plusieurs des déportés ont voulu faire tenir à Blois des lettres, que le capitaine a jugé à propos de conserver.

5 *pluviôse*. — Le premier convoi est arrivé à Amboise et à Tours. Il est reparti de cette dernière ville le 3. Il n'a éprouvé jusqu'à présent d'autres difficultés que celles des mauvais chemins, qui ont brisé la soupente de deux voitures. Un des déportés a voulu et a essayé vainement de se sauver...

Le 7 pluviôse, le convoi est à Angers; il y séjourne le 8. Le 12, le préfet de Nantes écrit que les déportés ont fait leur entrée dans la ville, à cinq heures du soir :

..... Le peuple s'est porté en foule sur le passage des voitures, mais il a observé le plus

grand silence, et dans cette occasion on a eu
pour eux tous les égards dus au malheur. Ils
sont en ce moment à la disposition de la marine qui les a installés dans un bâtiment disposé à cet effet, en attendant qu'ils puissent
être transférés à bord de la frégate.....

Le capitaine de gendarmerie écrit, de
son côté, que « ces 39 condamnés ont été
de suite conduits au port, où des chaloupes
les attendaient... »

Le deuxième convoi suit de près le premier.

22 *nivôse.*—Fouché donne l'ordre de faire
prendre à Bicêtre et partir pour Or léans, le
23, un deuxième convoi, composé, comme
le premier, de quarante in dividus.

On ne trouve, cette fois, que trente-
deux déportés en état d'être mis en route.
Ce deuxième convoi, commandé par le
lieutenant de gendarmerie Gillet, est à
Arpajon le 26 nivôse, à cinq heures du
soir; « la garde nationale de la commune
a aidé à la surveillance ». Il est à Angerville le 28, à deux heures du soir; il arrive
à Orléans le 30. Le 15 pluviôse, les condamnés sont à Nantes et embarqués à leur
arrivée. Ils sont reçus par le commissaire
de marine. Cet officier se loue des gendarmes et des dragons de l'escorte.

La pièce suivante nous fait connaître la
consigne donnée à l'officier chargé de
garder les déportés sur le bâtiment qui, à
Nantes, leur servit provisoirement de pri-

son, de « Cayenne », pour employer
l'expression maritime d'alors, en attendant leur embarquement définitif. Citons
quelques articles :

Article 1er. — L'officier d'infanterie commandant le détachement à bord de la *Cayenne*,
fera poser quatre sentinelles pendant le jour
et la nuit, sur le pont, deux d'un bord et deux
de l'autre; qui se promèneront toujours de
l'avant en arrière et de l'arrière en avant, avec
leurs armes chargées.

Art. 2. — Une cinquième sentinelle sera
également posée, de jour comme de nuit, dans
l'entrepont, entre les deux cloisons qui sépa-
rent les détenus et la grande chambre qui sert
de cambuse, c'est-à-dire dans l'endroit où couche la garnison et les marins qui seront de
service. Son arme sera toujours chargée.

Art. 3. — Les détenus seront traités avec
tous les égards et les soins compatibles avec
la nécessité de les surveiller. Il est expressément défendu de les insulter ou de leur faire
aucune question, sous peine d'une punition
prompte et exemplaire.

Art. 5. — Toute communication des détenus
avec quelque personne que ce soit, étrangère
à la police du bord ou à la distribution des
vivres est sévèrement interdite, et il sera pris
des précautions pour éviter qu'ils ne puissent
remettre ni recevoir aucunes lettres ni paquets.

Art. 6. — Si la plus grande tranquillité
règne parmi les déportés, l'officier chargé de
la police est autorisé à les laisser monter,
dix par dix, à tour de rôle sur le pont, depuis
midi jusqu'à deux heures. La garde sera sur
deux hayes (à l'exception des sentinelles) pen-

dant tout le temps que les détenus seront en haut.

Art. 9. — Depuis le coucher du soleil jusqu'à son lever, aucune embarcation ne pourra aborder, ni s'approcher plus près d'une demi-portée de fusil, et les bateaux de servitude seront mouillés au large, à la plus grande distance possible.

Toute embarcation qui paraîtrait vouloir aborder de nuit, et qui, après la seconde sommation de s'éloigner, n'obéirait pas, les sentinelles feraient feu dessus en criant : Aux armes ! Dans ce cas, la garnison se présentera en armes sur le pont, l'officier à la tête, et repoussera la force par la force.

Art. 10. — Le matin, à midi, et le soir, il sera fait un appel des détenus par l'officier d'administration, et en présence du commandant de la garnison...

Art. 13. — Les détenus seront divisés par plats de sept, et prendront leurs repas à l'heure et dans l'endroit qui seront désignés.

(*Archives de la marine.*)

Consultons maintenant, sur le passage des proscrits de Paris à Nantes et sur leur séjour dans cette dernière ville, le « Mémoire pour les 28 malheureux, reste de 71 citoyens français, etc. » que nous avons déjà cité au chapitre précédent :

On fit sortir de Paris au nombre de soixante-onze en deux convois sous une très faible escorte, on nous fit traverser la France dans une de ses plus grandes longeurs (1) et passer par

_____

(1) On a pu remarquer déjà que les fautes

tous les départemens qu'avaient occupé les chouans et les Vendéens, dans l'intention que nous fussions égorgés dans une aussi longue route. Des porteurs de cadenettes et de ganses blanches couraient devant nous à cheval, pour animer la multitude et la porter à nous massacrer. Dans plusieurs endroits nous courûmes les risques les plus imminens, et sans la bravoure, l'intrépidité et le dévouement des deffenseurs de la patrie qui nous escortoient, nous eussions souffert milles morts. Il faut pourtant convenir que dans plusieurs communes les magistrats et les citoyens nous firent connoître qu'ils étoient convaincus de notre innocence et que nous emportions leur estime et leurs regrets. Partout les militaires se montrèrent sensibles à notre malheur et se dévouèrent à notre deffense.

Déposés sur la Cayenne à Nantes, nous y reçumes des lettres de nos épouses, de nos amis et même de l'autorité supérieure qui nous causèrent une vive joye et nous firent concevoir une flatteuse mais illusoire espérance ; toutes nous annonçaient que le ministre de la police avait découvert les véritables auteurs du crime du 3 nivôse ; qu'il avait fait son rapport au conseil d'Etat, que notre innocence était reconnue, et que nous allions tous rentrer au sein de nos familles. Ces lettres ajou-

---

d'orthographe sont parfois nombreuses dans les pièces dont nous devons reproduire des extraits. Prévenons le lecteur une fois pour toutes que nous avons cru devoir nous abstenir de rien changer à la physionomie de ces documents.

taient que notre retour devait être si prochain,
que le gouvernement avait fait défendre à nos
parens de nous envoyer aucuns secours en
argent et vêtemen, attendu que ces objets en
se croisant avec nous pourroient s'égarer et
qu'il fallait méux les conserver pour notre arrivée.

Si les déportés et leurs familles avaient
pu se faire quelque illusion, cette illusion
ne fut pas de longue durée. La mesure
édictée par le sénatus-consulte reçut sa
pleine exécution.

Ce n'est pas seulement sur Nantes que
les proscrits du 14 nivôse furent dirigés ;
un certain nombre furent, à la même époque, envoyés aux îles de Ré et d'Oléron ;
quelques-uns aussi furent internés dans
le fort de Joux, mais les prisonniers de Ré,
d'Oléron et du fort de Joux, ne seront envoyés que plus tard (en 1804) au delà des
mers. Les prisonniers amenés à Nantes
sont au contraire embarqués presque immédiatement.

Nous allons donc d'abord faire connaître
le sort de ces derniers.

IV

LA « CHIFFONNE » ET LA « FLÈCHE ». — DÉPART POUR LES ILES SEYCHELLES.

C'est à Mahé, l'une des îles Seychelles, que le groupe de déportés qui nous occupe actuellement devait être envoyé. Les péripéties, bien extraordinaires d'ailleurs, de la lente agonie de ces malheureux ont déjà fait l'objet de deux publications, devenues rares. La première a pour titre : *Les infortunes de plusieurs victimes de la tyrannie de Napoléon Bonaparte, ou Tableau des malheurs de soixante-onze Français déportés sans jugement aux îles Séchelles, à l'occasion de l'affaire de la machine infernale du 3 nivôse an IX (24 décembre 1800) par l'une des deux seules victimes qui aient survécu à la déportation.* Ce volume a été fait par un compilateur, sur les indications de Lefranc, l'un des déportés. L'autre ouvrage est : *l'Histoire de la double conspiration de 1800 contre le gouvernement consulaire, et de la déportation qui eut lieu dans la deuxième année du consulat... par M. Fescourt, Paris. 1819.*

De retour en France, Lefranc avait confié à Fescourt les notes qu'il avait prises sur sa déportation et sur celle de quel-

ques-uns de ses compagnons (je dis quelques-uns, car on verra plus tard que la
déportation de Mahé fut presque immédiatement suivie, à Mahé même, d'un
nouvel acte de proscription qui sépara
d'abord les déportés en deux groupes, puis
les dispersa très loin les uns des autres).
Ce sont ces notes qui ont servi à Fescourt;
le journal de navigation des capitaines
Bonamy et Guieysse, commandants de la
Flèche et de la *Chiffonne*, lui a en outre,
affirme-t-il, été communiqué. Plus tard,
Lefranc prit le parti d'écrire, ou plutôt de
dicter l'histoire des évènements auxquels
il avait été mêlé, mais n'ayant plus ses
notes entre les mains, il fit un livre beaucoup moins précis et moins intéressant
que celui dont il avait fourni les éléments
à Fescourt.

Les déportés de Mahé ont, pour la plupart, traversé de si étranges évènements,
que, sous la Restauration, lors de l'apparition des livres de Lefranc et de Fescourt,
l'imagination des romanciers s'empara de
leur histoire. Je signalerai particulièrement, comme ayant été inspiré par l'odyssée de ces malheureux, un ouvrage intitulé : le *Robinson du faubourg Saint-Antoine*, 4 volumes, dans lesquels on nous
représente le général Rossignol, déporté
en Afrique, devenant le chef d'un peuple
sauvage.

Il n'y a, bien entendu, rien à retenir

pour l'histoire de ce que raconte un ouvrage du genre du *Robinson du faubourg Saint-Antoine*, mais je n'en dirais pas autant du livre de Fescourt, qui, tout incomplet qu'il est, donne des renseignements que je trouve presque constamment conformes aux documents d'archives que j'ai pu consulter, et qui, loin d'être, comme on aurait eu le droit de le penser, une sorte de roman historique, acquiert par la divulgation des pièces inédites qui vont suivre une valeur que l'on n'eût pas songé à lui reconnaître auparavant. J'aurai l'occasion de lui emprunter quelques détails de la vie des déportés.

Ce livre pourra même me servir parfois à compléter quelques-uns des renseignements fournis par les pièces officielles. Ainsi on a pu croire, d'après les documents cités plus haut, que le voyage des déportés s'était effectué sans incident de Paris à Nantes. Fescourt, d'après les notes de Lefranc, s'exprime ainsi sur ce sujet :

La police les avait dépeints (les déportés) comme des monstres furieux, et s'était servie à leur égard des épithètes de scélérats et d'enragés, il n'en fallut pas davantage pour soulever contre eux toutes les communes, surtout celles de la Bretagne, composées en grande partie de ces soldats-citoyens qui avaient servi dans les armées royales. Peu s'en fallut aussi que plusieurs proscrits ne terminassent leur voyage dans cette même province.

Sur leur départ de Nantes, sur leur embarquement, ainsi que sur le régime auquel ils vont être astreints à bord, je laisserai la parole aux documents.

Le sénatus-consulte qui ordonne la déportation de 130 personnes est daté du 14 nivôse. Or, dès le 10 du même mois, le ministre a déjà reçu des ordres secrets pour assurer la transportation d'un nombre d'individus supérieur même au chiffre qui sera indiqué par le sénatus-consulte encore à naître. Le ministre Decrès écrit en effet au préfet maritime de Rochefort :

Pour vous seul. — Il est de la plus grande urgence, citoyen préfet, d'armer une frégate, en outre des deux qui sont aujourd'hui prêtes à prendre la mer.

Je vois avec peine, par votre lettre du 17 frimaire, que la *Volontaire* et la *Vertu* ont besoin de fortes réparations, qu'il ne vous reste que l'*Ambuscade* portant du 12, qui ne paraît pas avoir une marche avantageuse.

Comme ce bâtiment est en état, et qu'il ne vous manque rien pour son armement, vous voudrez bien vous en occuper à la réception de cette lettre. Vous lui ferez prendre autant de vivres qu'il sera possible, en ayant soin de forcer les quantités de biscuit et d'eau-de-vie pour qu'on puisse donner au moins 4 mois de vivres à l'équipage et 2 ou même 3 mois pour environ 180 à 200 passagers dont quelques-uns auront avec eux femmes et enfants. Je vous confie que ces passagers seront considérés à bord comme prisonniers, et qu'ils ne devront pas avoir de communication habituelle avec les équipages ; ainsi, vous devrez faire disposer l'entrepont, de manière à ce qu'on puisse y loger 200 individus avec sûreté. Vous ferez également préparer dans la calle un poste pour les malades, Ces détails suffisent pour vous démontrer qu'une frégate portant du 18 aurait été nécessaire pour cette expédition, et tout en armant l'*Ambuscade*, je voudrais que vous fissiez visiter le *Volontaire* ou la *Vertu* et que vous procédassiez à l'armement de celle qui se trouverait dans le meilleur état. Pour peu que vous espérassiez qu'une de ces deux frégates fût prête sous 15 ou 20 jours, alors il faudrait faire tous les sacrifices possibles ; vous y feriez pratiquer tous les emménagemens que je viens de vous indiquer et vous lui donneriez autant de vivres qu'elle en pourrait contenir.

Je vais presser les fournisseurs d'exécuter leurs marchés, et je n'oublierai pas le port de Rochefort dans les distributions de fonds. De votre côté, citoyen préfet, faites tout ce que vous pourrez pour remplir les intentions du gouvernement.

Je vous ferai passer très incessamment des ordres relativement à cette expédition. Indiquez-moi, je vous prie, un officier expérimenté, ferme et sûr, pour commander la frégate. Prenez-le de préférence parmi ceux qui ont navigué sur les côtes d'Afrique et dans l'Inde.

(*Archives de la marine.*)

Le 15 nivôse, réponse du préfet maritime de Rochefort :

Pour vous seul. — Je pense comme vous, citoyen ministre, que la nature de cette expédition nécessiterait une frégate de 18. L'*Embuscade* est extrêmement petite et m'a paru avoir moins de capacité que nos corvettes de 24 canons ; son entrepont est fort bas et presque totalement occupé par des soutes. Il serait donc physiquement impossible d'y loger, outre l'équipage, 200 hommes, qui devront être séparés et surveillés ; il serait également impossible d'embarquer sur cette frégate la quantité de vivres que vous prescrivez, elle ne peut tout au plus prendre que trois mois de vivres à la ration française.

Je vais aujourd'hui me transporter à bord de l'*Embuscade* et de la *Vertu*, et je vous ferai connaître par le premier courrier le résultat de cette visite. La *Vertu* offrirait tous les moyens que vous désirez pour la translation des 200 hommes dont vous me parlez, mais l'armement de cette frégate, qui a besoin de réparations, serait plus long que celui de l'*Embuscade*.

Si vous vous décidez, au contraire, à diminuer la quantité des passagers, alors il serait bien plus prompt d'opérer l'armement de l'*Embuscade*, qui est prête et a ses câbles.

Par *post-scriptum* de votre main, vous me dites : « Répondez-moi le plus tôt possible, formez l'équipage de cent cinquante hommes pour une frégate de 12, et de deux cents hommes pour une de 18 ; doublez la garnison ». Je dois vous observer, citoyen ministre, qu'un équipage ainsi composé exposera nécessairement une frégate à être enlevée si elle a un engagement, surtout avec un équipage neuf et des soldats dont la presque totalité n'a pas été à la mer.

Je vous prie de me faire connaître vos intentions, d'après les observations que j'ai l'honneur de vous faire. — MARTIN.

(*Archives de la marine.*)

Qu'on retienne les termes de ce *postscriptum*, on apprendra prochainement à quel point la dernière réflexion de l'amiral Martin eût mérité d'attirer l'attention du ministre.

Le 21, le préfet maritime de Rochefort présente au ministre des observations sur les aménagements qu'il conviendrait de faire sur la frégate *l'Embuscade* en vue de la déportation projetée ; mais dans l'intervalle Decrès a renoncé à utiliser cette frégate ; il a renoncé en outre à demander au port de Rochefort les navires dont il a besoin.

C'est maintenant au préfet maritime de Lorient que le ministre demande des navires, par la lettre suivante, adressée « à lui seul ».

Je viens d'ordonner directement au commissaire principal de Nantes, citoyen préfet, d'accélérer l'armement de la frégate *la Chiffonne* et du brick *la Flèche*.

Il faut que l'officier qui commandera la *Chiffonne* ait à la fois de la prudence et de la fermeté, et qu'il sache contenir les passagers détenus à son bord, en même tems qu'il aura pour eux les égards que l'on doit au malheur. Je ne sais si le capitaine Guyesse réunit ces qualités, et je vous invite à prendre des informations sur son caractère et ses principes.

Dans le cas où vous ne le croiriez pas propre à une mission délicate, vous voudrez bien m'indiquer un autre officier et je dédommagerais le C. Guyesse en lui donnant un nouveau commandement. Prenez, je vous prie, les mêmes renseignements sur le C. Gémon (ou Genson?) qui commande provisoirement le brick *la Flèche*, et indiquez-moi, s'il y a lieu, un officier pour le remplacer.

Je vous observe qu'il n'y a pas un moment à perdre pour me donner ces renseignements, attendu que l'armement doit être terminé sous 20 jours.

(Archives de la marine.)

En même temps, le ministre écrit au commissaire principal de marine, à Nantes :

(*Pour vous seul*). — L'intention du premier consul, citoyen, est que vous accélériez par tous les moyens possibles l'armement de la frégate *la Chiffonne* et du brick *la Flèche*.

Ces bâtiments sont destinés l'un et l'autre à recevoir de 150 à 200 passagers, dont quelques-uns auront femmes et enfants, et qui seront considérés comme prisonniers à bord. Vous ferez pratiquer en conséquence des emménagemens dans l'entrepont de la frégate, et vous ferez sur le brick des dispositions telles que les individus dont il s'agit puissent être logés le plus commodément qu'il sera possible et séparés de l'équipage. Il ne sera embarqué sur le brick que des hommes; les familles seront placées sur la frégate.

Vous ferez donner à ces deux bâtimens la quantité de vivres qu'ils pourront prendre sans compromettre leur marche; vous forcerez surtout les quantités de biscuit et d'eau-de-vie, de manière à ce qu'il y ait des vivres au moins pour cinq mois pour l'équipage et les passagers; mais d'un autre côté la frégate prendra des canons de gaillard *dans sa calle* et ne *les montera qu'après son arrivée* (1) au lieu de sa destination, et l'on pourra faire de même pour un ou deux canons de chaque côté de sa batterie; par ce moyen elle n'aura pas la même quantité de munitions à embarquer. Il conviendra aussi de borner les *équipages des deux bâtimens au plus strict nécessaire* (2), c'est-à-dire à 150 hommes pour la frégate, et un nombre proportionnel pour le brick; il sera embarqué une *double garnison pour contenir les passagers* (3), et je vais vous la faire passer de Rochefort ou de Lorient.

Je sais bien que le brick ne pourrait pas prendre cinq mois de vivres s'il conservait sa batterie, vous ne lui donnerez que 6 à 8 canons de 6 et placer (*sic*) le reste dans sa calle (4).

(*Archives de la marine.*)

On voit que le ministre parle encore de 150 à 200 passagers; pourtant nous savons déjà que ce chiffre sera de beaucoup plus restreint puisque les prisonniers amenés à Nantes en deux convois sont seulement au nombre de 72.

Les prescriptions relatives à l'admission des femmes et des enfants des déportés à bord des navires, ne furent en aucune façon exécutées. Les déportés partirent seuls.

Continuons la lecture de cette correspondance :

20 *nivose an* 9. — Marine au citoyen Leva-
cher, commissaire principal de marine à Nantes :

40 individus partent aujourd'hui de Bicêtre
pour se rendre à Nantes. Tenez le brick *la Flèche* prêt à les recevoir. Mettez-y, suivant les
ordres que vous avez déjà reçus, le plus de vivres possible, et le moins d'artillerie et de munitions de guerre de toute espèce... (5).

Accélérez les préparatifs par tous les moyens
qui seront en votre pouvoir... Il est essentiel
que les prisonniers ne restent pas longtemps
à Nantes. Le 1er consul voudrait même qu'ils
n'y restassent que 24 heures; faites à cet égard
tout ce qui vous sera possible.

(*Archives de la marine.*)

Je pourrais continuer ces reproductions;
j'ai sous les yeux toute la correspondance
du ministère. Mais je dois borner ces cita-
tions déjà bien longues. Racontons la traversée.

(1, 2, 3, 4, 5.) Qu'on retienne encore ces détails, on saura prochainement le résultat terrible de ces recommandations si singulière-
ment dangereuses au point de vue de la sécurité des navires en temps de guerre.

V

TRAVERSÉE DE LA « FLÈCHE » ET DE LA « CHIFFONNE ». — ARRIVÉE AUX ILES SEYCHELLES.

Entre toutes les colonies dont il disposait pour servir de lieu de rélégation à ses déportés, le gouvernement avait fait un choix assez inattendu, en jetant son dévolu sur cette triste et pauvre île Mahé, perdue au milieu de l'Océan indien.

Détail tout à fait bizarre : en 1801, les consuls ignoraient encore que Mahé était, depuis 1794, tombée au pouvoir des Anglais. Ceux-ci, du reste, soit qu'ils ne disposassent pas, dans ces parages, de troupes de terre suffisantes pour laisser une garnison dans l'île, soit qu'ils eussent jugé cette mesure inutile, se contentaient de s'en servir comme lieu de ravitaillement et d'escale pour leurs navires, et laissaient en fonction l'administration française locale ; ils avaient même consenti un arrangement en vertu duquel les négociants de Mahé pouvaient circuler sans être inquiétés par les corsaires sur les mers avoisinantes, à la condition d'arborer sur leurs bâtiments un drapeau bleu portant ces mots en lettres blanches : *Seychelles, Capitulation.*

Une autre singularité à relever est celle-
ci : les plus grandes précautions avaient
été prises pour qu'on ignorât que les îles
Seychelles étaient le but du voyage entrepris par la *Flèche* et la *Chiffonne*. Les capitaines eux-mêmes de ces deux navires
ne devaient connaître leur destination
qu'en ouvrant, à la hauteur du cap Finistère, les instructions qui, à leur départ,
leur furent remises cachetées.

La précaution de tenir caché au public
l'itinéraire d'un vaisseau de guerre s'explique amplement dans les temps de
guerre maritime. Mais ce qui prouve que
le gouvernement n'avait pas eu l'unique
souci de tromper la surveillance des croisières ennemies, c'est que les capitaines
de la *Flèche* et de la *Chiffonne* reçurent
pour consigne non seulement de n'ouvrir
leurs instructions qu'à la hauteur du cap
Finistère, mais encore de garder pour eux
le secret de leur destination vis à vis des
déportés, et même, ce qui est véritable-
ment inexplicable et qu'on se refuserait de
croire si les pièces officielles n'étaient là,
vis à vis des officiers de leurs bords.

Ce système fut, d'ailleurs, constamment
suivi sous le consulat et l'empire ; il suffit
de jeter un coup d'œil sur la correspon-
dance entretenue |par le ministère de la
marine avec les femmes et les parents des
déportés, trop naturellement avides d'a-
voir des renseignements sur le sort des

proscrits pour remarquer que l'autorité
évite soigneusement de s'expliquer d'une
façon claire sur le pays où ils sont confinés. Un exemple : Sous l'empire, en
1804, le fils du déporté Hugues Destrem,
demandant le retour en France de son
père, le croit « déporté aux Isles d'Afrique » alors, qu'en réalité, cet ancien représentant du peuple est relégué à
Cayenne. Généralement, on se contente
de faire savoir aux familles que les victimes sont ou non « existantes », le ministre ne sort de sa réserve que lorsqu'il
est certain que ses correspondants sont
déjà renseignés soit par des letres particulières des déportés, soit par tout autre
moyen.

Cette ignorance du lieu où on les conduisait fut, on le pense bien, une cause
de vive inquiétude pour les déportés et
même pour les équipages. Il paraît que
lorsque les passagers s'aperçurent que l'on
dépassait la Guyane sans les déposer à
terre, cette inquiétude se changea pour
plusieurs en un véritable désespoir. Ils
crurent qu'on avait ordre de les jeter sur
quelque plage déserte.

Au moment de passer en revue les documents relatifs à ce voyage, il nous reste
une observation à présenter : ces documents officiels ne laissent pas soupçonner
que la traversée ait été signalée, pour les
navires et leurs passagers, par aucun inci-

dent notable relatif aux déportés. Il convient de dire tout de suite que, d'après les notes du déporté Lefranc, mises en ordre par Fescourt, cette traversée fut un long supplice pour les détenus. Fescourt fait connaître en outre un certain nombre de particularités sur lesquelles les capitaines sont muets dans leurs rapports officiels. Notons-les brièvement :

1° Pendant les combats que les deux navires eurent à soutenir contre des croiseurs anglais, les déportés offrirent leurs services pour aider à soutenir l'honneur du pavillon national; au cours de l'un de ces engagements, le général Rossignol, violant la consigne, repoussa le factionnaire chargé de le surveiller et allant au capitaine, lui dit que cette situation était intolérable, qu'on oubliait que lui et ses compagnons étaient Français, et qu'ils revendiquaient leur part de péril. Les commandants reconnurent la noblesse de cette conduite, mais, liés par leurs instructions, ne crurent pas avoir le droit d'accueillir les vœux des patriotes détenus.

2° A diverses reprises, les déportés tentèrent de s'évader; il y eut parmi les détenus un délateur qui apprit au capitaine de la *Flèche* que les matelots du bord s'étaient concertés avec les détenus pour mettre ces derniers en liberté. Grâce à cette délation, la tentative fut déjouée.

3° **Pendant une relâche à Riba-Deo, le bruit courut que Bonaparte avait péri assassiné**; les déportés de la *Flèche* présentèrent aussitôt au capitaine une requête « pour l'empêcher de poursuivre son voyage, et dont les conclusions étaient que l'homme qui les avait condamnés à l'exil n'existant plus, ils devaient être mis sur le champ en liberté. » Le capitaine Bonamy ayant passé outre, les déportés s'adressèrent, ajoute Fescourt, aux autorités de Riba-Deo, sans être d'ailleurs plus heureux.

Il ne nous reste plus maintenant qu'à présenter quelques-uns des documents que nous ont fournis les archives du ministère de la marine sur la traversée des deux navires ; voici d'abord un court extrait des instructions envoyées au préfet maritime du port d'embarquement :

..... Quant aux dispositions qu'exige la surveillance des prisonniers, je vais vous faire connaître les intentions du gouvernement à cet égard, afin que vous les transmettiez aux capitaines.

Je vous ai déjà marqué qu'il y aura à bord une double garnison ; elle sera commandée par un officier d'artillerie, qui sera spécialement chargé de la police des prisonniers. Les soldats embarqués en supplément n'auront d'autres fonctions que la garde de ces individus.

Le gouvernement ne veut pas qu'on sache quel est le lieu où ils seront transférés, vous voudrez bien, en conséquence, faire délivrer aux capitaines l'hydrographie française, le *Neptune* de Deprès, et les cartes particulières que vous pourriez avoir au bureau major de la Guyane, de la côte d'Afrique, de Madagascar, etc.

Voici le règlement à suivre à bord des vaisseaux pour les déportés :

Il sera établi à tribord de l'entrepont un poste destiné à loger tous les déportés.

Ils auront chacun leur hamac et leur couverture.

Il y aura uniformité tant dans leur logement que dans leur nourriture.

Il y aura une marmitte particulière pour tous les déportés qui sera placée à côté de celle de l'équipage.

Ils seront divisés par plat de sept et ils recevront la même ration que celle de l'équipage pendant tout le temps de la traversée, ils ne pourront manger qu'à leur gamelle, ils prendront leurs repas sous le gaillard et dans la batterie.

L'officier de santé en chef les visitera régulièrement tous les jours, afin de leur porter les secours nécessaires dans le commencement de leur maladie.

L'officier de santé en chef tiendra un journal et rendra compte de leurs maladies. Il sera embarqué de l'oseille confite, choucroute, pommes de terre, vinaigre, moutarde en quantité suffisante pour leur être distribués dans leur repas.

Il sera embarqué de l'eau le plus qu'il sera possible, et elle sera réglée dès le commencement de la campagne.

Ils seront tenus de faire branle-bas, et leur poste sera nettoyé tous les jours.

Ceux qui seront malades entreront au poste des malades.

Les instructions que les capitaines ne devaient ouvrir en mer qu'à la hauteur du cap Finistère, s'expliquent d'abord sur la route à suivre par les navires, puis continuent en ces termes :

Lorsque le capitaine sera arrivé à l'Isle de Mahé, il se rendra auprès de l'officier commandant... Il s'occupera sur le champ de débarquer les individus prisonniers à son bord, et il les mettra à la disposition du commandant, en ayant soin de constater par un procès-verbal en bonne forme le débarquement et la remise des prisonniers. Si le commandant lui demande de mettre à terre une partie des hommes de la garnison, il déférera à cette réquisition...

Le capitaine aura soin, dans le cours de sa traversée, d'éviter toute voile aperçue, il ne s'occupera que de faire la route la plus prompte et d'échapper à la vigilance de l'ennemi. Il ne fera aucune relâche, à moins de nécessité absolue et à la charge d'en justifier.

Il ne communiquera les présentes instructions ni aux prisonniers, ni même aux officiers du bâtiment.

Paris, le 21 nivose an IX.

La *Flèche* prit la mer dans les derniers jours de pluviôse an IX. Elle avait embarqué à son bord, à Saint-Nazaire, trente-huit des proscrits venus de Nantes par eau. Voici leurs noms : Bormans, Bouin, Boniface, Chrétien, Chateauneuf père et fils, Cardi-naux, Cheval, Delabarre, Eon, Flamant, les deux frères Gosset, Joly, Lesueur, Lacombe, Marconnet, Millières, Marlet, Maignant, Métivier, Niquille, Pepin-Des-grouhette, Prévost, Quinon, Serpolet, Vauversin, Gaspard Gilles, Lagéraldy, Moneuse, Trehant, Dufour, Delrue, Jala-bert, les deux frères Linage, Massard et Mamin.

Huit jours après son départ, le capitaine de ce navire, Eustache Bonamy, écrivait au ministre de la marine :

4 ventôse an IX. — J'ai le déplaisir de vous annoncer que des évènements dont je vais avoir l'honneur de vous rendre compte, m'ont forcé de relâcher à Riva de Cella, pro-vince des Asturies, en Espagne.

Le 27 de pluviôse, j'appareillai de la rade de Minden à 2 heures et demie de l'après-midi, avec une brise de l'Est à l'Est-est qui me faisait faire 1 lieue 3⁄4 par heure, et le temps très couvert, circonstance heureuse pour ma sortie.

Le capitaine ajoute que tout à coup des calmes retardèrent sa marche, puis que sa route fut coupée par deux navires. Il prit la chasse en jetant à la mer, pour aller plus vite, des barriques, des bouches à feu, etc. Enfin, ayant perdu son mât de misaine, il gagna le port de Riva de Cella, pour remplacer son mât. Le passage suivant de sa lettre est le seul qui soit relatif aux déportés :

... Mes instructions ne portant point d'interdire aux déportés la liberté d'écrire, j'ai l'honneur de vous faire passer les lettres qu'ils adressent à différentes personnes en place ; quant aux autres lettres, je les ai toutes lues et celles qui ne traitent que d'affaires particulières ont été mises à la poste. Jusqu'ici tous ces individus ont été tranquilles. Ils sont dans un grand dénuement d'effets de tout genre...

Je trouve dans un des dossiers du ministère de la police, une lettre (saisie sans doute par Fouché) que l'un des déportés de la *Flèche* (Quinon) adresse à sa femme. Je relève dans cette lettre les détails suivants sur la première partie de la traversée et sur la situation des détenus à bord :

Riva-Cella, 4 ventose, an 9. — Ma chère et tendre amie, je te dirai que nous sommes partis de Nantes, le 20 du mois dernier, pour nous rendre à Paimbœuf, d'où nous sommes sortis pour aller à Minden, sur la corvette *la Flèche*, où nous nous sommes embarqués le 27. Le 28, il nous est venu cinq bâtimens contre nous, il n'y a eu qu'un corsaire anglais qui nous a approché, mais grâce à l'intelligence et à la bravoure de notre brave capitaine et de l'équipage, il a été canoné d'une bonne

manière; le combat a commencé à 9 heures
et a fini vers les 4 heures, et il a été forcé de
prendre la fuite. Le lendemain, la mer a été
des plus orageuses, puisqu'elle a cassé un
mat et nous a détourné, l'on a été forcé de se
retrancher dans l'endroit ou nous sommes
pour faire faire les réparations au bâtiment,
et nous ne savons quand nous en sortirons;
si tu m'as écrit jusqu'au 20 à Nantes, je n'ai
point reçu de lettres, ainsi qu'aucun de mes
camarades. Toutes nos lettres on resté à
Nantes, sans pouvoir nous les faire passer.
Nous avons été tous malades et vomy par l'effet de la mer, et en partie nous le sommes
tous encore, n'étant pas habitué à ce nouveau
climat. Il part demain une pétition en notre
nom à tous, adressée au premier consul, tendante à notre justification, et la demande de
notre rappel. Nous attendons avec sécurité
l'issue de notre demande. Nous espérons
qu'elle nous sera favorable, en ce que le gouvernement ouvrira sans doute les yeux sur le
sort de malheureuses victimes écrasés par le
crime. Nous ignorons jusqu'à ce jour ou le
sort de notre destinée nous conduira.

La relâche à Riva de Cella, qui avait
duré trente-sept jours, ne devait pas être
la dernière. A peine le capitaine Bonamy
avait-il remis à la voile qu'une nouvelle
avarie survenue au bâtiment le forçait à
gagner le port de Riba-Deo pour réparer le
navire; il y eut là un nouveau retard de
vingt-sept jours.

De Riba-Deo le capitaine Bonamy eut dû
gagner directement les Seychelles, mais

il craignit de ne point trouver dans cet archipel le moyen de se ravitailler en vivres
pour le retour. Il fit donc route pour
Bourbon, où il arriva sans autre incident.

La plupart des prisonniers étaient alors
atteints du scorbut et le capitaine Bonamy
demanda l'autorisation de les débarquer
pendant quelques jours pour les faire soigner. Les autorités de l'île s'y opposèrent
formellement. Il dut se contenter de faire
descendre à terre les officiers de son équipage tous atteints d'une maladie épidé-
mique que le capitaine signale dans un de
ses rapports au ministre. Les autorités de
la colonie, très antirépublicaines, ne virent dans la démarche de M. Bonamy relativement aux déportés scorbutiques, qu'un
motif de le soupçonner de partager les
principes politiques de ses prisonniers.
Leur hostilité s'accrut lorsque le commandant de la *Flèche*, excipant de ses instructions qui lui enjoignaient de tenir sa destination secrète, refusa de leur communiquer le paquet de dépêches qu'il n'était
autorisé à leur faire tenir qu'à son retour
des Seychelles.

Après quatre jours passés en rade de
Saint-Denis, la *Flèche* reprit la mer et se
dirigea vers les îles Seychelles, où elle
arriva, serrée de près par le navire anglais
Victor, avec lequel elle eut un premier engagement avant d'entrer dans la rade de
Mahé. Cette fois encore, M. Bonamy crut

devoir refuser l'aide offert par les déportés.

A Mahé, le capitaine de la *Flèche* eut tout juste le temps de débarquer les proscrits, de s'embosser, et de recevoir une nouvelle attaque du *Victor*. Après un combat glorieux pour les armes françaises, malgré son résultat, la *Flèche*, atteinte de boulets au-dessous de sa flottaison, sombra sans avoir amené son pavillon. M. Bonamy avait incendié le bâtiment avant de le quitter. L'équipage avait eu le temps de gagner la terre sous le feu de l'ennemi. Ceci se passait le 18 fructidor, au matin.

Tous les déportés, dit Fescourt, s'étaient réunis sur le bord de la mer ; le canot de M. Bonamy ayant échoué, à cause des bas fonds, à une certaine distance de la côte, ils se mirent dans l'eau pour aller cherchèr cet officier et, malgré lui, ils le prirent dans leurs bras et le portèrent comme en triomphe jusque sur le rivage. Les mêmes hommes dont il avait eu tant à se plaindre dans le cours de sa navigation, lui témoignèrent toutes les démonstrations possibles d'intérêt. Témoins de la conduite honorable que venait de tenir ce capitaine, ils crurent qu'ils ne pouvaient lui adresser trop d'éloges, pour le consoler de la perte de son bâtiment.

En débarquant à Mahé, les déportés de la *Flèche* eurent l'étonnement de retrouver sur le rivage ceux de leurs compagnons d'infortune qui avaient été embarqués sur la *Chiffonne*. Cette frégate, bien qu'ayant pris la mer beaucoup plus tard que la *Flèche*, était arrivée la première aux Seychelles, parce qu'elle n'avait pas eu à subir les longues relâches auxquelles M. Bonamy avait dû se résoudre.

Voici les noms des 32 proscrits amenés par la *Chiffonne :* Barbier, Brabant, Chevalier, Corchant, Dusoussy, Dupont, Frénière, Gerbeaux, Guilhémat, Jacquot-Devilleneuve, Lefranc, Lefèvre, Laporte, Moreau, Pradel, Paris, Pachon, Richardet, Saulnois, Soulier, Taillefer, Vaneck, Vacray, Vitra, Saint-Amand, Georget, Derville, Fouryon, Tirot, Thirion, Rossignol et Richon.

Au reste, laissons la parole au citoyen Guieysse, capitaine de la *Chiffonne*, qui s'exprime ainsi qu'il suit dans son rapport au ministre de la marine :

Le 23 germinal, je partis de la rivière de Nantes...

Deux mois de retard que j'éprouvais dans la rivière de Nantes, retenu par les vents, avait beaucoup contrarié mon départ. Aussi l'administration de ce port le pressait-elle, et j'en sentais la nécessité. Le coup de vent qui eut lieu le 22 germinal favorisa mes intentions; il avait éloigné l'ennemi qui me bloquait; il était trop avantageux de ne pas laisser échapper une si belle occasion.

Malgré que la violence du vent nous empêchât de lever nos ancres, il fut jugé convenable de les sacrifier avec les câbles à la certi-

tude de tromper sa vigilance. Je laissai 11 hommes de l'équipage à terre; l'agent comptable
et un officier étaient du nombre... Ils y
étaient pour affaire de service... Il se trouva
260 hommes et 32 passagers détenus...

... Les détenus furent conduits à bord huit
jours avant mon départ; ils étaient généralement dans le plus grand besoin de hardes et
autres objets nécessaires pour entreprendre la
mer, et ce n'était plus le moment de s'en procurer; la majeure partie d'eux était sans
moyens. Dans le courant de la traversée, je fis
distribuer quelques hardes à ceux qui en
avaient le plus besoin.

Ils furent logés dans l'entrepont, en arrière
du grand mât, dans des cabanes qui avaient
été disposées pour les recevoir, avec un matelas et une couverture que l'administration leur
fournit. Rien ne fut ménagé pour leur fournir
dans ce logement le plus d'air possible. Les
parfums furent employés tous les jours pour le
renouveller. Ils furent nourris comme l'équipage, et ceux dont l'âge et les infirmités
*avaient besoin de quelques douceurs particulières,
leurs étaient accordées* (sic) sur la demande
qu'en faisait l'officier de santé en chef. Du moment que nous fûmes sous voiles, ils eurent
la liberté de monter sur le pont, et, pendant
toute la traversée, ils jouirent de cet avantage.
Enfin, on eut pour eux tous les égards qu'on
peut raisonnablement accorder dans la position où ils se trouvaient, leur conduite à bord
a répondu à la police que j'avais établie; je
n'ai pas eu occasion, pendant 99 jours qu'ils
y ont resté, d'en réprimer aucun.

Le capitaine raconte ensuite qu'il a pris

la *Bellone*, un des plus riches vaisseaux du Bengale :

Le 22 messidor nous mouillâmes sur la rade de l'île Mahé, la principale des Séchelles, ayant 89 jours de traversée. Par la remise que je fis trois jours après des 32 détenus au citoyen Quinssy, commandant militaire, le principal but de notre mission se trouvait atteint.

Notre arrivée dans cette colonie naissante occasionna beaucoup de rumeurs parmi les habitans ; les nouveaux colons que je leur portais, les inquiétèrent beaucoup. Ils voulaient les reléguer sur quelque île déserte, plusieurs autres projets furent proposés par un parti. Je les gardai trois jours en rade avant de pouvoir les débarquer ; quelques jours après, quelques habitants en prirent chez eux. Tous cependant appréhendaient comme un grand malheur la rupture d'une capitulation faite avec les Anglais en 1794...

Les Séchelles fournissent très abondamment du poisson, de la tortue et la récolte des vivres du pays ne manque jamais, elle est très abondante. Si d'un côté, l'intention du gouvernement a été remplie en envoyant les individus condamnés à la déportation dans un pays sain où ils puissent facilement se procurer de quoi subsister, d'un autre côté, il doit être instruit de la possibilité qu'ils ont de s'évader par les divers bâtiments qui y abordent, et qu'ils peuvent enlever. Heureux, si la tranquillité de la colonie n'est pas inquiétée par les 68 (1) que j'y ai laissé...

---

(1) 69 et non 68, en comptant les déportés

Le capitaine Guieysse termine son rapport en annonçant qu'au moment où, en rade de Mahé, il procédait à diverses réparations nécessitées par l'état de son bâtiment, un navire anglais, la *Sybille*, s'est présenté: « La *Chiffonne* est faible d'échantillon. » Elle a succombé après un sanglant combat. La frégate française s'était échouée, mais l'ennemi est parvenu à la relever et la *Chiffonne* a été prise. L'équipage a été fait prisonnier.

Dans un rapport plus sommaire adressé au ministre, le 10 brumaire an X, le capitaine Guieysse annonçait simplement qu'il avait été pris en arrivant à Mahé. En marge de la lettre, on trouve cette note de la main du ministre, M. Decrès :

l est fâcheux qu'il soit resté si longtemps dans Mahé.

C. Jurien fera mettre un avis dans le *Journal de Paris* sur le lieu qu'occupent les déportés. Il me le présentera. (14 ventose.)

La perte de la *Flèche* et de la *Chiffonne* fut en outre annoncée au ministre de la marine par les administrateurs de l'île de France dans les termes suivants :

Port N. O. Isle de France, 3 brumaire, etc. —

de la *Flèche*. Le chiffre réel devrait être 70, mais l'un des déportés (Delrue) était mort pendant la traversée.

Les inquiétudes que nous vous avons témoigné dans notre dernière dépêche sur le sort de la *Chiffonne* n'étaient malheureusement que trop fondées ; car nous venons d'apprendre par un parlementaire de Mahé, l'une des isles Seychelles, qu'elle y avait été prise par la frégate anglaise la *Sybille*, expédiée de Bombay.

La *Chiffonne* a mouillé à Mahé le 23 messidor et a cru devoir y rester pour s'y réparer, ayant été instruite qu'il y avait une croisière sur nos côtes. C'est le 2 fructidor, au bout de quarante jours, et au moment où elle allait recevoir à son bord les mâtures dont elle avait besoin, qu'elle a été attaquée et prise par la *Sybille*.

Le 16 fructidor dernier, la corvette *la Flèche*, chassée par *le Victor*, corvette ennemie avec laquelle elle avait eu déjà un engagement d'une heure et dont elle avait réussi à se débarrasser, a donné dans la rade de Mahé. Elle y a été attaquée le lendemain matin par le *Victor* et, après deux heures de combat, elle a coulé ayant reçu plusieurs boulets à sa flotaison.

Les déportés de ces deux batimens avaient été mis à terre. Dans la position où nous nous trouvons, avec des magasins dépourvus de tout, il nous sera difficile de faire passer à la colonie de Mahé les secours qui lui seront nécessaires, puisque nous avons même de la peine à nous procurer les objets de subsistance indispensables aux salariés d'ici... — Les administrateurs généraux : MAGALLON, CHANVALON.

(*Archives de la marine.*)

4

Le fâcheux état de la frégate, qui, en forçant le capitaine Guieysse à prolonger son séjour à Mahé, l'avait amené à la dure extrémité d'accepter contre un navire anglais d'une force supérieure un combat inégal, n'avait pas empêché ce marin de faire très bravement son devoir. Aussi fut-il l'objet, tout comme le commandant de la *Flèche*, des plus flatteuses attentions de la part des infortunés déportés.

En résumé, la déportation d'une soixantaine de Français innocents du crime dont on les avait accusés, coûtait à la nation deux navires de guerre et un équipage de braves marins. (Je dis *un* équipage, car celui de la *Flèche* ayant vu sombrer son navire sans amener le pavillon, ne fut point fait prisonnier de guerre.)

Dans cette catastrophe la responsabilité du gouvernement consulaire est grande. Bonaparte, en exigeant l'exécution immédiate de sa fantaisie persécutrice, savait mieux que personne ce qu'il risquait, lui qui, le 19 nivôse an IX, recommandait à Decrès d'embarquer promptement les proscrits « sur une goëlette, un brick... » et qui ajoutait « par ce moyen on n'aura pas besoin de *compromettre* une frégate ». (*Correspondance* de Napoléon Iᵉʳ.)

Or, on *compromit* une frégate et un brick. On les perdit. On lança ces navires dans une aventure que l'on savait dangereuse, et pour un intérêt hors de proportion avec les risques courus; et dans quelles conditions fit-on partir ces bâtiments? Le ministre avait écrit à l'amiral Martin, préfet maritime de Rochefort : « Formez l'équipage de 150 hommes pour une frégate de 12 et de 200 hommes pour une de 18. Doublez la garnison. ». Et l'amiral, .on s'en souvient, avait répondu : « Un équipage ainsi composé exposera nécessairement une frégate à être enlevée surtout avec... des soldats dont la presque totalité n'a pas été à la mer. »

Pourtant on s'était obstiné à mettre sur les navires cette double garnison jugée dangereuse et encombrante, et à affaiblir la partie utile de l'équipage, c'est-à-dire l'élément marin. Le ministre, sans tenir compte des observations de l'amiral Martin, avait dit encore (*v. supra*) : « La frégate prendra des canons de gaillard *dans sa cale*, et ne les montera qu'après son arrivée au lieu de sa destination, et l'on pourra faire de même pour un ou deux canons de chaque côté de sa batterie. *Par ce moyen elle n'aura pas la même quantité de munitions à embarquer.* Il conviendra aussi de borner les équipages des deux bâtiments *au plus strict nécessaire*, c'est-à-dire à 150 hommes pour la frégate et un nombre proportionnel pour le brick ». Il disait encore : « Je sais bien que le brick ne pourrait pas prendre cinq mois de vivres, s'il conservait sa batterie, vous ne lui donnerez, *en conséquence,* que six à huit canons de 6, et placer (*sic*) le reste dans sa calle. » Encombrement des navires par la double garnison de soldats de terre, affaiblissement des navires par la réduction au *strict nécessaire* des équipages marins, par la suppression d'un certain nombre de canons, par celle d'une certaine quantité de munitions, puis perte des navires. Le lecteur jugera.

———

VI

ARRIVÉE DES DÉPORTÉS AUX ILES SEYCHELLES. — HOSTILITÉ DES HABITANTS.

« Amis, ne vous alarmez point, nous reverrons encore le sol de la patrie, le monstre qui nous a fait jeter sur cette terre ne peut avoir qu'une fin violente. Nouveau Néron, il achèvera sa carrière plus tôt que vous ne l'imaginez, la France ne restera pas longtemps sous le joug de son oppresseur. Il périra, et la nouvelle de sa mort sera celle de notre délivrance. »

Tel fut le discours que le général Rossignol adressa à ses compagnons, en abordant la terre d'exil. Il était loin de prévoir sa mort prochaine, et les terribles circonstances au milieu desquelles elle allait survenir.

Ce qui va suivre montre bien dans quel désarroi la prolongation de la guerre européenne avait jeté à cette époque certaines de nos possessions d'outremer. Les croisières anglaises faisaient une telle rafle des correspondances, que les gouverneurs des colonies étaient obligés d'adresser, pour plus de sûreté, leurs courriers en triple, quadruple et quintuple expédition. Sans relations suivies avec la métropole, vivant comme elles pouvaient de leur vie propre, les colonies avaient pris peu à peu l'habitude d'en prendre à leur aise avec les ordres et les instructions que le gouvernement central leur faisait de loin en loin parvenir.

Particulièrement pour ce qui concerne l'île de France et celles des îles voisines qui subissaient son influence, on a le droit d'affirmer que ces colonies vécurent, pendant toute la période de la guerre maritime, en état d'insurrection à peu près ouverte contre la métropole. L'île de France alla jusqu'à expulser par la force les gouverneurs que lui envoyait la France, lorsque ces fonctionnaires émettaient la prétention d'appliquer certaines lois, dont il avait été décidé qu'il ne serait tenu aucun compte dans ces parages.

Aux Seychelles, l'ordre qui arriva de recevoir et d'entretenir les déportés français, fut de ceux que l'on n'eut point à cette époque l'envie d'exécuter. L'île Mahé ne voulait point accueillir les proscrits et le fît bien voir, en cherchant tous les moyens possibles de s'en débarrasser.

Faisons connaître immédiatement la raison de cette antipathie violente, invincible, des colons des Seychelles et de l'île de France pour les déportés, cette raison nous donnera la clef des évènements qui vont suivre, évènements qui sans cela seraient inexplicables.

Aux Seychelles aussi bien qu'à l'île de France, le décret de la Convention nationale prononçant l'abolition de l'esclavage était resté lettre morte. Les déportations de colons par les autorités de l'île de France, déportation qui, pendant toute la période courant de 1794 à 1800, se succèdent périodiquement, les expulsions de fonctionnaires qui se produisent fréquemment, tout cela a pour unique cause les tentatives faites par ces colons ou ces fonctionnaires pour obtenir l'application du décret de libération des noirs. Lors de l'arrivée des proscrits de nivôse, tous notés pour avoir été les défenseurs ardents des principes révolutionnaires, il n'y eut qu'un cri à l'île de France et aux îles Seychelles : — Ces hommes vont faire connaître aux esclaves le décret de la Convention, ils vont soulever les noirs ! — Les nombreuses pièces qui vont suivre nous montrent les colons obsédés par cette préoccupation : empêcher les noirs de communiquer avec les déportés. De là les curieux et cruels incidents qu'il nous faudra noter plus loin.

La lettre du ministre de la marine, que les capitaines de la *Flèche* et de la *Chiffonne* devaient, en débarquant les déportés, remettre au commandant militaire de l'île Mahé, notifiait d'abord à cet agent le sénatus-consulte du 14 nivôse, puis s'exprimait ainsi :

... Ces individus (les déportés) doivent être transportés dans l'isle dont le commandement vous est confié. A leur arrivée, vous ferez les dispositions nécessaires pour les recevoir. Vous leur procurerez les moyens de pourvoir à leur subsistance par le travail, en leur assignant des terrains qu'ils puissent cultiver, et en leur fournissant les instruments aratoires et les objets de première nécessité qu'il sera en votre pouvoir de leur donner pour commencer leur établissement.

Vous les traiterez avec égard et bienveillance s'ils ne cherchent pas à troubler la tranquillité des habitants, et s'ils ne portent pas atteinte aux mœurs et aux usages, à la subordination établie dans l'isle, et enfin s'ils respectent les personnes et les propriétés. Dans le cas contraire, vous punirez sévèrement les coupables, et pour vous mettre en état de contenir ce surcroît de population, je vous laisse la faculté de faire débarquer des bâtimens qui vous conduiront ces individus le nombre de

soldats que vous jugerez nécessaire, et j'ai prescrit aux capitaines de déférer aux réquisitions
que vous pourriez leur adresser pour cet effet.

La surveillance à exercer sur eux se borne à
les empêcher de (s'évader?) à aucun prix ou de
quitter Mahé sans un ordre formel. Si donc il
arrivait un bâtiment dans cette isle, sous un
pavillon quelconque, vous prendriez des mesures pour que les individus en surveillance ne
communiquassent point avec l'équipage ni
l'état-major, et vous en préviendriez le capitaine, afin qu'il prît des dispositions en conséquence.

Si quelques colons de Mahé désiraient de
quitter cette île, pour ne pas habiter avec des
hommes que la mère-patrie éloigne de son
sein, vous les préviendriez qu'ils peuvent
s'adresser au gouverneur de l'île de France,
à qui l'ordre est donné de les accueillir dans
cette colonie.

Vous ne gênerez en rien l'industrie des nouveaux habitants de Mahé, et s'ils peuvent se
livrer à quelques opérations qui ajoutent à
leur aisance, vous aurez soin de les aider par
tous les moyens qui sont en votre pouvoir.

Au moment de leur arrivée, vous constate-
rez par un procès-verbal la remise qui vous
n sera faite; et vous me rendrez compte ul-
érieurement, ainsi qu'au gouverneur de l'Isle
de France, de leur conduite, de leurs occupa-
tions, de l'accroissement de leurs familles, des
succès qu'ils pourront obtenir dans leurs opérations; en un mot, de tous les mouvements
qui arriveront parmi eux. Vous exécuterez
tous les ordres que le gouverneur de l'Isle de
France, pourra vous donner à leur égard.

Le premier consul vous ordonne expressément de n'employer contr'eux aucune mesure de rigueur ni même de sévérité qui aggraveraient inutilement le malheur de leur position; il désire au contraire que votre humanité, votre prudence, et, s'il le faut, vos conseils, leur assurent une existence tranquille, leur fassent oublier leurs principes et les engagent à réparer leur conduite passée.

En donnant connaissance de ces dispositions au gouverneur et à l'ordonnateur de l'île de France, je les invite à vous procurer les secours qui vont vous devenir nécessaires, surtout en vivres; et je ne doute pas qu'il ne s'empresse d'exécuter mes ordres à cet égard.

(Archives de la marine.)

Le ministre de la marine, on l'a vu plus haut, se préoccupait de découvrir entre les colonies celle qui présenterait, le cas échéant, les conditions les plus favorables pour servir de lieu de rélégation; il ne serait peut-être pas téméraire d'induire des instructions qui précèdent que Mahé est, dans l'esprit du ministre, le centre choisi pour un établissement de cette nature. La singulière préoccupation d'inviter si promptement, et avant toute plainte, les habitants à quitter le pays au cas où le voisinage des déportés les gênerait, s'expliquerait alors par le désir secret du ministre de voir les colons abandonner l'île, afin de ne conserver dans ces parages que le personnel administratif et militaire destiné à la garde des exilés. Cette invitation de quitter le pays fut, au reste, considérée par les habitants comme une véritable menace d'expropriation, et contribua à exciter leurs défiances,. non-seulement contre les déportés, mais aussi contre les équipages qui les amenaient. Il faut voir dans cette recommandation du ministre l'une des sources principales de l'antagonisme violent qui va se faire jour entre les colons et les proscrits.

. Quant aux prescriptions tendrement humanitaires au moyen desquelles le ministre qui vient de se charger d'exécuter la plus injuste des proscriptions, se montre inopinément si affable pour les proscrits, on doit n'y attacher qu'une importance très relative. Elles font partie du vocabulaire que les gouvernements qui remplacent la loi par le bon plaisir emploient volontiers pour masquer ce que leur conduite a de sincèrement abominable. Ajoutons que je n'ai jamais trouvé dans la correspondance du premier consul, ni dans celle de l'empereur, la moindre trace de l'intention d'épargner aux proscrits « des mesures de rigueur, ni même de sévérité ». Pourtant, il écrit souvent à leur sujet, principalement pour recommander qu'on les expédie promptement à leur destination ; mais il n'ajoute jamais un mot pour recommander de les bien traiter. En fait, les prescriptions du ministre, on va s'en assurer, n'eurent aucune influence heureuse sur le sort des victimes.

Le 3 vendémiaire an X (les proscrits

étaient aux Seychelles depuis quelques jours à peine), Magallon, l'un des administrateurs généraux de l'île de France, écrivait déjà au ministre de la marine :

Isle de France, 3 vendémiaire an 10. — Le général commandant en chef à l'Isle de France au général Buona-Parte, 1er consul de la République. — ..... La corvette *la Flèche*, que les vents et le besoin de vivres ont forcé de relâcher à l'isle de la Réunion, où elle a déposé ses paquets, nous a appris que les déportés dont elle était chargée ainsi que ceux embarqués sur la frégate *la Chiffonne* et les flutes *l'Arabe* et *le Rhinocéros*, formant un total de 132 individus étaient destinés pour les isles Seychelles (1).

Cette disposition a jetté l'allarme dans les esprits, et rouvert des plaies qui commençaient à se cicatriser. Dans le rapprochement de pareils hommes on s'est représenté une annonce et un moyen anticipée d'exécution d'un principe auquel on voit une perte certaine attachée (2). Dès lors, toutes les idées et les bons effets d'une confiance déjà bien établie, dans

---

(1) On croyait alors, et les premiers ordres donnés indiquaient, en effet, que tous les déportés devaient être envoyés à Mahé, mais le lecteur sait qu'il n'en fut embarqué, en réalité, que soixante-dix pour les îles Seychelles.

(2) Magallon fait ici allusion au décret de libération des noirs, décret que l'île de France a refusé d'exécuter, et qui est l'objet de la continuelle préoccupation des colons.

les vues bienfaitrices d'un gouvernement paternel et restaurateur ont fait place à tout ce que le souvenir des exemples passés et la terreur de l'avenir ont été capables de suggérer.

... J'aurai aussi, général, quelque chose à vous dire sur la situation politique et territoriale des îles Seychelles qui ont été choisies pour y jeter les déportés.

J'ignore si le gouvernement est instruit que ces îles ont capitulé le 17 mai 1794, et quoi qu'à le bien prendre, elles appartiendront dans l'état où elles sont, au premier occupant, elles n'en sont pas moins en ce moment sous la domination anglaise, de sorte que les déportés en y mettant le pied sont libres par le fait, ils peuvent se réclamer de la protection de l'Angleterre.

Et, comme s'il craignait que l'on se méprenne sur la nature des sentiments que les déportés lui inspirent, Magallon place en marge de sa lettre cette note :

Un de ces misérables (déportés), nommé le prince Charles de Hesse, a dénoncé et failli faire assassiner mon père.

On voit que les proscrits n'ont pas la chance de tomber entre les mains de gens disposés à les traiter amicalement.

Le 28 vendémiaire, Magallon écrit encore :

... Je voudrais bien pouvoir vous dissimuler que depuis les dernières dépêches que je vous ai adressées les 3 et 20 de ce mois et dont vous recevrez par cette occasion le duplicata, les esprits sont tombés dans une grande fermentation ; la certitude de l'arrivée et du voisinage de ces déportés qu'ils connaissent capables de crime, la perte des frégates et des moyens qui devaient être employés à les surveiller, les maintenir et les sustenter, ont renouvelé des allarmes qu'on ne calme pas facilement dans un pays et dans un climat tels que ceux-ci. Je ne négligerai rien pour ramener le calme ; nous vivons sur un volcan.

Le 20 vendémiaire, an X, c'est « l'assemblée coloniale » de l'île de France qui entre en scène, et qui s'adresse en ces termes aux consuls de la République :

Nous savons que la frégate *la Chiffonne* et la corvette *la Flèche* ont été expédiées directement pour les îles Seychelles, qu'elles doivent déposer à Mahé, la principale de ces îles, un grand nombre d'individus expulsés du sein de la France.

Tout ce que les atrocités révolutionnaires ont de plus horrible se trouve réuni comme dans un même foyer, où ? dans un pays habité par les hommes les plus paisibles de la terre.

Les massacreurs de septembre, les conspirateurs du 3 nivoso, les bourreaux des rives de la Loire, les coupe-têtes d'Avignon, voilà les hommes que la France a vomi de son sein et que le ministre fait transporter non loin de nos îles, à côté d'une population qui s'est conservée jusqu'ici saine et intacte.

Saisis d'horreur au récit de leurs crimes,

5

habitués à maudire leurs forfaits, que sentirions-nous à l'aspect de ces monstres ?

Mais ils sont appuyés de la recommandation du ministre; il veut qu'on les traite avec *égards et bonté,* s'il faut les surveiller, ce n'est que pour empêcher qu'ils ne se livrent à des excès.

S'ils veulent prendre la place des fondateurs de la colonie française où on les transporte, et occuper leurs terrains, ceux-ci et leurs familles doivent se retirer, ils se rendront ainsi dépouillés à l'isle de France, malgré le danger des croisières et là, dans un pays qui n'a reçu aucuns fonds depuis la guerre pour son administration, qui n'est pas en état d'assurer le paiement de la moindre de ses dépenses, on fera *des efforts* pour les dédommager.

Les îles de France et de la Réunion feront en faveur de leurs malheureux frères des Seychelles de plus généreux efforts.

Elles emploiront tous les moyens pour empêcher que cette colonie intéressante par sa position, par ses habitans, par son climat, ne soit perdue à jamais pour la France; pour la préserver s'il en est tems encore, de la destruction et des calamités auxquelles elle a été abandonnée; pour assurer leur propre conservation et interdire sur leurs côtes tout accès à la contagion.

Le mystère dont cette opération a été enveloppée à notre égard, le choix du lieu, si proche de nous, et qui n'est point ordonné dans l'arrêté des consuls;

Ces faveurs, ces ménagements envers de tels hommes qui, suivant l'expression d'un écrivain, *étaient réclamés par les déserts,* et que l'on met en quelque sorte en possession d'une colonie déjà habitée; d'une colonie qui, sans

.aucuns moyens répressifs pour sa police, ne se maintient que par la paix qui règne entre ses habitans ;

La privation, à l'avenir, d'un point de relâche commode pour notre commerce avec l'Inde et avantageux pour nos corsaires dans le cours de la guerre ;

La facilité d'introduire dans notre colonie ces principes destructeurs contre lesquels nous avons si généreusement lutté jusqu'ici, et d'y appuyer les perturbateurs qui auraient pu échapper à notre surveillance ;

Ces objets d'inquiétude ont répandu l'agitation dans nos campagnes.

(*Archives de la marine.*)

Le 13 brumaire, la même assemblée coloniale de l'île de France dit dans une nouvelle missive :

Par un bâtiment expédié des Seychelles sous cartel, et arrivé aujourd'huy dans ce port, nous apprenons que ces isles sont menacées d'une disette très prochaine.

Cette nouvelle ajoute aux sollicitudes que nous a causé une expédition aussi désastreuse sous tous les rapports.

La lettre explique ensuite que la colonie est bien désorganisée ; heureusement que l'assemblée coloniale est là, mais le gouvernement ne lui répond jamais, l'assemblée n'est pas reconnue par lui, ce qui est fâcheux, car les « hommes mal intentionnés » profitent de cette circonstance pour

l'attaquer et la gêner dans ses efforts pour
le bien, etc.

De là ces menaces, cette espèce de cri de
guerre que même sans ordres et sans mission
prononcent contre nous tous les scélérats
qu'on veut contenir dans l'ordre ou qu'on
force de respecter les lois.

C'est ainsi que déjà à l'Isle Mahé, les hommes
atroces qu'on y a déportés et qui y dominent
jurent de mettre à exécution le décret du 16
pluviose (1) si les colons ne leur livrent pas
les provisions que chaque famille est obligée
de réserver pour sa subsistance.

N'insistons pas sur le crime de ces
« hommes atroces », crime qui consiste à
réclamer l'exécution d'un décret parfaitement en vigueur, de l'un des décrets les
plus justes et les plus légitimes qu'aucune
législature ait jamais votés. N'insistons pas
non plus sur le rôle de cette « assemblée
coloniale », dont la façon de forcer
« les scélérats à respecter les lois » consiste à empêcher les citoyens de réclamer l'exécution d'une loi. Contentons-
nous de faire remarquer que c'est une assemblée en insurrection ouverte depuis
dix ans contre la mère-patrie qui parle
ainsi.

Ce que l'assemblée coloniale n'ose pas
dire encore au gouvernement, c'est la ré-

_____

(1) Relatif à l'affranchissement des noirs.

solution déjà prise par elle bien antérieurement à la date de la lettre qui précède, d'expulser des Seychelles les hommes que le gouvernement vient d'y envoyer, et qu'elle accuse du crime de réclamer l'exécution de la loi qui affranchit les noirs.

Que se passait-il aux Seychelles, en réalité, pendant que cette correspondance s'échangeait?

Il est probable que dans les premiers moments, lors du débarquement des proscrits, il dut y avoir à Mahé un assez grand encombrement, et peut-être quelque difficulté de se procurer des vivres. Quéau de Quinssy, commandant militaire à Mahé, n'eut pas seulement à pourvoir à la subsistance des condamnés, mais aussi à celle des équipages des navires qui avaient transporté ces malheureux, navires dont l'un avait été enlevé et l'autre coulé, et qui, par conséq'ent, avaient laissé à terre un grand nombre de marins qu'il fallait nourrir. Aussi Quéau de Quinssy disait-il, le 30 fructidor an IX, dans une lettre adressée à Magallon, peu de jours après le débarquement des condamnés :

..... Vous devez juger, citoyen général, ma position critique dans cette colonie, et combien cette situation me nécessite de prendre des mesures forcées par les circonstances. Je me trouve environ 300 hommes à substanter, savoir : environ 150 à 160 de la *Chiffonne* et 68 déportés, sans compter les équipages des navires particuliers pris. Je fais pour le mieux afin de maintenir l'ordre.

Il me restera ici 80 détenus et environ 10 militaires comme garde de police. La colonie des Seychelles est épuisée et sans ressources. Comptez, mon général, sur mon courage. Je m'efforcerai de faire pour le mieux.

(Archives de la marine.)

On verra tout à l'heure que ce Quéau de Quinssy fut de connivence avec les autorités de l'île de France pour procéder à l'expulsion violente des prisonniers qui lui étaient confiés par le gouvernement, mais il eut l'adresse de ne point laisser deviner aux déportés les intentions qu'il nourrissait à leur égard ; aussi, les relations que nous ont laissées les proscrits sont-elles généralement favorables à ce personnage.

Pendant que sourdement on conspirait leur perte, les déportés, que l'on s'était bien gardé de mettre au courant des intrigues qui de toutes parts s'ourdissaient contre leur sécurité, tâchaient de se rendre utiles aux habitants ; ils partageaient les soins et les travaux qu'exigeaient les propriétés de ceux-ci, et témoignaient simplement le désir assez naturel de retourner en France aussi promptement que possible.

Cependant, certains habitants continuèrent à intriguer auprès de l'assemblée coloniale de l'île de France. Ils se dépensèrent contre les déportés en attaques acrimonieuses. Citons quelques-unes des lettres adressées à l'assemblée coloniale que nous trouvons dans les dossiers des archives du ministère de la marine :

La citoyenne veuve S. Jorre, mère de famille de sept enfants et habitante en cette colonie depuis 1790, a l'honneur de vous représenter qu'il ne lui est plus possible de vivre dans une colonie où la métropole a envoyé une grande quantité d'hommes qu'elle a jugé incapables de vivre parmi elle.

Pauvre mère de famille, qui n'a pour toute fortune qu'une trentaine de noirs et cinq terreins d'habitation en commun pour faire vivre et subsister sa famille.

Il ne me reste donc, citoyens, qu'à employer votre secours en me favorisant mon passage et celui de mes enfants pour l'isle de France, soit sur un vaisseau de la république ou en me faisant l'avance sur un vaisseau de commerce. C'est en attendant ce secours que vous (sic); que j'ai l'honneur d'être, citoyens, votre très humble servante.

Seychelles, 6 janvier 1802.

Les C. C. François et Charles Savy, frères, habitans de l'Ile Seychelles depuis 1780, tous deux époux et pères de famille.

Ont l'honneur de vous exposer que d'après les mesures que le gouvernement français a pris à l'égard de cette colonie, nous nous trouvons confondus parmi des gens que la métropole a jugés coupables. Notre cœur répugne parmi eux, et voulant inspirer à nos enfans des sentimens honnêtes, nous désirons sortir d'un lieu où nous avons tout à craindre. Cette réflexion nous est d'autant plus odieuse qu'elle nous oblige d'implorer votre secours ; notre fortune consiste à environ 70 noirs que nous possédons en commun ; ces moyens suffiraient à faire subsister nos familles si nous étions dans un lieu où nous pourrions travailler en paix, nous offrons de réunir aux domaines 4 terrains d'habitation, en remplaçant (*sic*) de la quantité que vous jugerez convenable à l'Isle de France suffisante (*sic*) pour occuper nos noirs, et s'il se présente une occasion de pouvoir nous faciliter notre passage sur quelque vaisseau de la République ou nous en faire les avances sur un vaisseau particulier, nos vœux seraient remplis et nous bénirons ainsi que nos enfans à jamais votre nom. *C'est* les sentimens de ceux qui ont l'honneur d'être avec votre respect, citoyen, *votre* très humble et obéissant serviteur. — François Savy. Charles Savy. — Seychelles, ce 26 septembre 1801.

Je soussigné, habitant de Mahé, isle Séchelles, actuellement à l'isle de France, déclare qu'à mon départ de l'isle Mahé, les habitants étaient dans la plus grande inquiétude relativement à une partie des déportés de France, lesquelles annoncent une opinion destructive des colonies, publiant que le décret du 16 pluviose an 2 sera mis à exécution, l'un d'eux ayant été déporté pour raison de ce. Ils sont les plus grands ennemis du gouvernement actuel et surtout du premier consul..... Isle de France, 26 janvier 1802. (*V. s.*) LOISEAU.

Une lettre signée Langlois, en date du 13 pluviôse an X, s'exprime ainsi : «... Notre position est d'autant plus inquiétante que nous sommes menacés d'une disette prochaine... Plusieurs de ces déportés ont demandé passage sur les vaisseaux qui passent ici. M. de Quinssy s'y refusant, nous nous proposons de lui faire sommation de leur permettre de partir... Que deviendrons-nous si on nous attaque par où on nous menace?

Enfin une longue note signée Malavois (18 pluviôse an X), et conçue en des termes d'une rare violence, renferme certains passages qui ont du moins le mérite de nous apprendre quelque chose de précis sur la situation des déportés peu de temps après leur débarquement. Voici ces fragments :

30 à 40 de ces personnages que l'on a bien osé qualifier *de victimes de la Révo'ution*, sont dispersés chez une vingtaine d'habitants, dont plusieurs, indignement abusés, leur ont confié l'éducation de leurs enfants!... D'autre les ont sans doute reçus par d'autres voies; d'autres enfin, et c'est heureusement le petit nombre, n'ont eu rien à perdre dans cette horrible association.

20 à 30 déportés sont rassemblés à l'établissement de Seychelles; c'est là qu'est le repaire de ceux que les habitans ont refusé d'accueillir chez eux; cette indication dispense d'autre détail.

La population actuelle de ces îles en blancs et nègres est avec le nombre des déportés dans la disproportion de 2 à 3,000 contre 67. La

5.

prise d'une belle frégate, la perte d'une corvette, la vie d'une trentaine d'hommes, les
blessures d'un plus grand nombre, la capture
de quatre vaisseaux du commerce n'eût pas
suffi pour être le prix de la destinée des îles
Séchelles où plusieurs déportés ont le projet
et l'espoir de se fixer.

Une horrible bacchanale de nègres présidée
par un déporté. Là, les noms de liberté, d'égalité ; là le projet d'épouvantables désordres, ce
misérable et ses complices dénoncés cependant par un autre déporté. D'autres notés pour
être mis en surveillance, des mesures précipi-
tées par l'urgence, par la terreur.

Voilà ce qui a précédé immédiatement mon
départ. La consternation, le désespoir des anciens habitants, de plusieurs pères de famille
désolés de ne pouvoir fuir avec nous d'une
terre qui semble vouée à la ruine dont elle est
progressivement menacée depuis trop longtemps.

Tels sont les présages sous lesquels j'ai vu
pour la dernière fois l'isle Sechelles.

Mais nous devons aussi donner la parole aux déportés. Dans leur « Mémoire
pour les 28 malheureux, reste de 71 citoyens français, etc. » déjà plusieurs fois
cité ici, mémoire rédigé et signé par eux
sur les lieux, et au moment même où venaient de se passer les événements qui les
passionnent (Mahé, ce 24 germinal an XII)
les proscrits racontent ainsi qu'il suit leur
arrivée à Mahé et les premières tentatives
faites par certains colons pour obtenir
leur expulsion de l'archipel des Seychelles :

..... Le capitaine Guiesse descendit à terre pour communiquer ses ordres et remettre ses dépêches au commandant des Seychelles. Le commandant Quinssy, pour obéir aux ordres du gouvernement français, voulait faire descendre à terre ceux de nous que la frégate amenait, au nombre de trente-deux ; mais, trouvant quelques oppositions, il convoqua l'assemblée des notables du pays ; cette assemblée décida que nous serions reçus et les notables s'obligèrent à nous fournir des vivres jusqu'à ce qu'il eût été pris de mesures pour assurer cet objet important. On proposa même de nous distribuer chez les habitans.

Tout allait bien jusque-là, mais un homme nommé Malavois, ancien ingénieur des ponts et chaussées, se rendit, dès le 13, à l'établissement et reprocha aux habitans l'arrêté juste et bienfaisant qu'ils avaient pris la veille : « Qu'avez-vous fait ? leur dit-il. Vous avez violé votre capitulation avec les Anglais en consentant à recevoir ces gens-là, et vous vous exposez à leur juste vengeance. Vous ne voyez pas que vous ouvrez votre sein à vos plus cruels ennemis ; que les hommes que le gouvernement français vous envoye ne sont déportés qu'en apparence, et qu'ils sont chargés de l'horrible mission de soulever vos esclaves et de s'emparer de vos propriétés ? »

Le commandant nous ayant fait descendre à terre, le vingt-deux messidor, ces habitans vinrent au bord de la mer pour nous examiner : la consternation était peinte sur leurs figures. Le citoyen commandant nous fit un discours analogue à notre position. Le capitaine de la *Chiffonne*, qui était présent, lui déclara devant tous les habitans que nous avions tenu sur son bord la conduite la plus louable et qu'il en rendrait bien compte au gouvernement français.

Ce témoignage ayant rassuré quelques habitans (les moins fortunés), ils prirent plusieurs d'entre nous chez eux pour enseigner leurs enfants; mais les plus riches, persuadés par les mensonges de l'ingénieur, non-seulement n'en prirent aucun, mais ils refusèrent d'exécuter leur arrêté du treize, et le commandant Quinssy eut beaucoup de peine à nous procurer de quoi ne pas mourir de faim.

Le 17 fructidor suivant, la corvette *la Flèche* arriva, apportant 38 de nous. A cette arrivée le sieur Malavois et ceux qu'il avait séduits jettèrent de nouveaux cris, mais ce fut inutilement. Ces malheureux qui étaient depuis plus de sept mois en mer, dont plusieurs étaient très malades, et qui tous ressemblaient à des squelettes, furent reçus avec bonté par le commandant, quoiqu'il fut bien embarrassé pour leur procurer des subsistances.

Le sieur Malavois avait déjà cherché à soulever les esprits de l'Isle de France. Il y avait écrit « qu'il était obligé de fuir les Seychelles, devenus, disait-il, une nouvelle Gomore, par l'envoi que le gouvernement français venait d'y faire d'hommes abominables. »

Ce fut sur cette lettre, et quelques autres de lui, et de quelques-uns de ceux des habitans de Mahé qu'il avait séduit et qu'il gouvernait que l'assemblée coloniale de l'Isle de France rendit cette loi terrible, par laquelle, après avoir traîné dans la boue le gouvernement français et le ministre de la marine, elle nous mit tous hors la loi, ordonna que tous ceux de nous qui approcheraient de ses rives seraient *à l'instant mis à mort*, prononça la même peine contre tout capitaine de guerre

ou de commerce qui apporterait un seul de
nous aux Isles de France et de la Réunion, et
déclara toute communication interdite entre
ces Isles et les Seychelles tant que nous rési-
derions dans ces dernières.

Plusieurs batiments de Mahé en ayant été
expédiés au commencement de vendémiaire
au dix, pour porter à l'isle de France les officiers, équipages et soldats de la *Chiffonne* et
de la *Flèche*, Malavois recommanda aux capitaines de ces petits batimens de dire que les
Seychelles couraient les plus grands dangers
par notre présence. L'un de ces capitaines
nommé Wolff ne rougit pas d'aller à la barre
de l'assemblée coloniale exécuter et remplir
la mission dont l'avait chargé Malavois et d'y
dire que nous étions tous des hommes infiniment dangereux.

Ce fut sur cette nouvelle dénonciation que
cette assemblée indignement trompée confirma son premier arrêté contre nous, et y
ajouta la plus qu'invitation au gouverneur général de faire équipper un batiment de forces
(*sic*) pour venir nous enlever des Seychelles.

Quelle conduite tenions-nous aux Seychelles
pendant que la plus lâche intrigue et la plus
affreuse calomnie machinait insy notre exter-
mination. Les plus instruits d'entre nous
étaient successivement entrés chez ceux des
halitans qui ne partageaient point les fureurs
de Malavois, et les craintes puériles de ces
affidés ; et pleins de reconnaissances pour leurs
autres (*sic*) bienfaisants, ces infortunés leur
rendaient tous les services qui étaient en leur
pouvoir, et se livraient avec zèle à l'instruction de leurs enfants. Ils gagnaient chaque
jour l'estime et l'amitié de ceux qui leur
avaient offert un asile ; ceux de nous qui

étaient restés à l'établissement où ils manquaient de tous les objets de première nécessité, n'y menaient pas moins la conduite la
plus paisible et la plus pure. Le sieur Malavois,
voyant qu'il y avait parmi nous des hommes
de peine peu instruits, imagina de perdre le
commandant par eux, pour les perdre ensuite
eux-mêmes ; il les fit rechercher perfidement
par quelques-uns de ses affidés ; on parut les
plaindre, compatir à leur peine : « Vous êtes
bien malheureux, leur disait-on ; mais c'est la
faute de ce misérable commandant; il ne vous
a reçu que pour faire sa cour au gouvernement français, en vous faisant périr de misère;
il reçoit par jour six francs pour chacun de
vous, et il ne dépense pas deux sols pour votre
nourriture; exigez qu'il vous donne *du pain,
du vin, de la viande de boucherie* (rien de tout
cela n'existait dans la colonie), et s'il vous refuse, exterminez-le » On joignit la boisson à
ces perfides insinuations, mais ce fut en vain.
Tout se borna à faire dire quelques mots durs
au commandant par ces hommes rustiques,
lorsqu'on les avait yvrés d'arack, mais ces
hommes vraiment probes ne voulurent jamais
lui faire le moindre mal, et lorsqu'ils étaient
dans leur état naturel, ils le priaient de leur
pardonner les mots impropres qu'ils lui avaient
dit dans l'yvresse, et lui juraient de le respecter, de lui obéir, et même de le défendre.
    Les capitaines anglais Adams, commandant
la *Sibille*, qui prit la *Chifonne*, Colliers, commandant du *Victor* qui coula la *Flèche*,
Alexander, commandant le *Brave*, nous virent
à Mahé ; ils parurent s'intéresser à nous,
déplorer notre sort : ils offrirent à plusieurs
de les emmener dans l'Inde, mais nous leur
répondîmes tous : — Soumis aux ordres de

notre gouvernement, nous resterions dans l'endroit ou il nous avait placés, tel mal que nous y fussions. Ils nous offrirent des secours pécuniers, nous les refusâmes tous ; les plus misérables d'entre nous eussent rougi d'accepter le plus léger bienfait des ennemis de notre patrie.

Tout était calme et tranquille. Nul de nous n'approchait des habitations de ceux qui ne nous appelaient pas chez eux. Nul habitant ne pouvait se plaindre qu'il lui eut manqué un fœtus (sic), mais un évènement bien simple et bien naturel en lui-même causa la plus grande joie au féroce Malavois et à ses dupes.

Un de nos compagnons d'infortune, le citoyen Magnan, s'étant trouvé un dimanche sur l'habitation d'une négresse libre nommée Vola Maelfa, où il était allé voir un autre camarade, le citoyen Laurent d'Erville, ancien capitaine de cavalerie, qui y était logé, il vit danser les noirs de cette propriétaire, et, comme il était très facétieux de son naturel, à son retour à l'établissement, Magnan contrefit si grotesquement les figures et les pas de la danse nègre, qu'il fit naître, dans le cœur de ceux qui n'avaient jamais habité les colonies, ne la connaissait pas, le désir de voir cette danse bizarre. De ce nombre était un nommé Serpolet, qui n'avait que peu d'usage du monde, encore moins celui des colonies; dans l'intention d'aller voir danser les noirs, cet homme se mit en route, le dimanche suivant, pour se rendre chez Vola Maelfa.

En son chemin, et ne connaissant pas la route de l'habitation, il la demanda à un noir qu'il rencontra et qui appartenait au citoyen Leguidec, de Bourb n. Ce noir lui répondit que s'il voulait l'accompagner il le conduirait droit chez Vola Maelfa, parce qu'il allait à un bal que ses noirs donnaient ce jour-là. Serpolet, flatté de cette rencontre, accompagna ce noir qu'il présenta à ses camarades dès qu'ils furent arrivés. Les noirs se trouvant honorés d'avoir un blanc au milieu d'eux, lui offrirent sa part de leurs rafraîchissemens. Serpolet accepta faute de connaître l'usage des colonies, et il prit part au galat. S'en étant vanté à son retour, nous le réprimandâmes fortement.

Cette affaire paraissait entièrement éteinte, mais Malavois résolut de la faire tourner au profit de sa malignité; il fit répandre que la visite de Serpolet aux noirs de Vola Moelfa était un commencement d'exécution « du grand complot de soulever les noirs ». Qu'il y avait à ce bal des députés de toutes les habitations, qu'on y avait projetté de profiter du jour de l'an, alors prochain, et de la liberté qu'avaient les noirs de vaguer ce jour-là, pour égorger les blancs et se rendre maîtres de l'isle, et que les déportés français étaient à la tête de ce complot, puisque l'un d'eux, Serpolet, avait assisté à ce bal. Allarmés de ces bruits, les habitans s'assemblèrent, demandèrent que Serpolet fut mis en prison et que dix d'entre nous fussent convoqués pour prononcer sur la peine qu'il méritait. Certes, la peine de la prison était plus que suffisante pour le punir d'une simple incartade qui n'avait eu aucun but, n'y produit aucun danger.

Cependant nous fûmes convoqués quelques jours après avec les habitants, par l'organe du commandant. Le résultat de cette séance fut que Serpolet devait être mis en prison, le temps que le citoyen Quinssy jugerait convenable, pour le punir de cette incartade invo-

lontaire, mais qui n'en était pas moins une
faute que la politique devait reprendre.

Nous nous séparâmes ensuite, bien convaincus que les habitans devoient être satis-
faits. Mais nous fûmes étrangement surpris,
lorsque, quelques jours après, les habitans
nous firent appeler par M. Quinssy et nous
proposèrent de signer le procès-verbal auquel
nous n'avions pris aucune part, qui portait en
substance que Serpolet serait déporté sur l'Isle
aux frégates, isle déserte et sans culture. Les
habitans ajoutèrent à leur délibération de
faire partager le sort de Serpolet au noir du
citoyen Leguidec, qui avait conduit ce blanc
chez Vola-Maelfa, à deux des noirs charpen-
tiers de cette femme, qui avaient donné le
bal, à un nommé Fernando, noir du commandant, qui y avait dansé.

Le batiment d'un citoyen Hodoul étant sur
le point de partir pour l'Ile de France, on
le chargea de transporter à l'Isle aux frégates
Serpolet et les noirs proscrits. Dans cette petite traversée, messieurs Odouil et Lacour s'ar-
rogèrent de faire subir des interrogatoires aux
cinq transportés et par menaces et par pro-
messes ou autrement, ils leur firent dire tout
ce qu'ils voulurent et en dressèrent un prétendu procès verbal, qu'ils se gardèrent bien
de communiquer à personne à Mahé, mais
qu'ils eurent soin de porter peu de jours après
à l'Isle de France.

A leur arrivée, ils crièrent tous de concert
« qu'il n'était plus possible de vivre aux Seychelles depuis que nous y étions; que nous
soulevions les noirs contre leurs maîtres ; que
nous insultions et outragions les femmes, et
menacions les hommes ; que nous nous étions
rendus maîtres des armes de la *Flèche* (qui

avaient été coulés) et de la *Chiffonne* (qui avait été prise) et que nous parcourions et dévastions les habitations. »

L'assemblée témoigna la plus profonde indignation contre nous, et enjoignit au gouverneur général d'exécuter ses précédents arrêtés, en nous faisant enlever de Mahé, et en nous envoyant jeter sur l'isle infecte d'Anjouan.

Pendant que tout ceci se tramait à l'île de France, ceux des habitans des Seychelles qui étaient dans le secret et l'intrigue du sieur Malavois, tendaient à nos compagnons d'infortune un piège d'autant plus adroit qu'il avait le dehors trompeur d'un acte de bienfaisance de leur part.

« Vous êtes bien malheureux ici, leur dirent-ils, et nous ne pouvons soulager votre misère, parce que ce pays n'offrent point de ressources ; d'un autre côté, nous ne pouvons vous voir de bon œil, parce que votre résidence inquiète les isles de France et de la Réunion ; qu'elles ont interrompu toutes communications avec nous tant que vous resterez aux Seychelles ; d'ailleurs, on peut venir vous enlever au premier instant ! Si vous nous en croyez, vous achèterez un navire pour vous reconduire en Europe. Si vous n'avez pas les fonds nécessaires, nous vous les avancerons sur le cautionnement de ceux d'entre vous qui ont de la fortune en France (1). »

Ceux qui faisaient cet illusoire proposition exigèrent que les mis en surveillance nommassent des commissaires pour se concerter avec eux sur les moyens d'exécution. Parmi les

(1) Le récit de Fescourt fait également connaître cette particularité.

commissaires qui furent nommés se trouvait le général Rossignol : il vivait retiré à Praslin, sur l'habitation du citoyen Sausse et venait très rarement à Mahé : on lui écrivit d'y venir pour accélérer l'exécution du projet. Rossignol crut devoir se rendre à Mahé, et ces mêmes habitans lui en ont fait un crime.

L'agent municipal Mondon convoqua une assemblée générale des habitans à l'établissement, pour aviser aux moyens de nous faire sortir de l'archipel. Après diverses propositions, l'assemblée arrêta que les habitans achepteraient, sous le nom du citoyen Vanneck, l'un de nous, un navire que le citoyen Planot rachevait de construire, et le payerait six mille piastres ; que nous en fournirions mille comptant, et que les habitans fourniraient le surplus, à titre d'avance ; que le citoyen Vanneck souscrirait une lettre de change de la valeurde ce qu'il en coûterait aux habitans ; que le citoyen Emmanuel Gonnau laisserait son habitation et ses noirs en otage, et partirait avec nous en Europe, à l'effet d'y toucher le montant de la lettre de change et de ramener le navire, qui serait la récompense de ses peines.

L'agent municipal convoqua une seconde assemblée pour aviser aux moyens de subvenir aux dépenses de l'armement et du départ du navire achepté de Planot. On y arrêta d'établir sur tous les habitans une taxe de trois piastres par tête de noir, laquelle devait être payée avant le vingt mars suivant, ce bâtiment devant, disait-on, partir dans les premiers jours d'avril. On invita, on somma le commandant d'assister à cette assemblée, et de donner les commissions et permis nécessaires, mais il refusa l'un et l'autre. Alors le capitaine Sausse prit l'engagement de conduire le bâtiment jusqu'à Mozambic seulement, où on pourrait, dit-il, le faire naturaliser Portugais et trouver un capitaine qui se chargerait de le conduire de là en Europe.

En résumé, de l'examen des pièces émanant soit des autorités coloniales, soit de différents habitants, qu'il m'a été possible de parcourir aux archives de la marine (je n'ai donné le texte que de celles qui m'ont paru plus particulièrement frappantes), il résulte avec certitude que les habitants de Mahé ne relèvent qu'un fait contre les déportés (l'acte imputé au déporté Serpolet).

Il est permis en outre de supposer que des proscrits arrivant de France, peu faits aux usages des colonies, ignorant en un mot le « préjugé de la couleur », ont pu avoir avec les nègres des rapports qui ont dû froisser les colons blancs propriétaires des noirs. Il est plus que probable encore que le spectacle de l'esclavage persistant aux Seychelles, en dépit du décret de la Convention et huit ans après la promulgation de ce décret, était de nature à frapper de stupeur des Parisiens qui n'avaient aucune raison de soupçonner l'existence d'un pareil état de choses, et que les moins prudents d'entre ces Parisiens ont dû ne point dissimuler leur étonnement.

Tout ceci n'excuse en aucune façon, mais du moins explique fort clairement la haine dont les proscrits paraissent avoir été l'objet de la part des colons les plus influents et les plus riches en esclaves. Un état dressé en 1807 aux Seychelles nous montre la population blanche représentée par 231 personnes (y compris les femmes et les enfants), en présence d'une masse de 2,414 esclaves noirs. Il est évident que dans ces conditions les propriétaires d'esclaves se sont sentis à la merci des déportés, qui pouvaient allumer une révolte dans les plantations, rien qu'en faisant connaître aux nègres l'existence du décret libérateur. Cette situation explique tout : la fureur des habitants blancs contre les proscrits, leur crainte d'entendre ces proscrits invoquer les lois de la Convention, puis, leur affollement, le jour où ils apprennent que l'un de ces condamnés a assisté à un bal donné par des esclaves. Ils mettent à obtenir l'expulsion des déportés l'acharnement d'hommes qui croient leurs richesses et leurs vies en péril.

Nous devons dire maintenant comment, en combinant leurs efforts avec les autorités de l'île de France, les habitants de Mahé obtinrent que la plupart des condamnés venus de France fussent soumis à une nouvelle déportation.

———

VII

TRANSPORTATION A ANJOUAN D'UNE PARTIE DES PROSCRITS DE MAHÉ

Les habitants de Mahé auraient pu économiser les démarches qu'ils tentèrent pour arriver à leurs fins, car le projet d'enlever les déportés des îles Seychelles était arrêté dans l'esprit des autorités de l'île de France et de la Réunion, depuis le moment même où l'arrivée des proscrits avait été signalée.

En effet, les condamnés de nivôse débarquent à Mahé en fructidor an IX et, dès le mois de vendémiaire an X, c'est-à-dire un mois après leur débarquement, nous voyons que l'assemblée coloniale de l'île de France a déjà décidé l'expulsion et en est simplement à chercher un procédé d'exécution.

Les procès-verbaux des séances de cette assemblée sont formels à cet égard. Citons en résumant :

15 vendémiaire an 10. — Le président de la commission intermédiaire donne lecture de la réponse du comité administratif de l'Isle de la Réunion qui annonce les secours en hommes et en vivres que la dite isle fournira pour coopérer à l'expédition des isles Seychelles.

L'assemblée maintient tous ses arrêtés y relatifs et charge ses commissions de l'exécution des dits.

1er *brumaire an 10, au matin.* — L'Assemblée charge la commission intermédiaire de s'entendre à ce sujet avec le gouverneur général pour l'exécution.

13 *brumaire an 10, matin.* — L'Assemblée autorise la commission intermédiaire à s'occuper de l'expédition des Seychelles si les circonstances et l'occasion lui paraissent favorables.

8 *pluviôse an 10, matin.* — L'Assemblée délibérant sur diverses réclamations des habitants des Seychelles contre les déportés... arrête que la commission sera chargée de faire exécuter l'arrêté de l'Assemblée qui ordonne qu'il sera fait une expédition pour enlever les déportés les plus dangereux.

(Archives de la marine.)

Finalement, il fut décidé que les condamnés enlevés des îles Seychelles seraient jetés à l'île d'Anjouan, terre située entre la côte d'Afrique et la partie nord de Madagascar.

La corvette de guerre *le Bélier* (commandant Hulot), se trouvait justement alors dans les eaux de l'île de France et la signature des préliminaires de la paix avec l'Angleterre, dont la nouvelle venait de parvenir dans l'archipel indien, rouvrait la route des mers et rendait l'expédition projetée infiniment moins périlleuse qu'elle n'eût été quelques mois auparavant. Le *Bélier* reçut donc pour mission de se rendre à Mahé et de procéder à l'évacuation des déportés sur l'île d'Anjouan. Un capitaine d'artillerie nommé Lafitte, préalablement investi du titre de « commissaire du gouvernement », fut chargé de la direction supérieure de l'expédition.

Le capitaine Lafitte ayant pris le soin de rédiger, sous le titre de « Compte-rendu au gouvernement général des établissements français à l'est du cap de Bonne-Espérance », un journal très complet de son voyage à Anjouan, c'est surtout à ce curieux document, emprunté, comme la plupart de ceux qui précèdent, aux archives du ministère de la marine, que je demanderai le récit de l'expédition, négligeant ici les lettres des autorités coloniales au ministre de la marine, lettres qui ne font au reste que le répéter, le résumer ou le paraphraser. On ne saurait se dissimuler que le compte-rendu du « commissaire du gouvernement » Lafitte, couvre son auteur d'un léger ridicule. Le commissaire, qui évidemment a été renseigné d'une façon déplorable par les lettres venues des Seychelles, s'entoure, pour enlever vingt-cinq à trente pauvres diables désarmés, et d'ailleurs nullement disposés à essayer une résistance quelconque, d'un luxe de précautions militaires qui fait sourire. Cet officier apporte à l'accomplissement de sa mission plus de zèle que de sang-froid; l'important, en fin de compte, est qui; nous renseigne heure par heure, et avec une remarquable précision, sur les péripéties de l'opération.

Partie le 29 pluviôse, la corvette *le Bélier* arriva le 21 ventôse en vue des Seychelles. Laissons de côté les innombrables réquisitions prises par le commissaire, au moment d'opérer le débarquement, ne citons que celles-ci, qui donneront une idée des autres :

Je requiers le capitaine Hulot d'embosser sa corvette le plus près possible du débarcadaire, de faire charger ses canons pour protéger de tous ses moyens le débarquement des détachemens.

Si, étant à terre, les détachemens avaient besoin d'un renfort, ils le feront connaître le jour par un pavillon oeil de boeuf, et la nuit par 3 fusées lancées de minute en minute. Si la corvette avait besoin de secours, elle en avertirait la terre par *trois de* canon, tirés de minute en minute.

Je requiers le commandant Quinssy : 1° qu'il ordonne de suite la fermeture de toutes les cantines voisines du lieu de l'établissement; 2° qu'il mette de suite en réquisition les embarcations des habitans voisins, afin que la plus grande célérité soit mise dans l'exécution des ordres du gouvernement; qu'il donne les ordres nécessaires pour qu'aucune embarcation ne communique jusqu'à nouvelle détermination avec les îles adjacentes à celle de Mahé; 4° qu'il mette un embargo général sur

tous les bâtimens, même sur ceux qui se trouveraient en partance.

Et passons au récit des faits, dont le commandant Lafitte va se charger lui-même :

Le 21 ventôse, à 3 heures après midi, lorsque la corvette eut doublé la pointe N.-O. de Mahé, le capitaine fit tirer un coup de canon pour appeler le pilote, un second coup de canon fut tiré peu après pour faire venir une embarcation que l'on voyait, mais elle fut sans doute effrayée puisqu'elle força d'avirons vers le port. Un troisième coup à boulet rendit indécises quelques autres embarcations qui venaient à bord. Cependant, ayant mis en panne, celle qui portait le chirurgien de santé se rendit à bord de la corvette.

Ces citoyens, ainsi que leur bateau, restèrent à bord. Un canot portant deux hommes du détachement de l'île Mahé fut également retenu, et ces hommes mis aux fers, parce que se disant soldats et expédiés par le commandant Quinssy, ils devaient avoir un ordre écrit ou paraître suspects. Un troisième canot sur lequel étaient les citoyens Darquier, aubergiste, Morin, ancien commis de la *Flèche*, et trois déportés fut aussi retenu et les trois déportés envoyés aux fers pour s'assurer de leur personne.

Pendant ces premières communications, le citoyen Desportes, officier de la corvette, fut envoyé chez le commandant Quinssy, avec une instruction verbale, dans laquelle le commandant Quinssy était invité de se rendre de suite à bord de la corvette.

A sept heures du soir, le citoyen Desportes

revint avec le commandant Quinssy, de suite le commissaire du gouvernement donna à ce dernier connaissance de ses instructions.

Après avoir beaucoup disserté sur la position de Mahé, relativement aux déportés et aux moyens de les maîtriser, en supposant qu'ils voulussent opposer résistance, il fut convenu que le commandant Quinssy se rendrait, dans la nuit, chez les principaux habitans, qu'il les inviterait à réunir tous leurs moyens dans la nuit pour se tenir prêts à aider à la pointe du jour notre expédition; le commandant Quinssy fut aussi chargé de communiquer aux habitans qu'il verrait la proclamation insérée dans les instructions du commissaire du gouvernement.

A trois heures du matin (22 novembre), le commandant Quinssy revint à bord, avec les citoyens Dupond, Robert et Leguidec; il prévient le commissaire du gouvernement qu'il avait fait avertir les citoyens Savy frères et Mondon, que ces habitans, réunis à une quinzaine d'autres et cent noirs, seraient prêts à agir à six heures du matin, qu'ils se porteraient, ainsi que nous en étions convenus dans les gorges situées vers l'enfoncement de l'établissement pour prendre les déportés entre les deux feux, s'ils osaient faire résistance, ou les arrêter s'ils voulaient s'enfuir (les déportés étaient au nombre de quarante à l'établissement).

Dès que le jour a paru, la corvette a appareillée pour s'avancer le plus près possible de la terre. A huit heures du matin, après avoir bien observé l'établissement et ses environs, nous n'y avons vu aucune apparence de préparatifs de défense de la part des déportés; néanmoins, toutes les mesures ont été prises

comme on l'eût fait si on avait vu le contraire.
Le capitaine de la corvette, le commandant
des détachemens et le commandant des Seychelles observèrent au commissaire du gouvernement qu'il leur paraissait convenable au
succès et au genre de sa mission qu'il ne dé-
barquât qu'après que les intentions des déportés seraient connues, attendu que si elles
étaient hostiles, il pourrait se rendre plus
utile en débarquant avec le canon de campagne
qu'en mettant de suite à terre.

Le commandant Quinssy s'est rendu de suite
à l'établissement, et a suivi ponctuellement les
réquisitions qui lui avaient été faites par le
commissaire, il a lu aux déportés la proclamation adressée aux habitants des îles Seychelles
et les réquisitions qui lui avaient été données.

Le général Rossignol, l'un des déportés, portant la parole au nom de tous a dit : « Nous
devons toute obéissance au gouvernement, et
ce coup de tems est bien adroit ».

Le commandant Quinssy s'est de suite porté
vers le rivage pour avertir les détachemens
que les déportés étaient soumis.

Le capitaine Dejean et le lieutenant Lamotte
avaient mis leurs hommes en bataille dans
l'eau jusqu'à mi-jambe à portée de fusil du
rivage. Chacun était à son poste attendant
l'expiration de la demie heure.

Le commissaire du gouvernement et le capitaine de la corvette se sont de suite rendus
à terre.

Le commissaire du gouvernement a fait les
réquisitions nécessaires pour que le commandant des détachemens fît embarquer assez de
déportés pour que la présence de ceux restans
à l'établissement ne put laisser aucune inquiétude. Des postes ont ensuite formé des li-

mites, et des consignes données aux détachemens.

Les habitans, au nombre de quinze, qui
s'étaient réunis aux cent noirs, vinrent nous
rejoindre dès que nous fûmes à terre.

Le 23 ventose, l'agent municipal, le commandant militaire et le commissaire du gouvernement se réunirent pour former la liste
des principaux habitans devant (conformément aux instructions) être entendus pour
connaître ceux des déportés reconnus coupables ou dangereux.

Le 24 ventose, une partie des principaux
habitans fut entendue.

Le 25, une autre portion des principaux
habitans fut entendue, lorsque plus de la
moitié, conformément aux instructions du
commissaire du gouvernement, l'eut été, la
commission se réunit, et prit les arrêtés relatifs
aux déportés de France, et aux habitans
propriétaires ou non reconnus dangereux.

Le 26, les habitans se réunirent pour faire
au commissaire du gouvernement plusieurs
demandes signées individuellement, une entr'autres devait avoir pour objet de décider
l'éloignement de tous les déportés sans exception.

Pendant l'assemblée des habitans, les détachemens firent les patrouilles nécessaires pour
s'emparer de tous les déportés désignés pour
être embarqués; ceux qui étaient à bord et
qui devaient rester à terre furent ensuite débarqués.

Le 28 au jour, la corvette appareilla; elle
était comblée de provisions que les habitans
des Seychelles avaient prodigués en reconnaissance du service qu'elle lui avait rendu.

6.

Voici le texte de la délibération prise par les habitants, sous la présidence du commissaire Laflite :

L'an 10, le 25e jour de ventose, 11 h. du matin, la commission instituée par le gouvernement général des établissemens français au-delà du cap de Bonne Espérance, pour prendre connaissance, et juger d'après le rapport des habitans, quels étaient les hommes nuisibles à la tranquillité des isles Seychelles, déclare que les nommés ci-après lui ont paru devoir être transportés sur-le-champ hors de cette colonie, comme étant, par leur conduite passée et leurs principes, susceptibles de désorganiser les isles Seychelles :

Magnan, Paris, Tirot, Serpolet, Saint-Amand, Fresnière, Vauversin, Brabant, Gerbaux, Mamin, Corchant, Joly, Rossignol, Taillefer, Saunois, Thirion, Chrétien, Gosset aîné, Vaneck, Marconnet, Gosset cadet, Lefèvre, La Géraldy, Soulier, Lacombe, Millières, Pachon, Moreau, Laporte, Dupond, Georget, Bouin, Lefranc.

De malheureux esclaves sont englobés dans la proscription :

La commission arrête en outre que les quatre noirs transportés sur l'isle aux frégates seront embarqués sur la corvette *le Bélier*.

Voici un arrêté qui vise non des déportés, mais des habitants libres :

La commission déclare que le citoyen Biaricux, chirurgien, étant de ce nombre ainsi que les citoyens Richard, contre-maître de la *Chiffonne*, et Laporte, tonnelier, déporté de la Réunion, seront par les premières occasions renvoyés hors de la colonie des Isles Seychelles, on leur accordant au moins un mois, à dater de ce jour, pour faire leurs dispositions pour leur départ.

Enfin, voici ce qui fut décidé à l'égard du reste des déportés :

La commission, etc., décide que ceux des déportés qui ne seront pas embarqués sur la corvette *le Bélier*, et dont la conduite à venir serait répréhensible, seront transférés sur l'isle Denis, où il leur sera fourni les vivres, vêtemens et instrumens aratoires nécessaires, avec défense de communiquer avec les autres isles de l'archipel.

Citons encore la réquisition suivante relative aux déportés laissés à Mahé :

Le commandant militaire est requis de donner pour consigne générale à son détachement de ne laisser sortir hors des limites de l'établissement sans une permission écrite de lui, les déportés de France qui sont réunis dans cette partie.

Les habitáns qui logent chez eux des déportés répondent de leur conduite et de leur personne.

Par suite de l'enlèvement qui venait de s'opérer, les déportés restés à Mahé se trouvaient réduits au nombre de 34. On sera sans doute curieux de connaître l'impression produite sur ces infortunés par l'arrivée inattendue du *Bélier* et par les mesures prises sous la direction du commissaire Lafitte. Nous allons donc faire un nouvel emprunt à l'intéressant « Mémoire

pour les 28 malheureux, reste de 71 citoyens français, etc. », déjà plusieurs fois
mis par nous à contribution dans les chapitres qui précèdent.

Voici la version des déportés :

Le 12 mars, à quatre heures du soir, on vit
paraître un bâtiment de guerre portant pavillon français et flamme. Les manœuvres de ce
bâtiment, les différens signaux qu'il faisait, et
ses soins de ne point approcher de la rade,
jettant quelques inquiétudes dans les esprits,
et la visite de santé étant faite, un habitant et
trois des mis en surveillance se rendirent à
son bord, ils furent tous quatre mis aux
fers.

Ne voyant point reparaître et l'officier de
santé qu'on avait convoqué à bord, n'y aucun
de ceux qui s'y étaient rendus, pas même le
commandant, et voyant ce vaisseau faire des
signaux extraordinaires, mettre des feux à
leurs vergues, et tirer en plein minuit des
coups de canon à boulets, l'inquiétude redoubla. Plusieurs de ceux de nous qui étaient à
l'établissement se rendirent chez le commandant, qu'ils croyaient qu'on avait arrêté, pour
se concerter avec son épouse sur les moyens
de le deffendre. Pendant ce temps, ceux restés
à l'établissement cherchaient à se procurer
des armes pour concourir au même but. Mme
Quinssy les remercia, leur dit qu'il n'y avait
point d'inquiétude à avoir; ces paroles rassurent tout le monde et tout resta calme. Mais
bientôt on apprit que les habitans du canton
nommé Letrou, tous affidés du sieur Malavois,
avaient pris les armes; qu'ils poursuivaient
avec des fusils et des chiens ceux de nous qui

logeaient sur les habitations voisines de ce
canton; qu'ils les arrêtaient, les attachaient,
les amenaient chez l'agent municipal, et les
entassaient dans une de ses paillotes, à la
porte et à laquelle de la fenêtre de laquelle
(*sic*) ils avaient placé deux factionnaires, avec
l'ordre barbare de *tuer* sans miséricorde celui
qui tenterait de sortir de cette prison ou charte
privée.

Nous ne pouvons nous empêcher de dire ici
que ces messieurs voulurent forcer l'habitant
Biarieux, chirurgien, à prendre les armes contre nous; ce qu'il refusa, assurant qu'il ne
s'armerait jamais contre des gens paisibles et
tranquilles, aussi fut-il arrêté et incarcéré
dans une des cases de Mondon ; on voulut le
faire déporter par le commissaire Lafitte qui
s'y refusa. Aujourd'hui ce citoyen vit retiré à
l'Isle de la Réunion.

Le lendemain matin, le citoyen Quinssy vint
à terre, et nos malheureux compagnons, ravis
de le revoir, lui témoignèrent l'inquiétude
qu'ils avaient eue sur son sort ; tandis qu'ils
lui parlaient, la troupe qui était à bord du
Bellier effectua sa descente, sous le commandement du capitaine Dejean et paraissait n'a-
vancer qu'avec précaution. Le général Rossignol alla vers elle en disant : « Mes camarades, ne craignez aucune résistance de notre
part, nous ne savons qu'obéir et souffrir. »
Alors le commandant nous donna lecture
d'une proclamation du général Magallon.

Il n'existait à Mahé aucun trouble, aucuns
crimes, aucuns délits; pas même la plus lé-
gère rixe n'y avait eu lieu; il n'y avait point
de coupables : tous devaient donc s'attendre à
rester à Mahé. Aussi, lorsque le citoyen Lafitte, commissaire envoyé par le général Ma-

gallon, eut dit qu'il fallait se transporter à bord du *Bellier* pour y être interrogé, Rossignol et beaucoup d'autres s'empressèrent de s'y rendre. Ils furent reçus avec la plus horrible dureté, et entassés les uns sur les autres dans un entrepont bas et obscure et étendus sur des cables.

Cependant le commissaire Lafitte ne tarda pas à voir de ses propres yeux qu'il n'existait aucun trouble aux Seychelles, qu'aucun délit n'y avait été commis, qu'aucune femme n'y avait été outragée ; que toutes les habitations étaient tranquilles, qu'aucun habitant n'avait découché de son lit, que nous n'avions ni armes, moyens, n'y volonté de nuire, enfin que tout ce que Malavois et ses accolites avaient débité contre nous à l'isle de France n'était qu'un tissu d'horreurs et de fourberies. Aux termes de la proclamation du général Magallon, la mission devait donc être finie ; il devait constater par un procès-verbal le véritable état des choses et aller faire son rapport à son supérieur. C'était ce que nous avions lieu d'espérer, mais nous fûmes cruellement trompés dans cette flatteuse espérance. Le citoyen Lafitte avait sans doute des ordres secrets contraires à la proclamation du général ; ne pouvant baser l'enlèvement de tout ou partie de nous sur des faits évidemment faux et calomnieux, il imagina de consulter les habitans les uns après les autres sur le compte de ceux qu'ils croyaient les plus dangereux, et sans dresser aucun acte, tenir même aucunes nottes des accusations secrettes, sans nous les communiquer, sans nous entendre, il se contenta de faire des croix en marge des noms par ceux qui déclaraient nous regarder comme dangereux : singulière ma-

nière de faire le procès à des hommes, ou
plutôt, moyen assuré de victimer des inno-
cens, sans compromettre leurs faux délateurs,
en ne laissant pas de trace de la calomnie et
de la délation.

Les partisans du sieur Malavois demandaient
à grands cris que nous fussions tous enlevés,
et que même le commandant fut conduit à
l'Isle de France, mais plusieurs habitans ré-
clamèrent. Cependant, notre perte totale eut
été consommée, si la corvette *le Bellier* en-
combrée de soldats volontaires des colonies,
eut pu nous contenir tous. Laffitte se contenta
de trente-trois victimes.

Quand il eut rempli ses vues, il s'embarqua
pour conduire ces infortunées et innocentes
victimes au lieu de leur immolation. Plusieurs
de ces malheureux avaient demandé au commissaire Laffitte, qui s'y refusa, à être entendus. Rossignol aurait montré à Laffitte une demande faite par lui et plusieurs autres, deux
mois auparavant, tendant à ce que l'on nous
transférat à la digue ou à Silouette, pour ôter
tout prétexte aux inquiétudes simulées des
habitants sur notre résidence à Mahé et à
Praslin.

La manière dont ces malheureux étaient
reçus sur le *Bellier*, lorsqu'ils y arrivaient,
révolterait la nature entière. Jamais homme
flétri par la justice ne fut reçu sur les galères
avec autant de dureté. On affectait de les regarder avec horreur, on les traitait de scélérats, on les repoussait avec une horrible
brutalité vers l'antre qui devait les recéler; et,
pour leur annoncer d'une manière terrible et
non équivoque le sort funeste qui les attendait,
on ordonnait de jeter à la mer leurs misérables effets et les outils des ouvriers, en s'é-

criant qu'ils n'en auraient plus besoin. Il est bien pénible, bien douloureux d'avoir à rapporter de pareilles horreurs, exercées par des hommes contre des hommes, par des Français contre des Français; mais, malheureusement, ces faits sont aussi constans que l'existence du jour.

Il convient de remarquer en passant que les déportés avaient essayé de se créer des ressources dans la colonie par leur travail. On a vu déjà plus haut que plusieurs avaient été choisis par certains colons comme instituteurs de leurs enfants. Quant aux proscrits exerçant des professions manuelles, il leur était déjà dû par divers habitants, au moment de l'arrivée du *Bélier*, des sommes relativement importantes, si l'on songe qu'à ce moment les déportés habitaient la colonie depuis six mois à peine. Ainsi un « état de ce qui est dû par les habitants de Mahé aux Français portés à Aujouan » nous apprend qu'il est dû aux déportés Moreau et Thirion 30 piastres; à Moreau seul, 70 piastres; à Vauversin, 6 piastres; à Paris, 35 piastres; à Georget, 119 piastres; à Maignant, 9 piastres et demie; à Taillefer, un pantalon et 18 piastres; à Saunois, un pantalon et 8 piastres; à Corchant, 30 piastres. Le même état porte qu'un sieur Morin doit au général Rossignol « une flute ». Ces diverses créances ne paraissent pas avoir été réglées.

Les lettres échangées à cette époque

entre le commandant des Seychelles, le gouverneur général de l'île de France et le ministre de la marine ne nous apprendraient maintenant rien de plus que ce que nous savons déjà sur l'expédition d'Anjouan.

Notons pourtant ce fait que l'envoi de la moitié des déportés, loin de l'île Mahé, n'eut pas même pour résultat de calmer les inquiétudes de Magallon (le gouverneur de l'île de France). Ce dernier, après avoir fait connaître au ministre le résultat de l'opération du commissaire Lafitte, terminait ainsi sa lettre du 12 prairial an X :

Il me reste à représenter au gouvernement combien il serait à désirer qu'il voulut se décider à changer le lieu d'exil des individus qu'il a déportés aux isles Seychelles ; la petite peuplade qui les habite est vraiment malheureuse de la présence de ces criminels d'Etat, bien faible contre des hommes généralement audacieux et remuans, et bien pauvre pour les substanter. Je peux même assurer le gouvernement que la colonie de l'isle de France joindrait ses bénédictions à celles des habitants des Seychelles s'il accueille les instances que je lui adresse en leur nom, de retirer de leurs parages les méchans hommes qu'il y a envoyés, et dont le séjour et le voisinage leur donnent de grandes et continuelles sollicitudes.

(*Archives de la marine.*)

L'expédition du commissaire Lafitte fut

approuvée par le ministre qui répondit, entre autres choses :

En approuvant ce que vous avez fait, il eût été à désirer que vous eussiez choisi une autre isle que celle d'Anjouan, puisque d'après vous le séjour des déportés dans cet endroit ne peut être que provisoire. Au surplus, vous les verserez dans d'autres isles, je vous laisse la liberté du choix et vous leur donnerez les secours dont ils pourraient avoir besoin.

En marge, le ministre a ajouté de sa main :

L'essentiel est qu'ils ne reviennent pas en France, et que vous les teniez sous une austère surveillance.

(*Archives de la marine.*)

Ce n'est pas Anjouan, mais la côte de Madagascar que le ministère eût probablement choisie pour lieu de relégation, si les autorités de l'île de France eussent pris le temps de consulter le ministère.

Je relève, en effet, sur un travail fait dans les bureaux de la marine, lors de la réception de la lettre de Magallon, le passage suivant :

Au lieu de transporter les déportés à l'isle d'Anjouan, il semble que l'expédition aurait dû être destinée pour Madagascar. Là, on aurait trouvé des points ou il eût été facile d'occuper utilement ces individus.

On citera le port de Louquez au nord-est de Madagascar : ce pays est découvert, il produit

de bon tabac, de la cire jaune, d'excellent
miel, les bords de la mer fournissent beaucoup d'ambre gris et de tortues.

Angoulzy, dans la baye du cap de l'est offrirait encore un lieu de retraite : c'est là que
Benyousky avait fixé sa résidence, et certes,
ce fameux aventurier connaissait les localités :
en effet, le port est bon, le sol fertile, le riz y
croît sans culture; on y trouve de beau bois
de construction et d'autres bois recherchés,
tels que l'acajou et le sandal.

Si cette proposition est approuvée, il en sera
écrit au commandant de l'isle de France, pour
qu'il tran·porte à l'un ou l'autre des endroits
désignés les 32 déportés qui sont à Anjouan.

Il eût été d'autant plus inutile de donner suite à ce projet qu'au moment où les
bureaux de la marine étudiaient la question, la mort, en fauchant la plus grande
partie des transportés d'Anjouan, rendait
superflue toute nouvelle expédition dans
ces parages.

————

VIII

ARRIVÉE ET SÉJOUR DES DÉPORTÉS
A ANJOUAN

Nous avons laissé les déportés au moment où, entassés dans l'entrepont de la
corvette *le Bélier*, ils s'apprêtaient à partir
pour un nouvel exil.

Dans quelles conditions s'opéra le voyage de Mahé à l'île d'Anjouan? Le rapport du capitaine Lafitte est absolument muet sur ce point.

L'ouvrage de Fescourt, qui, ainsi que nous l'avons déjà expliqué, fut écrit d'après des notes du déporté Lefranc, donne, sur cette traversée du *Bélier*, des renseignements qui ont leur intérêt. (Lefranc fut un des prisonniers conduits à Anjouan par le commissaire Lafitte.)

.La cage de l'entrepont du *Bélier* où trente-trois prisonniers étaient enfermés, mesurait dix-huit pieds sur douze. Il faisait une violente chaleur. Trois sentinelles montaient la garde devant la cage des détenus ; aucune permission de sortir pour respirer sur le pont. Ces hommes étouffaient ; bien qu'en raison de la température suffocante qui sévissait, ils eussent pris le parti de se mettre à peu près nus, la sueur, dit Fescourt, « s'échappait par leurs pores, comme d'une éponge pleine qu'on presse dans la main ». Ils souffraient de la soif ; ils recevaient une demi-bouteille d'eau de moins par homme et par jour que les matelots ; le roulis et le tangage les secouaient et les jetaient les uns sur les autres. La situation était intolérable.

Un jour, Hulot, le commandant du *Bélier*, entendit un tel bruit dans la cage des déportés qu'il demanda à l'un d'eux (Ros-

signol) quelle réclamation il avait à for-
muler. — « Nous voulons, répondit Rossignol, que vous nous fassiez fusiller tout
de suite ; cette mort sera plus douce que
le supplice que vous nous faites supporter. » — Hulot repartit : « Je ne puis disposer de votre vie. » — « En ce cas, s'é-
cria Rossignol, laissez-nous respirer ! » A
la suite de cet incident, il fut permis aux
détenus de monter six par six sur le pont,
pendant une heure.

Le récit fait par le commissaire Lafitte,
dans son rapport, de l'arrivée à Anjouan
et de la remise des trente-trois déportés
au roi de ce pays, est plein de détails curieux et singuliers. En voici les passages
les plus saillants :

Le 10 germinal, la corvette mouilla à Anjouan.

Le 11 germinal, à sept heures du matin, le
commissaire du gouvernement se rendit auprès
du roi pour lui renouveler l'assurance de l'a-
mitié de l'isle de France, lui remettre les dépêches du gouvernement et entrer en explica-
tions sur le but de l'expédition. Apres lui avoir
fait sentir que des Français pourraient lui être
utiles sous plusieurs rapports, surtout dans le
cas où les Malgaches viendraient l'attaquer, le
commissaire lui a remis la pièce (E.) avec
prière de l'approuver.

A la seconde entrevue le roy d'Anjouan a
fait pressentir qu'il craignait que nous vins-
sions pour prendre son pays, mais, après
avoir été rassuré sur ce point, il déclara au

commissaire qu'il recevrait les Français avec plaisir; en conséquence, il a accepté et signé la pièce (E.) qui y garantit le bien-être des Français qu'on lui laisse.

Immédiatement après, les présens ont été débarqués, notamment la pièce à la Rostaing que le roi désirait vivement, afin d'avoir un canon mobile à opposer aux déscentes des Malgaches; plusieurs coups de cette pièce ont été tirés devant lui, afin qu'il connut, ainsi que ses officiers, la manière de s'en servir et de la manœuvrer, En quittant le roy, le commissaire du gouvernement l'a prié de faire faire de suite des logements près le lieu ou nous faisions l'eau, afin de pouvoir, le surlendemain, y mettre les Français et leurs effets.

12 *germinal*. — Le lendemain, le roi a exigé du commissaire du gouvernement qu'il réglat la conduite des Français, relativement aux ordres qu'il leur donnerait, relativement aux usages des Anjouannais et relativement aux femmes du pays.

Ensuite, ayant observé que les Malgaches avaient, depuis peu de temps, ravagé son pays, que, par conséquent, ses vivres n'étaient pas très abondans, le roi a demandé une pièce qui l'autorisat à en demander aux vaisseaux marchands qui relacherait dans son isle. Le commissaire a cru devoir délivrer la pièce (G.).

Revenu à bord, le commissaire fit appeler le citoyen Rossignol pour le prévenir que, d'après la confiance que les autres déportés lui témoignaient, il avait été désigné comme leur chef, en lui adjoignant les citoyens Vanek, Corchant, Lefèvre et Lefranc, que leur éducation mettait dans une classe particulière. En conséquence, le commissaire invita fortement le citoyen Rossignol à faire tenir une conduite sage aux Français qui allaient ainsi que lui être déposés à Anjouan. La réponse du citoyen Rossignol fut qu'il ferait ses efforts pour que les Français se comportassent (*sic*), mais qu'il ne pouvait dissimuler que l'intention de tous était depuis longtems de se rendre en France par les premières occasions qui se présenteraient; le citoyen Rossignol ayant exprimé le désir qu'il avait d'être présenté au roy, le commissaire lui promit de l'y conduire le lendemain au matin.

Le 13 germinal au matin, les effets appartenant aux 33 Français, les objets portés dans la pièce (K), les 3 noirs désignés aux Seychelles comme dangereux, et les 33 déportés eux-mêmes, furent débarqués; pendant cette opération, le commissaire du gouvernement se rendit chez le roy pour lui présenter le citoyen Rossignol, comme chef des autres Français devant rester à Anjouan. Le commissaire avait préalablement fait sentir au citoyen Rossignol le grand inconvénient qui résulterait pour le bien-être de tous, s'il avait l'indiscrétion de faire connaître que les Français que l'on portait à Anjouan y étaient par une première mesure de sûreté de France, et par une seconde mesure de sûreté prise par les colonies. Le citoyen Rossignol se borna donc à promettre au roi de lui obéir et de le défendre de tout son pouvoir contre les attaques des Malgaches.

Un officier du roi d'Anjouan vint l'après-midi remettre au commissaire une petite lettre d'adieu que le roi lui écrivait, en lui adressant ses dépêches pour le gouvernement, et deux lettres pour Bonbetoc recommandées au général Magallon.

Peu après avoir mis à la voile, le roi expédia une embarcation pour porter un cabrit qu'il fit prier le commissaire d'offrir de sa part au général Magallon.

Tout serait à citer dans les documents relatifs à cet incident d'Anjouan, l'un des plus étranges assurément qui ait marqué l'histoire des déportations consulaires et impériales. Mais nous devons nous borner. Voici pourtant quelques-unes des pièces annexées au long mémoire du commissaire Lafitte :

PIÈCE E. — Joseph-André-Hippolyte Lafitte, capitaine au 8e régiment d'artillerie, exprimant les intentions du gouvernement général des établissements français au-delà du cap de Bonne-Espérance dont il est le commissaire, désire que roi d'Anjouan accorde les articles suivans :

Art. 1er. — Le roy recevra dans son royaume les 33 Français dont les noms sont de l'autre part, et trois noirs pour servir les dits Français (1).

Art. 2. — Le roi d'Anjouan par suite de sa bienveillance pour les Français, traitera avec tous les égards et les bontés qui dépendront de lui, les 33 qui vont lui être confiés.

Art. 3. — Le roi d'Anjouan recevra les sus-

***

(1) Ces trois noirs sont, on s'en souvient, trois esclaves de Mahé déportés, eux aussi, par les habitants pour avoir été mêlés à l'incident Serpolet.

dits Français dans les lieux les plus sains de son pays.

Art. 4. — Le roi d'Anjouan facilitera le départ des 33 Français dès qu'ils seront réclamés par le gouvernement. En attendant, il les nourrira le mieux possible et leur *faire* payer convenablement les services qu'il rendront.

En reconnaissance et comme gage mutuel de bonne amitié, le gouvernement des possessions françaises au delà du cap de Bonne-Espérance prie le roi d'Anjouan d'accepter les présens dont suit la notte :

100 boulets du calibre de 8, 2 canons du calibre de 8, 16 aulnes et un quart de drap rouge, 12 barils de poudre, 40 fusils neufs de munition, 1,000 pierres à fusil, 1,000 balles de fusil.

Le roi d'Anjouan ayant fait les plus vives instances pour qu'on lui laissat la pièce à la Rostaing, coffrets et armemens qui en dépendent, le commissaire la lui a laissée, conformément à ses instructions.

Observations. — Le roi d'Anjouan est prié de considérer les citoyens Rossignol, Vuneck, Corchant, Lefranc et Lefèvre comme les chefs des 33 Français.

Les 3 noirs francisés Jolicœur, Fernando et Germain, appartiennent aux 33 Français en commun.

L'acceptation du contenu de cette pièce comme de celles qui suivent est écrite au bas de la main du roi.

PIÈCE F. — Les Français sont invités, au nom du gouvernement, de ne troubler en rien les usages d'Anjouan, et particulièrement de respecter les femmes des gens du pays.

7.

Ils se conformeront aux intentions du roy ou de ceux de ses officiers qu'il commettra pour le représenter.

Le roi promet de tout faire pour les contenter : il leur donnera pour nourriture de tout ce que produira son pays, et s'empressera de faire saisir toutes les occasions de prouver son amitié sincère pour les Français.

PIÈCE G. — Le roi d'Anjouan ayant bien voulu accueillir 33 Français dans son pays, j'invite les bâtiments qui auraient un excédant de vivres propres à la nourriture d'Européens de lui en donner, si toutefois ces dits Français sont encore à Anjouan. Le gouvernement des établissements français à l'est du cap de Bonne-Espérance tiendra compte aux bâtiments des vivres qu'ils donneront.

PIÈCE K. — *Etat des objets laissés aux Français portés à Anjouan par la corvette* le Bélier, *le 13 germinal an X :*

20 sacs de biscuits pesant 2 milliers, 1 barrique d'arrak, 6 gamelles, 6 bidons, 1 hache.

Ces objets sont fournis par la corvette.

1 balle contenant 50 pièces garras, numérotées n° 1, I. D. F.; 1 balle numérotée n° 2, I. D. F., contenant, lorsqu'elle a été remise à Anjouan, 15 pièces baftas (?), 20 pièces mouchoirs fond gris et 5 pièces toile bleue.

Ces 2 balles ayant été embarquées pour les déportés de France restant aux Seychelles et ceux portés à Anjouan, j'ai pensé qu'il était convenable de faire la part des derniers plus forte. En conséquence, il n'a été remis au citoyen Quinssy, pour les déportés restant aux Seychelles, que 15 pièces de toile bleue et autant de blanche.

3 chaudières, dont 2 en fer blanc et 1 en cuivre; 1 barril de bœuf salé, pesant 200 livres.

Ces objets ont été donnés par l'état-major de la corvette.

1 gril, 1 poële à frire, donnés par l'état-major de la corvette.

Ces objets sont mis sous la surveillance des citoyens Rossignol, Vaneck, Corchant, Lefranc et Lefèvre.

Voici les lettres officielles échangées entre les autorités de l'île de France et le roi d'Anjouan :

Fort N. O. Isle de France, le 26 pluviose an 10 de la République française (le 15 février 1802).

Les administrateurs généraux des établissements français à l'est du cap de Bonne-Espérance au roi d'Anjouan, que le Très Haut conserve.

Très sublime prince,

Nous vous saluons et souhaitons que vos ferventes' prières soient exaucées du Très Haut; pour que vous puissiez jouir d'une parfaite santé, gloire et prospérité.

Nous confiant en la bonne amitié qui a constamment régné entre Votre Excellence et la très souveraine République française, et connaissant en même temps l'obligeance et l'humanité de votre magnifique personne, nous vous adressons quelques Français envoyés par notre gouvernement aux isles Seychelles, où l'impuissance de les faire subsister et de les conserver nous a obligés de les déposer momentanément dans quelque autre isle ou royaume de l'archipel.

Nous nous reposons d'autant plus sur votre amitié pour nous et sur votre humanité et générosité envers les Français que nous vous adressons, qu'ils ne seront vraisemblablement que peu de temps dans vos Etats,. parce que nous attendons incessamment des vaisseaux destinés à les venir chercher, d'après l'instante prière que nous avons faite à notre gouvernement.

Nous vous prions donc, très magnifique sultan, de recevoir et d'accueillir ces Français dans votre royaume jusqu'au moment où nous les enverrons réclamer.

Plusieurs d'entre eux pourront vous devenir utiles et agréables pour les arts et les métiers dans lesquels ils excellent.

Les frais que vous aurez la bonté de faire ultérieurement pour leurs subsistance et vêtemens de première nécessité vous seront fidèlement remboursés.

Nous vous prions d'accepter, comme un faible témoignage de notre sincère amitié, quelques objets que nous avons chargé notre commissaire de remettre à Votre Excellence, dont nous attendons avec confiance une réponse favorable, que nous nous empresserons de faire parvenir à notre sublime République, et dont elle vous saura sûrement beaucoup de gré. — Signé : MAGALLON et CHANVALON.

(*Archives de la marine.*)

*A notre très honorable et très respectable ami,
général Mangallon, que Dieu protège et pré-
serve. Amen.*

Par notre présente, nous avons le plaisir de
vous faire savoir l'arrivée de notre ami, M. Lafitte, et la réception de la lettre que vous nous
fîtes l'honneur de nous écrire, aussi bien que
les présents que vous eutes la générosité de
nous envoyer, sur quoi il nous est impossible
de pouvoir vous exprimer la joye que nous eumes à leur arrivée, et surtout des troupes que
vous eutes la bonté de nous expédier, lesquelles nous avons reçu a bras ouverts, et aurons
toujours soin de les considérer comme nos
frères et nos amis, en quoi nous vous
sommes, tant nous que nos descendants,
infiniment et très infiniment obligés, nous les
garderons auprès de nous selon vos ordres, le
mieux qu'il nous sera possible et toutes fois
que vous nous les redemandriez, soyez plus
que persuadé que nous vous les remettrons à
la première sommation, et serons toujours
reconnaissant des services que vous nous avez
rendus. Nous vous avons écrit une autre lettre
en langue française dans laquelle nous avons
pris la liberté de vous demander certaines
choses qui nous sont d'une extrême nécessité,
et n'ignorant pas votre bonté naturelle, nous
espérons que nous ne serons point frustrés
dans notre espérance.

Par cette même occasion, permettez-nous
de vous faire savoir que des marchandises à
nous appartenant, entre les mains de notre
ami Seïed Aly, fils du cheik Gendau, à bord
du navire du capitaine Metam, furent captu-
rées en pleine mer par M. Surcouf et remises

à l'Isle de Maurice, entre les mains de M. Iffin et du depuis nous n'avons rien su de ce qu'elles étaient devenues. Sachez que les marchandises ci-dessus mentionnées ont été achettées par Seied Aly, une partie de Madras et l'autre de Bengale et qu'il était parti de ce dernier endroit sur le navire du capitaine Metam, etc., etc.

Signé : Sultan SEIED ABDALLA,

fils de SEIED MOUHAMMED.

(Archives de la marine.)

Assurément l'être à moitié civilisé qui régnait à Anjouan se montra plus humain pour les déportés que ne l'avaient été les habitants de Mahé, mais les bonnes intentions qu'il paraît avoir eues furent constamment paralysées par la terreur et la défiance que lui inspiraient les malheureux si inopinément débarqués dans son royaume minuscule. Leur nombre l'effrayait. Il continuait à se demander si ces gens n'étaient pas chargés, en fin de compte, de lui enlever ses Etats. C'est pourquoi, après le départ du *Bélier*, il s'enferma dans sa « capitale », dont il interdit l'accès aux exilés.

Il leur permit d'ailleurs de se construire, dans la plaine avoisinante, un hangar ouvert aux quatre vents, que ces malheureux improvisèrent avec des perches supportant un toit de feuilles de cocotier.

L'impitoyable soleil d'Afrique perçait sans peine ce misérable abri, et leur faisait endurer de cruelles tortures. Quelquefois c'était un autre supplice : une de ces pluies diluviennes, particulières au climat des tropiques, se mettait à tomber, l'eau envahissait le hangar, les infortunés couchés à terre se réveillaient dans une sorte de torrent.

Au bout de quelque temps, le roi d'Anjouan leur envoya du bois pour se construire des cases plus sérieuses et profita même de l'occasion pour offrir aux déportés « le commandement de ses troupes ». Ceux-ci déclinèrent l'honneur d'entrer dans l'armée d'Anjouan, mais ils s'empressèrent d'accepter le bois, et, sous la direction de l'un d'eux, Lefranc, qui avait été architecte, ils commencèrent la construction d'une demeure définitive. A peine se furent-ils mis à ce travail que l'influence du climat se fit sentir. En quinze jours, la maladie emporta vingt-un proscrits.

D'après le récit de Fescourt, le général Rossignol, l'un de ceux qui moururent dans la plaine d'Anjouan, s'écria au moment de succomber :

« Je meurs accablé des plus horribles douleurs, mais je mourrais content, si je pouvais apprendre que l'oppresseur de mon pays endurât les mêmes peines et les mêmes souffrances ! »

Un mois au plus s'était écoulé depuis le jour où, au nombre de trente-trois, ils avaient été débarqués à Anjouan et déjà ils n'étaient plus que douze vivants.

Ce qui arriva à ces douze survivants dépasse en imprévu tout ce qu'il est possible d'imaginer ; nous allons en dire quelques mots tout en ayant soin de ne pas usurper sur la partie biographique de cet ouvrage où l'on trouvera plus en détail ce qui concerne le sort de chacun des déportés.

De ces douze hommes huit quittèrent le pays, le frère du roi d'Anjouan leur ayant permis de s'embarquer sur un de ses navires qui allait à l'île Comore. Parlons d'abord de ces huit proscrits, nous résumerons ensuite l'histoire des quatre derniers.

Trois moururent à Comore, les cinq autres partirent pour Zanzibar, où ils voulaient essayer de vivre en faisant du commerce. Ce voyage ne fut pas heureux. Quatre jours après leur départ, le navire qui les portait fut jeté à la côte d'Afrique, à soixante-dix lieues au sud de Zanzibar. Des nègres armés de sagayes et de flèches, sous les ordres d'un chef arabe, les emmenèrent dans l'intérieur ; par suite de cette circonstance, ces victimes de Bonaparte entrevirent des pays alors inconnus, des terres que, soixante ans plus tard seulement, foulera le pied des grands explorateurs. C'est dans les plaines du continent africain que mourut le déporté Vaneck.

L'Arabe qui emmenait les cinq proscrits

avait ses vues ; quand il les eut fait assister
au commerce d'ivoire qu'il entretenait
avec les peuplades de l'intérieur, il exigea
deux mille piastres pour les reconduire à
la côte, « sinon, disait-il, mourez ici ».
On transigea Le déporté Vauversin, qui
avait dans sa ceinture soixante-sept louis,
en offrit cinquante-sept, et l'on put re-
partir.

Ils arrivèrent à Zanzibar, tous malades :
deux, Corchant et Laporte, moururent à
Zanzibar. Les deux derniers, Vauversin et
Gosset se rendirent à Mascate. L'iman de
Mascate prit Vauversin pour un capitaine
qui avait perdu son navire, et il prit Gosset pour le domestique de Vauversin ; cet
iman s'entremit pour procurer à ces deux
Français les moyens de reprendre leur
voyage. Un navire anglais les prit à son
bord, et les emmena aux Indes.

Gosset mourut aux Indes, Vauversin
revit le sol de la patrie (où, d'ailleurs, il
devait subir de nouvelles persécutions)
après des péripéties que l'on trouvera plus
loin, racontées par lui-même, au cours de
la notice biographique qui lui est con-
sacrée.

Revenons maintenant aux quatre déportés qui n'avaient pas quitté Anjouan.
Ils étaient là, couchés sur cette plaine
brûlée, les cadavres de leurs vingt et un
compagnons, gisaient, à quelques pas
d'eux, à peine enfoncés en terre, et atti-
raient des nuées de vautours. Le roi d'An-

jouan donna l'ordre de les envoyer à
Comore, rejoindre les huit proscrits dont
on vient de lire le funèbre voyage. En vue
de l'île Comore, ils naufragèrent. Sur les
quatre, deux, Chrétien et Joly, furent
engloutis ; les deux autres, Lefranc et
Saunois, après avoir passé vingt-sept heures
sur la quille du navire naufragé, furent
recueillis par des nègres, qui, d'ailleurs,
voulurent les mettre à mort. Lefranc a
depuis longuement raconté les souffrances
et les dangers auxquels il fut en butte,
ainsi que Saunois, dans cette île Comore,
qu'ils traversèrent de bout en bout, pour-
suivis par les indigènes, se cachant dans
les hautes herbes, sans vêtements, sans
nourriture, et finissant par implorer la
mort. Ils atteignirent pourtant la principale ville de la contrée, où le *grand roi* de
l'île leur donna vingt-quatre heures pour
quitter le pays. Malgré cet accueil, ils
trouvèrent le moyen d'y séjourner trois
mois, dans un état de misère que l'on
devine. Au bout de ce temps, un navire
les porta à Zanzibar. Là, des capitaines
négriers, auxquels ils demandaient le passage, se les renvoyèrent de l'un à l'autre,
ne voulant pas se charger de ces malheureux. Ils furent même rencontrés par un
capitaine, qui, à Mahé, où il habitait, avait
été l'un de leurs persécuteurs.

Ils parvinrent à la côte du Zanguebar,
puis à Mozambique, puis au cap de Bonne-
Espérance, puis à Sainte-Hélène, puis à

l'Ascension, puis à Saint-Thomas, puis ils furent capturés par les Anglais, conduits sur les pontons, enfin échangés et renvoyés en France où, comme Vauversin, ils furent traqués de nouveau par la police. (Voir, pour détails, aux notices biographiques.)

Quant aux trois noirs qui, on ne l'a pas oublié, avaient été déportés de Mahé et, avec les proscrits français, embarqués sur le *Bélier*, on a quelques renseignements sur leur sort, grâce aux notes de Lefranc. Nous renvoyons encore, pour ce qui les concerne, à la partie biographique.

En résumé, donc, des trente-trois déportés du *Bélier*, trois seulement revirent la France : Vauversin, Saunois (ou plutôt Sonnois) et Lefranc.

En l'an XII, le roi d'Anjouan envoya au général Magallon une lettre pour réclamer le payement de frais qu'il prétendait avoir faits pour l'entretien des déportés. On ne tint aucun compte de cette réclamation, en se basant sur cette raison que presque tous les déportés étant morts moins d'un mois après leur arrivée à Anjouan, et que le reste ayant presque aussitôt quitté le pays, les frais de leur entretien étaient plus que balancés par les cadeaux apportés par le *Bélier*.

Voici quelques passages de la curieuse missive du roi d'Anjouan ; elle confirme plusieurs des particularités citées plus haut :

Au nom do, etc... (*sic*)

*Au très libéral par les bienfaits, très honnoré
partout et surtout dans son pay, le vrai ami
connu par mes pères et ayeuls le gouverneur.*

Au fort Renomé.

*Qui na jamais refusé son assistence à personne et
qui est et sera toujours renomé dans les his-
toires par les bienfaits, c'est notre ami général
monsieur Magalon.*

A Maurice.

Après les remerciements rendu au Dieu
tout puissant, nous vous faisons savoir que
nous jouissons d'une parfaitte santé, dont
nous vous souhaitons un accomplissement
pareille. Sachez que touttes vos lettres nous
sont parvenue aussi bien que votre homme
de confiance avec toutte sa parentée au nombre de trente-trois (1) personnes que vous nous
avez recommandé et que nous avons reçu et
assisté en argent et autre nécessaire autant
qu'il a dépendu de nous ; à leur arrivée, il est
survenu dans notre pay une maladie épidé-
mique qui emporta beaucoup dé nos gens, et
quelques-uns des vôtres ; pour notre assurance
et responsabilite à chaqu'un des votres qui
mourroient nous prenions une attestation
signée du resto de leurs compagnons ; lorsque
les restants virent que la maladie continuait,
se separerent et chac'un deux voulut un an-
droit p us convenable, c'est pourquoi nous les
fimes embarquer sur un de nos batteaux leur
fournissant touttes les nouritures et boissons

---

(1) *Sa parentée*, ce sont les déportés que le
roi entend désigner ainsi.

nécessaires autant qu'il était en notre pouvoir.
Apprès leur partance il nous est arrivé un
navire de votre part à la recherche de ces personnes que vous nous aviez envoyé, il ne
trouva aucun d'eux, étant que comme nous
vous l'avons ci-dessus mentionné une partie
d'entre eux étoient morts, et les autres partis,
nous lui avons montré les certificats écrits et
signés par les survivants de votre nation que
nous lui avons remis aussi bien que les comptes
des dépenses que nous fîmes pour eux, ce
qu'il a reçu de nous, et après nous avoir remis
les papiers qu'il avait pour nous, se mit à la
voile et fit route vers votre isle, par la même
nous vous fîmes savoir tout ce qu'il s'est passé
ici, et nous vous priâmes de nous faire payer
ce qu'il nous étoit du...

... Vous recevrois de ma part deux personnes
au sujet de nos comptes, que, j'espère, vous
honnorerez de votre attention, ils vous raccon-
terons tout ce qu'il s'est passé ici...

... Je vous recomande cette affaire, et sitot
que vous l'aurois terminée, vous aurois la
bo· té de faire passer les porteurs au port de
Nervan, je ne vous les ay envoyé que pour
recevoir le montant de ce qu'il me revient,
pour moi je pars pour le port d'Ouman, (c'est-
à-dire à Mascate) et tout ce qu'il parviendra
de la part du sultan de Mascat, écrit en français
concernant ces personnes, croyez le, étant
que c'est la vérité que l'on vous marque et
celle-cy est de la part du Sultan Seijed Ab-
doullah-Beni ou fils du Seijed-Ahmed-el-Mous-
siti.

(*Le cachet du sultan.*)

Traduit d'un arrabe mellé d'avec le jar-
gon d'Anjoin, par D. Falamas, interprète.

(*Archives de la marine.*)

On sera sans doute curieux de lire ici une de ces attestations réclamées par le roi d'Anjouan, toutes les fois que quelque incident se présentait parmi les proscrits confiés à ses soins.

Voici, à titre d'échantillon, un certificat délivré par quatre déportés :

De lisle d'Anjouan, ce 28 prérial an 10 de la république française.

Nous soussignée, Jean-Baptiste-Antoine Lefranc, Pierre-Nicolas Chrétien, Charle Sonnois, René Jolie, tous restant des trente-trois Français deposée dans le pays, certifions à qui il appartiendra que sa majesté roy d'Anjouan nous a recue avec bonté et humanité que pendant l'espace de près de trois mois que nous avons resté dans ce pays, il nous à fait delivrée les vivres nécessaire à notre subsistance, qu'il a eu égard a toutes les demandes que nous lui avons faites, qu'il a eu tous les soins tous les égards due au malheur, de plus quetant malade sa majesté nous a fait delivrée tous ce qui était en son pouvoir et tous ce que nous demandions et desirions pour le retablissement de notre santé, enfin pour terminer avec nous sa carrière de faire le bien, d'après notre demande il nous a fait expedier un navire pour aller à Mozambic afin de nous delivree de l'état affreux ou nous étions, nous pouvons assurer toutes les personnes qui lirons notre certificat que le roy d'Anjouan est un homme probe, humain, à qui l'on peut se fier qu'il nous a traiter en bon père, c'est pourquoi nous lui avons delivrée le présent pour lui valoir en temps et lieux et

ou besoins sera et avons signée : LEFRANC. —
SONNOIS. — JOLY, lieutenant de la 34 demi B.
— CHRÉTIEN.

(*Archives de la marine.*)

Les déportés Vauversin, Lefranc et
Sonnois étaient en arrivant en France
porteurs de beaucoup de documents relatifs à Anjouan et à l'existence de leurs
compagnons d'infortune. Ils remirent ces
pièces à la préfecture de police, et nous
les avons retrouvées aux Archives nationales.

Nous trouvons dans ces cartons la lettre
suivante (en français) qui renferme des
passages intéressants :

De l'isle d'Anjouan en Affrique le
5 vendémiaire an XI de la République française.

*Les habitans de la ville d'Anjouan au premier
consul de la République française Bonaparte*

Citoyen consul,

Nous n'avons sçu qu'il existait un grand
homme que lorsque le gouvernement de l'isle
de France nous a envoyé 33 Français dans
notre isle, que la mort a moissonnés au nombre de 21 en un mois de temps. Malgré le peu
de secours que nous leur avons procurer,
3 autres sont morts à Comore, et 2 périr par
naufrage à la mesme isle; nous aurions dési-
rée qu'ils vécussent, car nous aimons les
Français, les navigateurs qui sont venus chercher des secours chez nous peuvent rendre un
témoignage authentique de notre conduite à

leur égard; mais, citoyen consul, nous désire-
rions mieux faire pour les vaisseaux français
qui viennent dans nos parages, une guerre
continuel mine notre existance politique, les
malgaches sont annuellement à ravager nos
terres, nos habitations, et nous ne pouvons
les combatre, parce que les moyens de deffense nous manquent. Daignez jeter un reg rd
favorab'e sur notre situation en nous faisant
passer, soit par le gouverneur de l'isle de
France ou par les moyens qui sont en votre
pouvoir les secours de munitions de guerre
que vous jugerez con enable. Nous les prati-
quons tous. Par là, vous assurez un azile aux vaisseaux français et nous combattrons pour vous.

Les Français qui sortent de chez nous pour
retourner en France vous donnerons des détails de notre situation et de notre dévouement
pour les Français. Daignez être notre inter-
cesseur ou commettre quelqu'un de votre part
qui aille à Foulepointe inviter en notre nom
le roy des Malgaches de ne point nous faire la
guerre Vous serez appeler le pacificateur de
l'univers entier et nous vous aurons une éter-
nel reconnaissance et sommes avec un profond respect les plus grand de la ville qui ont
approuvée le criture et avons signé. (*Suivent
les signatures en arabe.*)

Le c. Lefranc, porteur de la présente, déclare qu'elle contient 133 signatures.

Et maintenant, cette expédition qui en
si peu de temps avait couché trente victimes sur la terre d'Afrique, veut-on savoir
comment, quelques mois plus tard, la
jugeait l'un des fonctionnaires principaux
de l'île de France ? Précisément, l'un de

ceux qui, par leur condescendance coupable pour les exigences des colons, avaient contribué à organiser la transportation d'Anjouan. Qu'on interroge la lettre que Chanvalon, « ordonnateur général des isles de France et de la Réunion », adressait le 3 frimaire an XI au ministre de la marine.

Chanvalon explique d'abord que l'assemblée coloniale de l'île de France refuse d'admettre 300 hommes du 12° bataillon, arrivés en rade le 29 brumaire, « après avoir servi six ans chez nos alliés les Hollandais » à Batavia, et qui ont bien mérité de la patrie pour le service meurtrier qu'ils viennent de faire ; l'assemblée trouve qu'il y a trop de révolutionnaires dans ce bataillon, etc., ce bataillon avait été, six ans au paravant, bien qu'on « n'eût rien à lui reprocher », à peu près déporté à Batavia, qu'il croyait être son tombeau, et on le hait encore quand il revient ; on veut le redéporter aux Seychelles. Chanvalon ajoute :

..... « C'est peut-être ici le lieu de faire ressortir la contradiction qu'implique la mesure sollicitée par l'assemblée coloniale, avec la conduite qu'elle a tenue antérieurement envers l'isle Mahé ; le gouvernement venait d'y déporter quelques individus qu'il recommandait à l'humanité de ses agens dans ces contrées. On a vu les isles Seychelles anéanties sans retour par la présence de ce petit nombre de déportés ! On proclamait ces colons en danger, et l'on n'a cessé de s'agiter que lorsque l'on a eu obtenu du gouverneur un armement, en faveur des habitans de Mahé, que tous les motifs, s'écriait-on, d'humanité, de sureté personnelle et de conservation des propriétés engageaient à protéger efficacement. Cependant, ceux des déportés qui pouvaient entretenir une juste inquiétude avaient déjà été séquestrés sur l'une des isles inhabitées de l'archipel. Le reste vivait isolé sur différentes habitations et n'avait ni l'envie ni le pouvoir de se réunir pour concerter un plan de bouleversement. On n'en a pas moins jugé indispensable, pour la sureté commune de Mahé et de l'isle de France, d'en déporter la plus grande partie à l'isle d'Anjouan ; et, aujourd'hui, c'est à cette même isle de Mahé, qui était il y a deux jours l'objet de nos plus tendres sollicitudes, que nous voulions protéger de tout notre pouvoir, c'est à cette même isle que nous déportons 300 hommes coupables ?

On répond qu'ils n'ont aucun motif de haine contre Mahé (1), les déportés de France n'en avaient pas non plus. J'ajoute d'ailleurs que les colons de Mahé sont liés avec ceux de l'isle de France par le sang, les intérêts et le commerce ; c'est assez pour qu'ils soient exposés à ces actes de vengeance qu'on redoute pour notre colonie, ou qu'on a l'air de redouter. Car si l'on était persuadé que ces hommes

---

(1) Précédemment la lettre dit, en effet, que le bataillon doit être ulcéré contre l'île de France, mais que cela n'est que trop légitime.

sont dangereux, c'est dans leur patrie qu'il faudrait les renvoyer par respect pour les principes d'honneur, d'humanité et de justice que l'isle de France a invoqués dans la cause des Seychelles tout nouvellement...

(Archives de la marine.)

Ces paroles de Chanvalon suffisent à montrer à quelle pression peu avouable avaient obéi les fonctionnaires placés à la tête de l'île de France, lorsqu'ils avaient autorisé la meurtrière expédition du *Bélier*. Malgré leurs regrets tardifs, ils en gardent la responsabilité devant l'histoire.

Nous devons, avant de clore ce chapitre, signaler un dernier document : le 29 vendémiaire an XI, la corvette *le D ligent* fut envoyée à Anjouan par le gouverneur de l'île de France, dans le but de savoir ce que les déportés étaient devenus. Le commandant Ruault, qui conduisait cette corvette, ne put, bien entendu, que constater la mort ou le départ de tous les déportés que le *Bélier* avait, l'année précédente, amenés dans l'île. Il rapporta du moins une pièce (conservée aux Archives de la marine), et qui fixe la date du décès de chacun des vingt et un proscrits qui succombèrent à Anjouan. Ces décès s'échelonnent du 6 au 30 floréal an X.

IX

EXISTENCE DE CEUX DES DÉPORTÉS QUI
RESTÈRENT AUX SEYCHELLES. — RETOUR
EN FRANCE DES SURVIVANTS.

Il nous faut maintenant retourner à
l'île Mahé : nous y retrouverons ceux des
proscrits que le commissaire Lafitte n'avait
pas embarqués sur le *Bélier*.

Dans le rapport par lequel ce commissaire rend compte de sa mission à Anjouan,
rapport qui nous a été si utile au cours du
chapitre précédent, Lafitte fixe ainsi qu'il
suit la situation des trente-quatre déportés qu'il a laissés à Mahé, et les motifs
qui le décident à juger inutile une nouvelle expédition analogue à celle du *Bélier* :

Il reste à l'établissement (1) 13 déportés,
dont 7 travaillent de leur état, les 6 autres
n'ont presque point été chargés par les habitans. Mais tous sont surveillés et maintenus
par les détachemens de la manière la plus
coercitive ; 21 déportés sont dispersés sur les
isles de l'archipel, chez des habitans qui répondent de leur conduite et de leur personne.
Si quelques-uns se conduisent mal, le conseil

---

(1) A l'établissement, c'est-à-dire dans l'enceinte des bâtiments où se tient le siège du
gouvernement de l'île Mahé.

colonial peut requérir la force armée et décider leur transfération sur l'Isle Denis.

D'après cet apperçu, des craintes sont-elles réellement fondées?

D'ailleurs, pour qu'il eut été possible d'embarquer tous les déportés, il aurait fallu fretter un second bâtiment. Ce n'était pas là le plus mal aisé, parce que les habitans en auraient peut-être fait les frais, ou s'ils ne l'avaient pu, que le gouvernement ou la commune générale de l'isle de France y auraient suppléé. Mais ce bâtiment ne pouvait être près que sous trois semaines au plus tôt, et il est facile de démontrer l'impossibilité où l'on était de l'attendre : 1° parce que tous les hommes qui composaient l'expédition du *Bélier*, soumis à un service continuel, couchaient tous sur le pont, et qu'infailliblement, ils fussent tous tombés malades, et, par suite, l'expédition eut été manquée si l'on n'avait mis la plus grande célérité; 2° à cause des vivres; 3° à cause de la mousson.

De son côté, le général Magallon se montrait tout aussi rassuré sur les dispositions des proscrits laissés à Mahé, lorsque, le 4 thermidor an X, il écrivait au ministre de la marine :

Je vous annonce avec satisfaction que le commandant des Seychelles me marque par une lettre, en date du 18 floréal dernier, *que cette colonie jouit de la plus parfaite tranquillité.*

On serait donc tenté de croire que les déportés vont pouvoir attendre, dans une tranquillité relative, que quelque circonstance heureuse vienne mettre fin à leur exil.

Pourtant, les pièces que nous possédons laissent entendre que la lutte engagée dès le début entre quelques colons et les déportés, continua encore pendant quelques années. C'est ici le lieu de faire un nouvel emprunt au « Mémoire pour les 28 malheureux, reste de 71 citoyens français mis en surveillance spéciale à Mahé » qui nous a déjà à plusieurs reprises été d'un puissant secours.

Reprenons la lecture de ce curieux mémoire; il va nous raconter la vie des déportés qui avaient eu la chance relativement heureuse de ne pas être enlevés par les ordres du commissaire Lafitte, et de ne pas partager le sort des passagers du *Bélier* :

Une grande partie des habitans de Mahé gémissent sur la vexation exercée envers nos infortunés compagnons ; mais les partisans du sieur Malavois étaient outrés que le commissaire Lafitte n'eut point exterminé la totalité. Ils se hâtèrent de faire expédier pour l'isle de France, le navire qu'ils avaient feint d'achepter du constructeur Plançon pour nous reconduire en Europe, et ils adressèrent aux autorités de cette colonie un nouveau libelle contre nous et les plaintes les plus amères contre le commissaire.

Depuis cette époque fatale, ils n'ont cessé de nous abreuver d'outrages et d'opprobres;

ils ont mis le commandant dans l'impuissance de subvenir aux premiers besoins de ceux de nous qui n'étaient point logés sur quelque habitation. Lorsqu'il arrivait quelques navires, ils allaient à bord nous peindre sous les couleurs les plus noires, d'effendre qu'on communiquât avec nous, qu'on nous donnât aucunes nouvelles, aucunes consultations, et surtout qu'on ne se chargeât d'aucunes de nos lettres pour la France.

Lorsque quelques-uns des navires du pays revenaient des isles de France et de la Réunion, ils faisaient répandre le bruit qu'on nous y voyait plus mal que jamais ; qu'on y préparait un bâtiment pour nous venir enlever et nous envoyer périr aux Maldives ou à Batavia ; et dans l'intention atrocement perfide d'effrayer ceux des honnêtes habitans qui nous avaient accordé un azile ou leur estime, ils faisaient publier qu'on préparait leur déportation, pour les punir de s'être intéressés à nous. Quelques-uns des suppots de Malavois allèrent jusqu'à accabler d'injures et cribler de coups ceux qui blâmaient leur conduite envers nous. Le citoyen Gilles, dit Marche à Terre, homme infiniment estimable et doux, fut tout meutri par un nommé Calais, pour avoir représenté que notre conduite honnête et paisible ne méritait point les horribles traitemens qu'on nous faisait essuyer. Les citoyens Tesseteaux, Thomé et Pelletier, qui sont maintenant à l'isle de France, peuvent attester ces faits dont ils ont été témoins, ainsi que le citoyen commandant et autres.

Ce fut alors que pour faire cesser s'il était possible ces affreuses vexations, nous eumes l'honneur d'adresser une pétition au général

Magallon, dans laquelle après lui avoir exposé la vérité, nous implorions son appui et la protection des 1 is contre nos cruels et constans persécuteurs. Vingt-six habitans joignirent à cette pétition les attestations les plus fortes et les plus honorables de notre bonne conduite, le commandant Quinssy les fit parvenir, et le général Magallon, instruit, répondit au commandant que nous pouvions être tranquilles, que notre conduite et notre malheur nous donnaient droit à la protection que nous demandions et qu'il était faux que l'on préparât aucune mesure hostile contre nous ; il réprimanda fortement nos persécuteurs, et les menaça, en cas de récidive de leur part, d'en instruire le gouvernement français, mais rien ne put corriger les méchans.

L'un de nous, le citoyen Boniface, demeurant chez Mme la veuve Saint-Jorre, l'honêteté de sa conduite, son zèle à servir ses intérêts, et surtout à donner de l'éducation à ses deux derniers enfants, lui avaient tellement méri é l'estime et l'attachement de cette dame, qu'elle manifesta hautement l'intention d'en faire son époux (1). C'en fut assés pour exas-

(1) On remarquera que cette dame Saint-Jorre est précisément l'auteur de l'une des lettres adressées aux autorités de l'île de France contre les déportés et publiées à l'un des chapitres précédents. Ce fait prouve assez qu'en se plaignant des déportés, cette femme obéissait à des préventions tirées de l'opinion qu'elle se faisait à priori des proscrits amenés de France, mais qu'elle n'avait point d'actes à leur reprocher.

pérer de nouveau la rage et la fureur des partisans de Malavois. Ils invectivèrent cette dame de la manière la plus révoltante, décidèrent à huit ou dix que ce mariage serait un scandale public, que nous étions des « hommes flétris sous le coup de la loi, morts civilement et incapables de contracter aucuns actes civils. »

Cette horrible décision était démentie par les faits et par les actes émanés du pouvoir suprême. Le sénatus-consulte et l'arrêté des consuls qui nous avaient mis en surveillance spéciale à Mahé nous avaient expressément et textuellement conservé le titre de *citoyen*, et les instructions et ordres du gouvernement adressés au commandant des Seychelles en nous déclarant colons, en voulant qu'on nous y concédât des propriétés foncières, qu'on nous favorisât de tous les moyens possibles dans nos entreprises et spéculations commerciales, nous avaient conservé tous les droits attachés au titre de citoyen. Nous n'avons été n'y accusés, n'y jugés, n'y condamnés. Nous ne pouvons donc être atteints de la mort civile qui n'est que l'effet et le résultat d'une condamnation juridique et l'Egale à la mort naturelle ou à une peine infamante perpétuelle.

Pour assurer l'effet de leur infame décision, les partisans du sieur Malavois arrêtèrent que le citoyen Boniface serait enlevé de Mahé et jeté sur une isle déserte, l'isle Saint-Denis. Cet arrêté barbare révolta tous les autres habitans. Le citoyen commandant défendit de l'exécuter, et le général Magallon approuva sa deffense, blama l'acte de la faction Malavois, et déclara Boniface sous la protection de la loi et du gouvernement.

Ouvrons ici une parenthèse. Le mariage

projeté entre le déporté Boniface et une femme de la colonie fit en effet l'objet d'une correspondance active, non-seulement entre les habitants et les diverses autorités coloniales, mais encore, entre ces autorités et le ministère de la marine.

D'ailleurs, cet incident nous fournit l'occsion de faire remarquer une particularité propre aux déportations effectuées pendant le consulat et l'empire. Ces déportations ayant eu lieu en vertu d'actes émanés de l'arbitraire administratif plus ou moins dissimulé (plus tard on verra que cet arbitraire ne prit pas toujours la peine de s'armer d'un sénatus-consulte, ni même d'un arrêté gouvernemental), ces déportations, disons-nous, n'eurent jamais pour résultat d'enlever aux proscrits leurs droits civils et politiques, ni même d'interrompre l'exercice de ces droits. Elles eurent, en réalité, le caractère d'une simple rélégation dans des colonies, et n'osèrent afficher la prétention de représenter une peine, dans le sens légal du mot. Dans l'histoire des déportations à Cayenne dont nous aurons à nous occuper bientôt, on trouve trace de votes politiques émis par les déportés à Cayenne (votes pour le consulat à vie, et pour la fondation de l'empire). Au reste, la lettre suivante du ministre de la marine (lettre évidemment relative au mariage projeté du déporté Boniface), est explicite.

La lettre datée de Boulogne, 28 thermidor an XIII, et adressée au général de division Decaen, capitaine général des îles de France, etc., renferme ce passage :

Le commandant des Seychelles .....me mande que quelques-uns des déportés restés aux Seychelles, ont trouvé à contracter des mariages avec des femmes blanches, mais qu'une partie des habitans s'y est opposée, sous prétexte que ces individus ne peuvent contracter civilement, qu'il vous a fait part de cet état des choses, et de la nécessité d'assurer des moyens de subsistance aux déportés qui n'ont pu en trouver par leur industrie, et qu'à l'époque de sa dépêche, il n'avait pas encore reçu vos ordres.

Je vous autorise, monsieur, à faire connaître au commandant des Seychelles que la déportation par mesure politique et de sûreté générale n'emporte point l'interdiction des droits civils, et qu'en conséquence, les déportés qui se trouvent dans cet établissement peuvent contracter civilement, en se conformant aux lois; vous voudrez bien aussi concerter avec le préfet colonial les dispositions convenables pour adoucir le sort de ces individus sous le rapport de la subsistance et d'un entretien borné au pur nécessaire...

(*Archives de la marine.*)

Revenons au mémoire des déportés :

Sept à huit mois après l'enlèvement et la transportation à Anjouan de nos infortunés compagnons, des bâtimens venus de la côte d'Afrique, apportèrent les nouvelles qu'ils étaient tous péris. La faction du sieur Malavois fit éclatter les transports d'une joye vraiment antropophage. Le citoyen Mondon (1) surtout se frotta les mains et sauta publiquement de joye en s'écriant : « Quelle heureuse nouvelle ! tous ces scélérats sont morts ! puisse le dernier avoir le même sort ! »

Mais quelques jours après, le capitaine Calais, de Mahé, revint de Zanzibart : il nous apporta une lettre de l'un de nous, le citoyen Lefranc, architecte de Paris, dans laquelle, après nous avoir fait le tableau le plus touchant des maux affreux que lui et ses compagnons de malheur avaient éprouvés à Anjouan, il nous disait qu'en vingt jours il en était mort vingt-un, que le roi d'Anjouan ayant donné aux treize autres une chelingue pour les conduire à Zanzibart, cette chelingue avait coulé et que tous avaient péri, à l'exception de quatre, dont deux étaient passés à Mascate, et lui et un autre étaient parvenus à Zanzibart avec des peines inouïes. A cette nouvelle, le même Mondon se frappa le front avec douleur et s'écria : « Quelle fatale nouvelle ! il en est échappé quatre ! »

Nos maux étaient à leur comble ; nous ne pouvions plus les supporter, résolus d'en instruire le gouvernement français et nos familles, nous fîmes une protestation légale contre l'exécrable et inhumaine conduite qu'on n'avait cessé de tenir à notre égard à Mahé, et nous la fîmes partir pour France. Mais y sera-t-elle parvenue ? Presque toutes nos lettres ont été interceptées, ouvertes, lues, supprimées. Deux d'entre nous avaient fait des pétitions au premier consul, ils les avaient adressées à des

(1) L'agent municipal de Mahé.

amis qui devaient les remettre au suprème magistrat. Le capitaine Calais s'était chargé (*sic*) ces paquets à la poste de l'Isle-de-France, mais il les a rapportés ouverts, et les a remis aux habitans du Trou ; ce qui est de sa part un abus de confiance bien coupable.

Peu de jours après, nous eumes la joie d'apprendre que le brave général Decaen et le citoyen Leger venaient de prendre les reines du gouvernement des isles de France et de la Réunion, ainsi que le citoyen Crespin, commissaire de justice. Comptant sur leur justice et leur humanité, nous nous flatàmes durant quelques instants que le plus fort de nos maux était passé; l'arrivée à Mahé du citoyen Biguignon, en qualité d'administrateur civil, redoubla notre espérance. Convaincu par ses propres yeux de l'irréprochabilité de notre conduite, de la misérable situation où l'on nous retient, contre la volonté du gouvernement français.... Il nous témoigna le plus vif intérêt; écrivit en notre faveur au gouverneur de l'isle de France, conjointement avec le citoyen commandant; joignit à son rapport de nouveaux et nombreux certificats à nous délivrés par la grande majorité des habitants des Seychelles, qui tous attestent notre excellente et imparturbable (*sic*) conduite. Il fit plus. Voyant quatre de nous malades et sans secours, son humanité le porta à les envoyer à l'Isle de France pour y être traités; la manière dont ils y ont été reçus par le citoyen préfet colonial, son extrême sévérité à leur égard, la proposition qu'il leur a fait de les envoyer à Madagascar, où les autorités qui ont gouverné la France depuis vingt ans n'ont pas même voulu envoyer les plus grands coupables, tout nous prouve que le citoyen préfet naturellement juste, sensible et bon, n'a pas agi de lui-même et de son propre mouvement à notre égard, mais qu'il a été affreusement prévenu contre nous par le calomniateur Malavois.

C'est bien là la morale du sieur Malavois. A cette morale inhumaine, on reconnut le cœur de celui qui, pour faciliter l'arrestation des derniers ambassadeurs de Tippo, -sultan, vers la République française, dénonça aux Anglais le citoyen Thomé, qui avait donné un asile et une retraite assurée à ces ambassadeurs, et qu'il leur conseilla de l'arrêter, de le conduire sur la frégate *la Sybile*, de l'y mettre aux fers, et même de le pendre, s'il ne leur révélait pas l'endroit où il avait caché ces ministres plénipotentiaires d'un prince allié des Français.

Le mémoire des déportés s'arrête en l'an XII, nous n'aurons plus à revenir sur cette pièce, l'une des plus importantes que nous aient laissées les proscrits. On a remarqué que, dans le dernier extrait que nous venons de donner, les auteurs du mémoire se plaignent que quatre des leurs, envoyés à l'île de France, pour cause de santé, aient été mal reçus dans cette colonie. Quelques lettres du général Decaen (*Archives de la marine*) sont relatives à cet incident : tout d'abord le général ne veut pas leur permettre de séjourner dans la colonie, il écrit au préfet colonial (0 nivôse an XII) :

Je vous écrivais, mon cher préfet, pour vous demander une conférence sur le parti à prendre à l'égard des quatre déportés qu'on a inconsidérément envoyés des Seychelles, lorsque j'ai appris qu'on les avoient fait débarquer. Je ne suis pas du tout satisfait de cette mesure, il convenoit auparavant de faire visiter ces hommes à bord, de m'en faire connaître l'état, pour que je décide si effectivement ils devoient être introduits. D'un autre côté, rien dans la correspondance que j'ai reçue ne m'annonce le motif pour lequel on a permis ce transport. L'arrivée de ces hommes dans cette colonie, où on est prêt à s'allarmer pour la moindre chose, peut occasionner nombre de désagremens. Je vous invite de me répondre à ce sujet.

Il lui écrit encore le 14 nivôse :

Ma décision, mon cher préfet, relative aux quatre déportés envoyés des Seychelles est en tout point conforme à votre avis; dans l'ordre de renvoi, il sera dit que le gouvernement de la République ayant prononcé qu'ils resteroient aux Seychelles, qu'il n'appartient point à l'administration de l'isle de France d'en décider autrement...

Examen fait, le général Decaen paraît cependant avoir pris son parti du séjour de ces quatre hommes à l'île de France. Le préfet colonial reçoit de lui cette lettre (28 nivôse) :

Je vous invite, mon cher préfet, à m'envoyer la dernière liste des déportés qui vous a été addressée des Seychelles et d'y joindre les noms et profession des quatre arrivés ici il y a quelque temps et maintenant consignés à l'hôpital.

Pendant les années qui suivent, la correspondance du général Decaen ne nous fournit plus que de rares indications sur le sort des déportés survivants. Le 21 nivôse an XII, il écrit au préfet colonial :

Je vous rappelle la décision motivée que nous devons donner aux administrateurs des Seychelles pour qu'ils puissent faire jouir provisoirement les deportés de quelques parties de terrain dont la concession leur sera ensuite accordée, lorsque les formes exigées seront remplies.

Le 7 mai 1807, le même personnage dit, dans une lettre au ministre de la marine :

..... J'ai des nouvelles des îles Seychelles du 5 avril, par un navire arrivé le 27. Le commandant m'a envoyé l'état des déportés que j'ai l'honneur d'adresser à Votre Excellence. J'y joins une pétition du reste de ces malheureux. Jusqu'à présent ces individus n'ont donné dans le lieu où ils sont en surveillance aucun sujet de plainte...

La pétition signalée par le général Decaen existe dans les cartons des Archives nationales. Elle est de janvier 1807, et ne fait connaître aucun évènement notable. Une autre pétition des déportés, également conservée aux Archives nationales, et adressée au ministre de la marine, renferme les passages suivants :

Relégués depuis près de six années sur cet archipel brulant et ingrat, en proie aux privations de tous genres... au nombre de 23 restes infortunés de 70... nous sollicitons un terme à nos malheurs... En l'an XI, nous fîmes parvenir à M. de Magallon, alors gouverneur général,... nos justes plaintes avec des certificats de notre bonne et imperturbable conduite depuis notre arrivée dans cette colonie, signés par une partie des habitans. Il reconnut la légitimité de nos réclamations et transmit à M. le commandant des Seychelles l'ordre aux habitans de ne s'imiscer en rien dans ce qui nous concernait.

En l'an XII, la nécessité de détruire les nouvelles menées d'une poignée de nos ennemis, nous fit pareillement adresser au général Decaen un mémoire expositif de notre situation accompagné de nouveaux certificats de notre bonne conduite, attestée par 33 habitans des Seychelles et certifiée par MM. le commandant et l'administrateur civil de la colonie.

Par une lettre du secrétaire général Bernard, adressée à l'un de nous, le général Decaen nous fit part de l'envoi qu'il avait fait en France de nos réclamations.

... Nous espérions... surtout lorsque nous avons appris que les véritables auteurs de l'attentat du 3 nivôse avaient été connus, arrêtés et jugés; le silence que, dans cette persuasion, nous avons gardé jusqu'à ce jour n'est rompu que par la nécessité et par l'aspect des maux que la prolongation de notre exil nous fait envisager, les infirmités inséparables de l'âge, de la vieillesse, etc...

Cette pièce, qui paraît être de l'écriture

de Niquille, est signée par les déportés dont voici les noms :

Niquille, Barbier, Cheval, Monneuse, Jacquot-Devilleneuve, Vacret, Flamand, Delabarre, Marlet, Pradel, Eon, Bormans, Vitra, Dusoussy, Massard, Cardinaux, Gaspard Gille.

Le 13 mai 1807, le général Decaen s'occupe d'envoyer des vêtements aux déportés :

... J'annexe à la présente, écrit-il au préfet colonial, un extrait de diverses demandes que le commandant Quinssy m'a adressées...
... Les sarrots qu'il demande sont probablement pour l'usage des individus mis en surveillance ; mais vous serez sûrement de mon avis, que, si c'est pour cet usage, il convient mieux de faire un envoy de la toile qu'il faut pour les vêtemens de ces hommes avec une indication de son emploi à l'agent comptable ; si vous reconnaissez qu'en raison des envois précédemment faits le tems est venu de renouveller leur habillement...

(Archives de la marine.)

Une source de renseignements que nous ne saurions négliger ici, c'est la série des états de situation des déportés, adressés à plusieurs reprises au ministère de la marine, par le préfet colonial de l'île de France et par le commandant des îles Seychelles ; ces états (ils font partie des archives de la marine) nous tiennent au courant, presque année par année, des morts, des évasions, etc., survenues parmi le proscrits.

Ainsi, un état de l'an XII nous montre que le nombre des déportés existant à l'île Mahé, est, à cette époque, réduit à vingt-huit.

En dehors de ces vingt-huit, trois se sont évadés (deux pour Mozambique et un pour les Indes).

En décembre 1805, le nombre des proscrits qui vivent à Mahé est réduit à vingt-quatre. Deux nouvelles évasions se sont produites.

En janvier 1807, ils sont encore vingt-trois vivant aux Seychelles.

En janvier 1808, dix seulement habitent les Seychelles, les autres ont obtenu la permission d'habiter l'île de France.

Le 15 juin 1809, l'état général donne les noms de vingt-trois proscrits, dont quatorze sont à l'île de France (parmi lesquels trois à l'hôpital de cette colonie), deux sont à l'île Bonaparte, cinq sont aux îles Seychelles (trois à Mahé, deux à Praslin), un déporté figure sur l'état, sans qu'on nous dise ce qu'il est devenu ; un autre enfin est marqué parti des Seychelles pour se rendre à l'île de France, « sur une prise de la corvette *le Gobemouche* ». Mais cette prise n'est pas arrivée à destination au moment où l'état est dressé.

En envoyant l'état de 1809, le général Decaen écrit au ministre de la marine (15 juin) :

Vous verrez par cet état, monseigneur, que
le plus grand nombre de ces individus est
maintenant à l'isle de France; leurs sollicita-
tions réitérées, la bonne conduite qu'ils avaient
tenue aux Séchelles, l'assurance qu'ils donnaient de bien se conduire à l'isle de France,
s'ils avaient le bonheur d'y passer, le besoin
que plusieurs d'entr'eux avaient des secours
de la médecine, qu'on ne pouvait pas leur ad-
ministrer à Mahé, les infirmités de quelques-
uns, enfin le désir qu'ils manifestaient tous de
se rendre utiles, tant de motifs m'ont déterminé à autoriser le commandant de Mahé à
leur permettre successivement de s'embarquer
pour venir ici, où quelques-uns avaient des
parents; et ainsi qu'à l'isle de la Réunion. Ils
sont toujours tenus en surveillance, mais aucun
d'eux n'a encore donné lieu à des plaintes ; au
contraire, partout où ils sont employés, on en
est extrêmement satisfait.

(*Archives de la marine.*)

Cette lettre de Decaen est la dernière qui
donne quelques détails sur les proscrits;
un évènement désastreux (la prise de l'île
de France par les Anglais) va interrompre
cette correspondance.

Il nous reste à citer une lettre du
16 décembre 1811, adressée par le ministre de la marine à son collègue de la police. Elle renferme ce passage :

J'ai demandé à M. le général Decaen par
deux lettres des 22 juillet dernier et 2 décembre, les renseignements qu'il pouvait avoir sur
les mutations survenues parmi les déportés
depuis le 15 juin 1809, jusqu'au moment où le

général a quitté l'île de France. Dès que ces documents me seront parvenus, je m'empresserai de vous transmettre le résultat. Il n'échappera pas à l'attention de V. E. qu'il dépend maintenant du gouvernement anglais de laisser aux déportés dont il s'agit la faculté de se retirer où ils jugeront convenable.

(Archives de la marine.)

Après la prise de l'île de France par les Anglais, les proscrits survivants tentèrent de rentrer en France. Plusieurs y parvinrent, en usant des diverses occasions qui s'offraient à eux. Mais, à leur arrivée dans la mère-patrie, ils furent l'objet de mesures de surveillance ou d'internement qui, pour quelques-uns, se prolongèrent jusqu'en 1815.

Ces actes de rigueur étaient d'autant plus injustifiables que les déportés rentrés eussent pu rester libres à l'étranger et qu'ils ne se livraient que par patriotisme. Le 7 juin 1811, en effet, le commissaire de police de Morlaix, annonçant au ministre de la police l'arrivée dans cette ville de parlementaires de l'île de France, s'exprimait ainsi :

.. A peine les troupes françaises, dont la présence contenait les Anglais, ont-elles été embarquées, que le gouvernement (anglais) a publié une proclamation astreignant tout individu qui voudrait rester dans la colonie à y faire le serment d'obéissance; ne donnant, contre l'esprit de la capitulation, que vingt jours pour quitter l'isle, sans en fournir les moyens, à tout individu qui s'y refuserait.

(*Archives nationales.*)

Les déportés, molestés à leur retour par la police, firent remarquer que, s'ils avaient quitté l'île de France, c'était parce qu'ils s'étaient refusés à prêter serment aux autorités anglaises, mais il ne leur fut tenu aucun compte de cette circonstance.

L'historique de la déportation des Seychelles prend fin avec le retour en France des déportés envoyés dans cette colonie. L'existence des déportés rentrés fera l'objet d'un chapitre spécial. Nous devons maintenant aborder le récit des mesures de déportation dont d'autres proscrits furent les victimes.

X

LES DÉPOTS DES ILES DE RHÉ ET D'OLÉRON LE FORT DE JOUX

Le sénatus-consulte du 14 nivôse an IX prononçait la peine de la déportation contre 130 républicains. Les chapitres qui précèdent font connaître le sort de 70 de ces victimes, c'est-à-dire de la moitié environ du total des individus visés par le sénatus-consulte.

Les autres, sauf un certain nombre d'exceptions (morts, non retrouvés par la police, graciés, mis en surveillance, etc.; mais nous l'avons déjà expliqué, nous n'ayons à nous occuper ici que de ce qui concerne les condamnés pris dans leur ensemble, ou tout au moins les groupes de condamnés, laissant à l'index biographique le soin de renseigner le lecteur sur les individus isolés), sauf, disons-nous, un certain nombre d'exceptions, les autres furent répartis entre trois dépôts principaux : l'île de Rhé, l'île d'Oléron et le fort de Joux.

Les déportés firent dans ces trois dépôts un séjour assez prolongé, car le gouvernement consulaire, retenu sans doute par la désastreuse expérience des Seychelles qui avait coûté deux navires de guerre, ne se décida qu'en l'an XII, c'est-à-dire après plus de deux ans de réflexion, à organiser un nouveau convoi de proscrits pour les colonies.

La correspondance échangée entre les diverses autorités dépendant soit du ministère de la police, soit du ministère de la marine, correspondance que j'ai pu consulter aux archives nationales et aux archives de la marine, les lettres d'un certain nombre de détenus, interceptées et conservées dans les divers dossiers de police, m'ont donné d'importants renseignements sur le passage des déportés dans les trois dépôts de Rhé, d'Oléron et de Joux. Les archives de la préfecture de police m'ont fourni trois ou quatre pièces échappées par miracle à l'incendie de 1871, qui détruisit la majeure partie de cet important dépôt.

J'ai obtenu, en outre, communication aux archives de la préfecture de la Charente-Inférieure de plusieurs lettres relatives aux déportés et émanant des fonctionnaires du département ; enfin, au cours d'un voyage à Saint-Martin-de-Rhé, j'ai été assez heureux pour me mettre en rapports avec quelques vieillards qui se rappelaient avoir connu les déportés, et qui m'ont fourni un certain nombre de souvenirs personnels infiniment précieux.

Au contraire de ce qui avait eu lieu pour les déportés des Seychelles que l'on avait amenés à Nantes, puis au lieu d'embarquement, en deux convois de trente-deux et de quarante individus, les déportés destinés aux îles de Rhé, d'Oléron et au fort de Joux, furent acheminés par petits groupes.

Les premiers enlevés des prisons de Paris furent ceux que désigne le passage suivant d'une lettre adressée, le 22 nivôse an IX, par Fouché au ministre de la marine :

Les citoyens Talot, Choudieu, Félix Lepelletier, Destrem et Charles Hesse sont conduits à l'isle d'Oleron ou de Rhée, je les ai envoyés au préfet du département de la Charente-Inférieure qui les fera conduire dans l'une de ces deux îles.

(*Archives de la marine.*)

Ces condamnés, sauf Choudieu qui suivit une autre destination, partirent en effet (le 23 au matin seulement) pour Saintes, par la diligence, sous la surveillance d'un officier et de six gendarmes, auxquels ils avaient été remis en vertu des pièces suivantes :

Conformément aux ordres du ministre de la police générale, le concierge de la maison d'arrêt du Temple remettra au chef de la 1re de gendarmerie nationale ou aux gendarmes porteurs de son ordre, les nommés Michel-Louis Talot, Félix Lepelletier, Charles Hesse et Hugues Destrem, pour être conduits devant le préfet de la Charente-Inférieure à Saintes. — *Le préfet de police :* DUBOIS.

, Je soussigné, lieutenant de la gendarmerie nationale de Paris, caserné au cidevant palais du Temple, reconnais avoir reçu du citoyen Fauconnier, concierge de la maison d'arrêt du Temple, les nommés Talot, Lepelletier, Hesse et Destrem pour les conduire à leur destination, comme dit est en l'ordre ci-dessus. Fait au greffe du Temple, le 23 nivôse an IX de la République française une et indivisible. — Signé : GAUDRIOT.

(*Archives de la préfecture de police.*)

A dix lieues de Saintes, Charles Hesse fut frappé d'une attaque d'apoplexie, à laquelle d'ailleurs il survécut.

Voici trois lettres du sous-préfet de La Rochelle qui font connaître l'arrivée des quatre proscrits à l'île de Rhé et le régime auquel ils devront être soumis; ces lettres (qui appartiennent au dépôt d'archives de la préfecture de la Charente-Inférieure) sont adressées au maire de Saint-Martin-de-Rhé :

11 pluviose, an IX.

Citoyen, le commandant du stationnaire de la Rochelle, qui vous remettra cette lettre, a à son bord, les quatre déportés Destrem, Talot, Charles Dehesse et Félix Lepelletier ; vous voudrez bien les faire recevoir à la citadelle, et recommander qu'ils soient surveillés avec soin.

12 pluviose, an IX.

Citoyen, le commandant du stationnaire de cette ville, qui vous remettra cette lettre, a été chargé de conduire à la citadelle de l'île de Ré, les citoyens Hugues Destrem, Michel-Louis Talot, Félix Lepelletier et Charles Hesse. Ils seront particulièrement sous la surveillance du commandant d'armes, qui est invité par le préfet à les laisser jouir de la faculté de se promener dans la ville de Saint-Martin et de communiquer avec les habitants pendant le jour. L'intention du gouvernement paraît être que l'on n'ajoute à la peine qu'ils éprouvent, par aucune autre mesure de rigueur; vous êtes par conséquent autorisé, et je vous invite même, à leur être autant utile que vous le pourrez.

21 pluviose an IX.

Citoyen, le préfet, par sa lettre du 19 de ce mois, m'autorise à accorder aux citoyens Félix Lepelletier, Charles Dehesse, Hugues Destrem et Louis Talot, la faculté de demeurer dans la ville de Saint-Martin, où ils resteront sous votre surveillance spéciale et sous celle du commandant d'armes. Vous voudrez donc bien, en conséquence, vous concerter avec le citoyen Dubreton, chef de brigade, pour l'exécution de cette mesure, et je vous prie de m'accuser la réception de la présente.

En arrivant à Saint-Martin-de-Rhé, Destrem, Talot, Lepelletier et Hesse, trouvèrent installés dans l'île ou à la citadelle, d'autres proscrits condamnés à la déportation pour des motifs divers, et que les pièces que nous avons consultées à leur sujet ne nous ont pas toujours révélés avec une clarté suffisante. Les îles de Rhé et d'Oléron avaient, pendant le Directoire, déjà servi de dépôts de déportés, et, en l'an IX, le gouvernement consulaire y tenait en surveillance un certain nombre d'individus ; l'île d'Oléron, particulièrement, renfermait alors Buonarotti, Cazin, Charles Germain, Blondeau et Moroy, condamnés à la déportation en l'an V, par la haute cour de Vendôme (affaire de Gracchus Babœuf), et qui en l'an VIII avaient été ramenés de Cherbourg, où ils étaient précédemment détenus. Ces condamnés (à l'exception de Buonarotti), subirent, comme on le verra par la suite, les mêmes vicissitudes que le groupe de déportés du 3 nivôse dont nous allons nous occuper.

On projeta même, en l'an IX, de réunir à Saint-Martin-de-Rhé tous les déportés épars dans les deux îles ; ce projet,

qui bientôt fut abandonné, donna lieu à
l'échange des lettres suivantes entre le
préfet maritime de Rochefort et le ministre de la marine :

Rochefort, le 21 nivôse de l'an IX, etc.

Citoyen ministre,
Je viens d'être informé qu'il n'existe à l'isle d'O·
léron qu'une vingtaine de condamnés à la déportation, depuis que l'on a fait passer à l'isle de
Rhé une majeure partie de ceux qui y étaient.
Il serait possible d'éviter les frais qu'entraîne
la conservation d'une Cayenne pour la distribution des vivres à ce petit nombre d'hommes
en les réunissant à ceux qui sont détenus à
l'isle de Rhé. La distance où l'administrateur
d'Oléron se trouve de l'établissement l'empêche, de plus, d'y porter une surveillalance
active. Je vous proposerais donc, citoyen
ministre, d'ordonner la translation à l'isle de Ré
des déportés détenus au chateau d'Oléron. De
cette mesure résulterait une économie par la
suppression de la Cayenne des vivres et le renvoi
des commis distributeurs qui y sont entretenus. — MARTIN.

(*Archives de la marine.*)

Le ministre de la marine répondit au
préfet de Rochefort, le 19 pluviôse an IX ;

Il serait sans doute plus économique de
réunir les condamnés à la déportation qui sont
sur l'île d'Oléron à ceux qui existent à l'île de
Rhé, mais avant de proposer au gouvernement
d'ordonner cette translation, je vous prie de
vous concerter avec le préfet du département,
pour savoir, si, sous quelques rapports, cette

— 161 —

réunion de condamnés ne présenterait pas quelques inconvénients ; et vous voudrez bien me faire part du résultat de votre correspondance...

(*Archives de la marine.*)

D'autres groupes vinrent bientôt rejoindre Lepeletier et ses amis. Les documents qui suivent en font suffisamment connaître la composition et la marche :

Il s'agit d'abord de faire partir sept condamnés : le 23 nivôse an IX, le ministre de la guerre, à qui Fouché a demandé des chevaux pour opérer ce transport, répond :

Les entrepreneurs des transports militaires n'ont point de chevaux puisqu'ils font leur service par la voie du commerce, et je n'en ai point que je puisse mettre à votre disposition.

(*Archives nationales.*)

Fouché écrit alors au préfet de police (24 nivôse an IX) :

La Guerre n'a pas de chevaux... Vous devez vous procurer les chevaux pour ce transport, soit par le moyen des administrateurs des messageries, soit en traitant avec d'autres entrepreneurs.

(*Archives nationales.*)

Le préfet de police Dubois s'adresse donc aux messageries; le 9 ventôse, il fait connaître en ces termes à Fouché le résultat de ses démarches :

Ainsi que je vous en ai prévenu par ma lettre du 7 de ce mois, j'ai demandé aux administrateurs de l'entreprise générale des messageries une voiture pour le transport des sept individus qui partiront demain pour les isles de Rhé et d'Oléron; ces administrateurs, en me promettant de fournir lesdites voitures, sollicitent la paiement total des frais que leur ont occasionné les précédents convois et une avance pour celui qui partira demain. Je ne puis, citoyen ministre, que vous engager à prendre leur demande en considération et à y faire droit.

(Archives nationales.)

Voici la lettre des administrateurs des messageries au préfet de police (7 ventôse an IX) :

..... Nous avons déjà expédié sept voitures pour pareil service. Sur le prix, nous avons reçu 6,000 francs ; reste dû pour solde, 16,610 francs. Car vous n'ignorez pas que nous faisons l'avance du paiement des escortes... d'autant plus onéreux que, d'un autre côté, cette mesure éloigne les voyageurs, empêche les chargements des effets sur l'impérial, et nous prive de recettes. Cet état de choses a tellement épuisé notre caisse que nous ne pouvons plus suffire aux avances nécessaires pour l'expédition journalière de nos diligences...

(Archives nationales.)

Enfin, ces difficultés aplanies, le convoi part. Le 11 ventôse, le chef de la première division de gendarmerie, annonce qu'il s'est rendu « hier matin à la maison de

Pélagie, pour, en vertu de réquisitions du
préfet de police, extraire 7 individus faisant partie des 130 (arrêté du 14 nivôse)
et les conduire, savoir : 6 à l'isle d'Oléron
et 1 à l'isle de Rhé. Ils sont partis de Paris
le 10 ventôse, entre 7 et 8 heures du matin, sous l'escorte d'un brigadier et de
sept gendarmes »...

Le même jour, le préfet de police annonce cette nouvelle à Fouché; les déportés qui font partie de ce convoi sont : Caretté, Colette, Crosnier (Jean-Louis), Duval (ou Derval), Saulnier (Jean), Cordas et
Marsault.

D'après le procès-verbal d'extraction de
la prison de Pélagie, les sept déportés invités à signer cette pièce déclarent « que
cela n'est pas nécessaire ». On n'a peut-
être pas oublié que c'est là exactement la
réponse faite par les déportés dirigés sur
Nantes et les îles Seychelles.

Marsault arrive le 4 germinal à l'île de
Rhé; quant aux six autres déportés, leur
débarquement à l'île d'Oléron donne lieu
à une lettre de Fontès, commandant d'armes de l'île, au ministre de la police (château d'Oléron, 3 germinal an IX), lettre
qui annonce l'arrivée des condamnés.

Un ordre du chef de la 1re division de la
gendarmerie porte que le brigadier recevra
procès-verbal de la remise... du commandant
d'armes de cette isle. Je présume que c'est une
erreur, puisque les autres déportés sont et

restent sous la surveillance de l'administration civile, veuillez me dire... etc., provisoirement, je les ai fait loger à la citadelle... Il paraît qu'il y a analogie de principes et une connaissance intime entre les déportés de Vendôme (1) (et les nouveaux arrivés) car l'adjudant de place me fait à l'instant rapport que le déporté Germain a déjà fait trois ou quatre voyages de la ville à citadelle.

(Archives nationales.)

En marge de la lettre, se trouve cette note des bureaux :

Répondre que cette translation a été faite sur les ordres du ministère, d'après la décision du conseil, qu'il doit les faire surveiller de manière à ce qu'ils ne puissent s'évader.

(Archives nationales.)

Les six déportés ainsi enfermés à la citadelle du château d'Oléron firent remarquer que le régime auquel les soumettait le commandant d'armes était plus sévère que le régime des déportés précédemment arrivés dans l'île. La femme de Jean-Louis Crosnier, l'un des proscrits, dans une pétition se plaignit que son mari fût traité comme coupable, couché sur une faible poignée de paille, mal nourri, renfermé dans la citatelle, ne pouvant jouir de la

---

(1) C'est-à-dire les condamnés à la déportation dans l'affaire Babeuf, dont le procès avait été jugé à Vendôme. Germain est l'un des condamnés babouvistes.

faculté qu'ont les autres d'avoir l'île pour prison, afin de pouvoir travailler. (*Archives nationales.*)

Le 16 germinal, Fouché transmit au préfet de la Charente-Inférieure et au commandant d'armes des instructions pour la garde des prisonniers; ils devaient, comme les autres, être placés sous la surveillance du maire de la ville. Le 9 floréal, le préfet de la Charente-Inférieure répondit au ministre :

En exécution de votre lettre du 16 germinal, j'ai transmis des instructions au sous-préfet de Marennes pour que les six individus qui font partie de ceux mis par le gouvernement en surveillance sur le territoire européen et arrivés à Oléron le 25 germinal dernier, sous l'escorte de six gendarmes soient mis sous la surveillance du maire de la commune du Château.

(*Archives nationales.*)

En résumé, les prisonniers des îles de Rhé et d'Oléron paraissent avoir été soumis à un régime qui variait suivant la fantaisie des autorités chargées de les surveiller. La plupart furent autorisés à séjourner dans les chefs-lieux de ces îles et à y vivre en liberté moyennant la simple formalité de venir apposer leur signature certains jours, sur un registre placé à la municipalité (« je ne signais mon nom sur le registre de la municipalité que tous les dix jours, on m'a ordonné aujourd'hui

de venir signer tous les jours impairs ».
Lettre de Charles Hesse, 22 pluviôse, an XI);
d'autres (Colette, particulièrement qui
s'en plaint) restèrent détenus dans les citadelles.

La discipline de l'île d'Oléron semble
avoir été plus dure pour les déportés que
celle de l'île de Rhé; l'un d'eux, dans une
lettre, réclame « le régime de l'île de
Rhé ».

Deux ou trois déportés firent un séjour
assez court dans les îles : ainsi Marsault,
qui fut mis en liberté ; Talot qui, en l'an
X, fut réintégré dans l'armée avec son
grade d'adjudant-général ; Hesse, qui,
devenu malade du scorbut, fut jugé par
les médecins incapable de supporter le
séjour des côtes, et fut exilé en Allemagne, avec défense de rentrer en France
sous peine d'être envoyé aux colonies ;
Destrem obtint la permission (à titre provisoire) d'aller à Fangeaux (sa ville natale)
mettre ordre à ses affaires de commerçant, puis fut au bout de quelque temps
réintégré à Saint-Martin-de-Rhé.

Plusieurs proscrits prenaient leur repas
dans l'hôtel tenu alors par M. Genest, sur la
place Louis XV, à Saint-Martin-de-Rhé.

Les déportés passèrent en somme, dans
ces deux îles, environ trois années, assez
peu tracassés par les fonctionnaires du
pays et entretenant avec les habitants
d'excellents rapports.

Ceci est vrai surtout pour l'île de Rhé,

où les proscrits se rencontraient à l'hôtel Génest, avec les officiers de la garnison, et mangeaient à la même table. Charles Nodier, dans son livre sur les conspirations dans l'armée, raconte que le colonel Oudet, qui, dit-il, était à la tête de l'association secrète militaire des philadelphes, se trouva en garnison à Saint-Martin-de-Rhé, au moment où les déportés habitaient cette ville, et qu'il confia ses projets d'insurrection à plusieurs des patriotes en surveillance. Le gouvernement fut-il prévenu de ces manœuvres, et faut-il attribuer le nouvel exil des détenus de l'île de Rhé à l'inquiétude qu'il en ressentit? On pourrait le penser; mais ceci n'est qu'une induction que je tire du récit de Charles Nodier, lequel (comme autorité historique) est bien suspect. Je dois dire, cependant, à l'appui de cette hypothèse, qu'il existe aux archives de la marine une pièce prescrivant l'envoi à Saint-Domingue (à titre de punition) des soldats du dépôt de l'île de Rhé, avec recommandation de les surveiller avec soin.

Peut-être cependant un autre incident eut-il une influence réelle sur la détermination que l'on prit d'embarquer les proscrits. J'ai dit plus haut, que les deux îles renfermaient alors, outre quelques patriotes détenus en vertu du *sénatus-consulte* du 14 nivose, un certain nombre de républicains tenus en surveillance pour diverses causes. Parmi ces derniers figurait

le général Argout, que les premières
mesures de proscription dont il avait
été l'objet n'avaient guère découragé, car
il s'échappait de temps à autre de l'île
d'Oléron, où il était en surveillance, et
allait jusqu'à la Rochelle et Rochefort,
exciter les officiers des garnisons de ces
deux villes à seconder les projets insurrec-
tionnels qu'il formait contre le premier
consul. Ses allées et venues, les conciliabules qu'il organisait (Voir, à son nom, la
partie biographique), furent dénoncés à
l'amiral Martin, préfet maritime de Rochefort, lequel envoya au ministre de la marine le rapport des dénonciateurs, accom-
pagnant ce rapport de la lettre suivante :

Rochefort, 22 vendémiaire, an XI.

Instruit de quelques sourdes menées à la
tête desquelles se trouvait un M. Argoud, général divisionnaire, déporté à l'île d'Oléron,
je me suis mis en mesure pour en suivre le fil,
et j'ai tâché, malgré que ce genre de surveillance parut être étranger à mes fonctions,
d'en découvrir le but, les moyens, et de connaître les chefs et les complices. Comme il
fallait dissimuler et attendre patiemment les
occasions qui pouvaient me conduire à cette
découverte, je n'ai point voulu paraître être
au fait de ce qui se tramait, ni dévoiler les légères notions que j'avais recueillies, en pro-
voquant l'arrestation du citoyen Argoud, avant
le temps qui m'était nécessaire pour obtenir
une connaissance parfaite de ses projets. Je
me suis borné à redoubler de surveillance
pour la partie qui m'est confiée, et j'ai engagé

celui qui m'avait fait les premières avances à paraître seconder les vues du conspirateur, afin de capter sa confiance, ce qui a assez bien réussi.

Vous trouverez ci-joint, citoyen ministre, la déclaration en original que me fait le citoyen Benault, capitaine à la 5e demi-brigade d'artillerie de marine. Cette pièce n'est point signée, mais lorsque la circonstance l'exigera, on trouvera ce citoyen, ainsi que son camarade, et le limonadier devant qui le citoyen Argoud s'est ouvert.

Je vous avouerai que ce projet m'a plutôt paru l'ouvrage d'un fou que celui d'un homme dangereux, mais, comme ce genre de folie n'est point à dédaigner, j'ai pris le parti de donner avis au préfet du département ainsi qu'au général Faviers, commandant à la Rochelle, afin qu'ils s'assurent du personnage en question.

Je vous prie, citoyen ministre, d'être persuadé que j'avais, avant d'être à même d'apprécier les moyens des conjurés, pris toutes les mesures propres à mettre le port en sûreté et à empêcher l'embauchage qui paraît être une des ressources futures du citoyen Argout. »

(*Archives nationales.*)

La lettre de l'amiral Martin et le rapport des dénonciateurs furent placés sous les yeux du ministre de la police. Ce dernier écrivit alors (20 vendémiaire an XI) au préfet de la Charente-Inférieure :

Il résulte, citoyen préfet, d'un rapport très circonstancié dont je vous adresse ci-joint la copie, que le général Argout, transféré par ordre du gouvernement dans l'isle d'Oléron, s'y livré à dés mouvements et à des intrigues. Je vous charge de faire mettre sans délai én arrestation ce perturbateur. Vóus férèz saisir tous ses papiers et l'interroger sur les diverses circonstances énoncées dans le rapport. Prenez dans l'isle et à Rochefort tous les renseignements qui peuvent nous éclairer sur les actes et les intentions d'Argout; et assurez-vous s'il a, en effet, pratiqué comme il s'en flatte, quelques individus dans les corps militaires et dans la marine.

Je remarque avec surprise, dans le rapport relatif à Argout, que cet homme parait sortir librement de l'île et y rentrer avec la même facilité. Donnez-moi des informations précises sur cette circonstance qui n'est nullément dans l'intention du gouvernement, et donnez les ordres les plus sévères pour qu'un semblable abus ne puisse plus avoir lieu.

(*Archives nationales.*)

L'amiral Martin ne fut pas le seul à transmettre des dénonciations contre les proscrits d'Oléron. Je trouve, dans le dossier, des lettres par lesquelles le tribun Chassiron provoque des mesures coercitives contre les déportés.

D'abord cette « note remise au citoyen grand juge » :

Deux déportés à l'isle d'Oléron, Lemery et Germain, tiennent des propos incendiaires contre le gouvernement et les fonctionnaires publics; ils ont publiquement insulté le juge de paix de la commune de Saint-Georges (isle d'Oléron) et pervertissent l'esprit public... Je crois de mon devoir d'inviter le gouvernement à prendre des renseignements sur les individus dénommés qui paraissent avoir intimidé jusqu'à ceux qui doivent les réprimer et les tenir dans la citadelle du château de l'Isle d'Oléron qui leur est assignée *provisoirement* (ce mot est souligné). Signé : CHASSIRON, tribun. »

(Archives nationales.)

Autre dénonciation du même, adressée, cette fois, au citoyen Saladin, secrétaire général du grand juge :

La citadelle du château de l'Isle d'Oléron (qui est une petite ville très agréable) devrait borner l'*activité* (souligné) des individus condamnés à la déportation.

(Archives nationales.)

En marge de la pièce, je trouve ces mots :

On a dû écrire, à ce sujet, au préfet de la Charente-Inférieure.

Le ministre écrit en effet au préfet de la Charente-Inférieure :

13 ventoso, an XI.

On m'informe que deux détenus à l'isle d'Oleron, Lemery et Germain, etc... S'ils sont exacts vous ferez conduire dans la citadelle de l'Isle d'Oléron les deux individus signalés. Cette mesure devra désormais être prise contre tous les détenus dont la conduite serait répréhensible.

(Archives nationales.)

On serait tenté de croire, à première vue, que la lettre suivante du premier consul (n° 6372, *Correspondance* de Napoléon I⁰ʳ) est une réplique à la dénonciation transmise par l'amiral Martin; mais si l'on réfléchit aux moyens dont disposait alors la poste, on remarquera (la lettre de l'amiral part de Rochefort le 22 vendémiaire) que, le 24, Bonaparte ne pouvait avoir eu le temps d'en prendre connaissance par l'entremise du ministre de la police et que l'ordre qu'il donne d'embarquer les déportés n'est pas déterminé par la dénonciation contre Argout; la lettre du premier consul est adressée au grand juge Regnier :

Saint-Cloud, 24 vendémiaire an XI.

Je vous prie, citoyen ministre, de faire embarquer et partir, pour joindre leurs camarades, tous les individus qui sont aux îles de Ré et d'Oléron, détenus en vertu du sénatus-consulte de l'an VIII (*sic*). Vous *y ferez joindre les généraux Argout, Simon et Bertrand.* Je désire que ces individus, qui seront à peu près trente, partent le plus tôt possible et soient embarqués très secrètement, en tenant le lieu de leur destination très ignoré.

Je trouve bien aux dossiers quelques pièces relatives à l'embarquement des proscrits (20, 26 frimaire, 2 nivôse an XI, etc.), mais, en réalité, la lettre de Bonaparte n'eut pas un effet immédiat. Plus d'une année s'écoulera encore avant l'embarquement définitif des proscrits. C'est que la mer sillonnée en tous sens par des croiseurs anglais n'est pas sûre et qu'on se souvient des deux navires pris et coulés à la suite de la déportation des Seychelles. Pourtant, comme je l'ai dit plus haut, il n'est pas impossible que les dénonciations contre Argout, Germain, Leymerie, etc., aient eu pour résultat d'activer l'armement des nouveaux transports.

Quoi qu'il en soit, les proscrits ayant eu vent des projets de Bonaparte, plusieurs essaient de se soustraire par la fuite, au sort dont ils sont menacés. Lamberthé, Toulotte, Méhée, Félix Lepeletier, disparaissent successivement. Destrem, averti lui aussi, refuse de fuir, soit parce qu'il n'ajoute pas foi aux bruits d'embarquement prochain qui circulent, soit parce que chargé d'une très nombreuse famille (onze enfants) et préoccupé des intérêts de sa maison de commerce, compromis par la longue persécution dont il est l'objet depuis le 18 Brumaire, il ne veut pas courir la chance d'une évasion qui l'obligerait à vivre à l'étranger.

Voici quelques pièces relatives aux évasions ; la première est une lettre (25 pluviôse an IX) du sous-préfet de Marennes au préfet de la Charente-Inférieure :

Le maire du Château, par sa lettre du 22 de ce mois, m'annonce l'évasion du citoyen Toulotte, envoyé en surveillance à l'isle d'Oléron. Dès qu'il a acquis la certitude de cet événement, il a donné l'ordre à deux gendarmes de se porter sur les lieux des différents passages de l'isle.

J'ai écrit de suite à mon collègue de la Rochelle, de prendre des informations sur ce déporté, car l'empressement de son épouse à vouloir persuader qu'il est parti pour la Hollande, et le désir qu'elle témoigne de se rendre promptement à Paris, me font soupçonner qu'ils seront tous deux du voyage. Ce citoyen, ajoute le maire, a surpris bien du monde. Il vivait paisiblement avec sa famille et inspirait la plus grande confiance. C'est sous ce rapport avantageux que le maire me l'avait désigné.

(Archives nationales.)

Le 30 pluviôse, le préfet s'adresse au grand juge :

L'évasion du citoyen Toulotte de l'isle d'Oléron... celles des citoyens Mehée et Félix Lepelletier, dont j'ai eu l'honneur de vous rendre compte dans le temps, donne lieu de penser que quelques-uns des détenus ont été instruits des mesures prises par le gouvernement pour leur déportation dans un pays éloigné, et de craindre que beaucoup d'autres ne tentent d'imiter l'exemple des premiers...

Car, malgré toutes les précautions... il est très difficile, pour ne pas dire impossible, d'empêcher les évasions dans des isles qui ont six à sept lieues de côtes, démunies de garnison, et dans lesquelles abondent chaque jour beaucoup de navires étrangers.

Je crois devoir vous mettre sous les yeux ces faits, afin de provoquer des mesures extraordinaires pour prévenir de nouvelles évasions.

La préfet donne ensuite des notes sur le degré de confiance que lui inspirent les déportés :

Moroy, tranquille, homme obscur. — Carrellé, id. — Saulnier, tranquille, bonne conduite. — Duval, bonne conduite, peu dangereux. — Cordas, assez tranquille. — Bousquet (Antoine), tranquille, homme d'esprit. — Gueyraud, bonne conduite, réservé. — Gombaud-Lachaise, tranquille. — Jumillard, tranquille, bonne conduite. — Daubigny (Jean-Louis-Marie-Vilain), bonne conduite, soumis aux autorités. — Louis, id. — Vatard, id. — Lebois, assez tranquille, mais suspect. — David, paisible. — Brochet, comme Daubigny. — Crépin, Lamberthé et Goulard, tranquilles. — Simon et Bertrand, officiers, comme Daubigny, douceur et résignation. — Thibaud, très tranquille.

(*Archives nationales.*)

Ceux qui précèdent sont recommandés par le préfet, qui paraît demander qu'ils ne soient pas déportés.

Dans une autre note, le préfet dit : « Ecrire à nouveau au ministre de la marine pour activer la déportation. »

On écrit, en effet, dans ce sens à la marine, le 8 ventôse.

Ce n'était pas seulement la crainte de la déportation prochaine, c'était aussi la misère qui parfois poussait les proscrits à fuir les îles. Ceux d'entre eux qui n'avaient point de fortune personnelle subissaient d'horribles privations. Ils n'avaient pas le

pain assuré que procure l'état de prisonnier ; il leur restait la responsabilité de
leur existence, il leur fallait chercher leur
vie dans les petites villes qui leur avaient
été assignées pour résidence forcée, et où
il ne leur était pas toujours facile de trouver du travail. Il est vrai qu'un arrêté du
gouvernement mettait à leur disposition
3 francs par jour pour leur subsistance,
mais cette somme n'était appliquée que
fort irrégulièrement aux besoins des proscrits, et en somme ils croupissaient, besoi-
gneux et désœuvrés. Une lettre du préfet
de la Charente-Inférieure dénonce cette
situation. Voici cette lettre :

8 nivose an XI.

Au grand juge.

Le sous-préfet de Marennes que j'avais
chargé, en exécution de la lettre que vous m'a-
vez fait l'honneur de m'écrire le 20 du mois
dernier de faire délivrer un passeport au citoyen
Méhée, placé en surveillance à l'isle d'Oleron,
pour se rendre dans la commune de Saint-Jean
d'Angely, m'écrit que le maire du Château lui
vient d'apprendre l'évasion du citoyen Méhée,
ce qu'il attribue aux dettes qu'il a contractées
dans l'isle. Le maire ajoute... que tous les
autres déportés sont dans le même cas, et
qu'il est à craindre que plusieurs d'entre eux
ne suivent l'exemple du premier, la troupe
annoncée pour servir de garnison n'arrivant
point, ce qui facilite les évasions; que d'un
autre côté, la plus part des déportés man-

quant de tout, il vient de prendre sur lui de
délivrer du bois aux malades et aux enfants.

La situation de ce maire, ajoute le préfet, est difficile, « tant pour la surveillance
à exercer sur les déportés qu'à cause de la
sollicitude que lui donne leur subsistance, à
laquelle il faut pourvoir par des moyens
extraordinaires, n'ayant été fait aucun
fonds pour cela depuis le 1ᵉʳ vendémiaire
an X. »

Le préfet a envoyé quatre gendarmes
pour surveiller l'île.

J'ai en même temps ordonné la translation
dans la citadelle d'une douzaine d'entre les
déportés signalés les plus inquiets et les plus
entreprenants... — GUILLEMARDET.

(Archives nationales.)

Une lettre du ministre de l'intérieur
adressée au grand-juge, au moment où
allaient s'opérer les embarquements, nous
donne les détails qui suivent sur les dépenses effectuées pour l'entretien de deux
dépôts pendant les années X, XI et XII :

22 frimaire an XII.

Je n'ai point perdu de vue la demande que
le préfet de la Charente-Inférieure m'a faite de
nouveaux fonds pour faire payer aux détenus
dans les isles de Rhé et d'Oléron l'arriéré qui
leur est dû, puisque sur le fonds de 200,000 f.
que le gouvernement a, par son arrêté du 10
nivose an XI, affecté à l'acquittement des dépenses relatives à ces individus j'ai, par une

seule ordonnance, mis à la disposition du préfet :

Pour l'an X.................... 100.000 f.
et par 3 ordonnances successivement expédiées pour l'an 11, savoir :

La 1re de......... 40.000 f.
La 2e de......... 10.000 f. } 50.000 f.
et la 3e que sur ses dernières demandes, je lui ai fait délivrer de. 40.000 f.

Total........ 190.000 f.

Si pour les déportés envoyés aux îles de Rhé et d'Oléron, l'existence fut relativement tolérable pendant les ans IX, X et XI, on n'en saurait dire autant des proscrits (au nombre de quatre, dit une pièce, Brisvin, Chateau, Michel et Fournier l'Américain, mais peut-être furent-ils plus nombreux), qui, pendant ces mêmes années, attendirent dans les casemates du fort de Joux, le moment de leur embarquement définitif; deux de ces déportés, Fournier l'Américain et Michel, ont laissé des lettres que nous trouvons aux dossiers de police des archives nationales, et qui nous font connaître le régime auquel ils furent soumis. Voici quelques-uns des documents relatifs à ce groupe de prisonniers.

C'est d'abord un billet de Fournier l'Américain à sa femme (14 vendémiaire an XII) :

En reponse des deux lettres que tu m'a

écrit, l'une en datte du 11 fructidor par la posté de Salin, elle me parvenu que le 6 vendémier, l'autre le 30 fructidor. Je tavez répondu le 27 fructidor une laittre très détaillée par laquelle je te marqué ma position.

Il faut, dit-il, réclamer au grand-juge. On est renfermé depuis deux mois, sans jamais sortir des casemates. Il ne sait si ses lettres sont interceptées. Il poursuit ainsi :

Ma chere bien aimee, je ten gage de prendre du courage contre la mauvaise fortune : elle intimide et flétrit les cœurs laches ou coupables, mais elle eleve l'ame de celui qui souffre pour la justice et la verité... fait moi a savoire de suitte si tu veux une procuration pour recevoir tes pensions, je te la ferez passe de suitte par acte de notoriété.....

(Archives nationales.)

C'est également à sa femme que Michel écrit. Sa lettre est beaucoup plus détaillée que celle de Fournier l'Américain :

Fort de Joux, 20 vendémiaire an XII.
Sois calme et tranquille ma bonne Adélaïde en lisant ma lettre, aie autant de force et de courage à aprendre de ton amie les maux qu'il a souffert sans pouvoir te le dire, je les ai supporté jusqu'au dernier avec le courage et le calme de l'innocent, la mauvaise fortune intimide et flétrit les cœurs laches et coupables mais elle élève le cœur et l'ame de celui qui souffre pour la justice et la vérité (1).

---

(1) On remarquera que cette phrase figura

Un honnête homme m'a promis de mettre cette lettre à la poste (1).

Nous sommes ici sous un commandant d'arme, qui nous traite suivant ses caprices et ses désirs parce qu'il n'a aucun règlement, qu'il veut suivre que celui de sa volonté.

En arrivant, il a fait la visite de tous nos effets, il cherche jusque dans nos souliers, il vend le linge il garde argent, montre, bijoux, couteaux, ciseaux, rasoirs, plume, papier, secretaire, canif, il ne vous est pas permis de vous servir de votre argent.

Il nous a conduit deux à deux, l'on nous a fait traverser une route ou l'eau filtre à travers les pierres, et à quelque distance de ce souterrain l'on nous a fait entrer dans une casemate, pour mieux dire, un cachot, car ceux des prisons de Paris sont plus salubres ; les murs ont 5 pieds d'épaisseur, la croisée a 4 pieds de hauteur, il y a trois grilles de fer, entre les grilles l'on a élevé un mur qui a 3 trois pieds de hauteur ; l'air que l'on vous laisse pour respirer ne circule plus que par un abatjour, lorsqu'il est fermé il ne nous reste que l'air qui circule par la cheminée ; l'abajour a 12 pouces de hauteur et 20 de largeur ; au dehors de cet abatjour est un grillage en fil de fer maillé, et un contre volet que l'on ferme tous les soirs, une demi heure avant la nuit ; une sentinelle est placée nuit et jour

---

textuellement dans la lettre de Fournier, ce qui prouve que les deux détenus se voyaient dans la prison.

(1) Comme la précédente, cette lettre a été évidemment interceptée. Je la trouve dans les dossiers de la police de Fouché.

près de la croisée ; lorsqu'elle est fermée, il
ne nous reste que l'air qui circule par la cheminée, pour respirer, avec un mauvais air qui
circule des voutes et pénètre dans notre cachot par la porte qui ne joint pas. Joint à cela
la mauvaise odeur de nos excréments que l'on
enlève que tous les 24 heures, nous étions
obligés pour pouvoir y résister de nous mettre sous la cheminée pour respirer l'air (c'est
là où est mort Tous-aint Louverture) après
bien des prières et des supplications, et
lorsqu'il a vu que nos corps ne pouvaient y résister, il n'a plus fait fermer le
contre volet de l'abat-jour. Cette casemate ou
cachot est tellement froide, par l'épaisseur
des murs et le défaut d'air, qu'il ne nous a
pas été possible d'y résister sans feu dans le
mois de thermidor, couché sur un mauvais
grabat, consistant en un matelas de crin et de
la paille rongée par les (faurils?) tous les
vingt-quatre heures l'on nous apporte nos
vivres qui sont très médiocres (nos doigts
nous servent de couteaux et de fourchettes),
car le commandant ne donne que 30 sols par
tête, cette somme est trop modique dans un
pays où la bouteille de mauvais vin se paye
11 sols et le pain 5 sols la livre ; les 30 sols
restant (1), le commandant dit qu'ils servent à
payer le guichetier, la femme qui ôte nos
excréments et celui qui nous rase tous les
huit jours ainsi que pour le bois et la chan-
delle (ils appartiennent à la maison).

---

(1) Le gouvernement affectait une somme
de 3 francs par jour à l'entretien des détenus
politiques.

Ma pauvre Adélaïde, dans cette position affreuse, je réclamai au commandant la permission d'écrire au grand juge. — « Défense vous sont faites, nous dit-il, d'écrire à aucune autorité, ainsi qu'à vos parents. » Je lui répondis que l'humanité et la justice du grand juge n'a pas donné des ordres aussi sévères, et la sensibilité de son âme et de son cœur respecte le malheur et adoucit son sort. Il n'est pas dans l'intention du gouvernement de faire mourir des hommes à petit feu. Sa réponse fut : — « Vous n'appartenez pas à la police du grand juge, vous êtes dans celle du ministre de la guerre, du général Mesnard et de moi, je leur ai rendu compte où je vous avais placé. »

« Permettez, lui dis-je, que j'écrive à vos chefs. » — « Je vous ai déjà dit, répondit-il, que vous ne pouvez écrire à personne. »

Je restai, ma bonne amie, dans cette affreuse position jusqu'au 12 fructidor, où il m'a dit : — « Mon général m'a donné des ordres, vous pouvez correspondre avec votre épouse, seulement pour votre commerce, et n'entrez dans aucun autre détail, si vous désirez que votre lettre parvienne. »

Mon compagnon d'infortune au château lui demanda la même faveur, qui lui fut accordée.

— « Ai-je la liberté, lui dis-je, d'écrire au grand juge, ou au ministre de la guerre, ou à votre général ? — Non, monsieur. »

Quelques jours après, il m'accorda la permission d'insérer dans une lettre que tu pourrais demander au grand juge de me laisser disposer de mon argent pour acheter ce dont j'aurai besoin pour ma santé. Son défaut de mémoire me fit hasarder d'ajouter dans ma

lettre du 15 fructidor quelques autres réclamations, lorsqu'il la lut : « Elle ne peut pas
passer; cependant, puisque je vous l'ai promis,
je vais la faire passer à mon général, il en
fera ce qu'il voudra. » C'est là où je reconnus,
lorsque tu m'accusas la réception de ma lettre
du 15, que le général Mesnard ignorait, ainsi
que le ministre de la guerre et le grand juge,
notre triste position, mais il était impossible
de la faire connaître.

Le 18 vendémiaire, il nous dit : « Vous pouvez faire acheter ce dont vous aurez besoin
avec votre argent, le grand juge vous l'a
permis. — A-t-il aussi accordé la permission
de nous promener? — Non. — Puis-je écrire
au grand juge? — Oui. »

Alors je lui demandai des pains à cacheter.
— « Non, monsieur, toutes les lettres doivent
être vues par moi. — Mais, monsieur, c'est
une autorité supérieure à qui je veux dire des
choses qui ne peuvent être connues que de lui. »

Il me dit, d'un ton brusque : — « Si vous
vous obstinez, vous n'écrirez plus du tout. »

Si je te disais par mes lettres qu'il était
homme juste, c'était pour enfler son amour
propre et apaiser sa brutalité et la férocité de
cette bête brute et méchante.

Le 23 vendémiaire après bien des supplications et des prières, il nous sortit de cet horrible séjour, il nous logea dans une casemate
au dessous du donjon, l'air y est salubre et
pur, depuis que j'habite ainsi que mes compagnons d'infortune, nous jouissons d'une bonne
santé.

Le 24, il nous fit sortir pour la première
fois pendant une heure 1|2, il y avait 60 jours
que nous n'avions pas vu le soleil.

Le 28, il vint nous apprendre son change-

ment et nous fit reconnaître par un capitaine
qui commandait par interim la place. Il nous
fit ses adieux et heureusement nous ne l'avons
pas revu.

Celui qui commande aujourd'hui est un
honnête homme, il a eu tous les égards possibles pour nous, il nous faisait sortir tous les
deux jours pendant deux heures, avec l'espoir
qu'il nous donne qu'il nous accordera toute la
liberté qui sera à son pouvoir, il nous a permis
d'écrire au grand juge et de lui demander
de nous laisser promener dans le chateau,
que si son prédécesseur ne le lui avait pas
défendu, il nous l'aurait permis.

Je viens d'apprendre à l'instant avec regret
qu'il va partir avec sa division pour la descente en Angleterre. Je ne sais pas si nous
aurons le bonheur de rencontrer un honnête
homme comme celui que nous perdons... —
MICHEL.

Ne confie à personne ma lettre, car elle
pourrait peut-être me nuire.

(Archives nationales.)

La pièce suivante (du 6 brumaire an XII)
est une pétition adressée au grand juge
par les quatre détenus au fort de Joux,
Brisvin, Chateau, Michel et Fournier l'A-
méricain. Ce dernier met ces mots au-dessous de sa signature :

« Vous qui me connaissez une vie sans
reproche et sans remords, devez-je m'a-
tendre à l'infortune d'une pareille destinée? »

Les pétitionnaires s'expriment ainsi :

Renfermé depuis notre arrivée dans des ca-

semntes, couchés deux à deux dans un mauvais grabat, ne voyant le jour que par des
abat-jours de 30 pouces d'ouverture, dans un
enfoncement de 5 pied d'aipesseurs de mur,
il y a troy grosse grilles de feres à distances
les uns des autres, d'ans ces lieux affreux,
l'on est obligé d'y faire du feu toute l'année.
Pour parvenir dans ces cachot l'on est obligé
de passer sous des voutes avec un falot, l'au
y filtre à travers ; nous ne voyónt que tous les
24 heures ceux qui apportent nos vivres, plus,
supporté les incomodités journalières, nos
santés sa faiblissent jour nellement d'être
renfermés. Le citoyen préfet de Besançon peut
vous donner un tableau des localités, lui-
même a frémie de notre cituation, il nous
promis de son propre mouvement de vous
écrite, il nous dit aussi qu'il allet donner des
ordres pour nous faire adoussir notre sort.
Jusqu'à cè jour, ses bontés sont restés sans
exécution...

En résumé, les signataires demandent :

1° De nous faire loger dans un local sain
et salubre, 2° la liberté de nous promener
dans les cours du chateau, 3° de nous faire
réunire tous les quatre; 4° la permission de
vous adresser nos réclamations sous cachet en
ligne direct.

(*Archives nationales.*)

Une correspondance s'engagea au sujet
des diverses réclamations des prisonniers
du fort de Joux, entre le grand-juge, le
ministère de la police et le préfet du

Doubs, elle ne renferme rien que les pièces précédentes n'aient fait connaître.

Au moment, d'ailleurs, où les quatre détenus envoient au grand-juge la pétition que l'on vient de lire, leur départ du fort de Joux est proche. Dans quelques jours ils vont être enlevés de ce lieu où ils ont tant souffert.

Le 4 frimaire, nous constatons (par une lettre de la femme de Michel) leur présence à la prison du Temple à Paris. Là encore, ils ne font qu'un très court séjour. Le gouvernement a donné l'ordre de les réunir à leurs compagnons d'infortune des îles de Rhé et d'Oléron.

L'envoi de ces proscrits à Cayenne est décidé. Il va être effectué.

XI

RASSEMBLEMENT ET EMBARQUEMENT DE QUARANTE PROSCRITS. LEUR DÉPART POUR CAYENNE.

Un trait que cette déportation de l'an XII a de commun avec la déportation de l'an IX, c'est le soin extrême que prend le gouvernement d'assurer le secret de l'expédition. Secret assurément bien gardé, puisque jusqu'à ce jour, à ma connaissance, aucun travail historique n'a révélé le fait même de cette déportation. Ainsi, détail remarquable : la collection des lettres-minutes du ministère aux préfets maritimes, que j'ai eu occasion de compulser aux archives de la marine, constitue une série de registres dont la reliure est contemporaine des évènements que nous allons' raconter; eh bien, cette correspondance ne fait aucune allusion un peu claire à la déportation ; je n'y trouve que des formules vagues, telles que « les frégates sont parties pour leur destination », etc. Les lettres qui donnent au préfet maritime de Rochefort des instructions relatives à l'embarquement des proscrits sont simplement conservées dans des chemises ou n'ont été reliées que très postérieurement. On voulait évidemment éviter toute indiscrétion, cacher l'évènement, même au personnel administratif, et ne confier le secret de ce qui se faisait qu'aux agents dont le concours était strictement nécessaire à l'exécution des ordres du premier consul.

Au début de l'an XII, un échange actif de lettres s'établit entre le grand-juge, les ministres de la police générale, de la marine et les fonctionnaires du département de la Charente-Inférieure; il s'agit de rassembler les déportés, épars dans les deux îles, de les mener à R chefort et de les embarquer. Nous allons donner un aperçu de cette correspondance.

Les pièces suivantes sont empruntées aux archives nationales :

Brumaire an 12.

Note pour le grand juge

La décision en marge du rapport joint ne paraît avoir pour but que de faire déporter les individus compris dans le sénatus-consulte... Avant de faire le travail indiqué, on croit devoir observer qu'une lettre du 1ᵉʳ consul du 17 frimaire an XI avait non seulement ordonné cette mesure contre ces individus, mais encore contre ceux dénommés dans l'état n° 2, et qui sont également détenus dans les isles d'Oleron et de Rhé. Ces hommes doivent-ils être également déportés? La plupart de ces individus ne furent point compris dans le sénatus-consulte parce qu'ils étaient alors arrêtés, comme prévenus de complicité avec Metge, Chevalier et autres qui furent depuis condamnés à mort, par une commission militaire. Cette commission n'ayant pas jugé qu'il y eut lieu à mettre ces hommes en jugement, ils furent envoyés à l'isle d'Oleron. Il existe encore 4 individus compris dans le sénatus-consulte qui sont détenus je crois au fort de Joux et un à Paris. Ce dernier s'était évadé de l'isle d'Oleron... Doivent-ils être envoyés à l'isle d'Oleron, pour être réunis aux autres? Ils sont portés dans l'État n° 3... » (1)

---

(1) Nous nous expliquerons plus loin sur ces états nᵒˢ 1, 2 et 3 dont parle cette note.

POLICE SECRÈTE   20 brumaire an XII.

Général Moncey à grand juge (pour vous seul).

J'ai reçu votre lettre du 18 de ce mois, relative à la translation du fort de Joux à Oléron, des nommés Brissevin, Chateau, Michel et Fournier ; j'ai aussitôt donné des ordres... J'ai chargé le capitaine du Doubs (1) de s'entendre avec le préfet pour la route qu'il jugerait la plus convenable de suivre, ou la ligne droite ou la ligne par Paris; la même escorte y prendra Lamberté, sinon je le ferai conduire à Oléron par une autre voie.

DIVISION
de
POLICE SECRÈTE   23 brumaire an XII.

Police à préfet de la Charente-Inférieure

Je vous adresse l'état des individus dont le gouvernement a ordonné la déportation..... L'inspecteur général de la gendarmerie nationale (2) est chargé de faire conduire auprès de vous les nommés Brissevin, Chateau, Fournier et Michel, détenus au fort de Joux, et Lamberté, évadé de l'isle d'Oleron et repris à Paris..... Lorsque ces hommes seront arrivés dans votre ville, vous jugerez s'ils devront être dirigés sur l'isle d'Oleron ou sur Rochefort. Je vous recommande de tenir secrètes les dispositions

---

(1) Le capitaine de gendarmerie.
(2) Le général Moncey.

11.

que vous ferez pour l'exécution de cette mesure, afin d'éviter les évasions qui pourraient avoir lieu si elle était connue. Votre correspondance sur cet objet doit être adressée *à moi seul*, et rappeler la division indiquée en marge de ma lettre.

12 frimaire, an XII.

Préfet de la Charente-Inférieure à grand juge

Le 4 de ce mois, le préfet maritime n'avait encore aucun ordre du ministre de la marine à ce sujet (l'embarquement des déportés).

Mais ces ordres vont être donnés, car voici que le ministre de la marine a été pressé d'agir par le premier consul lui-même.

La première pièce émanant des autorités maritimes qui nous tombe sous la main est un « rapport au premier consul », du ministre Decrès, dont nous trouvons la minute aux archives de la marine. Decrès s'exprime ainsi :

Citoyen consul,
Vous avez ordonné le transport à Cayenne des hommes détenus à l'isle de Rhé, et vous m'avez prescrit de m'entendre avec le grand juge pour qu'il y adjoignit tel nombre d'individus de la même espèce qu'il serait convenable.

C'est le 9 frimaire que j'ai reçu ces ordres, et, le 10, j'ai écrit au grand juge pour leur exécution. Le 10, il m'a envoyé la note de quarante-quatre individus à faire embarquer, dont cinq sont à extraire du château de Joux; je ne sais s'ils sont rendus à Rochefort.

Quoiqu'il en soit, la frégate *la Cybele* est le bâtiment propre à cette mission, cette frégate vient d'être radoubée à neuf, et est en partance à l'île d'Aix (1).

Elle portera les hommes dont il s'agit si le premier consul consent qu'elle ait cette destination.

..... Je proposerais d'y embarquer encore 50,000 francs en argent, car des traites ne sont pas de l'argent comptant, et les hommes que j'envoie en feront dépenser, au moment même de leur arrivée.

Mais ces hommes sont pour moi de quelque embarras pour la traversée. Ils appartiennent à diverses classes de la société, et, par conséquent, ils sont susceptibles de nuances dans leur traitement.

J'aurais pu les déterminer, si le grand juge m'eût donné à cet égard des renseignements. Mais les états qu'il m'a remis ne m'ont donné que des indications trop incertaines, et j'ai l'honneur de de mander au premier consul ses ordres à ce sujet.

Tous seront-ils traités comme soldats passagers pendant la traversée?

Quelle est la nuance d'égards qu'on peut avoir pour chacun d'eux? et quels sont ceux à qui on accordera ces égards?

Quel traitement leur sera fait en arrivant à Cayenne?

Quels approvisionnements et fournitures leur seront délivrés avant de partir?

_____

(1) C'était une frégate construite en 1789, portant 26 canons de 18 et 14 canons de 8.

Ce sont là des questions que je suis confus de faire au chef du gouvernement, mais connaissant son éloignement pour l'aspérité des mesures à prendre, je craindrais de tomber dans l'inconvénient du nivellement, ou dans dans celui de l'excès d'égards pour des individus que je ne connais pas, si je donnais des ordres sans avoir pris les siens.

Le voyage de Cayenne peut être considéré pour ces gens-là, sous deux points de vue :

Exil et déportation.

L'exil demande naturellement des égards, et dans la traversée, et pendant le séjour à Cayenne. Il demande, par conséquent, des nuances dans la nature des ordres que je donnerai.

La déportation comporte des mesures purement coercitives.

Si tous les individus portés sur l'état doivent être traités de même, j'ordonnerai que tous mangent à la gamelle du matelot ; je leur ferai compléter à chacun un sac de deux chemises bleues, quatre chemises blanches, six mouchoirs, un bonnet, trois paires de souliers, habit-veste et culotte de drap, un chapeau, un sarrot et une culotte de toile, six paires de bas de fil, trois paires de souliers, un hamac et une couverture.

J'ordonnerai qu'on embarque, pour chacun d'eux, les outils nécessaires à leur profession, et je prescrirai au commissaire Hugues de les livrer à leur industrie en arrivant dans la colonie et de leur faire fournir la paye et la ration du soldat jusqu'à ce qu'ils aient pourvu par eux-mêmes aux moyens de leur subsistance.

S'il en est qui doivent être soumis à un régime différent, je prie le premier consul de me donner ses ordres..... — DECRÈS.

La lettre suivante, insérée dans la *Correspondance de Napoléon Ier*, et adressée à Decrès, est indiquée comme portant la date du 11 frimaire an XII. N'est-ce pas une erreur d'impression? Elle semble en effet répondre au rapport de Decrès, lequel, on l'a vu, vise un envoi du grand-juge en date du 19 frimaire. J'incline à penser que le rapport de Decrès (dont la minute ne porte d'ailleurs aucune date) est du 20 frimaire an XII, et la lettre que voici du 21, même mois :

Les individus, citoyen ministre, atteints par le sénatus-consulte seront traités comme déportés, les autres, comme exilés. En général, faites-les bien traiter, pourvu qu'on soit sûr qu'ils ne s'échappent pas J'approuve que vous fassiez partir la frégate *la Cybèle* et la frégate *la Gloire* avec les déportés..... — BONAPARTE.

Ce n'est point la frégate *la Gloire* qui accompagnera la *Cybèle* à Cayenne.

Il nous reste à donner encore le texte de nombreux documents relatifs au rassemblement des déportés et aux mesures prises pour leur embarquement. Désormais, comme on va le voir, les autorités maritimes vont prendre une part de plus en plus importante à ce travail préparatoire de la déportation projetée. Le départ des proscrits est proche.

1 nivôse, an XII.

Police à préfet de la Charente-Inférieure
(à lui seul).

« Je viens de donner au ministre de la marine les détails qu'il m'a demandés sur les individus détenus à l'isle d'Oléron dont l'embarquement doit avoir lieu incessamment ; cependant comme quelques-uns y ont été conduits sans qu'on m'ait fait connaître leurs prénoms, leur signalement et leur profession, je n'ai pu satisfaire à sa demande à cet égard.

Le ministre invite donc le préfet à combler cette lacune ; puis il ajoute :

J: vous recommande de nouveau de tenir secrète la mesure ordonnée par le gouvernement, le ministre de l'intérieur m'a annoncé qu'il avait mis à votre disposition les fonds nécessaires pour faire payer ce qui était dû aux détenus (1). par ce moyen ceux qui doivent partir pourront acquitter les dettes qu'ils ont contractées, et emporter avec eux le résultat de leurs économies.

(Archives nationales.)

BUREAU PARTICULIER   4 nivôse, an XII.
DU
MINISTRE

Marine à préfet maritime de Rochefort
Je crois devoir vous prévenir, citoyen préfet,

---

(1) On a lu plus haut la lettre du ministre de l'intérieur.

que 44 individus devront recevoir incessamment
l'ordre de s'embarquer sur une frégate, où ils
seront en sévère surveillance, mais traités
avec tous les égards et ménagements que leur
conduite pourra leur mériter pendant la traversée.

31 sont des déportés; 13 sont des hommes
qu'on éloigne par forme d'exil.

Tous auront dans la traversée le traitement
de table d'officiers, mais ils mangeront
entr'eux et comme ils n'auraient pas la faculté
de pourvoir eux-mêmes à leur approvisionne-
ment, il faut que, paternellement, vous leur
fassiez préparer sur leur traitement de table,
des provisions non encombrantes, telles que
légumes confits, tablettes à bouillons et tous
objets qui peuvent adoucir les fatigues de leur
traversée. Peut-être quelques-uns d'eux seront-ils susceptibles d'être admis à la table des
officiers, mais alors je les indiquerai nomina-
tivement. Je n'ai pas besoin de vous recommander le secret le plus impénétrable sur cette
mesure jusqu'à son exécution.

A la frégate sur laquelle seront embarqués ces hommes en sera jointe une seconde...

Les hommes qu'il s'agit d'embarquer avec
surveillance sont ceux qui sont au dépôt de
l'île de Rhé; il faut leur procurer les habillemens dont ils peuvent avoir besoin, et vous
vous entendrez sur cela avec le préfet du département, qui probablement les fournira ;
mais s'il s'y refusait, vous le feriez vous-même
pour éviter les lenteurs. J'avais destiné pour
cette opération la *Cybèle* et la *Gloire*, mais
comme celle-ci tarde à arriver à Rochefort,
nous y suppléerons par la *Didon*...

Je vous prie de m'accuser réception de cette

lettre et de tout préparer pour cette expédition
sur laquelle vous recevrez très incessamment
des ordres définitifs.

(*Archives de la marine.*)

Lettre du maire du Château (île d'Oléron) au sous-préfet de Marennes :

13 nivôse an XII.

Ce qui me fâche, citoyen sous-préfet, dans
cette mesure, c'est qu'on y ait compris les esprits turbulens, avec les hommes qui ont toujours tenu une conduite régulière et soumise;
de ce dernier nombre sont les citoyens Daubigny, Brochet, Jumillard et Gombaud-Lachaise.
Comme administrateur de cette commune et
chargé de la police des déportés, je dois leur
rendre cette justice et je vous invite même à
prier le citoyen préfet d'écrire au gouvernement en leur faveur. Ils méritent quelques exceptions, il suffira, je pense, de réclamer la
justice du gouvernement pour l'obtenir.

Le nommé Chausseblanche, à moins de
droits que personne à l'exception, c'est un
homme dangereux d'opinions et d'actions,
tant qu'au nommé Duval, dit Emmery, c'est
une justice qu'il soit excepté.

Arrêté du préfet de la Charente-Inférieure :

Vu les ordres du gouvernement, vu la lettre
du 14 de ce mois du préfet maritime par laquelle il annonce que la frégate sera prête à
appareiller au premier jour.
1° Le capitaine commandant la gendarme-

rie nationale du département est chargé du présent ordre.

2° Il prendra de suite les mesures nécessaires pour se concerter avec le préfet maritime et faire rendre à Rochefort tous les individus mentionnés... et existant tant dans les citadelles de Rhé et d'Oleron que dans les prisons de Saintes (1).

3° Aussitôt leur arrivée à Rochefort, ces déportés seront mis à la disposition du préfet maritime... 15 niv. an 12.

(*Archives nationales.*)

16 nivôse an XII.

Préfet de la Charente-Inférieure à grand juge

..... Le ministre de l'intérieur a mis à ma disposition les fonds nécessaires; j'ai fait former le décompte à ces déportés, jusqu'à l'époque du 1 pluviose prochain, de ce qui leur revient pour l'indemnité de 3 fr. par jour que leur a accordé le gouvernement, et j'ai donné ordre de faire fournir à ceux d'entre eux qui manqueraient de vêtemens nécessaires les parties d'habillemens qui leur seraient indispensables... Cette mesure était réclamée par l'humanité vu l'extrême rigueur de la saison... le nombre de 44 individus portés... se trouve réduit à 41 par le décès de Georget, arrivé

---

(1) Ceux qui étaient dans les prisons de Saintes, c'étaient les quatre prisonniers amenés du fort de Joux et Lamberthé amené de Paris.

an XI le 14 pluviôse, par l'évasion de Perrault et
de Toulotte, qui a eu lieu pour le premier le 15
vendémiaire an X et pour le second le 22 pluviôse an XI... J'aurais désiré trouver sur l'état
de ces individus les noms de Gribauval et
Caret dit Robertin, contre lesquels j'ai eu plusieurs fois occasion de transmettre des plaintes. Le premier, qui est à la citadelle de Rhé,
vous a été désigné comme un homme extrêmement dangereux, inquiet et turbulent auteur
de plusieurs lettres anonymes et particulièrement celle de *Jérusalem* écrites de l'isle de Rhé
à des citoyens du département de la Sarthe et
de la Mayenne, ce qui a donné lieu à ma correspondance du 8 vendémiaire et 18 frimaire
derniers, le second est détenu provisoirement
et par précaution dans les prisons de Saintes.
L'un et l'autre sont de très mauvais sujets et
deviennent par leur audace un motif d'inquiétude pour ceux à la garde desquels ils sont
confiés...

(Archives nationales.)

Le préfet de la Charente-Inférieure écrit
encore au grand-juge, le 22 nivôse an XII :

Les déportés sont en sureté dans les citadelles. Toutes les dispositions sont faites pour
l'embarquement.

(Archives nationales.)

Le maire du Château (Oléron) écrit au
grand-juge le 26 nivôse an XII, qu'en exécution des ordres du gouvernement transmis par la préfecture, il a fait transférer
à la citadelle les déportés désignés pour y

être détenus le 15 de ce mois à six heures du matin. « Le commandant d'armes et le brigadier de gendarmerie m'ont parfaitement secondé dans cette opération, qui demandait autant de prudence que de célérité. » Il y a maintenant à la citadelle 32 déportés, en y comprenant le général Argout, qui y est détenu depuis longtemps. Il recommande Daubigny, Brochet, Gombault et Jumillard, « qui ont donné des preuves de leur soumission aux lois et conservé le plus grand respect pour les autorités constituées. » On a excepté du transfert à la citadelle Duval, dit Emmery, et Chausseblanche, « les premiers devraient jouir de la même faveur... » — (Arch\`ives nationales.)

Marine à préfet maritime, Rochefort

2 pluviose an XII.

... Faites embarquer les... 44 déportés que vous remettra le préfet de la Charente-Inférieure.

Ces 44 personnes doivent être embarquées sur une seule frégate, qui sera celle où ne seront ni les généraux, ni l'ambassadeur, ni les autres agents des relations extérieures...

... Cette mission étant très complexe, je ne sais si les capitaines Senez et Brouard ont le caractère qui lui convient. Si vous en doutez, entendez-vous de suite avec le général Villeneuve pour les remplacer par quelqu'un de plus propre à la remplir...

P. S. — Vous avez bien fait de faire embarquer deux mois de vivres pour les passagers.

(Archives de la marine.)

4 pluviose an 12.

Marine à préfet maritime de Rochefort

... Les frégates *la Cibèle* et *la Didon* doivent
être munies de quatre mois et de six mois de
vivres pour leurs équipages.

Elles prendront de plus deux mois de vivres
pour leurs passagers...

Il devra être immédiatement (si déjà n'a été
fait, en conséquence de ma lettre du 2 pluviose), embarqué sur l'une des deux frégates,
44 hommes portés aux trois états qui m'ont
été remis par le grand juge, conformément
aux ordres du 1er consul, états dont je vous
envoye copies collationnées. Ces hommes seront mis à bord, sous la responsabilité du
commandant de la frégate, qui veillera et fera
veiller par lui-même à leur garde, de manière
qu'aucun d'eux ne puisse s'évader.

Les individus portés sur les trois états se
distinguent en 3 classes. Dans l'état n° 1 et
celui n° 3, sont tous individus condamnés à
la déportation, soit par le sénatus-consulte du
15 nivose an 9 (voyez le n° 1), soit par la haute
cour séante à Vendôme, ou le tribunal criminel du département de l'Ain. (Voyez le n° 3.)

Dans l'état n° 2, sont des hommes que la
clémence du gouvernement a bien voulu préserver d'un jugement des tribunaux, et qu'il a
seulement jugé devoir exiler du territoire européen de la République.

Les états sus-mentionnés sont apostillés de

notes qui fixeront l'opinion du capitaine de la
frégate, sur laquelle ils seront embarqués, sur
la nuance de traitement dont chacun d'eux est
susceptible.

Quant aux individus portés dans l'état n° 2,
leur transport aux colonies n'est qu'un exil,
et le commandant de la frégate devra les
traiter, selon leur rang dans la soci té, avec
les égards que pourra justifier leur conduite à
bord.

Pour tous il doit se rappeler ce principe,
que l'intention du gouvernement est d'empêcher ces hommes de nuire, mais qu'il ne veut
exercer de rigueur sur eux que celle qui est
indispensable. Ainsi, si les individus portés
aux états ci-joints doivent être surveillés et
détenus même, de manière à ce qu'aucun
d'eux ne s'évade, ils ne doivent pas moins
éprouver tous les bons traitements que comportent leur situation et l'exactitude de cette
surveillance, sur laquelle le premier consul
prendrait en mauvaise part la moindre omis-
sion.

Déjà il a été pourvu à leur vêtement, conformément aux ordres que je vous ai donnés,
soit par vous-même, soit par le préfet du département de la Charente-Inférieure. Je vous
ai donné ordre d'embarquer pour eux des vivres frais pour leur traversée, et je me réfère
à cet égard aux dispositions contenues dans
ma dépêche du 4 nivose. Le capitaine qui les
aura sous sa garde distinguera l'ex-général
Simon, homme remuant qui a commis le
crime (avoué par lui-même) de vouloir insurger l'armée et provoquer l'assassinat du
1er consul, mais qui peut être susceptible de
repentir.

Tous ces 44 individus devront être mis sur

la même frégate, comme je l'ai déjà dit, et les instructions que j'adresserai aux commandants de l'expédition leur diront où ils devront être débarqués. .

... Vous ne négligerez rien pour que l'expédition des deux frégates soit couverte, autant qu'il sera possible, du plus grand secret. Veuillez donc les tenir prêtes à partir.

(Archives de la marine.)

On remarquera, cette fois encore, à quel point le ministre se montre réservé dans sa correspondance, même avec l'amiral commandant à Rochefort, sur le point où les déportés seront exilés. Il ne prononce pas le nom de la Guyane, et cela au moment même où il lui indique méticuleusement (dans la même lettre, trop longue pour être reproduite en entier, et dont je ne cite que les passages relatifs aux déportés), au moment même, dis-je, où il lui indique les divers points d'atterrissage de la traversée que les deux navires vont effectuer et le lieu où se rendent les passagers non déportés.

Le 22 pluviôse an XII, le préfet de la Charente-Inférieure, ayant appris que la *Cybèle* est prête à prendre la mer, écrit au grand-juge :

J'ai chargé le capitaine commandant la gendarmerie nationale de ce département de rassembler tous ces individus. placés les uns dans les citadelles des isles de Ré et d'Oléron, les autres dans les prisons de Saintes...

Je dois vous rappeler qu'au lieu de 44 individus, il ne s'est trouvé d'embarqués que 40,
s'étant trouvé trois individus décédés ou évadés, et le quatrième, l'ex-général Simon, en
faveur duquel le gouvernement a usé d'indulgence... — GUILLEMARDET.

(Archives nationales.)

Rochefort, 25 pluviose an XII.

Préfet maritime à ministre de la marine

... Ces frégates sont encombrées plus que
vous ne pourriez l'imaginer et je crains que
cela nuise à leur marche, car il y a excès de
chargement.

Les frégates seront prêtes à faire voile lorsque votre courrier extraordinaire e parviendra ; alors, les éléments seuls pourront
retarder leur appareillage.

Quarante-un déportés ont été embarqués sur
la *Cybèle* ; depuis l'époque de leur embarquement, l'ex-général Simon a obtenu sa liberté
par ordre du conseiller d'Etat Réal, que m'a
transmis le préfet du département de la Charente-Inférieure.

J'ai remis au capitaine Senez les 3 états nominatifs de ces déportés ; il exercera sur eux
la surveillance que vous recommandez et de
la manière que vous le prescrivez.

Des vêtements ont été fournis aux déportés,
et des vivres frais ont été approvisionnés pour
adoucir leur situation dans la traversée.

La mise en liberté de l'ex-général Simon,
détruit les obligations particulières que vous
imposiez au capitaine Senez, concernant ce
militaire. — MARTIN.

(Archives de la marine.)

Marine à contre-amiral Villeneuve, à Rochefort

28 pluviose, an XII.

Je vous préviens, citoyen général, que les frégates la *Cybèle* et la *Didon*, doivent partir incessamment et sur l'ordre qui en sera donné par le préfet maritime du 5ᵉ arrondissement, pour une expédition secrète. Je vous prie de concourir en tout ce qui dépendra de vous, à ce qui pourra accélérer leur départ.

(*Archives de la marine.*)

Marine au capitaine commandant les frégates la Cybèle et la Didon

28 pluviose an XII.

... Le préfet du 5ᵉ arrondissement me mande que, conformément aux ordres qu'il a reçus, il a fait embarquer sur l'une de ces frégates 41 individus, destinés à être débarqués à Cayenne et mis à la disposition du commissaire du gouvernement.

Ces individus, dont les listes vous seront remises, doivent être détenus et surveillés à bord avec tout le soin et l'attention nécessaires pour prévenir leur évasion. Lorsqu'ils seront débarqués à Cayenne, vous en prendrez un reçu du commissaire du gouvernement et vous me l'adresserez à votre retour. Le préfet maritime vous fera connaître la distinction qui doit être mise entre ces individus pendant la traversée, et vous-même vous modifierez le traitement dont ils sont suceptibles d'après la conduite qu'ils tiendront...

Il a dû être pourvu à leur vêtement, des vivres choisis doivent avoir été embarqués pour leur traversée, et vous donnerez des ordres pour qu'ils vivent entr'eux en nombre proportionné à leur convenance personnelle, et à ce que comportent les localités du bord.

S'il en est quelqu'un dont la conduite mérite une distinction plus particulière, vous êtes autorisé à la lui accorder, pourvu que vous puissiez garantir sa non-évasion.

(Archives de la marine.)

A bord de la frégate *la Didon* à l'Isle d'Aix, le 3 ventôse an 12.

Brouard, capitaine de vaisseau, commandant les frégates la Didon *et* la Cybèle, *à ministre de la marine.*

Général ministre,

... Je me conformerai scrupuleusement aux instructions du gouvernement concernant la surveillance et le traitement que devront éprouver les 40 individus destinés pour la colonie de Cayenne ; ils sont embarqués sur la frégate *la Cybèle.* On a eu l'attention de les disposer tous de la manière la plus convenable à leur situation et aux localités du bord. Il a été pourvu à un supplément de vivres pour la traversée, et leur conduite jusqu'à ce jour n'a donné aucun sujet de mécontentement...

(Archives de la marine.)

Rochefort, 7 ventôse an XII.

Préfet maritime à marine

La *Didon* et la *Cybèle* sont entièrement disposées; aujourd'hui les passagers embarquent(1),
et, demain la communication avec la terre
est deffendue. Ces frégates partiront au premier souffle de vent favorable.

Avant de pousser plus avant ce récit,
notons les réclamations d'un nommé Delorme, capitaine de gendarmerie de la
Charente-Inférieure, que nous trouvons
éparses dans ce dossier de l'embarquement des détenus. Ce Delorme s'adresse à
Regnault de Saint-Jean-d'Angély, conseiller d'État.

Il désire obtenir une gratification par
forme d'indemnité pour les dépenses extraordinaires que lui ont occasionnées le
rassemblement et la translation des déportés de la *Cybèle*.

Mon attachement à S. M. Impériale et à mon
devoir m'avaient fait redoubler de zèle, et en
moins de trois semaines je suis parvenu à
rassembler, tant dans les îles que dans plusieurs villes, tous ces déportés que j'ai été
assez heureux de pouvoir embarquer sans
qu'il en manquât aucun. Cette opération m'a

---

(1) C'est-à-dire les passagers libres. On a vu
plus haut que les déportés sont déjà confinés
à bord depuis plusieurs jours.

constitué dans de grandes dépenses, non-seulement pour moi-même, mais encore pour tout ce qui m'entourait et par esprit d'humanité, je n'ai pu refuser à quelques-uns des dits déportés, les choses de première nécessité dont ils manquaient.

En résumé, notre homme voudrait neuf cents francs. Le général Moncey lui a promis une gratification ; il l'attend toujours. Regnault de Saint-Jean-d'Angély, qui paraît en bons termes avec Fouché (il le tutoie dans ses lettres), renvoie cette demande au ministre de la police. Généralement on trouve qu'il mérite quelque chose, mais que neuf cents francs, c'est cher. Je ne trouve pas au dossier la solution de l'incident.

XII

TRAVERSÉE DE LA « CYBÈLE » ET DE LA « DIDON ». — ARRIVÉE A CAYENNE.

La mission confiée au capitaine Brouard, commandant les frégates *la Didon* et *la Cybèle*, était complexe. Il devait d'abord déposer à Cayenne les proscrits, puis aller faire diverses stations en Amérique, particulièrement à New-York, d'où il devait ramener Jérôme Bonaparte (lequel, disons-le en passant, présenta divers prétextes pour ne point rentrer en France, et ne partit pas). Il y avait, sur la *Didon*, un certain nombre de passagers libres. Quant aux déportés, ils furent tous confinés sur la *Cybèle*, dont le capitaine, Senez, était subordonné à son collègue Brouard, capitaine de la *Didon*

On sait déjà par les pièces qui précèdent que les quarante détenus embarqués sur la *Cybèle* étaient divisés en trois catégories par les états signalétiques fournis au commandant Brouard.

Dans le premier de ces états figurent : 1° quatre citoyens condamnés dans l'affaire Babeuf, savoir : Blondeau, Cazin, Germain et Moroy ; 2° un nommé Bouvery dit Fleury, qui nous est présenté comme ayant été condamné à la déportation en l'an VI, par le tribunal criminel de l'Ain, pour faux. Nous ignorons si la condamnation prononcée contre cet individu a quelque rapport avec une circonstance politique quelconque, nous ignorons, en outre, pour quelle raison le gouvernement a jugé à propos d'accoler ainsi son nom à ceux des quatre condamnés babouvistes.

Le deuxième état désigne treize personnes que, pour employer les termes d'un document publié plus haut, « la clémence du gouvernement a bien voulu préserver d'un jugement des tribunaux, et qu'il a jugé devoir exiler du territoire européen de la république ». Cet euphémisme doit être entendu dans ce sens que ce sont des républicains arrêtés et déportés sans jugement; ils n'ont même pas été l'objet d'un sénatus-consulte ; ils sont embarqués simplement en vertu d'un ordre du premier consul. Ce sont : le général Argout, Bertrand, officier, Cantegris, dit Magnot; Desforges, Pierre Fournier, officier; Gombaut-Lachaise, employé à la guerre; Gueyraud, Guy, Jumillard, Martin, le général Sabathier, le général Simon, l'adjudant-général Vintergnier.

Enfin, le troisième état nous présente les noms de vingt-six citoyens compris dans le sénatus-consulte du 14 nivôse an IX. Les voici : Bailly, Brissevin, Brochet, Carellé, Hugues Destrem, Cordas, Crépin, Crosnier, Chateau, Collette, Duval (ou Derval), Fontaine, Fournier l'Américain, Georget, Goulard, Lamberté, Lebois, Leymery, Louis (dit Brutus), Etienne Michel, Perrault, Saulnier, Thibault (ou Thiébault), Toulotte, Valard et Vilain-Daubigny.

Au total donc, quarante-quatre proscrits; mais ce chiffre doit être ramené à quarante, Toulotte s'étant évadé avant le départ, ainsi que Perrault, le général Simon ayant été gracié, Georget, enfin étant mort.

Le 10 ventôse an XII, les frégates, trompant les croisières anglaises, se mirent en route. L'amiral Martin annonça leur départ en ces termes au ministre de la marine :

12.

Rochefort, 11 ventose, an 12.

J'ai l'honneur de vous prévenir du départ de l'Isle-d'Aix des frégates *la Cybéle* et *la Didon*. Ces bâtimens ont appareillé hier soir à huit heures, avec un joli frais de vent de sud-est. J'estime que ces frégates auront passé, car la neige qui tombait lors de leur départ, et le temps étant très noir les aura favorisées et sans doute soustraites à la vue de l'ennemi. Ce qui me le prouve est une frégate anglaise, qui a été très-longtemps, ce matin, à louvoyer dans le pertuis d'Antioche, et qui ne paraissait pas par sa manœuvre s'être aperçue du départ de ces batimens.　　　　(*Archives de la marine.*)

Le voyage des deux frégates s'accomplit sans incident bien notable ; au reste, voici quelques extraits du rapport officiel adressé par le commandant Brouard au ministre de la marine, qui nous édifieront à cet égard :

Monseigneur,

Conformément à votre dépêche du 28 pluviose an XII, les individus condamnés à la déportation à Cayenne, et les 400 hommes d 93ᵉ régiment destinés pour la Martinique ayant été embarqués sur les deux frégates, j'ordonnai toutes les dispositions nécessaires pour appareiller au premier instant favorable.

Départ de l'île d'Aix le 10 ventose an XII

Le 10 ventose, n'ayant eu connaissance que d'une seule frégate ennemie dans la rade des Basques, je me décidai à faire les préparatifs de départ, à huit heures du soir; le vent était au sud et le temps très obscur, je fis le signal à la *Cybèle* de mettre sous voiles. A onze heures, le phare de Chassiron restait au sud-sud-est, à la distance de quatre lieues; les deux frégates naviguaient de conserve, gouvernant à ouest 1/4 nord-ouest, lorsqu'un vent violent du sud, un temps extrêmement pluvieux et une mer fort grosse causèrent leur séparation. Nous ne nous ralliâmes que le lendemain, neuf heures et demie du matin, en vue d'un bâtiment de guerre ennemi, qui nous à observé pendant deux jours à une grande distance.

Arrivée à Cayenne le 20 germinal

Les vents nous ont tellement contrariés dans le golfe de Gascogne que les frégates n'ont mouillé à Cayenne, que le quarantième jour de leur départ de l'isle d'Aix. Les déportés et les effets destinés pour cette colo le furent débarqués le plus promptem nt possible, et je mis à la voile aussitôt la réception des dépêches.

(*Archives de la marine.*)

Brouard ajoute que les déportés ayant été remis à leur destination, il a quitté Cayenne le 27 germinal avec ses deux navires. Il n'ose aborder à la Martinique trop surveillée par les croiseurs anglais; le reste de sa mission s'accomplit sans encombre; après avoir touché à la Guadeloupe, à la Basse-Terre et à New-York, les frégates revinrent en France par l'Irlande, l'Angleterre et la Manche.

Dans son journal de bord, Brouard raconte ainsi le débarquement des déportés :

Du 22 au 23 germinal. — A midi, les frégates ont mouillé près des embarcations venues de Cayenne. L'officier de la *Didon* était porteur d'une lettre du commissaire du gouvernement. Quoique la grosseur de la mer ne permit point aux bateaux d'accoster les frégates, les déportés ont été embarqués par un canot de la *Cybèle* et expédiés dans la nuit, avec une garde...

(Archives de la marine.)

Senez, le capitaine de la *Cybèle*, plus spécialement chargé de la garde des proscrits, donne dans son journal de bord quelques détails de plus.

Du 20 au 21 germinal. — A sept heures du matin nous avons mouillé en rade de Cayenne...

Du 21 au 22 germinal. — ...A midi, nous avons mouillé près de trois petites goelettes sorties de Cayenne ce matin...

Du 22 au 23 germinal. — Dans l'après-midi, tous les déportés, au nombre de 40, que j'avais à bord, ont été mis sur une de ces goelettes. La mer était fort grosse, et c'est avec beaucoup de peine et de travail que nous sommes parvenu à les embarquer. Mes canots ont été abîmés. Je les ai fait accompagné (*sic*) d'un détachement de mon bord avec un officier.

J'ai vu avec satisfaction que tous les déportés sont venu (*sic*) me remercier de (*sic*) bon (*sic*) traitemens qu'ils avaient eu à bord. Quelqués-uns avaient les larmes aux yeux en quittant la frégate. Le contentement de ces malheureux m'a d'autant plus satisfait que je crois avoir, en même temps, rempli les intentions du ministre de la marine.

(*Archives de la marine.*)

Je n'ai pas de motifs pour mettre en doute les sentiments de bienveillance exprimés par le capitaine Senez à l'égard des déportés, mais le lecteur fera, de lui-même, les réserves qui conviennent. Aucune pièce émanant des passagers de la *Cybèle* ne permet de faire le contrôle sur le genre de traitement qu'ils eurent à supporter à bord. Les déportés des Seychelles, eux, ont laissé des notes, et il est malheureusement prouvé que leur voyage fut, malgré la réelle bonne volonté des commandants de navire, un intolérable supplice. Les deux déportations ayant été organisées par le même gouvernement, et contre des condamnés de catégories identiques, il est permis de se demander si les souffrances des déportés de l'an IX et celles des déportés de l'an XII ont sensiblement différé. Tout ce qu'on peut dire, c'est que la traversée de Cayenne étant beaucoup moins longue que celle des Seychelles, les souffrances des détenus de la *Cybèle* ont été d'une moindre durée que celles des détenus de la *Flèche* et de la *Chiffonne*.

Quant au régime auquel les déportés devaient être soumis à Cayenne, le minis-

tre de la marine, dans une lettre à Victor
Hugues, gouverneur de la colonie se contente de lui répéter textuellement les recommandations adressées à cet égard au
capitaine Brouard.

La lettre du ministre (11 pluviôse an XII)
ajoutait pourtant :

...Les déportés dont il s'agit, qui n'ont pas
de moyens personnels d'existence, reçoivent à
Rochefort 3 francs par jour. Vous réglerez,
comme vous le trouverez juste, et avec une
sage économie la manière dont il pourra être
pourvu à la nourriture et à l'entretien de ces
individus et vous me rendrez compte de vos
premières dispositions à cet égard. Vous aurez
soin d'utiliser tous ceux qui peuvent exercer
quelque talent ou industrie, de manière à soulager le Trésor public en partie, et successivement en totalité, des dépenses nécessaires à
leur existence et entretien. Telles sont les dispositions que le premier consul m'a chargé
de vous prescrire et je lui ai garanti d'avance
le dévouement et la vigilance avec lesquels
elles seront accomplies par vous.

Après le débarquement des déportés,
Victor Hugues, le gouverneur de Cayenne
(il était alors, ou devint plus tard, si je ne
me trompe, le beau-père du capitaine Senez), adressa au ministère de la marine la
lettre suivante :

Cayenne, le 25 germinal an XII de la
République française et indivisible.

Citoyen ministre,

Les frégates *la Didon* et *la Cybèle* ont paru
devant la rade de Cayenne le 20 de ce mois.
L'époque de cette arrivée, qui s'est trouvée
être celle d'une des plus fortes marées de
l'année, la violence des courants et le mauvais
temps nous ont empêché de communiquer
pendant deux jours.

Nous avons pu débarquer hier sur des bâtiments légers les personnes et les effets destinés à la colonie. Cette opération a été faite
sans aucun des accidents que la mauvaise
mer donnait lieu de redouter.

. . . .

Il n'en est mort aucun dans le cours de la
traversée. Tous se félicitent des bons traitements que le capitaine Senez leur a faits et
celui-ci m'a rendu le témoignage le plus satis-
fesant de leur tranquillité et de leur discré-
tion. Ce témoignage m'a déterminé (après
leur avoir fait connaître mes intentions
sur la manière avec laquelle je désire
qu'ils se conduisent, pour leur propre
intérêt et pour leur bonheur) à les laisser en
liberté, à l'exception du nommé Fleury, condamné par un tribunal criminel pour cause de
faux. J'ose espérer qu'ils se montreront dignes
de ce premier acte de bienveillance, et qu'ils
ne mériteront aucun reproche ; mais je leur
ai déclaré en même temps, que s'ils trou-
blaient l'ordre d'une manière quelconque,
s'ils allaient dans les cabarets ou autres lieux
de rassemblement, s'ils tenaient des propos
indiscrets ou déplacés, les coupables seraient

envoyés à Sinnamary, pour y être détenus et nourris à la ration.

Plusieurs se sont déjà logés chez des particuliers de la ville avec lesquels ils ont pris des arrangements ; conformément à vos ordres, je leur ai accordé un secours de 4 fr. 10 c. tournois par jour, pour leur tenir lieu de logement, nourriture et entretien : cette somme est peut-être insuffisante dans un pays et dans des circonstances où tout est fort cher, mais j'ai cru devoir ne leur donner que le strict nécessaire ; ils désirent, et je joins ma demande à la leur, que vous leur accordiez quelque chose de plus.

Veuillez assurer le 1er consul, citoyen ministre, que l'ordre est établi dans cette colonie, sur des bases tellement solides, que je regarde comme impossible qu'il soit troublé ; que quelque dangereux que pourraient être ces hommes, ils ne peuvent exercer aucune influence, ni former une entreprise contraire aux intentions du gouvernement. Cette opinion qui est la mienne n'est peut-être pas celle de plusieurs habitants, qui, craignant le retour des noirs au désordre, sous le prétexte spécieux de philanthropie et de liberté, ne voient qu'avec peine, des hommes détenus pour des opinions exagérées. Cependant ils se rassurent lorsqu'ils se rappellent que les déportés qui se sont le mieux comporté dans cette colonie, qui se sont le plus isolé, qui ont mis le plus de circonspection dans leur conduite et dans leurs discours, sont ceux-là mêmes, qui se rapprochent par leurs opinions des derniers arrivés, soit qu'ils sentissent plus vivement la leçon du malheur, soit qu'ils aient voulu se montrer reconnaissants de l'attention que le gouvernement a toujours eue d'adoucir leurs peines, de leur accorder quelques légères faveurs d'utiliser ceux qui étaient susceptibles de l'être et surtout d'empêcher qu'ils ne fussent en butte aux outrages d'une classe d'hommes qui existe partout, et qui trouve des jouissances à insulter au malheur.

Ma conduite à l'égard des hommes que le gouvernement vient d'envoyer à Cayenne sera dirigée d'après les mêmes principes qui m'ont guidé pour tous ceux que j'ai trouvés ici, lorsque le gouvernement m'a chargé de l'administration de cette colonie. Comme chef, j'ai protégé les bons et j'ai surveillé ceux dont la conduite pouvait, à cette époque, me donner quelques inquiétudes; comme particulier, je les ai aidés de mes moyens particuliers, quelque fussent leurs opinions; il n'entre pas dans ma manière de voir d'aggraver les maux des infortunés, tout acte de sévérité qui n'est pas indispensablement nécessaire est un crime en politique comme en morale, et en me recommandant, citoyen ministre, de traiter avec égard ceux de ces déportés dont la conduite sera sans reproche à la Guiane, vous aviez répondu d'avance à une prière que je me fusse empressé de vous transmettre.

Je vous répète, en finissant, que tous ceux qui se montreront dignes de la bienveillance du gouvernement, trouveront en moi protection et appui, et que je rendrai impuissants les efforts de ceux qui pourraient tenter de troubler la tranquillité publique.

(*Archives de la marine.*)

XIII

LES PATRIOTES DE LA GUADELOUPE

Nous n'avons pas voulu interrompre l'histoire de la déportation de nivôse an IX, et après avoir raconté comment cer·tains citoyens visés par le sénatus-consulte furent relégués aux îles Seychelles, nous avons montré que d'autres victimes du même acte gouvernemental furent ~-voyées à la Guyane. Mais il convient de faire remarquer que les passagers de la *Cybèle* ne furent pas les seuls ni même les premiers proscrits politiques que le gouvernement consulaire ait déportés à Cayenne. Dès l'an X, en effet, le brick *l'Impa-tient* avait jeté dans cette colonie des patriotes de la Guadeloupe, qui ayant accueilli sans enthousiasme l'annonce du coup d'Etat de Brumaire, avaient été d'abord renvoyés en France par ordre de l'amiral Lacrosse, capitaine général de l'Ile.

Le 26 thermidor an IX, Villemandrin, capitaine de vaisseau commandant la frégate la *Cornélie*, annonça au ministre de la marine qu'il venait d'arriver à Lorient, venant de la Guadeloupe où il avait été chargé de conduire quatre mois aupara-vant le contre-amiral Lacrosse. Le contre-amiral n'avait pas perdu son temps ; à peine débarqué à la Guadeloupe, « la police découvrit que plusieurs individus se rassemblaient et cherchaient les moyens de troubler le nouvel ordre qui s'établissait dans la colonie. Le capitaine général jugea convenable d'éloigner ces individus et les fit mettre en arrestation à bord de la frégate *la Cocarde*, en attendant le départ de la *Cornélie* pour la France, ou ils devaient être remis à la disposition du ministre de la marine... »

Ces « individus », le capitaine de la *Cornélie* vient de les amener en effet à Lorient; nous trouvons parmi eux un adjudant général de l'armée des Antilles, un chef de bataillon, le commissaire substitut du gouvernement près le tribunal civil et criminel de la Guadeloupe, un juge au même tribunal, un enseigne de vaisseau, un juge au tribunal de Cayenne, le commissaire aux prises pour les départements de la Guyane et de la Guadeloupe, un ex-commissaire de Marie-Galante, un capitaine des chasseurs du 2e bataillon de la Martinique, et puis un marchand, un peintre, etc. Tout cela nous donne une idée de l'accueil que le coup d'État de brumaire avait rencontré dans nos colonies. L'histoire officielle et satisfaite, celle qui s'écrit sous le coup même des évènements, parle le moins possible, en général, de ces sortes d'incidents. Dans une proclamation lancée à la Guadeloupe, le contre-amiral

Lacrosse parlait en ces termes des fonctionnaires, des citoyens ainsi expulsés :

La tranquillité de la colonie est menacée. Quelques hommes à qui tout convient, excepté le bon ordre, s'agitent pour rester encore dans un pays qu'ils ont trop longtemps influencé de leur esprit inquiet, en dominant jusque sur les autorités.

Il est temps que les bons citoyens respirent; que le gouvernement puisse marcher sans obstacle, dans la carrière tracée par lui à ses délégués.

A la moindre résistance, j'appellerai auprès de moi tous ses amis; je les trouverai partout, dans les bataillons et dans les citoyens de toute classe. Malheur à l'insensé qui provoquerait cette mesure!

Conformément aux ordres des consuls j'envoie en France les citoyens dont les noms suivent. (Suivent ici les noms de 15 citoyens, en réalité il y eut 19 expulsions.)

Si, à l'avenir, il se trouvait encore quelques hommes dangereux et qu'on ne pût ramener aux principes de justice et de modération, j'en userai de même. Je me plais à croire qu'il n'en existera plus. Que chacun se repose sur ses bonnes intentions et sur la parole du délégué du premier consul.

Le sort de ces proscrits fut immédiatement réglé par deux lettres de Bonaparte, qu'on trouvera à leur date dans la Correspondance de Napoléon Ier. Par la première (3 fructidor), le premier consul ordonne que ces « individus soient mis en arrestation jusqu'à ce que le gouvernement ait statué... » Par la seconde, il recommande de les « conduire à Cayenne, avec l'ordre de les mettre en surveillance dans les communes que désignera l'agent de la République. Ils ne pourront, sous quelque prétexte que ce soit, sortir de la colonie ».

En conséquence de cette seconde lettre, les consuls de la République prirent, le 4 fructidor an IX, l'arrêté que voici :

Art. 1er. — Les citoyens Cottin, Aubrée, Frontin, Mollard, Mégis, Baudrais, Gargay, Bigard, Michel père, Michel fils, Gauthier, Payerne, Fidias, Berne, Ballias, Brunot, Desmazière, Guillermain, Daudieu, déportés de la Guadeloupe, seront détenus dans les prisons de l'Orient.

Art. 2. — Le ministre de la marine prendra des mesures pour déporter le plutot possible, ces individus hors du territoire européen de la République.

Art. 3. — Les ministres de la marine et de la police générale sont, chacun en ce qui les concerne, chargés de l'exécution du présent arrêté.

Après avoir décidé que les expulsés de la Guadeloupe seraient déportés immédiatement à Cayenne, Bonaparte voulut savoir quelle accusation pesait sur eux, ce qui motiva le rapport suivant du ministre de la marine en date du 5 fructidor an IX :

Général premier consul,

Par votre dépêche du 3 du courant, vous me demandez un rapport sur chacun des militaires renvoyés de la Guadeloupe par la frégate *la Cornélie*. Comme j'ai eu l'honneur de vous transmettre les lettres et pièces qui peuvent les concerner, faisant partie de la correspondance du contre-amiral Lacrosse, aussitôt que ces pièces me seront revenues, je remplirai l'ordre que vous me donnez à cet égard.

J'ai écrit à Lorient, pour y retenir en arrestation les renvoyés de la Guadeloupe, mais je reçois une nouvelle lettre du préfet et de nouvelles listes de renvoi remises par le commandant de la *Cornélie*, lesquelles ne quadrent plus avec la liste contenue dans la proclamation du capitaine général, en sorte que je crois devoir vous proposer de surseoir à l'exécution de votre arrêté d'hier, relatant la déportation hors du territoire français des particuliers y dénommés. Il en est parmi eux, sur lesquels le capitaine général paraît avoir changé de mesure. Tels les citoyens Michel père et fils, Mollard, Mégis; ils étaient dans la proclamation, mais ils n'ont point été compris dans la consignation donnée aux autorités de Lorient, quoique embarqués contre leur gré, comme les autres. Le préfet demande même des ordres positifs en ce qui les touche, ainsi que pour le citoyen Savigny, embarqué pareillement sans consignation.

Je penserais que ces cinq derniers doivent rester libres de leur personne dans la ville, jusqu'à nouveaux éclaircissements, comme ils le sont quant à présent, mais sous la surveillance des autorités.

Il n'y aurait lieu, conséquemment, à retenir en prison que les citoyens ci-après :

Cottin, Claire, Aubrée, Frontin, Uigard, Berne, Ballias, Beaudrais, Des narières, Guilhermin, Gaugry, Gersmarefis (?), Damiau, Fidias, Gauthier, Payerne. — Total : 16.

Je joins ici un double de la liste envoyée par le préfet de Lorient, sur laquelle ne se trouve point Daudieu, compris dans votre arrêté. Il paraît aussi que l'on y a mis sous le nom seul de Bruno, Bruno Damiau.

(Archives de la marine.)

Le ministre indique donc seize déportés. En réalité il n'en partira que douze, par suite de circonstances que les pièces suivantes font connaître.

Toutes les pièces que j'ai pu découvrir sur cette déportation appartiennent aux archives de la marine. En voici une rapide analyse :

Le 13 fructidor an IX, la marine avertit la police générale que « plusieurs individus de la Guadeloupe, compris dans l'arrêté des consuls du 4 du courant, comme devant être déportés hors du territoire européen, se rendent néanmoins de Lorient à Paris. » Invitation de les faire arrêter s'ils se présentent dans cette dernière ville.

Le 19 fructidor, la marine envoie le texte de l'arrêté consulaire à Bourdon, chef de l'administration de la marine à Lorient. En attendant la déportation des 19 proscrits de la Guadeloupe, ordre lui est donné de « faire détenir ces particuliers avec toute la sûreté convenable ». Il est fâcheux qu'il ait laissé « en liberté ceux que le capitaine de la *Cornélie* a déclarés ne devoir pas être confondus avec les autres ; mais l'arrêté n'en sera pas moins exécuté, en ce qui les concerne, quelque part qu'ils se soient rendus ».

Le 22 fructidor, nouvelle lettre à Bourdon ; il faut mettre en armement l'*Enfant prodigue*, « qui est destiné à l'embarquement de ces déportés et à les transporter où il appartiendra, suivant les ordres que vous recevrez. Il y aura cependant d'excepté le citoyen Aubrée, mais il continuera à être détenu jusqu'à nouvel ordre, ainsi que ceux qui auraient eu des passeports pour sortir du port de Lorient, ou qui, portés sur la liste du capitaine général, ne seraient pas compris dans l'arrêté consulaire. »

Le 24 vendémiaire an X, la marine avertit le préfet maritime à Lorient que « le citoyen Claire, qui n'est pas compris dans l'arrêté du 4 fructidor, serait remis en liberté, et que les autres individus déportés de la Guadeloupe pourront amener avec eux leurs femmes, enfans et domestiques ».

Le 25 vendémiaire, la marine demande à Thévenard, préfet maritime à Lorient, si l'*Enfant prodigue* peut « transporter sans incommodité notable les 14 déportés et les personnes qu'il leur est libre d'emmener avec eux ». — Non, répond Thévenard à la date du 2 brumaire, et il propose d'armer l'*Impatient* pour remplir cet objet.

Le 21 brumaire, le ministre de la marine écrit la lettre suivante à la police générale, afin de décliner toute responsabilité dans cette déportation :

Vous m'avez adressé, citoyen collègue, diverses pétitions des particuliers renvoyés de la Guadeloupe et déportés par arrêté des consuls du 4 fructidor dernier, en m'observant que cette mesure de déportation avait été prise sur le rapport du ministre de la marine, et qu'il m'appartenait conséquemment d'apprécier les droits que peuvent avoir les réclamants à un nouvel examen de la part du gouvernement. J'ai l'honneur de vous répondre, 1° que c'est vous que les consuls ont saisi par le renvoi qu'ils vous ont fait de ces mêmes réclamations et que je n'ai reçu aucun ordre de leur part de leur faire un rapport; 2° que l'arrêté de déportation n'a point été rendu sur la proposition de mon prédécesseur; il est du propre mouvement (?) ainsi que vous pouvez vous en convaincre par la contexture de l'arrêté même. 3° La liste des envoyés par le citoyen A. Lacrosse et les motifs de leur renvoi ont été, dès le principe, sous les yeux des consuls. Je vous les ai communiqués le 13 fructidor dernier. Je vous renvoie toutes les pièces que les consuls vous ont transmises sur cette affaire.

Le 13 frimaire, la marine adresse au premier consul un état de situation des déportés. Deux : Aubrée et Mégis ont obtenu « main levée de leurs personnes». Trois autres : Michel père et fils et Molard, ont quitté Lorient, et la police a reçu

13.

l'ordre de les arrêter; on ne croit pas qu'ils l'aient été jusqu'à présent. Le citoyen Mégis demande un passe-port pour Saint-Domingue; mais le ministre surseoit à viser cette pièce; il « serait à craindre que Saint-Domingue ne fût que le manteau d'un retour réel à la Guadeloupe, où la présence du citoyen Mégis serait une sorte de triomphe sur l'autorité du capitaine général, ou du moins un désagrément très marquant pour sa personne. » Le ministre propose en conséquence d'interdire à Mégis tout retour à la Guadeloupe jusqu'à nouvel ordre. On prépare à Lorient le brick *l'Impatient* pour le transport des 14 déportés qui restent dans cette ville.

Le 21 frimaire, la marine prévient le préfet maritime à Lorient que *l'Impatient* « devra embarquer sans délai et transporter à Cayenne les individus déportés en France par le général Lacrosse, capitaine général à la Guadeloupe. Vous trouverez ci-jointes les instructions que je donne au commandant de *l'Impatient*. Mais je vous prie de les lui remettre cachetées, et de lui prescrire de ne les ouvrir que lorsqu'il sera au large. »

Du 21 frimaire an X. — *Instructions pour le citoyen Arnous, lieutenant de vaisseau, commandant le brick de la République l'Impatient, armé à Lorient.*

... L'objet de sa mission est de transporter à Cayenne plusieurs individus déportés de la

Guadeloupe en France par les ordres du capitaine général Lacrosse.

Le ministre s'en rapporte sur la route à tenir et sur les autres détails de la navigation de l'*Impatient* à l'expérience du citoyen Arnous. Il se borne à cet égard à lui recommander de faire la plus grande diligence.

Le citoyen Arnous veillera à ce que les déportés soient traités avec égards et, à son arrivée à Cayenne, il les remettra à la disposition de l'agent du gouvernement. Il ne séjournera dans la colonie que pendant le tems nécessaire pour remplir sa mission, et il effectuera le plus promptement possible son retour à Lorient, à moins que des contrariétés imprévues ne le forcent d'aborder dans un autre port.

... Le citoyen Arnous évitera toute relâche, soit dans un port français, soit dans un port étranger; et s'il était absolument contraint à une relâche, il sera tenu d'en justifier les causes à son retour en France...

A la même date, le ministre envoie à Victor Hugues, l'agent des consuls à Cayenne, les instructions suivantes :

Un arrêté des consuls du 4 fructidor dernier, citoyen, a ordonné la transportation à la Guyane de plusieurs particuliers renvoyés en France par le capitaine général Lacrosse, comme dangereux pour la tranquillité publique dans cette colonie et comme détracteurs du gouvernement actuel. La faculté de se faire accompagner par leurs femmes, enfans et domestiques leur a été laissée. Mais le gouvernement, qui n'exerce envers eux

qu'une sévérité paternelle, vous recommande
de les traiter avec égards, en même tems qu'il
vous enjoint de veiller sur eux. Il se flate que
vous sçaurez tenir un juste milieu entre
le traitement dû à des hommes coupables par
leurs actions et celui qu'il faut emp'oyer pour
ramener des esprits simplement égarés. L'absence hors de leurs foyers, leurs propres
réflexions, vos sages conseils les ramène-
ront à de meilleurs principes. Vous voudrez
bien prendre les mesures convenables pour
empêcher qu'ils ne propagent à Cayenne les
mêmes doctrines qu'à la Guadeloupe. Vous dis-
tinguerez aisément dans eux une résipiscence
hypocrite d'une résipiscence réelle, et vous
me tiendrez informé de leur conduite. Si elle
est telle que le gouvernement puisse y prendre
confiance, il se portera volontiers à abréger
leur éloignement, mais vous ne leur donnerez
la permission de repasser à la Guadeloupe,
qu'autant que vous y seriez autorisé par moi,
ou que vous y seriez directement invité par le
capitaine général même de la Guadeloupe...

Le 9 nivôse, la marine accuse réception
de l'avis que lui envoie le préfet maritime
de Lorient du départ de l'*Impatient*, ainsi
que de la liste nominative « des 13 déportés de la Guadeloupe que vous avez fait
embarquer à bord dudit bâtiment, avec
leurs effets, enfants et domestiques, ce qui
fait en tout 17 personnes... »

Le 25 nivôse, le ministre apprend que
l'*Impatient* (sans doute pourchassé par les
croiseurs anglais) a dû relâcher dans la
rade de Kerneval, et qu'il a opéré une

nouvelle sortie pour sa destination « emmenant avec lui les individus de la Guadeloupe, à l'exception du nommé Bertrand Bigard, que le comité de salubrité a jugé trop malade pour s'embarquer, ce qu'il a constaté par le certificat que vous m'adressez; vous aurez soin de le tenir toujours en surveillance et consigné à l'hôpital, et me rendre compte des progrès de sa maladie et de son rétablissement. »

Le ministre approuve aussi l'embarquement de la femme du déporté Beaudrais.

Un mot sur le citoyen Beaudrais dont il est parlé ici. Ce déporté n'est autre que le « Beaudray, rue de Marivaux », déjà condamné à la déportation par le sénatus-consulte du 14 nivôse an IX.

Ainsi, pendant qu'à Paris Fouché plaçait ce citoyen sur sa liste de proscription, à l'occasion de l'affaire de la machine infernale, Beaudrais habitait la Guadeloupe et y exerçait ses fonctions de magistrat. Fouché n'avait pas même besoin de savoir si ceux qu'il visait étaient à Paris au moment de l'explosion de la rue Saint-Nicaise, il suffisait qu'ils lui fussent connus comme bons républicains, et comme incapables d'adhérer au gouvernement issu de brumaire.

C'était certes le cas de Beaudrais, qui, au moment même où la police le proscrivait à Paris, se faisait proscrire à la Guadeloupe pour son opposition courageuse au gouvernement de Bonaparte.

Voici la curieuse lettre par laquelle Victor Hugues, agent du gouvernement, annonce à la marine l'arrivée à la Guyane des déportés de la Guadeloupe :

Cayenne, 11 germinal an X, etc.

Le brick *l'Impatient*, arrivé à Cayenne le 1er de ce mois, après une longue relâche à Cadix, dont l'amiral Truguet doit vous avoir rendu compte, a déposé en cette colonie douze individus (1) de la Guadeloupe dénommés en l'arrêté des consuls à la date du 4 fructidor dernier.

Les instructions qui font l'objet de votre dépêche du 21 frimaire, relativement à la manière dont je dois les traiter, ont dirigé mes procédés à leur égard ; j'aurais agi d'après les mêmes principes quand bien même vous ne m'auriez pas tracé la conduite que je devais suivre.

Je crois inutile de vous donner l'assurance qu'en me conformant strictement à vos intentions, je ferai, d'une part pour leur bien-être, tout ce que les circonstances difficiles où se trouve la colonie me permettront de faire, et que, d'un autre côté, je surveillerai la conduite de tous, et saurais les ramener bientôt à des idées d'ordre, si quelqu'un d'entre eux tendait à le troubler.

D'après cette assurance dont ma conduite po-

(1) Réduits à douze, en effet, par la maladie de Bigard. (V. plus haut.)

litique entière est un sur garant au gouvernement, vous me permettrez, citoyen ministre, de vous soumettre à l'égard de quelques-uns d'entr'eux des considérations que je vous prie de peser dans votre sagesse.

Je connais sous des rapports avantageux quelques-uns des individus qui ont été envoyés à Cayenne; je pourrais vous citer le citoyen Cotton, militaire estimable, étranger à tous les partis, et qui n'a jamais fait parade de son véritable patriotisme, qu'en se battant contre les Anglais dans la mission importante et difficile que j'ai remplie à la Guadeloupe pendant cinq années, qui, j'ose le dire, ont été cinq années de gloire et de triomphe pour les armées de la République; j'ai employé quelques-uns de ces hommes et c'est en ce moment surtout que je leur dois la justice de déclarer qu'ils ont servi avec zèle et dévouement; ils défendaient leur pays, et en dirigeant bien ce premier mouvement d'une âme honnête, j'ai fait tourner jusqu'à leurs passions au profit de la chose publique.

Ce n'est pas sans étonnement que j'ai vu dans l'acte de déportation du contr'amiral Lacrosse, leurs noms accolés à ceux d'hommes qui n'ont ni les mêmes droits, ni les mêmes titres à l'estime du gouvernement.

Les hommes mus par de petites passions et qui ne peuvent concevoir que des idées étroites, confondent toutes les nuances, frappent aveuglément et voyent souvent des ennemis, là où il ne tiendrait qu'à eux d'encourager le zèle et de produire un dévouement entier, c'est ce qui est arrivé à la Guadeloupe.

Les instructions paternelles du gouvernement, la grandeur des vues qui le dirigent, ont été dénaturées et présentées sous un faux rapport, par les mêmes agents de ce gouvernement auxquels était confiée l'honorable mission d'en faire apprécier tous les bienfaits. On a cherché à aigrir, on a éloigné les hommes qui devaient naturellement en être les amis et les défenseurs les plus dévoués ; on a cru par ce moyen faire oublier des torts précédents et rallier à soi des hommes qu'on avait traités antérieurement comme des ennemis. Quels ont été les résultats de cette conduite machiavélique, injuste et versatile ? Les amis naturels de l'autorité légitime une fois éloignés, la carrière a été ouverte aux instigateurs des troubles que je vous ai signalés dans ma dépêche du 29 pluviose dernier, n° 130, et le contre-amiral Lacrosse lui-même a été embarqué par eux. Je suis bien convaincu, citoyen ministre, que si les hommes qu'il avait déportés antérieurement eussent été à la Guadeloupe, le parti qui a méconnu et voulu avilir en sa personne l'autorité nationale n'aurait pas osé se porter à cet acte de révolte.

J'aurai soin de me conformer à l'article de vos instructions qui me prescrit d'attendre votre autorisation ou l'invitation directe du chef du gouvernement à la Guadeloupe (quand cette autorité sera légitime), pour leur permettre de retourner en cette colonie ; je ne doute pas que le gouvernement ne se porte bientôt, ainsi que vous me l'annoncez, à abréger leur éloignement. J'en exécuterai l'ordre avec autant de plaisir que je mettrais d'empressement à vous communiquer mes craintes, si je n'étais pas intimement convaincu que leur présence à la Guadeloupe ne portera aucune atteinte à la tranquillité publique.

En attendant, citoyen ministre, je vous demande l'autorisation de mettre à profit les talents et le zèle de ceux des citoyens dont je connais la moralité et les principes, en les employant d'une manière quelconque ; cette mesure déchargera notre pauvre colonie du soin de leur subsistance et présentera un moyen de les rattacher de plus en plus à un gouvernement paternel que leur propre intérêt leur fait une loi de respecter et de servir.

Pour comprendre cette lettre, courageuse pour l'époque, il faut connaître l'homme qui l'a écrite.

Victor Hugues a eu dans sa vie, une page qui aurait dû l'immortaliser; mais les hommes qui firent de grandes choses pendant la période révolutionnaire sont si nombreux que l'histoire est impuissante à leur faire leur place. Le temple de Mémoire est trop étroit pour cette génération extraordinaire; et nombre de citoyens, que d'autres siècles auraient légués illustres au souvenir de leurs neveux, s'effacent et se perdent dans la gloire anonyme de la France de 1794, la plus grande qu'aient vue les temps.

Ce Hugues était un Marseillais que la Révolution trouva boulanger à Saint-Domingue. Rentré en France et devenu accusateur public à Rochefort, il se montra rude aux aristocrates. Puis il partit, nommé, avec Lebas, au commencement de 1794, commissaire de la Convention nationale aux îles du Vent. Il avait avec lui 800 hommes. Arrivés à la Guadeloupe, les commissaires apprirent que l'île où ils allaient débarquer, et non-seulement cette île, mais aussi la Martinique, mais aussi Sainte-Lucie, d'autres Antilles encore étaient tombées entre les mains des Anglais, qu'en un mot ils pouvaient s'en retourner d'où ils venaient, les îles du Vent n'appartenant plus à la France.

Ils ne s'en retournèrent pas, mais avec leurs 800 hommes ils résolurent de reconquérir les Antilles ; Hugues et Lebas tirèrent au sort pour savoir lequel des deux s'improviserait général. Le sort décida que ce serait l'ancien boulanger de Saint-Domingue. Hugues débarqua donc avec sa petite troupe, culbuta les Anglais qui s'opposaient à sa descente, prit d'assaut le fort de Fleur-d'Epée, livra d'autres combats, s'empara de la Basse-Terre, avança dans l'île, fit capituler le général Graham et son armée, battit ensuite le général Prescott.

Ceci n'est rien. La Convention informée ayant envoyé une escadre, on reprit les Saintes, la Désirade, Sainte-Lucie, Marie-Galante ; on chassa les Anglais de Saint-Martin et de Saint-Eustache. Puis Victor Hugues fit appel aux colons, aux armateurs, prodigua les lettres de marque, lança dans toutes les directions une nuée de corsaires qui rendirent ces mers intenables pour le commerce anglais. On l'accusa d'avoir fait fortune à ce métier. C'est

incontestable. Surcouf aussi s'enrichit à
faire la course, et jamais on n'a reproché
à Surcouf les millions gagnés sur l'ennemi. J'abrège. Il fut décrété que Victor
Hugues avait bien mérité de la patrie. Il
retourna en France et fut nommé agent
à Cayenne.

Il allait s'embarquer lorsque le 18 brumaire éclata. Il tenait sa commission du
Directoire ; le consulat lui confirma sa
nomination. Tout ce que je puis dire de
lui, à partir de ce moment, c'est qu'il ne
semble pas avoir été tracassier pour les
prisonniers politiques de l'empire dont il
eut la garde, à Rochefort, en l'an VIII, au
moment de s'embarquer, il avait auprès
de lui Gabriel, nommé lui aussi à une
fonction dans la Guyane, par le Directoire. Il partit avec Gabriel ; peut-être
feignit-il d'ignorer que ce citoyen figurait
sur une liste de proscription du nouveau
gouvernement, et il s'entêta dans cette
ignorance au point de ne faire aucune
allusion, dans sa correspondance, à la situation de son compagnon de voyage, qui
plus tard, sur sa proposition, devint vice-
président de la cour d'appel de la Guyane.

Les déportés de l'*Impatient* et de la
Cybèle sont maintenant tous réunis à
Cayenne. Nous allons faire connaître les
documents assez rares, qui sont relatifs
à leur séjour dans la colonie.

XIV

SÉJOUR DES DÉPORTÉS A CAYENNE

Victor Hugues ne s'en tint pas à la lettre qu'on a lue plus haut; il profita, peu de mois après, de l'autorisation que lui donnaient ses instructions pour solliciter auprès des autorités de la Guadeloupe le retour dans cette colonie des déportés amenés à Cayenne par l'*Impatient*. Cette demande fut très mal accueillie par le contre-amiral Lacrosse, qui se plaignit vivement au ministre de cette démarche, dans la lettre qu'on va lire :

'Basse-Terre, 27 brumaire an XI.

J'ai eu l'honneur de vous adresser avec ma dépêche du 13 vendémiaire, copie d'une lettre du citoyen Victor Hugues, agent des consuls à Cayenne, adressée au capitaine général de la Guadeloupe, sous la date du 23 fructidor an X.

Son objet était relatif aux individus que j'avais exilés de la Guadeloupe au mois de messidor an IX, d'après la note ministérielle qui m'avait été remise avant mon départ de France, et dont le gouvernement a ordonné la déportation à Cayenne.

Cet agent s'étayant de l'autorisation qu'il dit avoir de permettre à ces déportés de quitter cette colonie, réclame du capitaine général de la Guadeloupe, la permission pour eux d'y rentrer.

Je vous ai fait part, citoyen ministre, de l'intention où j'étais de ne faire aucune réponse à cette lettre; il n'en est pas moins certain, qu'outre les citoyens Cottin, ci-devant chef de brigade, et Bigard, ex-consul à Saint-Barthélemy, qui ont quitté le lieu de leur déportation, Berne, mulâtre, l'un des déportés à Cayenne est aujourd'hui propriétaire et armateur de deux bâtiments à Saint-Barthélemy qui sont employés à porter des armes et des munitions aux insurgés de Saint-Domingue.

Si ces bâtiments, qui étaient (en voyage?), lorsque j'ai renvoyé la frégate la *Didon*, aux isles de Saint-Thomas et Saint-Barthélemy, avaient été de retour avant son départ, infailliblement ils auraient été saisis et arrêtés, comme l'a été la goëlette *la Dioméde*, appartenant au nommé Régis Acquard, mulâtre, et Bellegarde, créole de la Guadeloupe, à bord de laquelle on a trouvé des armes et des munitions pour la même destination.

Il est de mon devoir de vous transmettre ces avis, la sûreté des colonies et l'intérêt du gouvernement l'exigent.

Salut et respect,

LA CROSSE.

(*Archives de la marine.*)

La marine s'émut de cette réclamation, et elle s'empressa de tancer Victor Hugues dans les termes que voici :

18 pluviôse an XI.

Il paraît, citoyen commissaire, par la correspondance du capitaine général de la Gua-

deloupe, que, fondé sur l'autorisation qui vous
a été donnée de permettre aux déportés de la
Guadeloupe, envoyés à Cayenne, de quitter
cette colonie lorsque vous le jugeriez convenable, vous avez invité ce capitaine général à
leur permettre de retourner à la Guadeloupe.
Il paraît encore que les citoyens Cottin et Bigard, auxquels vous avez permis de quitter
Cayenne, se sont retirés à Saint-Barthélemy
pour entretenir des correspondances avec les
révoltés de la Guadeloupe. Ces circonstances,
mises sous les yeux du gouvernement, l'ont
décidé à me prescrire de vous faire savoir que
son intention est que, jusqu'à nouvelles dispositions, vous n'autorisiez aucun des déportés
dont il s'agit à quitter Cayenne, où votre caractère et votre fermeté sauront les maintenir
dans l'ordre, attendu que leur séjour ailleurs
ne pourrait qu'avoir des inconvénients.

(Archives de la marine.)

Il faut croire pourtant que Victor
Hugues continua de tenir envers les déportés une conduite qui fait honneur à
son caractère, car deux ans après nous le
voyons se créer de nouvelles difficultés à
leur sujet avec le gouvernement impérial.
Il s'était brouillé avec un officier employé
dans la colonie, le colonel Leclerc, et finalement, usant des pouvoirs que lui con-
férait son titre de gouverneur de la colonie, s'en était débarrassé en le renvoyant
en France. Le colonel Leclerc, furieux, alla
se plaindre au ministère de la marine des
procédés dont il avait été l'objet, et profita de l'occasion pour dénoncer les agis-

sements de Victor Hugues à l'égard des déportés. C'est à ce sujet qu'en l'an XIII le ministre de la marine écrivait à l'agent de Cayenne :

S'il fallait admettre ce qu'allègue à cet égard le colonel Leclerc, il en résulterait :

1° Que vous ne choisiriez votre entourage immédiat que parmi les partisans incorrigibles de l'anarchie, tels que le sieur Beaudrais, déporté de la Guadeloupe en l'an IX, dont vous me parliez dans votre dépêche du 10 brumaire an XI comme d'un homme dévoué de cœur au gouvernement et qui, nommé sur votre proposition greffier du tribunal de première instance à Cayenne, aurait donné sa démi-sion la veille du 18 brumaire de l'an XIII pour s'affranchir de la prestation du serment de fidélité à l'empereur ; le sieur Guillermin, autre déporté de la Guadeloupe, pourvu de la curatelle des biens vacants ; le sieur Léger, arrêté par la police à La Rochelle pour avoir hautement regretté de ne s'être pas trouvé à la place d'Aréna le 18 brumaire an VIII, passé avec vous dans la Guyane et promu par vous, dans l'espace de quatre ans, au grade de capitaine en second de la compagnie des sapeurs, et le lendemain même de la destitution du colonel Leclerc à celui de capitaine titulaire auquel le commandant des troupes avait refusé de le présenter.

(*Archives de la marine.*)

Cette fois Victor Hugues se sentant menacé écrivit pour se défendre. Il nous paraît incontestable qu'il avait fait pour adoucir le sort de ses anciens amis de l'é-

poque révolutionnaire, les efforts les plus
honorables, mais il ne poussait pas l'ab-
négation jusqu'à sacrifier sa place ; aussi
se défendit-il aussi vigoureusement que
possible contre les attaques du colonel
Leclerc. Voici ce qu'il répond au ministre
dans une lettre du 15 janvier 1806 (*Archives de la marine*) :

Je commence d'abord par déclarer à Votre Excellence que depuis que j'administre cette colonie, aucun déporté n'a été admis ni à ma
table, ni à ma société, et qu'il n'en est jamais
entré chez moi aucun, si ce n'est pour des
réclamations sur lesquelles j'ai prononcé,
parce que je dois entendre tout le monde.

Je supplie V. E. de vouloir bien se rappeler
qu'en envoyant ces hommes à la Guiane, vous
m'aviez fait connaître l'intention de S. M. que
j'employasse ceux d'entr'eux qui me paraî-
traient susceptibles de l'être..... Deux de ces
hommes seulement ont été employés par moi,
et l'ont été dans des emplois subalternes pour
lesquels je ne trouvais point de sujets, l'un
après 4 mois, l'autre après 18 mois de séjour
et de bonne conduite dans la colonie. Ce dernier ne devait plus d'ailleurs être considéré
comme déporté, le général Ernouf l'ayant
rappelé à la Guadeloupe antérieurement à
l'époque où je lui donnai un emploi.

L'un est le sieur Baudrais, l'autre le sieur
Guillermin.

J'avais connu à Paris, en 1791, le sieur
Baudrais sous les rapports d'homme de lettres,
je le revis à la Guadeloupe, la veille de mon
départ de cette colonie, il avait accompagné
mon successeur en qualité de juge.

J'avais su, qu'en mon absence il avait rempli les fonctions de président du tribunal à la satisfaction générale. Je connaissais les motifs de sa déportation de la Guadeloupe et ils n'avaient rien d'injurieux pour lui.

A son arrivée dans cette colonie, il protesta auprès de moi de son dévouement au gouvernement consulaire, du désir qu'il avait de vivre tranquille, et je devais ajouter d'autant plus de foi à cette protestation qu'il était âgé de 55 ans, et avait avec lui sa femme du même âge qui l a suivi à la Guiane et avait mérité l'estime générale.

Je lui donnai au bout de quelques temps la place de greffier du tribunal de 1re instance, et vous rendis compte de cette nomination qui fut approuvée d'après les témoignages que j'avais rendus à V. E. de la bonne conduite du sieur Baudrais.

Il est vrai qu'il a donné sa démission de cette place, non pas la veille du 18 brumaire, comme l'a prétendu M. Leclerc, mais quelques jours auparavant. Il l'a motivée sur sa faible santé, et sur l'état habituel de maladie où se trouvait sa femme; le médecin qui la voyait m'avait déclaré qu'il fallait qu'elle allât aux Etats-Unis si elle voulait conserver la vie, et le mari et la femme me demandaient l'un et l'autre un passeport.

L'affaire de cette démission était terminée et aucun habitant de la colonie ne s'était imaginé de lui attribuer les motifs que lui donne le colonel Leclerc, lorsque je fus instruit du propos tenu par un déporté, que le sieur Baudrais n'avait donné sa démission que pour ne pas prêter le serment de fidélité à Sa Majesté Impériale; je fis appeler, sur-le-champ, le sieur Baudrais, auquel j'adressai les reproches

les plus amers... Il me répondit qu'il ne pouvait pas empêcher qu'on interprétât maligne-
ment sa conduite, que les motifs de sa démission étaient les seuls qu'il m'avait précédemment donnés et il partit peu de temps après
pour la Nouvelle-Angleterre....

J'ai promu le sieur Guillermin, ancien avocat à la Guadeloupe, à la place de curateur
aux biens vacants après dix-huit mois de bonne
conduite, et, comme je l'ai dit plus haut, lorsqu'il ne pouvait plus être considéré comme
déporté puisqu'il était rappelé.

Il est le seul curateur, depuis l'existence de
la colonie, qui ait rendu compte des succes-
sions dont il s'est trouvé dépositaire. Le nombre en était considérable. Plusieurs ont été
réclamées et rendues intactes; et en ce moment..... le procureur impérial règle les suc-
cessions de l'année précédente, ce qui ne
s'était jamais pratiqué.

Je le répète, monseigneur, ces deux déportés sont les seuls que j'ai employés et
V. E, jugera si j'ai abusé de la latitude que le
gouvernement m'avait donnée.

Mais ces deux messieurs ont-ils fait partie
de ma société, ce dont je conviendrais facilement si le fait était vrai?... Ils n'ont jamais
mis le pied chez moi que pour affaires et très
rarement. Beaudrais y a mangé deux ou trois
fois et dans des fêtes auxquelles le tribunal
dont il faisait partie était invité. Le sieur
Guillermin n'a jamais pris un seul repas dans
ma maison. Il ne forme donc en aucune manière mon entourage...

Victor Hugues passe ainsi en revue les
griefs dont il est l'objet; il parle de Léger

qui, dit-il, est un officier plein d'avenir. Enfin, tout en se défendant de toute accointance suspecte avec les républicains, il garde encore, même à ce moment, assez de fierté pour leur rendre hautement justice.

Il prétend dans la lettre qui précède n'avoir employé que deux déportés. Cependant des pièces établissent que deux autres proscrits, les officiers Bertrand et Vintergnier, furent placés par lui dans les bureaux de l'administration de la colonie.

Victor Hugues ne se contenta pas, en réalité, d'occuper certains déportés dans des fonctions civiles, plusieurs s'engagèrent sur les corsaires que le gouverneur entretenait pour la défense de la colonie. Il y eut des déportés de Cayenne blessés en combattant les Anglais sur la côte d'Afrique. Germain, l'ancien condamné babouviste, l'un des plus indomptables républicains de son temps, fut fait prisonnier dans l'un des combats, et, conduit sur les pontons anglais, ne cessa de prêcher aux marins et aux soldats français, ses compagnons d'infortune, l'amour de la République et la haine de Bonaparte.

Les archives nationales nous ont fourni au sujet des déportés de Cayenne un certain nombre de pièces très intéressantes.

Voici ces pièces, qui sont des notes de police :

La femme Fournier dit l'Américain a reçu

de son mari une lettre timbrée de Bordeaux ; il lui mande : « Que Vatar et Germain montent un corsaire, et que le premier a eu une jambe emportée par un boulet de canon, que Destrem, un général de brigade et plusieurs autres sont morts, que Lemery (officier de santé connu), Brochet et un autre sont enallés aux Etats-Unis, d'où ils doivent repasser en France avec de l'argent ; qu'il a des choses très intéressantes et curieuses à montrer à sa femme et qu'il lui apportera sous peu ; qu'il lui avait envoyé 1,200 fr. par un capitaine qui a été fait prisonnier, qu'il l'en dédommagera ; que Michel, rentré en France, est un plat valet du gouvernement, et qu'il faut prévenir les citoyens des intentions qui l'ont fait revenir et des motifs que l'on a eus en lui accordant sa liberté, etc... »

Il termine sa lettre par dire : « Quand est-ce que la tyrannie finira dans notre malheureuse patrie ? et quand le crime cessera-t-il de régner sur la vertu ? espérons que l'Etre suprême y mettra fin. »

Cette lettre peu signifiante et méprisable dans son commencement, n'a pas cependant paru indigne de fixer l'attention de M. Desmarets, à qui on a l'honneur d'en communiquer le contenu en abrégé, en ce qui a rapport aux projets de Fournier, et au retour en France d'éléments essentiellement destructeurs et nuisibles à la tranquillité publique.

Il y est dit que « les lettres qu'on lui adressera et aux autres, seront remises rue Bourg-l'Abbé, chez le marchand *connu*, qui les fera tenir dans ses caisses, comme de coutume, et les enverra au commandant de la flute qui a apporté les lettres à Bordeaux ».

Cette lettre est parvenue dimanche dernier, à la femme Fournier, et l'on tient le fait de quelqu'un qui l'a lue. — Signé, GAULTIER (2 février 1806).

5 *février* 1806. — Note pour M. le conseiller d'État du 3ᵉ arrondissement : S. E. le sénateur ministre de la police générale est informé qn'une flûte en relâche à Bordeaux a apporté en France des lettres des déportés à Cayenne pour leurs parents et amis, et qu'une de ces lettres timbrée de Bordeaux, annonce le retour prochain en France de Lemeri, de Brochet et de plusieurs autres qui se sont retirés dans les États-Unis...

M. le conseiller d'État est invité à utiliser l'avis... et à faire vérifier l'objet de la correspondance qui doit être remise au commandant de la flûte en relâche à Bordeaux, dans des caisses, et pour qui ces caisses seront envoyées.

5 *février* 1806. — Le préfet de police... est invité à faire vérifier quels sont les motifs des précautions prises pour la correspondance de ces déportés, et de connaître quel est le marchand rue Bourg-l'Abbé qui s'est chargé de les faire parvenir dans des caisses à Bordeaux.

Le 26 février 1806, une note est rédigée, en réponse à la note du 5, relative aux « déportés à Cayenne Lemory, Brochet et autres évadés de cette île et retirés aux États-Unis et dont le retour en France avait été annoncé dans une lettre timbrée de Bordeaux ». Elle dit qu'il n'y a qu'un bâtiment venant de Cayenne à Bordeaux, *les Deux Amis*; il n'a pas de passagers.

« Le capitaine a ajouté qu'il n'avait aucune lettre particulière ; il assure que les déportés rêvent toujours le système d'égalité parfaite au point d'endoctriner les noirs ; il a dit avoir rencontré Lemery à New-York. Ce bâtiment était expédié pour le compte de M. V. Hugues. »

Le 25 février 1806, réponse à la note du 5 courant au sujet des déportés à Cayenne et notamment de Fournier, l'Américain, au sujet de la lettre écrite à sa femme (lettre chez le marchand connu, rue Bourg-l'Abbé).

Le sieur Roche, bonnetier, est le seul marchand qui fasse des affaires à Bordeaux, et il n'a pas été possible de s'assurer s'il avait été chargé de lettres pour cette ville, où il est dans le moment. L'on surveille son retour et s'il parvient quelques découvertes utiles, il en sera rendu compte à son excellence.

Quant à la mortalité, elle fut grande parmi les déportés. Dès novembre 1805, Victor Hugues, donnant quelques nouvelles de la déportation, annonce que, sur es quarante proscrits de la *Cybèle*, douze sont morts, cinq sont parvenus à s'évader.

La colonie de Cayenne fut attaquée et prise par l'ennemi, le 12 décembre 1808. La façon dont la résistance fut à cette occasion organisée par Victor Hugues motiva son envoi devant un conseil d'enquête; il choisit pour défenseur un avocat, ancien conventionnel, le célèbre

Prieur de la Marne. La conduite du gouverneur, dans les incidents qui précédèrent la capitulation, fut violemment incriminée par quelques déportés, surtout par Vatar; un proscrit, Vintergnier, prit au contraire sa défense avec énergie. Victor Hugues fut acquitté. Mais les relations qu'on l'accusait de ne cesser d'entretenir avec le parti républicain lui furent imputées à crime par la police, qui réclama contre lui un arrêté d'exil de Paris.

Au reste, donnons la preuve du fait :

Rapport de police adressé à l'empereur

13 septembre 1811.

Le sieur Victor Hugues, ex-commissaire de V. M. à Cayenne, est depuis quelque temps de retour à Paris, je sais qu'il y voit des personnes dont les opinions ont été exagérées. Quoique jusqu'à présent je n'aye point appris que dans ces visites ou réunions il se soit rien passé de répréhensible, cependant d'après le caractère du sieur V. Hugues et ses liaisons, je pense que sa présence à Paris peut ne pas y être sans inconvénients. J'ai l'honneur de proposer à V. M. de m'autoriser à l'en éloigner à moins qu'elle ne juge devoir lui faire donner une destination par son ministre de la marine.

(*Archives nationales.*)

Voici quelques pièces sur le retour des proscrits en France après la capitulation de Cayenne. Ces déportés, fidèles aux dé-

voirs du patriotisme, avaient préféré être
ramenés en France avec la garnison, plutôt que de rester libres, dans la Guyane,
sous un gouvernement étranger. Leur
conduite fut à cet égard semblable à celle
de leurs compagnons des îles Seychelles,
et ils en furent tout aussi mal récompen-
sés par le gouvernement impérial :

Marine à Police générale

Paris, 8 mai 1809.

M. Victor Hugues, commissaire de l'empereur, commandant en chef dans la Guyane et
à Cayenne, vient d'arriver sur un parlementaire à Morlaix. Il m'annonce qu'après la capitulation de cette colonie, il a été décidé que
les déportés, par ordre de S. M., seraient renvoyés en France, avec la garnison qui est incessamment attendue.

Je m'empresse, en conséquence, de vous
transmettre l'état nominatif des déportés qui
devaient exister à Cayenne, lors de sa reddition, d'après les renseignements que me fournit la correspondance antérieure du commissaire de S. M., afin que V. E. puisse donner
d'avance, à leur égard, les ordres qu'elle jugera
convenables (je ne sais quand ni où ils arriveront).

M. Victor Hugues s'exprime sur leur compte
ainsi qu'il suit, dans la lettre qu'il m'écrit de
Morlaix, sous la date du 27 avril dernier :

« Le sieur Vingtergnier, chef de bataillon
réformé, l'un d'eux, est passé sur le même
bâtiment que moi; je lui ai ordonné de rester
à mon ordre... (sic) en attendant ceux de
Votre Excellence.

» La conduite de cet officier a été bien dif-
férente de celle des autres déportés, il s'est
rendu utile dans plusieurs circonstances, il m'a
toujours paru désiré servir; et, dans le tems,
il est, je crois, le seul qui ait été signer pour
le Consulat à vie et pour l'avènement à l'empire de notre auguste souverain.

» Quelques autres se sont assez bien conduits; mais, quoiqu'il n'entre pas dans mes
principes d'aggraver les maux de qui que ce
soit, je dois dire qu'il y en a dans le nombre
dont l'exaltation n'a pas de bornes et qui
croyent avoir acquis une grande importance
par leur déportation. »

Je prie Votre Excellence de vouloir bien
m'accuser la réception de cette dépêche et de
recevoir, etc...

(Archives de la marine.)

On voit, par la lettre qui précède, que
Victor Hugues est assez monté contre les
déportés, qui, nous l'avons dit plus haut,
incriminèrent sa conduite au point de vue
de la défense de la colonie avant la capitulation. Il n'en convient pas moins de lui
rendre justice, malgré cette lettre, et de
reconnaître qu'il s'était plusieurs fois compromis, auprès des autorités, à cause des
tempéraments dont il avait usé à l'égard
des proscrits pendant qu'il exerçait les
fonctions de gouverneur.

Voici d'autres pièces relatives à la rentrée des déportés survivants dans la mère-
patrie :

2ᵉ DIVISION
—
Bureau des ports

Nantes, 12 juin 1809.

Au ministre de la marine

J'ai l'honneur, monseigneur, de vous informer de l'arrivée d'un parlementaire portugais nommé *Flor de Mar*, cap. Acacio Jose Corea, qui a mouillé hier sur la rade de Mindin, apportant la garnison de Cayenne qui, d'après la capitulation n'est pas prisonnière de guerre.

Je joins ici le rapport du capitaine.

Je vous adresse par ce courrier, monseigneur, sous le timbre : administration générale des colonies, la liste des militaires et passagers arrivés par ce bâtiment, en vous faisant connaître les mesures que j'ai prises pour opérer promptement le débarquement de la troupe. Aussitôt qu'il sera effectué, le parlementaire sera renvoyé et j'ai donné les ordres nécessaires pour que personne ne communique avec la terre. Je suis... etc. — Le commissaire principal chef maritime, GINEUR (?)

(*Archives de la marine.*)

Déclaration française

Je soussigné, capitaine du trois-mâts portugais *Fleur-de-Mer*, déclare venir de l'île de Cayenne, en la Guyane française, en 54 jours de traversée, après avoir été expédié de la dite île en parlementaire, ayant à bord 26 hommes d'équipage portugais et 189 pasagers militaires, y compris sept déportés aussi français, plus une dame et six enfants, tous provenant de la capitulation de Cayenne.

Déclare de plus avoir été visité par plusieurs divisions anglaises, par diverses hauteurs, et hier 10 courant ai été visité par deux frégates anglaises qui étaient mouillées sous *Hedic* et *Houat*.

Laquelle déclaration j'affirme avec vérité.

Rade de Mindin, le 11 juin 1809.

Signé : **ACACIO JOSE CORRÉO.**

(*Archives de la marine.*)

10 juillet 1809.

Police à maréchal duc de Conegliano, premier inspecteur général de la gendarmerie impériale.

Reçu la lettre que vous m'avez fait l'honneur de m'adresser le 4 de ce mois au sujet des individus déportés à Cayenne en l'an 12 et particulièrement des nommés Fournier et Sabatier. Je vous remercie de cette communication.

(*Archives nationales.*)

Voici la lettre du maréchal duc de Conegliano :

Le capitaine de la gendarmerie de la Charente-Inférieure, chargé en l'an 12 de la surveillance spéciale et de l'embarquement des individus condamnés à la déportation à Cayenne, m'adresse ses observations particulièrement à la rentrée en France de sept de ces individus (ainsi que l'annonce la *Gazette de France* du 20 juin dernier). Ayant été à portée d'étudier le caractère de ces hommes désignés, il les regarde comme très dangereux, particulièrement les nommés Fournier et Sabatier...

(*Archives nationales.*)

7 décembre 1809.

Chateau et Monroy, déportés revenus de Cayenne, sont demeurés à Nantes pour cause de dénuement et d'infirmités. Le premier, presque aveugle, désirerait retourner dans sa famille à Paris ou à Compiègne; le second sollicite la permission de se rendre à Montferrand (Puy-de-Dôme), tous deux des secours pour leur voyage. On propose 30 centimes par myriamètre et des passeports pour Compiègne et Montferrand, où ils demeureront en surveillance. (Approuvé.)

(*Archives nationales.*)

Ainsi se termina la déportation des républicains à Cayenne sous le premier empire.

Il nous reste à faire connaître les souffrances que la police impériale ne leur épargna pas après leur retour en France.

XV

LES DÉPORTÉS RENTRÉS

En 1809 donc, un certain nombre des républicains que le sénatus-consulte du 14 nivôse an IX avait dispersés aux îles Seychelles et à Cayenne étaient revenus en France à la suite des circonstances que nous venons de rapporter. Ils étaient en tout une vingtaine. Déportés des Seychelles et déportés de Cayenne vont se trouver de nouveau, comme avant leur départ, confondus dans les mêmes prisons.

Il ne fut pas pris, à proprement parler, de mesure d'ensemble contre ce petit groupe de proscrits; et il serait par conséquent assez difficile de raconter eur existence, à moins de donner le détail des évènements particuliers à chacun d'eux. Cependant on peut dire, d'une façon gé nérale, qu'ils furent tous astreints à des mesures de surveillance dont le caractère varia selon le plus ou moins de défiance que leur passé, leur nom ou leurs opinions inspiraient à la police impériale.

Nous allons pourtant essayer de les suivre, en prenant soin de ne pas empiéter sur ce qui serait du domaine de la biographie pure. On va pouvoir s'assurer que les mesures vexatoires auxquelles ils fu-

rent en butte ne cessèrent de peser sur
ces malheureux qu'après la chute de l'empire. Plusieurs étaient encore en prison
lorsque Bonaparte prit le chemin de l'île
d'Elbe.

Les documents que nous allons consulter sur cette phase des proscriptions impériales sont presque tous empruntés aux
dossiers des archives nationales.

La première pièce qui ait trait à notre
sujet est un rapport de police suivi d'une
note adressée à l'empereur. Cette pièce,
datée du 1er pluviôse an XIII, est relative
à quelques déportés, entre autres Vauversin, Lefranc et Sonnois, qui viennent de
rentrer en France à la suite de leur évasion de l'île d'Anjouan. Ils « ont été placés en surveillance à 40 lieues de Paris. »
Le ministre de la police propose que quelques déportés qui, à raison de circonstances diverses n'ont pas été embarqués,
soient également envoyés à 40 lieues de
Paris. L'empereur écrit en marge : « Les
envoyer en surveillance dans une petite
ville de 3,000 âmes, à plus de 60 lieues de
Paris. NAPOLÉON. » Cette décision devien-
dra la règle pour les déportés rentrés qui
tomberont successivement entre les mains
de la police.

Voici quelques documents relatifs aux
déportés revenus de Cayenne. Cette lettre
d'abord, empruntée aux archives de la
marine.

COLONIES

—

Bureau
d'économie politique
et du contentieux

Paris, le 15 juin 1809

—

Au ministre de la police

Monsieur, j'ai l'honneur d'informer V. E. que le commissaire principal de marine à Nantes a mis à la disposition du préfet de ce département sept déportés provenant de Cayenne, et arrivés à Paimbœuf sur un parlementaire Brésilien le 11 de ce mois. J'apprends que le préfet a donné ordre au sous-préfet de Paimbœuf de s'assurer de leurs personnes Les noms de ces déportés sont comme suit : Jean-Isaac Sabalier, général réformé; Juste Moroy, Joseph Chateau, Jean-Michel Briswin, Pierre Carret, Andre-Côme Bailly, Claude Fournier.

Recevez l'assurance, etc.

Puis des notes de police que nous trouvons dans les cartons des archives nationales.

Nous prions le lecteur de ne pas se montrer surpris des grossières injures que ces documents policiers déversent parfois sur les proscrits, injures qui ne salissent que la mémoire de ceux qui ont eu la lâcheté d'insulter des vaincus irréprochables par leurs mœurs et leur caractère : elles montrent simplement combien, même en 1809, au moment où l'empire semblait indestructible les agents, du gouvernement montraient de haine et d'achar-

nement contre les républicains : combien,
en réalité, on les craignait encore. L'in-
sulte du proscripteur est un hommage
rendu au proscrit :

1er arrondissement, 25 aoust 1809. — Déportés
de Cayenne. — Son Excellence a ordonné que
les déportés de Cayenne qu'on a supposés au
nombre de 23, et qui devaient retourner en
France, seraient mis en détention à mesure de
leur arrivée et y resteraient jusqu'à nouvel
ordre. Huit sont déjà arrivés, dont sept à Minden, ils sont détenus à Paimbœuf ; ce sont les
nommés Bailly, Brisvin, Carrette, Chateau,
Fournier, Monroy et Sabattier.

Les cinq premiers compris au sénatus consulte du 15 niv. an 9, le sixième, jugé à Vendôme et le dernier, frappé d'une décision du
gouvernement du mois de frimaire an XI.
Leurs réclamations réitérées prescrivent l'obligation de mettre sous les yeux de Son Excellence les notes fournies sur leur compte par
la 2e division :

Bailly (André-Antoine), de Chateaudun, sans
état, 37 ans, intrigant.

Brisvin (Jacque-Michel), de Chateau-Thierry,
opinions exagérées.

Fournier (dit l'Américain), né à Anzon, âgé
de 64 ans ; on l'accuse d'avoir participé à l'assassinat des prisonniers d'Orléans, à Versailles,
très délié et très intriguant.

Monroy (Juste), ouvrier, tranquille.

Sabathier, ex-général, arrêté à Toulouse ; haine
prononcée et violente contre le gouvernement,
grand parleur immoral, sans instruction.

Ce dernier et Bailly ont été signalés au préfet de la Loire-Inférieure comme de mauvais

sujets. Tous paraissent fort malheureux. Château est aveugle; les soins de sa famille lui sont devenus nécessaires. On doit joindre aux sept ci-dessus le sieur Vingtergnier, arrivé avec le sieur V. Hugues. Voici la note qui le concerne : « ex-adjudant commandant réformé; arrêté à Reims; propos injurieux contre le premier Consul; clameurs séditieuses aux spectacles; ivrogne. » Le mémoire qu'il a fourni et ses interrogatoires paraissent devoir maintenant le faire juger plus favorablement; il s'est bien comporté depuis son retour, et proteste de son attachement au gouvernement.... On invite Son Excellence à faire connaître ses intentions tant sur les sept, que sur Vingtergnier, qui est en surveillance à Morlaix, demande de l'emploi dans l'armée et attendra dans cette ville les ordres qui seront donnés à son égard.

En marge, le ministre écrit :

Les répartir dans divers départements éloignés de Paris et des côtes ; excepté Bailly et Sabattier qui garderont prison.

Demander à V. Hugues si Vingtergnier peut être employé.

Marine à police générale

Paris, 6 janvier 1812.

M. le duc, sur une des listes de débarquement qui m'ont été adressées de Morlaix, je trouve inscrits les sieurs *Nicolas* Niquille, âgé de 62 ans et François Barbier, âgé de 68 ans, tous deux instituteurs, provenant de l'isle de France, arrivés, le 24 novembre 1811, par le navire parlementaire *Orlando*, capitaine John Pyman de Portsmouth.

Ces deux individus étant du nombre de ceux qui furent déportés aux isles Seychelles en l'an IX, par ordre du gouvernement, pour y être mis en surveillance, j'ai cru devoir appeler l'attention de Votre Excellence sur leur retour, afin qu'elle prenne à leur égard les mesures qu'elle jugera convenables.

Jusqu'en 1813, on s'en tient à l'égard de la plupart des ex-déportés à des internements avec surveillance et, pour quelques-uns seulement, à des emprisonnements, mais à cette dernière époque, les défaites essuyées par l'empereur poussent à son paroxysme l'aigreur naturelle de son caractère ; il s'en prend à tout le monde de ses revers ; ces quinze ou vingt malheureux qu'il persécute depuis treize ans, lui reviennent tout à coup à la mémoire, il ordonne qu'ils soient tous recherchés sur le territoire, et envoyés, sans exception, à la prison de Pierre-Chatel.

J'ai retrouvé aux Archives nationales tout le dossier qui constate ce dernier acte de la tyrannie impériale contre les anciens déportés. Il donne une effroyable idée de ce régime policier que la France eut à subir alors ; les faits que nous allons raconter n'étonneront pas ceux qui savent que Bonaparte n'exerça jamais son pouvoir que par l'entremise de deux forces : une armée pour dominer à l'extérieur, une police pour tout avoir dans la main à l'intérieur. Ce fut en réalité sa conception de gouvernement. Il y avait bien aussi « les constitutions de l'empire », mais c'est là un instrument dont il usa peu.

Analysons le dernier dossier relatif aux déportés.

C'est d'abord une note de service ainsi conçue :

31 *juillet* 1813. — M. Pierron : où sont tous les déportés *rentrés*, du senatus-consulte du 14 nivose an IX ? Donnez-moi seulement leurs noms, avec l'indication du lieu où ils sont, d'après les dernières mesures les plus recentes (*sic*). — Faites cela très exact et complet, aujourd'hui. — Signé : DESMARETS (?)

Le même jour Pierron exécute le travail qui lui est demandé. Voici le résultat ; c'est un « état de situation au 31 juillet 1813 de tous les déportés rentrés du senatus-consulte de nivôse ».

En marge, un agent du ministère écrit :

Il doit être revenu plus de personnes. Vérifier au 1er arrondissement les états de débarquement lors du retour de la garnison de l'isle de France.

La pièce donne les renseignements qui suivent :

Bailly (André-Antoine-Cosme), à Châteaudun (Eure-et-Loir).

Barbier (Jean-François), à Dreux (Eure-et-Loir).

Brisvin (Jean-Michel), à Château-Thierry

(Loiret) (*sic*); à Orléans, décision de Son Excellence du 17 juin dernier.

Carette (Jean-Pierre), à Châlons-sur-Marne; à Meaux, décision de Son Excellence du 22 avril (ou août) dernier.

Chateau (Joseph), il est aveugle; aux Quinze-Vingts.

Fournier (Claude), à Auxerre (Yonne); avait été rayé comme détenu.

Jacquot-Villeneuve (Jacques-Chrysostôme), à Paris; renvoyé au dépôt de Villers-Cotterets.

Lefranc (Jean-Baptiste-Antoine), à Lunel (Hérault).

Michel (Etienne), à Paris; renvoyé par la dernière décision à... (non compris dans les listes; on ne sait où il est).

Monroy (Just), à Clermont-Ferrand (Puy-de-Dôme); n'est pas du sénatus-consulte.

Niquille (Jean), en Suisse (1).

Hugant-Vallery (Philippe), à Arles (Bouches-du-Rhône); n'est point du sénatus-consulte, à moins que ce ne soit Châteauneuf (2).

Saulnois (Charles), à Lunel.

Sabatier (Jean-Isaac), ex-général, à Verceil (Sesia); décision des 9 et 10 juillet; n'est point du sénatus-consulte.

Vingtergnier (Jean-Baptiste), ex-adjudant général, à Saint-Sulpice (Seine-et-Oise); n'est point du sénatus-consulte.

---

(1) Il y avait d'abord sur la pièce : *à Corbeil*, puis le mot a été effacé.

(2) Le policier ici commet une erreur. C'est en effet Châteauneuf, et il est, comme on sait, compris au sénatus-consulte. C'est un déporté revenu des Seychelles.

Vacret (Jean-Martin), à Dijon.

Sur les indications de la pièce qui précède et sur divers autres renseignements, on recherche les déportés :

6 août.

Police à commissaire général de police de Lyon et Marseille

Ordre de faire arrêter Michel, qui a un passeport du 16 juillet 1812 pour aller dans ces deux villes.

6 août 1813.

Police à préfet d'Eure-et-Loir

Ordre d'arrêter André-Ant.-Côme Bailly et Jean-François Barbier, revenus le 1er en 1807 après la capitulation de Cayenne, le 2e en 1811 après celle de l'isle de France. Ils doivent être dans votre département, Barbier à Dreux (1) et Bailly à Châteaudun.

La police fait connaître au gouvernement le résultat de ses recherches :

7 août 1813.

Police à prince archichancelier

J'ai l'honneur de rendre compte à Votre

---

(1) Le policier se trompe encore. Il confond avec un homonyme, un Barbier mort depuis longtemps au moment où il écrit.

Excellence qu'en exécution des ordres de l'empereur, j'ai ordonné l'arrestation de différents individus qui avaient été déportés, conformément aux dispositions du sénatus-consulte du 14 nivose an IX, et qui depuis étaient rentrés sur le territoire de l'empire. Ils doivent être conduits dans la prison de Pierre-Chatel, destinée à recevoir les condamnés à la déportation.

Pour éviter que les motifs de cette mesure ne fussent mal interprétés et le mauvais effet que dans ce cas elle aurait pu produire, j'ay fait connaître à MM. les préfets qu'elle n'avait pour objet que l'exécution d'une disposition qui jusqu'à présent n'avait point été révoquée ; je leur ai d'ailleurs recommandé de faire faire les arrestations et translations sans éclat.

Le 12 août 1813, le ministère de la police écrit au commandant de la prison de Pierre-Chatel qu'il lui envoie :

Onze individus qui, ayant été déportés en vertu du sénatus-consulte du 14 nivose an IX, sont depuis revenus en France. La mesure prononcée contre eux n'ayant point été jusqu'à présent révoquée, elle doit recevoir son exécution et, en attendant qu'ils puissent être déportés de nouveau, ils doivent être placés dans la maison destinée à recevoir les individus condamnés à la même peine, et écroués en exécution des dispositions du sénatus consulte qui a prononcé sur leur compte. Je vous adresse ci-joint leurs noms. Il convient que vous teniez cette mesure secrète. Vous m'informerez successivement de leur arrivée.

Le ministre prend une sage précaution en invitant le commandant de Pierre-Chatel à l'informer « successivement » de l'arrivée de chaque déporté. Il lui envoie, en effet, une liste de onze proscrits destinés à cette prison : Bailly (André-Antoine-Côme), — Barbier (Jean-François), — Caretté (Jean-Pierre), — Jacquot-Villeneuve, — Hugaut (Philippe-Valéry), — Brisvin (Jean-Michel), — Lefranc (Jean-Baptiste-Antoine), — Saulnois (Charles), — Vacret (Jean-Martin), — Niquille (Jean-Joseph-Nicolas), — Michel.

Mais à ce moment, il est loin de les tenir, et en voici la preuve :

Le 17 août, le ministre en est encore à écrire au préfet de Chartres, au sujet du déporté Bailly qui est dans la maison d'arrêt de cette ville; quant à Barbier, il le cherche, il a, comme nous le disons plus haut, cherché dans l'Eure-et-Loir un citoyen Barbier, mais celui-là est « mort depuis dix ans », il proscrit des recherches nouvelles dans le Jura, où il pense que se trouve celui qu'il veut arrêter. Le 20 août, il ne sait encore où se trouve le déporté Michel :

20 août 1813.

Note pour le préfet de police

Le ministre de la police est informé que le sieur Michel, compris dans le sénatus-consulte et qui avait obtenu en juillet 1812 la permission de se rendre à Lyon et à Marseille, n'a pas paru dans aucun de ces endroits. Le préfet de police est invité à s'assurer s'il n'est point dans la capitale, et dans ce cas à le faire arrêter et diriger sur Pierre-Chatel, conformément aux dispositions prescrites à l'égard des sieurs Jacquot Villeneuve et Jean-Michel Briswin, qui ont fait l'objet des lettre et note des 6 et 11 du courant.

À partir de septembre, le commandant de la prison commence à accuser réception de l'arrivée des déportés :

Prison d'État de Pierre-Chatel,
2 septembre 1813.

A ministre de la police

Le nommé Vacret (Jean-Martin)... est arrivé à Pierre-Châtel le 1er de ce mois, écroué le même jour... Plusieurs de ces condamnés à la déportation me chargent de réclamer près de Votre Excellence de ne point être confondus avec les autres qui sortent des bagnes pour avoir été repris de justice, n'ayant point subi de jugement qui les condamne à des peines afflictives et infamantes. — (*Signature illisible.*)

Paris, 11 septembre 1813.

Police à commandant du château de Pierre-Chatel

En m'annonçant, monsieur, par votre lettre du 2 courant, l'arrivée du sieur Vacret, vous me faites connaître que plusieurs des individus déportés en vertu du senatus-consulte du 14 nivose an 9, demandent à n'être pas confondus avec les autres détenus, condamnés par des jugements à des peines afflictives et infamantes. Vous pouvez placer ces prisonniers dans un local particulier, si vous en avez de disponible dans le chateau, et si vous pensez qu'ils puissent y être gardés avec les précautions qu'exigent leur sureté et votre responsabilité. Je dois cependant vous observer que ces détenus ne doivent point être considérés comme prisonniers d'Etat.

Qu'est-ce donc cependant qu'un homme condamné sans jugement à la peine de la déportation, à la suite de circonstances politiques, si ce n'est un « prisonnier d'Etat »? Mais on sait qu'une somme de trois francs par jour était alors attribuée pour la nourriture et l'entretien des prisonniers placés par le gouvernement dans cette catégorie spéciale, et c'est une dépense que le ministère de la police désire éviter :

29 septembre 1813.

Gouverneur de Pierre-Chatel à Police

Barbier (Jean-François) et Hugaut (Philippe-Valery) sont arrivés ici le 25 du courant et y ont été écroués.

Le 3 novembre 1813, le directeur de Pierre-Chatel adresse des notes et une liste des condamnés destinés à la déportation, actuellement à Pierre-Chatel. « Le nommé Saulnois (Charles)..... est arrivé aujourd'hui, 3 du courant, et a été écroué le même jour. »

Au reste, les déportés ne vont rester que peu de mois à Pierre-Chatel, l'arrivée des puissances alliées jette le désarroi dans les administrations. L'invasion menace Pierre-Chatel. On donne précipitamment l'ordre d'enlever les proscrits de cette prison et de les ramener dans l'intérieur, avant l'arrivée de l'ennemi.

L'ordre arriva donc d'extraire les proscrits de la prison de Pierre-Chatel et de les ramener dans une prison éloignée du périmètre des opérations militaires.

Le voyage s'effectua, en plein hiver, dans les conditions terribles que l'on devine, à travers le pays envahi, par les routes sillonnées de soldats débandés et de paysans en fuite. Le jacobin Ève Demaillot qui passa en prison à peu près toutes les années que régna l'empereur, a fait de cette funèbre odyssée un récit que nous empruntons à son ouvrage : *Tableau des prisonniers d'État sous le règne de Bonaparte.*

Dans le courant de janvier dernier (1814), trois cents prisonniers d'État, détenus à Pierre-Chatel, furent embarqués dans des bateaux à l'approche des Autrichiens, par les ordres de la haute police. Conduits à Lyon, au refus que l'on fit de les recevoir, ils passèrent la nuit dans ces sentines, ayant de l'eau jusqu'à mi-jam'e, sans aucune nourriture, et par le froid le plus excessif. Le lendemain, on les conduisit à Valence, où ils éprouvèrent le même refus qu'à Lyon, et arrivèrent enfin au Pont-Saint-Esprit, où on les débarqua dans un état affreux. Aussitôt on les fait partir pour Nimes, où ils ne furent pas encore reçus. Alors on les contraignit de marcher, sans les moindres secours, à travers les montagnes des Cévennes, qu'ils traversèrent, ayant de la neige jusqu'à la ceinture. Ils étaient quelquefois trois jours sans pouvoir se procurer un morceau de pain. Dix-huit d'entre eux ne purent supporter les rigueurs du froid, de la fatigue et de la faim, et moururent en route. Ceux qui purent y résister parvinrent enfin jusqu'à Riom, en Auvergne, où ils furent parfaitement reçus par le concierge de la prison, homme aussi humain que compatissa t.

Mais ce que l'on aura peine à croire, c'est que, dans le nombre de ces infortunés qui se sont sauvés, se trouvait le nommé Valeri Hugot, aveugle depuis quatorze ans, ayant perdu la vue aux îles Seychelles. Il n'était revenu en Europe qu'après la prise de l'île de France... ainsi que quatre de ses compagnons. Ces derniers conduisaient alternativement ce bon aveugle par la main. Un d'eux, nommé Barbier, ne pouvant plus résister à la fatigue, expira dans les Cévennes.

Une souffrance dont ne parle pas Eve Demaillot, ce fut, pour les prisonniers d'État, d'être confondus avec un certain nombre de condamnés de droit commun. Ceux des déportés dont je trouve des notes dans les dossiers des archives nationales, signalent tous la honteuse promiscuité à laquelle on les soumit avec des criminels ; nous citerons particulièrement, sur ce point, les lettres du déporté Vacret. En voici une adressée à Mme Tissot, petite rue de Reuilli, n° 12, faubourg Saint-Antoine ; elle est datée du 24 février 1814, « de la maison de justice de Riom, département du Puy-de-Dôme ».

Madame, l'intérêt que vous avez toujours porté aux malheurs sans nombre dont je suis accablé depuis longtemps, m'engage à vous faire part du dernier coup du sort, qui est plus terrible pour moi que tout ce que j'ai souffert jusqu'à cette époque. Persuadé que votre âme sensible fera tout ce qui sera possible pour obtenir ma liberté, ou du moins à adoucir ma position.

Nous sommes partis de Pierre-Chatel le 13 janvier, d'après l'ordre de Son Excellence le ministre de la police pour nous transférer à Riom. Notre départ a été si précipité que le commandant de la gendarmerie n'a eu qu'une simple liste nominative des individus, sans désignation des délits, ni acceptions de personnes, ce qui fait que nous avons été confondus avec toutes sortes de personnes condamnées par jugements ; enfin avec un certain nombre d'hommes méprisables sous tous les rapports, ce qui est on ne peut plus avilissant pour l'homme honnête qui n'a rien à se reprocher.

Arrivés à Lion, après avoir passé 3 jours et 3 nuits sur le Rhône, dans des bateaux découverts, à l'injure du tems, nous avons réclamé auprès de M. Chaptal, mais la situation critique où se trouvait cette ville fit que nous n'avons point eu de réponse, et que ce sénateur, changeant notre route, nous fit partir pour Valence sur les mêmes bateaux que nous étions venus. Arrivés en cette ville, mêmes réclamations auprès du général Augereau, nouvel ordre de nous transférer à Nismes. De Nismes, nouvel ordre pour aller à Mende, où nous sommes arrivés après avoir traversé des montagnes énormes, où il y avait 3 à 4 pieds de neige. Plusieurs du convoy sont péris dans cette affreuse route, et sans les secours que nous ont prodigués les autorités et les habitants de cette ville, la moitié d'entre nous seraient morts de misère. Enfin, après 41 jours de marche, nous sommes arrivés à Riom. Je vous prie, madame, de faire part de ma lettre à M. Tissot. J'ai adressé une pétition au ministre de la police, une à M. Pelet de la Lozère, je désire qu'il les appuie s'il est possible, ou enfin qu'il tâche de me recommander auprès de M. Chaptal, afin que nous ne soyons pas confondus avec les coupables et qu'on nous assure l'existence. J'espère de votre âme sensible que vous ne m'oublierez pas dans mon infortune. J'ai l'honneur d'être, avec estime et reconnaissance, votre serviteur. — VACRET.

Voici quelques passages d'une pétition adressée de Mende (Lozère), par les déportés Hugot, Sonnois, Vacret, et Caretté. On remarquera cette fois encore que les proscrits se plaignent surtout d'avoir été mêlés à des condamnés de droit commun :

..... Nous avons resté dans la colonie jusqu'à la prise de l'isle de France, n'ayant point voulu prêter de serment de fidélité au roy Georges, et forts de notre innocence, nous sommes revenus en France avec des attestations honorables de notre bonne conduite à nous délivrées par les autorités sous lesquelles nous étions en surveillance... A Pierre-Chatel, vous eûtes la bonté d'ordonner au commandant de cette maison de ne pas nous confondre avec les autres prisonniers condamnés par jugement.

Cependant, par notre transfération précipitée de Pierre-Châtel à Rioms, nous avons eu la douleur de nous voir conduits pendant une longue et pénible route avec toutes sortes de prisonniers... De cinq que nous étions, compris dans la même mesure, un, âgé de 71 ans, est resté très malade à Nîmes; des quatre autres, un a 66 ans, un est aveugle depuis 11 ans, etc. (La pièce paraît être de l'écr.ture de Vacret.)

Cependant l'empire est tombé, un gouvernement provisoire le remplace. Le 20 avril 1814, le « commissaire provisoire chargé de la police générale de France » reçoit le rapport que voici :

Le gouvernement provisoire nous a fait le renvoi d'une pétition qui lui a été adressée par l'épouse du sieur Niquille, détenu à Corbeil, par mesure de haute police, avec invitation d'y statuer ainsi qu'il appartiendra.

Le sieur Niquille, ancien inspecteur de police, est un des individus qui avaient été dé-

portés en vertu du sénatus-consulte du 3 nivôse an IX.

Les excès auxquels on les accusait de s'être
portés pendant la révolution avaient motivé
cette mesure.

Mais Niquille n'est pas le seul de ces déportés qui soit détenu en France.

Il y en a six autres qui se trouvent absolument dans la même catégorie et qu'il parait
de toute justice de comprendre dans le présent
rapport. Ce sont les nommés :

Lefranc, architecte, détenu à Angoulème;
Barbier, ancien employé au bureau de la
guerre;
Carrette, perruquier;
Vallery-Hugaut, propriétaire;
Saulnoy, ex-employé au département de la
Côte-d'Or,
Et Vacret, marchand bonnetier.

Les cinq derniers, qui étaient détenus à
Pierre-Chatel, ont été, lors de l'évacuation de
cette prison, transférés dans l'intérieur.

Lefranc et Saulnoy étaient revenus ensemble
de l'île Seychelle en 1804.

Carrette et Vallery Hugaut se trouvaient à
Cayenne (1) lorsque cette isle fut prise par les
Anglais; ils ne voulurent pas prêter serment
de fidélité au gouvernement anglais et revinrent en France, en juin 1809, sur le parlementaire qui ramenait la garnison française.

Niquille, Barbier et Vacret sont revenus en
novembre 1811 (avec plusieurs autres déportés

---

(1) Le rapport commet une erreur. Hugot
était aux Seychelles.

morts depuis) sur le parlementaire *l'Orlando*, venant de l'isle de France.

L'ancien gouvernement, sur des rapports spéciaux qui lui furent successivement fournis, avait autorisé le séjour en France de ces déportés et leur envoi en surveillance dans diverses communes. Il avait même ordonné qu'on leur donnerait des secours.

Aucune plainte ne s'était élevée contre eux, lorsqu'en août 1813 Napoléon, qui était alors à la tête de l'armée, envoya ordre d'arrêter *par mesure de prévoyance* ces déportés, avec injonction de les envoyer à Pierre-Chatel. Les préfets dans l'arrondissement duquel ces individus étaient en surveillance attestèrent leur bonne conduite et firent des représentations en leur faveur, mais elles furent inutiles.

Barbier, Carrette, Vallery Hugaut, Saulnoy et Vacret furent seuls conduits à Pierre-Chatel.

Niquelle et Legrand (1) furent bien arrêtés, mais leur état de maladie ne permit pas de les envoyer dans cette prison.

Quels qu'aient pu être les torts de ces sept ndividus antérieurement à leur déportation, leur séjour en France ayant été autorisé, et n'ayant pas donné lieu par leur conduite ultérieure à la mesure qui avait été prise contre eux, il paraît de toute justice de faire cesser leur détention.

Et comme le sieur Niquille, qui est âgé de 68 ans, avait précédemment un établissement à Paris, et que sa femme y demeure, on pense qu'il peut être autorisé à y revenir.

Quant aux six autres, on estime qu'il con-

(1) C'est *Lefranc* que le rapport veut dire.

vient d'ajourner pendant quelque temps leur retour à Paris, et de les envoyer en surveillance dans les communes qu'ils désigneront, sauf à les rappeler quand on le jugera convenable.

Si M. le commissaire juge à propos d'adopter la proposition qu'on lui soumet il a ci-joint la lettre nécessaire.

La pièce que l'on vient de lire est en effet accompagnée d'une lettre adressée « à S. A. S. Mgr le prince de Bénévent, président du conseil d'État provisoire », qui ne nous apprendrait rien de nouveau. Les conclusions du rapport sont immédiatement adoptées et, le jour même (20 avril), des lettres envoyées par le ministre de la police aux préfets annoncent la mise en liberté (toujours à charge de surveillance) des déportés.

Paris, 20 avril.

Police à préfet de l'Ain

Je vous préviens qu'en conséquence de l'autorisation qui m'en a été donnée par le gouvernement provisoire, j'ai ordonné la mise en liberté des sieurs J.-Fr. Barbier, J.-Pierre Carette, Philippe-Vallery Hugaut, Ch. Saulnoy et J.-Martin Vacret, qui tous cinq avaient été conduits à Pierre-Châtel dans les derniers mois de 1813.

J'ignore si, lorsqu'on a évacué cette prison, ils ont été envoyés, soit à Bourg, soit à Belley, ou s'ils ont fait partie des condamnés à la déportation qui avaient dû d'abord être dirigés sur Riom et sur Limoges, mais qui, d'après de nouvelles dispositions, ont dû être conduits à Valence, et j'écris à ce sujet à M. le préfet de la Drôme. Dans le cas où ces cinq individus seraient encore détenus dans votre département, je vous invite à les mettre en liberté...

Le ministre recommande de leur délivrer des passeports pour la ville où ils voudront vivre en surveillance « excepté Paris ».

Une lettre semblable est adressée au préfet de la Drôme.

Mais le lecteur sait par les pièces précédentes que les déportés n'étaient alors ni dans l'Ain ni dans la Drôme, mais bien dans le Puy-de-Dôme ; aussi, le 28 avril 1814, le préfet de la Drôme, qui emploie du papier à lettres dont l'en-tête imprimée porte : « Le préfet de la Drôme, baron de l'empire », mais qui, à la plume, s'empresse de biffer les mots : *de l'empire*, tout en gardant la baronnie, répond-il en ces termes au commissaire provisoire pour le ministère de la police :

Je reçois la lettre que vous m'avez fait l'honneur de m'écrire le 20 de ce mois pour la mise en liberté des sieurs Jean François Barbier, Jean-Pierre Carette, Philippe Vallery Hugaut, Charles Saulnoy et Jean-Martin Vacret, qui faisaient partie des détenus de Pierre-Chatel qui furent amenés à Valence en janvier dernier. Je ne puis, en réponse, que me référer au compte que j'ai précédemment rendu au ministère de la police générale les 17 et 21 janvier et le 1ᵉʳ mars, de la translation immédiate à Nîmes ordonnée par M. le maréchal duc de Castiglione, commandant l'armée de Lyon, qui se trouvait ici à cette époque, de tous les détenus évacués de Pierre-Châtel. Je crois même qu'ils ne sont pas restés à Nîmes, qu'on les a envoyés dans le département des Bouches-du-Rhône, pourtant sans en être bien certain. (En marge : On a écrit au préfet du Puy-de-Dôme, où ils sont détenus.)

Quant au préfet du Puy-de-Dôme, il transmet à la police, le 25 avril 1814, une nouvelle pétition des déportés au nombre de quatre, détenus dans la maison de justice de Riom, et qui, fait-il remarquer, soutiennent que leur détention est injuste et illégale :

Ma correspondance relative à ces individus ne contient à leur égard aucun détail, et la gendarmerie... n'a dans ses mains qu'une simple réquisition en tête de laquelle se trouve leur liste nominative.

En marge :

On les croyait détenus à Valence, on avait, en ce sens, écrit le 20 avril au préfet de la Drôme, pour les faire mettre en liberté. En prévenir le préfet du Puy-de-Dôme, le prier de les faire mettre en liberté, et de leur délivrer un passeport pour les lieux où ils voudront se rendre, Paris excepté, où ils seraient surveillés jusqu'à nouvel ordre.

Citons un passage de la pétition :

... Le 13 aoust dernier ils furent enlevés par mesure de haute police et conduits comme prisonniers d'Etat à Pierre-Chatel, ils y restèrent jusqu'au 13 janvier, où l'approche de l'ennemi les fit transférer de nouveau à Riom en Auvergne ; ils ont été envoyés à cette dernière destination sur une simple liste de noms, sans aucune désignation et injustement confondus avec toutes sortes de prisonniers condamnés par jugements, de la manière la plus vexatoire et la plus avilissante qu'on puisse imaginer...

Signé : Vacret, Carretté, Vacret pour Huguot aveugle, Sonnois (de la maison de justice de Riom, ce 18 avril 1814.) (La pièce est de l'écriture de Vacret.)

Le ministère de la police n'expédia que le 5 mai 1814 l'ordre de mise en liberté avec surveillance.

Le 17 mai 1814, nous trouvons cette note du « secrétaire général de la direction générale de la police du royaume » concernant Vacret, Carretté, Sonnois et Hugot :

Les trois premiers ont été envoyés en surveillance : Vacret et Carretté à Versailles, et Saulnois à Lunel, lieux où ils résidaient avant leur arrestation.

Valery-Huguot, devenu aveugle, est resté en surveillance à Riom.

Enfin, le 18 mai 1814, on envoie au préfet de la Lozère, à Mende, l'ordre de mettre en liberté Barbier (Jean-François), ex-employé au ministère de la guerre, et de lui délivrer un passe-port pour le lieu qu'il aura choisi, excepté Paris.

Ce n'est qu'un peu plus tard que le nouveau gouvernement se décida à lever la surveillance et à laisser les déportés en état de liberté définitive. Cela se fit par mesures individuelles, et sans prendre la forme d'un arrêté gouvernemental.

XVI

LES DÉPORTÉS NOIRS

Le consulat et l'empire ne se contentèrent pas d'envoyer aux colonies des déportés habitant la métropole ; il y eut aussi des citoyens des colonies déportés en France. L'histoire que nous avons notée des républicains de la Guadeloupe amenés en France puis dirigés sur Cayenne, est un exemple de ce que nous avançons. -

A ce titre, un récit des déportations consulaires et impériales ne saurait omettre la grande déportation des hommes de couleur, déportation qui paraît avoir porté sur plusieurs milliers d'individus, (nègres ou mulâtres) appartenant pour la plupart aux colonies de la Guadeloupe et surtout de Saint-Domingue.

Les personnages les plus importants que nous voyons figurer dans cette proscription sont le général Toussaint-Louverture qui fut enfermé au fort de Joux et qui y mourut; la famille de ce noir célèbre, qui pendant toute la durée de l'empire fut placée en surveillance dans une ville du midi de la France, et enfin le nègre Annecy, qui, après avoir siégé dans les assemblées nationales sous la Révolution (il fut notamment sous le Directoire membre du conseil des anciens et secrétaire de cette assemblée) passa de longues années au bagne de Porto-Ferrajo (île d'Elbe).

Mais nous étendre sur le sort qui fut infligé à chacun de ces hommes serait empiéter sur le terrain de la biographie pure et nous devons nous borner à faire connaître les pièces (celles qui sont tombées sous nos yeux font toutes partie du dépôt d'archives du ministère de la marine) qui fixeront les grandes lignes de l'histoire de la déportation des hommes de couleur.

D'une façon générale nous devons dire d'abord que les condamnés de cette catégorie furent amenés en France des colonies, enfermés d'abord à Pontanezen, puis, sauf quelques exceptions, confinés dans l'île d'Elbe où un bagne spécial fut créé à leur intention, à Porto-Ferrajo.

Un autre bagne fut créé en Corse, pour remplir le même objet.

C'est le 8 thermidor an X que le gouvernement décide que les noirs déportés des colonies pour être tenus aux fers seront d'après la demande du ministre, employés aux travaux publics.

A ce moment, le nombre des noirs et des mulâtres renvoyés en France par les autorités coloniales est déjà considérable. Sur les listes dressées à cette occasion, nous voyons même figurer quelques blancs, officiers de l'armée pour la plupart. On avait essayé d'en déporter directement un certain nombre de Saint-Domingue à Cayenne; mais on dut renoncer à ce procédé parce que l'arrivée dans la Guyane de ces condamnés avait été vue avec inquiétude par les colons esclavagistes.

Citons à ce propos quelques passages d'une pétition du 21 thermidor an X, remise au premier consul par le citoyen Barthélemy, sénateur :

... Hier, 20 thermidor, est entrée dans le port de Cayenne la corvette de l'Etat *la Nathalie*, avec ordre de jeter sur notre sol... dix-huit noirs de Saint-Domingue; leurs noms et la précaution de les tenir enchaînés de la tête aux pieds désignent assez ces hommes antropophages qui ont tenté d'ensevelir l'autorité de la métropole dans le sang français... Tel est le funeste présent que la Guyane vient de recevoir de Saint-Domingue, et si une colonie, rassurée par la présence d'une armée et d'une escadre, n'a pas cru devoir conserver dans son sein des individus qu'elle juge dangereux à son établissement, quelle crainte ne doit pas éprouver celle-ci, privée de pareils moyens de protection !...

Les doléances continuent ainsi assez longuement : les noirs délivreront les prisonniers ; il y aura des incendies, etc., etc. Cette pétition est suivie d'une vingtaine de signatures ; la lettre d'envoi est du citoyen Franconie.

Le gouverneur de Cayenne parle dans le même sens :

Cayenne, 22 thermidor an 10.

V. *Hugues à ministre de la marine*

La corvette *la Nathalie* est arrivée à Cayenne le 20 de ce mois, du cap Français, ayant à son bord 17 noirs et 3 blancs envoyés dans cette colonie, en vertu des ordres du général Leclerc. En m'annonçant que cette mesure lui a été prescrite par les instructions du gouvernement français, il me désigne ces hommes qui faisaient partie de l'état-major de Toussaint comme des brigands couverts de tous les genres de crimes dont Saint-Domingue a été le théâtre pendant douze ans et devant être traités avec la plus grande rigueur.

Vous concevrez facilement, citoyen ministre, combien a été pénible le sentiment que j'ai éprouvé à l'arrivée de ces brigands..... Si nous recevons ici des éléments de discorde et de désorganisation, si de pareils actes se multiplient, aucune puissance humaine ne pourrait préserver la Guyane des malheurs auxquels elle a échappé jusqu'à ce jour.....

Déjà le gouvernement a déporté à Cayenne

des hommes de la Guadeloupe dont je n'ai pas à me plaindre jusqu'à ce jour, mais parmi lesquels il existe quelques hommes de couleur, qui, je n'en doute pas, partagent la manière de voir de ceux qui ont conduit la rébellion de la Guadeloupe, et que je suis obligé de faire surveiller attentivement. On nous envoye aujourd'hui les brigands et les assassins que Toussaint traînait à sa suite ; des hommes accoutumés à s'abreuver du sang européen, et dans le cœur desquels le souvenir de leurs brigandages passés et de leur défaite récente doit augmenter l'audace et le désespoir. N'est-ce pas introduire la peste dans un pays à l'abri de ce fléau? Si des raisons de politique n'ont pas permis de livrer ces brigands au glaive de la loi, ne pouvait-on pas leur assigner une place dans les prisons ou dans les bagnes de France, où ils auraient été réduits à l'impossibilité de nuire?..

J'ai pris à l'égard des hommes qui m'ont été envoyés par le général Leclerc toutes les mesures que la prudence me prescrivait. Je les ai relégués sur un islet séparé de Cayenne par une distance d'une lieue. J'emploierai tous les moyens nécessaires pour qu'ils n'aient aucune communication avec la colonie, et j'ai établi sur l'islet où ils sont détenus un poste d'hommes sûrs, chargés d'observer la surveillance la plus grande sur leur conduite; mais je soumets à votre sagesse la nécessité d'en purger une colonie pour laquelle ils seront toujours un sujet d'inquiétude, et, sous ce rapport, je recevrais avec bien de la satisfaction un ordre de votre part qui leur assignerait une autre destination.

Disons tout de suite que la terreur des

colons de Cayenne s'explique amplement.
Il ne faut pas oublier que, foulant aux
pieds le décret d'abolition de l'esclavage,
le gouvernement de Bonaparte commit le
crime de rétablir l'ancien état de choses.
Et ce ne sont pas cette fois de malheureux
nègres non civilisés que les traitants prennent sur la côte d'Afrique pour les porter
aux colonies, ce sont des hommes dont le
décret libérateur de la Convention a fait
des citoyens français, des hommes qui
depuis de longues années déjà ont porté
l'uniforme national, fait acte d'électeur,
que les ordres de Bonaparte renvoient à
ours anciens propriétaires, replacent
brutalement dans les plantations, sous le
fouet des commandeurs; ces esclaves
savent que la loi française les proclame
libres; ils savent qu'ils ne sont ramenés
à l'esclavage qu'en vertu d'un scandaleux
abus de la force. Dans ces conditions il
est trop naturel que la vue des officiers de
Toussaint Louverture paraisse dangereuse
aux colons, et que ces derniers tiennent à
préserver leurs esclaves de tout contact
avec les insurgés noirs de Saint-Domingue
et de la Guadeloupe.

Le 10 brumaire an XI, Victor Hugues
annonce en ces termes au ministre de la
marine les mesures qu'il a prises contre
les quelques noirs de Saint-Domingue
dont il a la garde :

J'ai fait embarquer à bord de la flutte *le*

Rhinocéros les 16 noirs formant l'état-major de Toussaint, qui m'avaient été envoyés par le général Leclerc. Ces hommes, toujours aux fers, occupent une garnison, occasionnent des dépenses, et donnent beaucoup d'inquiétude aux habitans, surtout dans ce moment. J'engage l'amiral Villaret à s'en débarrasser en les faisant jetter à la côte ferme, où un grand nombre d'autres ont déjà été, ou bien, ils iront en France, où on les mettra en sureté. l y en a dans le nombre de très instruits. Je vous ai déjà écrit à leur sujet. J'ai ordonné au citoyen Jourdanet, commandant le *Rhinocéros*, de les tenir aux fers et aux ordres du général Villaret, seulement. J'y ai joint un mulâtre, nommé Berne, qui est à peu près de leur trempe, il a été déporté de France ici; il avait été fait officier à la Martinique par le général Rochambeau et a commis des meurtres sur les blancs, à la Martinique et à la Guadeloupe.

Cependant le nombre des noirs et mulâtres amenés en France augmente rapidement; le dépôt de Pontanezen en est encombré, il en est venu par la frégate *la Cocarde*, par le *Foudroyant*, par le vaisseau *l'Union* par la *Comète*, par les frégates la *Volontaire*, la *Romaine*, par *la Flûte*, la *Salamandre*, etc.; le gouvernement presse l'envoi de ces malheureux dans les bagnes de Corse et de l'île d'Elbe:

Paris, le 22 fructidor an X.

Marine à préfet maritime à Brest
(Pour lui seul)

J'ai pris les ordres du gouvernement, citoyen préfet, sur la destination d'une partie des noirs renvoyés de Saint-Domingue sur le vaisseau *le Foudroyant* ; et il a été décidé que tous ceux compris sur la liste ci-jointe, seraient transférés à Ajaccio ; le citoyen Miot, administrateur général de la Corse est prévenu des mesures qu'il doit prendre à l'égard de ces individus.

Vous remarquerez, citoyen préfet, que la liste ci-jointe n'est qu'un extrait de celle que vous m'aviez fait passer le 9 de ce mois, et qui était émargée des notes recueillies sur le compte de ces noirs.

Je vous invite à les faire détenir sous bonne et sûre garde, jusqu'à ce qu'une occasion se présente de les transporter soit à Ajaccio directement, soit à Toulon, d'où ils seraient ensuite expédiés en Corse. Il sera possible d'embarquer ces noirs sur un des bâtiments qui passeront dans la Méditerranée; mais si ce mouvement était trop retardé, et que vous trouvassiez un moyen plus prompt d'effectuer leur translation, je vous autorise à l'employer; cependant, comme il ne se fait que très rarement des expéditions dire tes de Brest pour la Méditerranée, je compte peu sur cette ressource, et d'ailleurs il faudrait que vous prissiez alors des précautions particulières pour prévenir toute insurrection de la plupart de ces noirs.

Il conviendra toujours que vous fassiez remettre au commandant du bâtiment qui portera ces noirs une liste indicative de leurs signalements,

Paris, 22 brumaire an XI.

Marine à préfet maritime à Brest

J'ai reçu, citoyen préfet, votre lettre du 6 de ce mois, par laquelle vous m'informez de l'arrivée à Brest des frégates *la Volontaire*, *la Romaine* et de la flute *la Salamandre*, arrivant de New-York, et à bord desquelles se trouvent environ 800 noirs que le général Richepanse avait cru devoir éloigner de la Guadeloupe.

Vous aurez jugé, par les dispositions que je vous ai notifiées, le 8 de ce mois, sous le timbre colonies, que tous les noirs déportés des colonies doivent être transférés en Corse ; elles s'appliquent à ceux qui viennent d'arriver à Brest ; et il est à désirer qu'ils suivent le plus tôt possible leur destination ; et sans doute vous vous serez déjà occupé des moyens de pourvoir à cette expédition.

Si les frégates *la Volontaire* et *la Romaine* ont besoin de longues réparations, si même vous pensez qu'eu égard aux maladies qui ont eu lieu à bord, la prudence conseille de les faire rentrer dans le port pour y être lavées et complètement fumigées, alors vous voudrez bien les faire désarmer, et les noirs seraient répartis sur les frégates *la Revanche* et *l'Uranie* que je vous ai autorisé le 12 de ce mois à faire passer de Brest à Toulon ; ces frégates embarqueraient entre deux à trois mois de vivres de campagne pour les équipages, deux mois de vivres pour les noirs passagers qui devraient être conduits directement à Saint-Florent, afin d'éviter un second transport de Toulon en Corse ; ainsi les deux frégates ne devraient débarquer les noirs en ce port que si les vents ne leur permettaient pas de gagner la Corse.

La partie de vivres qui ne serait pas consommée sur les deux mois embarqués serait laissée à terre, et mise à la disposition du syndic des marins et de l'administrateur municipal.

Le ministre de l'intérieur va pourvoir aux besoins des noirs transférés en Corse, mais provisoirement la marine doit contribuer aux premiers secours que cet établissement exige.

Comme le bagne qui doit être formé à Ajaccio n'est destiné qu'à recevoir les noirs déjà désignés comme malfaiteurs, et ceux qui commettraient ultérieurement des délits en Corse, je vous prie de vouloir bien recueillir toutes les notes que vous pourrez sur les noirs provenant de la Guadeloupe, de me les adresser sous le timbre des colonies, et d'en remettre une copie aux commandants des frégates pour qu'ils puissent les communiquer aux administrateurs de la Corse, qui règleront sur ces informations le degré de surveillance à exercer sur ces individus, et l'espèce de travaux auxquels il conviendra de les destiner.

Vous remarquerez, citoyen préfet, que je ne vous ai point désigné la flûte *la Salamandre* pour le transport de ces noirs; elle peut être fort utilement employée au versement des approvisionnements, et vous voudrez en conséquence la retenir à Brest.

Le vaisseau *le Saint-Genaro*, arrivé de la Havanne à Lorient, va passer à Toulon, et vous pourriez vous concerter sur le champ avec le préfet de Lorient, si vous avez les moyens d'envoyer promptement une partie de ces noirs en ce port où ils seraient embarqués sur le *Saint-*

Genaro et conduits alors directement à Toulon. Cette disposition qui serait pressée, parce que ce vaisseau ne doit pas tarder à appareiller, ne doit cependant avoir lieu qu'autant que les 2 frégates ne pourraient embarquer la totalité des noirs qui sont à Brest, et que leur départ devrait éprouver des retards. Je n'ai pas besoin de vous dire que vous pourrez expédier isolément ces 2 batiments, et à mesure qu'ils seront prets.

P. S. — Je présume encore que les noirs pourraient être embarqués sur la division Bedout moyennant une déviation qu'il faudra cependant éviter s'il est possible.

Des noirs ont également été débarqués à Rochefort. De là ces quelques lettres :

Rochefort, 15 nivôse an XI.

Préfet maritime à Marine

Citoyen ministre,

La corvette *le Mohawk*, commandée par le lieutenant de vaisseau Ganteaume, est arrivée en rade de l'île d'Aix le 10 de ce mois, venant de Saint-Domingue après cinquante-neuf jours de traversée...

Le citoyen Ganteaume... m'annonce également avoir à son bord des officiers supérieurs noirs et mulâtres, ainsi que douze nègres mauvais sujets, qu'on a voulu éloigner de la colonie. Je n'ai encore vu aucun ordre qui concerne ces nègres ; mais mon intention est de les envoyer à Toulon par la *Nourrice* qui partira au premier vent favorable. Veuillez me répondre le plutôt possible à leur égard ; il est probable que le vent contraire retiendra cette flûte assez de temps pour que je puisse recevoir vos ordres.

Salut et respect,

MARTIN.

Rochefort, 17 nivôse an XI.

Idem à idem

..... Je vous remets ci-joint les listes des passagers que ce bâtiment (le *Mohawk*) a apporté de Saint-Domingue; mon intention est toujours de faire embarquer les nègres et mulâtres sur la *Nourrice*, pour les envoyer à Toulon. Cette flûte est maintenant en rade, où elle attend que les vents lui permettent de partir.....

Rochefort, 20 nivôse an XI.

Idem à idem

Que ferai-je des déportés des colonies envoyés à Bayonne par le capitaine Henry? Je donne des ordres pour leur mise en prison en attendant votre réponse.

Nous pourrions multiplier ces extraits de la correspondance ministérielle; mais cela ne présenterait qu'un intérêt assez médiocre: les envois de navires chargés de déportés noirs se succèdent sans donner lieu à aucun incident digne d'être noté.

Dans les premiers mois de l'an XI, le ministre prend différentes décisions à l'égard de ces malheureux; beaucoup d'entre eux sont enrégimentés dans un corps auquel on donne le nom de « chasseurs africains »; on forme le projet de les envoyer guerroyer aux Indes. Il est même question (lettre du 1er pluviôse an XI) d'en embarquer 600 sur des bâtiments qui seront escortés par le brick *le Bélier* (ce même *Bélier* qui vient de transporter à Aujouan les déportés des Seychelles) et de les expédier à Pondichéry. Nous ne pouvons dire si ce projet reçut une exécution définitive.

Vers la même époque, le préfet maritime de Brest reçoit l'ordre de distinguer en plusieurs catégories les noirs entassés dans le dépôt de Pontanezen. Ceux d'entre ces noirs qui seront reconnus être en possession d'un métier manuel utile à la marine seront conservés à Brest et employés aux travaux du port. Il s'en trouva une centaine dans ce cas. Les autres devaient être soit versés dans les « chasseurs africains » dont nous venons de parler, soit envoyés aux bagnes de Corse et de l'île d'Elbe, où le travail forcé consista à faire des travaux de terrassement sous la direction du génie.

Le 5 floréal an XI, ceux des noirs qui ont été enrégimentés dans le corps des chasseurs africains sont « mis à la disposition du général commandant dans le Finistère ». Nous ne savons ce qu'ils deviennent ensuite.

Le 20 floréal an XI, la frégate *l'Incor-*

17

ruptible arrive on rade de Toulon ; elle a, dit une lettre du capitaine, été chargée d'opérer « la déportation de tous les noirs et hommes de couleur qui ont fait partie de l'ancienne force armée de la Guadeloupe ». Ces noirs avaient été d'abord conduits à Ajaccio, où, « par l'effet des dispositions sanitaires, on n'a pas voulu recevoir les nègres ».

Voici quelques lettres qui donnent certains détails sur l'état des choses dans le bagne de l'île d'Elbe et sur deux des personnages les plus marquants parmi les déportés : les nègres Annecy et Deruisseau :

Marine à guerre

5e jour complémentaire, an XI.

Il existe à l'île d'Elbe, citoyen ministre, vingt nègres qui y ont été déportés de Saint-Domingue comme *incendiaires*, à l'exception d'un seul nommé *Annecy*, ex-député à la Convention nationale, et qui ne se trouve noté par le capitaine gouverneur Leclerc que comme moteur de l'insurrection par ses discours...

J'ai pris les ordres du gouvernement. Son intention est qu'ils continuent d'être employés au service du génie... Mis à votre disposition, ils ne doivent pas être traités comme des forçats, condamnés par jugement, mais seulement être surveillés de manière à prévenir leur évasion... Le nègre Annecy, sans être excepté de ces dispositions, a paru susceptible, à raison des fonctions qu'il a remplies, de jouir d'une prestation pécuniaire de 40 francs

par mois et c'est ainsi que le gouvernement en
a décidé...

Annecy ayant plusieurs fois réclamé
contre sa déportation, le ministre de la
marine écrit au ministre de la police générale (20 floréal an XIII).

... Le gouvernement décida qu'ils (Annecy
et Deruisseau), continueraient d'être employés
aux travaux du génie, sans toutefois être
traités comme des forçats condamnés par
jugement ; que seulement ils seraient surveillés de manière à prévenir leur évasion et
leur retour dans les colonies. Le nègre Annecy, sans être excepté de ces dispositions,
parut susceptible, à raison des fonctions qu'il
avait précédemment remplies de jouir d'une
prestation pécuniaire de 50 fr. par mois, il
devait d'ailleurs... être mis à la disposition du
ministre de la guerre et demeurer à la charge
de ce département... voilà, monsieur, tous les
renseignements que je puis, etc., etc.

Le 10 messidor an XIII, le ministre de
la guerre demande encore des renseignements sur Annecy et Deruisseau ; la marine
lui répond de se faire remettre sous les
yeux la lettre du ministre du 5° complémentaire, an XI, etc.

A partir de la fin de l'an XIII il devient
difficile de suivre les déportés noirs ; les
dossiers qu'il nous a été donné de consulter ne s'occupent plus que de la famille
de Toussaint-Louverture, laquelle, ainsi
que nous l'expliquons plus haut, demeure

jusqu'à la Restauration soumise à une
surveillance dans différentes villes du midi
de la France.

———

XVII

LES PRÊTRES DÉPORTÉS. — INCIDENTS DIVERS

Pendant la période qui s'étend de 1800
à 1815, la Corse ne cessa guère d'être un
lieu de rélégation. On a lu plus haut que,
concurremment avec l'île d'Elbe, la Corse
servit à l'internement des noirs et mulâtres enlevés des colonies : en outre, le ministère de la marine fut successivement
chargé d'y transporter « le nommé Jean-
Baptiste Ornano, frère du législateur de ce
nom », amené par la gendarmerie de Lyon
à Toulon (an IX); puis les « réfugiés mal-
thais », que l'on ne paraît pas avoir con-
sultés bien sérieusement sur le point de
savoir s'il leur convenait d'aller cultiver
des concessions en Corse (an X); enfin,
plus tard, l'empereur y envoya de nombreux prêtres (surtout des prêtres italiens),
à la suite de circonstances que nous allons
brièvement expliquer.

Au début de l'année 1811, le conflit engagé entre Napoléon et le pape prisonnier
était arrivé à son état le plus aigu. L'arme
principale du pape dans cette lutte était

le refus de « l'institution canonique » aux évêques nommés par l'empereur, refus qui mit ce dernier dans la nécessité de convoquer un concile national pour arriver à créer un *modus vivendi*. Malgré la surveillance du ministre de la police, les brefs du pape refusant l'institution aux évêques récemment nommés circulaient en France, colportés d'un diocèse à l'autre par des associations occultes.

La guerre avait pris un caractère particulièrement violent en Italie : en Toscane, où M. d'Osmond, évêque non institué par le pape, rencontrait un clergé très hostile, et dans les territoires enlevés au pape, où tout l'ancien gouvernement ecclésiastique vivait dans un état de sourde insurrection, se refusant à prêter serment au « gouvernement intrus ».

Les documents conservés aux archives du ministère de la marine constatent qu'à la fin de l'empire un grand nombre de prêtres italiens furent, par l'ordre direct de l'empereur, transportés en Corse et à l'île de Caprera, soit pour avoir protesté contre l'invasion des Etats romains, soit pour s'être rangés du côté du pape dans sa lutte contre les évêques non institués. Ces mesures furent appliquées à environ cinq cents individus, et les envois de prêtres déportés se succédèrent sans interruption de 1811 à 1814. Les documents officiels qualifient les déportés de « prêtres turbulents et perturbateurs ». Ces embarque-

ments de prêtres ne furent, avons-nous
besoin de le dire, précédés de rien qui
ressemblât à des mises en jugement des
individus déportés. Ce furent des mesures
purement coercitives, des actes de bon
plaisir : mais nous n'en sommes plus à
nous étonner de voir Bonaparte prendre
directement la responsabilité de semblables proscriptions.

Les personnages les plus marquants
parmi ceux qui furent envoyés en Corse
par suite des circonstances que nous venons de noter sont : Thomas Arezzo, archevêque *in partibus* de Seleucia en Asie ;
Torello, coadjuteur de l'évêché de Torrinieri ; Burdet, supérieur des trappistes de
la Cervara, et Nervi, procureur général de
l'ordre des théatins ; les autres sont des
archiprêtres, des moines (surtout des trappistes), des curés ou de simples prêtres,
et enfin, mais en petit nombre, quelques
employés civils appartenant à l'administration du gouvernement papal (1).

J'aurai fait connaître tout ce qui concerne les déportations effectuées sous le
consulat et l'empire quand j'aurai dit que
je trouve, dans les dossiers de la marine,
la trace de deux hommes déportés (sous
le consulat) à Saint-Domingue par mesure

(1) Consulter, pour plus de détails sur ce sujet, notre travail : *Déportations de prêtres sous
le premier empire.* (Revue historique, décembre
1879.)

desimple police.(1) Plusieurs autres étaient
destinés au même exil; le triomphe de
l'insurrection des noirs empêcha le départ
de ces bannis. Les dossiers parlent également
ment de deux mamelouks du premier
consul (Mourat et Ali) dont on semble
pressé de se débarrasser à tout prix en les
envoyant aux colonies sous bonne et sûre
garde. (Je ne sais ce qu'on en fit en réalité.)

Enfin ne devons-nous pas considérer
comme de véritables déportés ces soldats
du dépôt de l'île de Rhé, au sujet desquels
les documents officiels s'expriment ainsi
qu'il suit (lettre du ministre de la marine
au préfet maritime de Rochefort, 15 nivôse an IX)?

... Ces frégates... embarqueront en outre
tous les hommes existans au dépôt de l'Isle de
Ré. Le ministre de la guerre va donner des
ordres pour le rassemblement à Rochefort de
ces hommes... et vous aurez à vous concerter
avec les commandants militaires sur cette
disposition, et notamment sur le moment auquel devra s'effectuer la translation et l'em-

(1) Dupaty et Ferragus. Ce dernier fut ensuite
renvoyé de Saint-Domingue à Cayenne, où il fut
retenu au bagne de Nancibo; il passa quelques
années plus tard aux États-Unis. C'était un royaliste dont le nom véritable paraît être de Ferragues, sans que nous soyons certain de ce détail.
Il a publié une brochure : *Relation de la déportation et de l'exil, à Cayenne, d'un jeune Français sous le consulat de Bonaparte, en 1802.*

barquement des soldats du dépôt. Vous savez qu'il est composé d'individus qu'il importe de surveiller attentivement et qui devront, en conséquence, être consignés à bord... La nature de la mission que ces frégates auront à remplir exige qu'il soit embarqué sur chacune d'elles 10 chirurgiens; mais il conviendra qu'en tenant ces officiers de santé toujours prêts à recevoir une destination, vous leur laissiez ignorer jusqu'au moment de leur départ qu'ils doivent passer sur ces bâtiments... Je vous prie de me répondre à cette lettre *pour moi seul.*

Quant aux projets de déportation non suivis d'exécution (ou dont je ne découvre pas de trace certaine d'exécution) ils sont nombreux. Enumérons-en quelques-uns.

Voici d'abord un projet de coloniser au moyen de déportés, accompagnés de leurs familles, les extrêmes limites de nos possessions en Guyane, qui donne lieu à cette lettre du ministre de la marine, si curieuse et si intéressante au point de vue de l'histoire de nos établissements coloniaux :

BUREAU DU MINISTRE

Colonies

Nivose an X.

Au citoyen Hugues
Commissaire du gouvernement à Cayenne

... Je passe à un objet essentiel... Vous lisez dans l'article précité qu'un certain nombre de noirs, et dans cette dépêche j'en fixe le nombre à au moins 250, doit être retiré des mains des habitants auxquels le gouvernement les a confiés, et sont réservés à une destination particulière. Voici à cet égard quelles sont les vues du gouvernement; elles ne doivent être connues que de vous seul.

La Guiane est une vaste province susceptible des plus grands accroissements. Notre position dans cette contrée a pour limites, à sa gauche, les possessions hollandaises, qui appartiennent à nos alliés, et, à sa droite, les possessions portugaises, dont la métropole est l'alliée de nos rivaux.

L'existence du Portugal menace ruine de toutes parts. Cet empire affaibli touche à sa ruine, et sans préjuger sur la partie de ses possessions que chacun occupera au moment de sa chute, il convient au gouvernement français de se préparer à occuper ce qui se lie plus particulièrement aux possessions actuelles..... Pour nous étendre dans la Guiane du côté portugais, il est bon d'établir une série d'établissements qui nous mettent à même de prolonger nos communications. Tel est le système qu'a conçu le premier Consul... Son intention est donc que vous choisissiez la situation la plus propre, dans ces vues, à faire un établissement militaire, peu important d'abord, mais cependant susceptible de résistance et d'accroissement successif.

Ce point devra être à dix lieues au moins de distance des établissements militaires maintenant existants.

L'établissement nouveau dont il s'agit devra avoir une maison retranchée propre à contenir et défendre une garnison de 50 hommes au moins, un gouverneur et quelques agens civils.

Il faudra préparer autour de cet établissement, et à certaines distances les unes des autres, une vingtaine de cases simples et commodes propres à loger des Européens avec quelques esclaves qui leur seront donnés par le gouvernement.

Les 250 ou 300 noirs qu'il vous est ordonné de prélever sur ceux provenant des prises, qui ont été confiés à des habitans, sont destinés à devenir la dotation des Européens dont il s'agit. Il sera donné à chacun d'eux deux ou trois noirs, avec les moyens aratoires nécessaires et la subsistance pendant un an. Les Européens dont il s'agit partiront incessamment en 2 convois, chacun de 50 hommes.

Ce sont des êtres qui ont mérité la mort, et qui y seraient condamnés par les tribunaux, en raison de leurs délits politiques de diverses natures, et particulièrement pour suites de chouanneries. Ces délits résultant la plupart de leurs opinions, le gouvernement a pensé qu'il était de sa dignité et de sa clémence de soustraire ces individus à la rigueur de la loi, et de les réserver pour une fondation utile et dans laquelle leur industrie leur donnera les moyens d'adoucir leur exil.

Ces hommes devront être surveillés et encouragés. Le but de leur établissement sera atteint, si on parvient à établir par eux et avec le secours du temps une cité intermédiaire entre nos établissements et la limite de nos possessions du côté des Portugais.

Il faudra les placer essentiellement loin des bords de la mer, et sur aucunes raisons ne permettre leur séjour à Cayenne.

Le 1er consul est convaincu que vous sentirez tout le prix de ces établissements sous les rapports politiques intérieurs et extérieurs que je vous ai développés, et il s'en rapporte pour l'exécution à votre zèle et votre dévoument. Il me sera agréable de lui transmettre le résultat de vos soins pour le succès de ses vues, et d'avoir à vous transmettre tous les témoignages de sa satisfaction.

Le grand art, au surplus, consistera à faire face aux premiers frais de l'établissement nouveau que je vous recommande, d'après l'ordre du gouvernement, par le résultat des rentrées de fonds auquel va donner lieu, en faveur de l'Etat, le système d'indemnités mentionné dans cette dépêche.

Le système d'indemnité auquel fait allusion la lettre qui précède est basé sur le prix des noirs prêtés ou vendus aux cultivateurs.

Projet de déporter dans la Louisiane (alors française) cinq ou six cents bohémiens :

Marine à justice

Paris, le 23 pluviôse an XI.

Je réponds, citoyen grand-juge, à vos deux lettres, dont l'une du 5 de ce mois et l'autre sans date de jour.

Vous m'y prévenez des ordres du gouvernement pour la déportation à la Louisiane d'environ 600 bohémiens de tout sexe et de tout âge, qui ont été arrêtés dans le département des Basses-Pyrénées.

C'est à Bayonne que vous avez fixé le point de réunion de ces individus, et c'est là que vous désirez qu'ils soient conduits et gardés à Rochefort, jusqu'à leur départ; comme vous vous réservez de prendre les ordres du premier consul pour les frais de conduite, de subsistance et d'entretien, je juge que je n'ai pas à m'occuper de leur transport à Rochefort, qui, dans cette saison, ne serait pas sans embarras par mer.

Mais quant à leur garde, je vous observerai que la seule maison d'arrêt dont je puisse disposer à Rochefort, est hors d'état de recevoir les nouveaux détenus que vous m'annoncez; le bagne lui-même est rempli hors de mesure.

Il en est de même dans tous les ports de mer, dont les prisons et dépôts ont peine à contenir les nègres déportés qui arrivent journellement des colonies.

Peut-être le département de la guerre possède-t-il en ce moment plus de moyens que moi pour remplir l'objet que vous vous proposez. Je n'ai, toutefois, aucune certitude à cet égard.

A quelque parti que vous jugiez à propos de vous arrêter, relativement à la translation à Rochefort et à la garde des 600 bohémiens, jusqu'à leur embarquement, je vous prie de m'adresser le plus tôt possible l'état nominatif de ceux-ci, accompagné d'apostilles que vous m'avez annoncées sur chacun d'eux.

Je n'attends que cet envoi pour prendre de mon côté les mesures que comporteront es détails que j'aurai reçus de vous.

Marine à justice

25 ventôse an XI.

... Votre seconde lettre (16 *de ce mois*) relative aux 600 bohémiens destinés à la déportation, m'informe de la demande que vous avez
faite au ministre de la guerre, d'un local à
Rochefort, propre à recevoir ces détenus. Vous
ajoutez qu'aussitôt l'envoi, par le préfet des
Basses-Pyrénées, de l'état nominatif et apos-
tillé de ces bohémiens, vous m'en transmet-
trez ampliation...

Je néglige plusieurs autres projets dont
je trouve la trace, particulièrement les
projets relatifs aux chouans que l'on se
propose d'envoyer aux colonies. Ces divers projets furent tous abandonnés devant les objections du ministère de la
marine, qui, généralement, répond qu'il
ne dispose pas des ressources nécessaires
pour effectuer ces transports, surtout au
moment où les croiseurs ennemis parcou-
rent les mers en tous sens.

Détail remarquable : il y avait alors
dans les diverses prisons de l'empire un
certain nombre d'individus condamnés régulièrement par les tribunaux à la déportation pour des crimes de droit commun
que la loi punissait de cette peine. Pas un
de ces individus ne se vit en réalité appliquer cette peine ; elle fut dans la pratique
réservée aux seuls proscrits politiques qui,
eux, n'avaient, on le sait, été l'objet d'au-

cun jugement d'aucune sorte. En ce qui concerne les condamnés de droit commun, voici une lettre du ministre de la marine au ministre de la justice (19 floréal an XI) qui nous dispense de faire connaître les autres :

19 floréal an XI.

J'ai reçu, citoyen ministre, votre lettre du 26 germinal, par laquelle vous m'invitez à prendre des mesures pour la déportation d'individus condamnés à cette peine et dont le nombre s'augmente considérablement dans les prisons de l'Isle de Ré.

Je me réfère à la réponse que j'ai eu l'honneur de vous adresser le 4 pluviôse dernier sur une semblable question ; le gouvernement, depuis que la peine de la déportation existe, n'a point déterminé le lieu où seront transférés les individus qui doivent la subir, et jusqu'à ce que ses intentions soient fixées à cet égard, les condamnés doivent nécessairement rester dans des dépôts qui sont placés sous les ordres du ministre de l'intérieur.

Le public connaît maintenant tout le dossier des déportations consulaires et impériales.

FIN

INDEX BIOGRAPHIQUE

———

Cet index contient non pas précisément la biographie mais les pièces les plus intéressantes du dossier personnel des proscrits dont le nom figure dans le présent ouvrage. Faire la biographie de beaucoup d'entre eux eût été une tâche au-dessus de mes forces, et, ajouterai-je, au-dessus des forces de compilateurs plus savants. Les victimes de la tyrannie consulaire sont, en général, d'humbles patriotes qui avaient peu abordé les hautes fonctions à l'époque révolutionnaire. Pourtant il y a parmi ces hommes un certain nombre de députés, de généraux, de membres de la commune de Paris, de magistrats, de journalistes, de membres des clubs, dont l'histoire a retenu les noms. Je fais suivre leurs noms de cette mention : v. les biographes.

En dehors de ces personnages dont les recueils déjà édités publient les notices biographiques, le lecteur en retrouvera d'autres dont les noms ne sont pas inconnus des érudits qui ont fait de la période révolutionnaire une étude un peu spéciale; tels sont, par exemple, Bouïn, Brochet, Corchand, Ceyrat, Eon, Fiquet, Fyon, Lemmery, Massard, Mamin, Mennessier, Niquille, Toulotte, Vanheck, Vitra et d'autres encore qui ont joué un rôle plus ou moins important dans les diverses journées de la révolution.

On sera sans doute frappé du nombre énorme d'agents de police qui figurent dans cette proscription. Il ne faut pas s'en étonner. Sous le directoire, la police était restée un centre révolutionnaire. On sait que « la légion de police », en particulier, passait pour être demeurée terroriste; Fouché, pressé par Bonaparte de fournir des listes de condamnés choisis dans le parti républicain, prenait un peu partout; beaucoup de noms devaient lui être indiqués par les chefs de service de la préfecture, et ces derniers profitaient de la circonstance pour se débarrasser des agents qui avaient gardé des accointances avec les patriotes.

. Tous les documents des archives nationales qui m'ont servi, soit au cours de l'ouvrage, soit au cours de l'index, sont extraits des six cartons suivants : F 7, 6271 à F 7, 6276.

Les archives de la marine ne sont malheureusement pas encore cataloguées, je ne puis donc ici indiquer la cote des documents de ce riche dépôt dont je me suis servi. Les pièces citées par moi sont presque toutes extraites des volumes reliés renfermant la correspondance du ministère avec les agents de la marine ou avec les autres ministères, et des cartons contenant les lettres de ces divers agents. Ces documents sont, en général, classés au dépôt de la marine, selon leur ordre chronologique. Il existe également dans ces archives quelques cartons plus spécialement consacrés aux déportés de

Cayenne et des Seychelles, auxquels j'ai fait de larges emprunts.

Je rappelle, enfin, que quelques documents précédemment cités sont extraits des archives de la préfecture de police ou de celles de la préfecture de la Charente-Inférieure. J'ai donné ces indications en temps et lieu.

Je me sers, dans l'index, de quelques abréviations si simples et si claires qu'il est peut-être superflu d'en donner ici l'explication, je le fais cependant pour éviter toute erreur :

p. ou pp. signifie page ou pages;

c., citoyen;

cond., condamné;

dép., déporté ou déportation;

min., ministre;

mar., marine;

pol., police;

préf., préfet.

On trouvera, dans la notice de chaque personnage, l'indication des pages du présent volume où il a été question de lui.

———

ALI, p. 295. — Mar. à min. guerre, bureau de la police militaire. 6 pluviôse an X. Annonce qu'il donne suivant son désir des ordres pour l'embarquement d'Ali et de Mourat. — Mar. à préf. de Toulon, 6 pluviôse an X. Les nommés *Ali*, mamelouk du général Lannes, et *Mourat*, mamelouk du premier consul, avaient, citoyen préfet, été envoyés à Toulon au mois de thermidor par ordre du ministre de la guerre pour être expédiés de là en Egypte. Les circonstances ne permettant plus de leur faire suivre cette destination, le ministre de la guerre a décidé qu'ils seraient embarqués pour une des colonies françaises, et ils devront par conséquent être mis à bord du *Swifhure* ou du premier bâtiment qui sera expédié de Toulon pour Saint-Domingue. Je vous préviens qu'Ali et Mourat sont, dans ce moment, à la disposition du commandant d'armes de la place; vous voudrez bien vous concerter, pour leur embarquement, avec cet officier général, que le ministre de la guerre a déjà prévenu de ses intentions. — Idem à idem, 6 ventôse an X.

... Les mameloucks Ali et Mourat, n'ayant pu être embarqués sur le vaisseau le *Swiftshure*, qui avait mis à la voile lorsque ma lettre du 6 pluviôse vous est parvenue, resteront à la disposition du commandant d'armes de la place, jusqu'à ce qu'il se présente l'occasion d'un bâtiment de la république qui puisse les transporter dans une colonie française; et alors vous voudrez bien vous rappeler ce que je vous ai marqué le 6 pluviôse...

AMI (Louis-Georges), p. 13.

ANDRÉ (Louis-Alexandre), marchand de vin, place Saint-Sulpice, pp. 16, 323, 325.—Frimaire an XII. Grand-Juge à Moncey. Je vous transmets une note que j'ai reçue relativement à une visite qui a eu lieu le 1er de ce mois chez la femme André, marchande de vin, place Saint-Sulpice. D'après les renseignements que j'ai pris auprès du préfet de police, il paraît que cette opération a été faite par la gendarmerie d'élite. Je vous prie de vous procurer des informations à cet égard. — Division de police secrète. Frimaire an XII. Note : Le 1er de ce mois, vers 7 heures du matin, quatre individus se sont présentés dans le cabaret tenu par la femme André, place Saint-Sulpice; deux ont demandé une mesure de vin et sont entrés pour la boire dans la salle du fond. L'un était vêtu d'une redingote couleur olive, ayant de grandes boucles d'oreilles d'or, d'une assez belle figure, ayant des nageoires, cheveux bruns, chapeau rond, taille de 5 pieds 3 à 4 p. L'autre, vêtu en redingote bleue, figure marquée de petite vérole, ayant moins de cheveux que le premier, chapeau rond, paraissant commander la scène. Un instant après avoir été servis, ces deux individus voulurent monter au 1er étage et demandèrent au garçon à parler à M. André. Ce garçon répondit qu'il n'y était pas. A ces mots, celui vêtu d'une redingote olive se dispose à monter précipitamment ; le garçon le retient en lui demandant de quelle part ou en vertu de quel ordre il se présentait. On ne lui répond que par les injures les plus atroces, en le saisissant au collet et en lui présentant un pistolet à deux coups qu'on approche de ses oreilles, en le menaçant de lui brûler la cervelle. Le garçon, effrayé, revient à son comptoir, ayant remarqué deux autres individus sur le seuil de la porte, et persuadé que ce sont des brigands ; il ne peut s'opposer à ce qu'ils montent chez la femme André. Cette femme, malade et presque nue, est forcée d'ouvrir sa porte à ces deux hommes, dont l'un avait gardé son pistolet à la main. Elle demande en vain de quel ordre ils viennent faire les recherches de son mari ; sa fille enceinte et dans son dernier mois se présente et fait la même observation. Ces deux hommes vocifèrent des injures et menacent de brûler la cervelle si on leur résiste. Pendant ce tapage, et qu'ils sont occupés à leur perquisition qu'ils exécutent dans tous les coins de la maison, deux particuliers entrés pour boire demi-septier, sont retenus et ne peuvent sortir malgré leurs instances. Ce sont les nommés Denis, portier de la maison, et Daunou, tapissier dans le voisinage. La femme de ce dernier court chez le c. Daubanel, commissaire de police, pour réclamer la liberté de son mari, et venir interposer son autorité et faire cesser le vacarme que des inconnus exercent dans la maison d'André, sans vouloir se faire connaître. Le commissaire se contente de répondre : « Que voulez-vous que je fasse à cela ? Je prendrai des informations. » Pendant cet intervalle, le tapissier avait été remis en liberté; on avait visité la maison; la menace du pistolet avait été souvent répétée, et étant revenus dans la boutique, les deux individus demandèrent un écritoire et une autre chopine. Bientôt après ils se retirèrent sans rien écrire ni faire signer. Après leur départ, la femme André a envoyé faire sa plainte chez le commissaire Daubanel, mais il paraît que ce fonctionnaire n'a fait aucune poursuite.— Il paraît que les agents visés dans la pièce précédente cherchaient en réalité André, porté sur la liste du sénatus-consulte du 14 nivôse. André ne fut arrêté que plus tard. — 22 messidor an XII. Préf. pol. à Grand-Juge. J'ai fait arrêter le nommé L.-Alex. André, marchand de vin place Saint-Sulpice... et qui jusqu'à présent s'était soustrait à toutes les recherches... (Il est détenu) .. à la Force, pour y être tenu à la disposition de V. E. — 14 fructidor an XII. — Rapport du préf. à min. André et Bescher, détenus à la Force. S. E. a ordonné qu'ils seraient conduits (décision du 9 thermidor), ainsi que les nommés Chalandon, Marcelin et Vauversin, sous bonne et sûre escorte, à l'isle de Rhé, jusqu'à décision ultérieure; mais à l'égard de Vauversin, cette mesure a été révoquée par S. E. Il a été autorisé à se retirer à Lyon. — Femme André, 28 fructidor, an XII, rue desCanettes, div. du Luxembourg, demande pour son mari la faveur accordée à Vauversin et Marcellin. S.E. ayant ajourné une pareille réclamation de Bescher, dont je lui fis rapport le 14 fructidor présent mois, j'ai l'honneur de lui proposer même mesure pour André. (Dubois). — Note : 22 nivôse, an XIII. André (Louis), Bescher (René-François), Chalandno (Claude), sollicitent leur liberté ; la faveur accordée à Vauversin et Marcellin donne des droits aux trois dénommés de réclamer la participation des bienfaits du gouvernement. On estime qu'ils peuvent être relaxés à la charge de quitter Paris et se rendre en surveillance à 40 lieues de cette ville et des côtes. — 10 juin 1813. André, marchand de vin, l'un des anciens déportés qui, conformément aux intentions de S. E., a reçu l'ordre de s'éloigner de Paris, et qui, pour obéir à cet ordre, s'est rendu à Hermeville, son pays, département de la Meuse, expose qu'âgé de plus de 60 ans, sourd et presque aveugle, il n'a de moyens d'existence que dans son commerce, qui se trouve détruit par son éloignement. (En note :) V. E. a considéré comme irrévocable la décision prise à son égard.—André (Louis) est en surveillance à Paris. (Note sans date.)

ANNECY, député, pp. 278, 290, 291. Voir les biographes.

ANTONELLE (Pierre-Antoine), juré révolutionnaire, pp. 5, 13. V. les biographes. V. Félix Lepeletier.

ARENA, député, pp. 4, 230. V. les biographes.

AREZZO (Thomas), p. 201. 55 ans en 1811. Archevêque *in partibus* de Selencia, en Asie ; domicilié à Florence. Emb. par ordre supérieur sur la goélette la *Levrette*, à Livourne, le 15 mars

1811, et déb. à Bastia le 19 mars 1811 (ainsi que Gatteschi Torello), V. sur ce personnage, sur la scène furibonde que lui fit Napoléon, et sur la mission auprès du pape que l'empereur lui confia, l'ouvrage de M. d'Haussonville : *l'Église romaine et le premier Empire.* Arezzo, détenu à Corte (Corse), s'en évade (décembre 1812). « Il paraissait qu'il devait s'embarquer sur l'un des points de la côte, entre l'île Rousse et Saint-Florent. J'ai expédié le chebeck la *Fortune* pour aller explorer la côte sur ces parages... J'ai en outre donné l'ordre à M. l'enseigne de vaisseau Lecamus de visiter tous les bateaux qu'il rencontrera, afin de pouvoir découvrir l'individu, et, dans ce cas, de l'arrêter et de le conduire à l'île Rousse, où il devrait le remettre au commandant de la gendarmerie du lieu » (lettre de Donnadieu, commandant la marine en Corse, au min. de la mar. 10 décembre 1812).

ARGOUT ou ARGOUST ou D'ARGOULT (Pierre), pp. 168, 169, 170, 172, 173, 199, 209. Général, né à Saint-Geoire (Isère), le 28 juin 1763, mort le 2 brumaire an XIII, au soir. Au moment de son arrestation, il touchait le traitement de réforme de son grade et tenait un cabaret à Saint-Florentin. Les notes de police portent : « Son exagération, sa haine contre le gouvernement, ont motivé son arrestation. — *Rapport fait au vice-amiral Martin, préfet du troisième arrondissement maritime.* J'ai l'honneur de vous rendre compte que, le 9 de ce mois, environ 6 heures du matin, il se présenta chez moi le nommé Argous, général divisionnaire, porteur de 3 étoiles dans son chapeau ; j'étais encore au lit lorsqu'il s'approcha de moi pour me faire des complimens d'un de mes camarades, en disant qu'il venait de le

quitter, et me demanda aussi si je ne me lève-
rais pas, ce que je fis à l'instant. Nous fûmes
ensuite sur la place d'armes, où, après avoir
fait plusieurs tours, il me demanda si je voulais lui faire le plaisir d'aller déjeuner avec lui
à son auberge, qui était le *Cheval blanc*, faubourg de la Rochelle. J'acceptai la proposition
dans l'espérance d'en savoir davantage, vu
qu'il s'était déjà beaucoup avancé dans notre
promenade. Mon attente ne fut pas trompée,
car nous ne fûmes pas plutôt rendu, qu'il commença par me dire que nous étions sous un
gouvernement injuste, mais qu'il espérait bientôt renverser la machine, et même que c'était
lui qui était à la tête de tous ces projets-là ;
que d'ailleurs il venait de faire une tournée de
12 jours, où il avait trouvé beaucoup d'amis,
entr'autres plusieurs chefs de corps, qui étaient
prêts à le seconder; qu'il avait vu aussi beaucoup de sous-officiers, à qui il avait fait aper-
cevoir qu'il n'y avait plus aucun avancement
pour eux; qu'il promettait à la troupe 15 sols
par jour, la ration et habillés comme ils étaient
au commencement de la révolution ; qu'il avait
déjà gagné la compagnie de noirs qui est à
l'isle d'Oleron, parce qu'il leur avait fait aper-
cevoir que l'intention du gouvernement est de
les renvoyer dans les isles pour les vendre
comme autrefois. Il dit que lui, comme ses
commettans avaient réuni une somme de
600.000 fr., et qu'en passant à Rochefort il
s'emparerait de la caisse, publierait son manifeste et payerait, s'il était possible, tout ce qui
est dû des années antérieures; que leur intention était de supprimer les droits de barrières,
ainsi que ceux des portes et fenêtres, de chas-
ser les prêtres et les nobles, et que, par ce
moyen, ils auraient la majorité du peuple pour

eux ; qu'il voulait épargner le sang, mais que si quelques chefs voulaient s'opposer à leurs desseins, ils les prendraient pour otages. Il m'a montré plusieurs lettres et plusieurs papiers, que je n'ai pas voulu lire, ce qui lui donnait encore plus de confiance, et comme cet entretien commençait à me fatiguer, je lui proposai d'aller faire un tour, affin de rompre cette conversation. Nous entrâmes au caffé Petiteau, vu que je préférais être en public que d'être seul avec lui ; nous y avons resté environ une heure, au bout duquel temps nous reprîmes la promenade, et en passant devant la porte d'un petit limonadier, nous y avons entré, et comme il avait toujours envie de parler, je fis signe au maître de la maison de l'écouter et de donner dans sa façon de penser, que je répondais de la suite, et que j'avais mes vues, ce qu'il fit avec beaucoup d'adresse. Ce général étant satisfait et croyant son affaire en bon train, il nous invita à retourner à son auberge, vu qu'il partait pour la Rochelle, où il avait rendez-vous avec une partie des officiers de la garnison, qu'il ne pouvait y manquer. Il partit en effet, et nous l'avons aidé à monter dans la diligence. Mais quel fut mon étonnement, lorsque rentrant chez moi, le lendemain soir, que l'on me dit qu'il était venu me demander, et qu'il m'attendait de suite. Je n'y fus que le lendemain matin, où il me dit que tous ses projets allaient parfaitement, et que nous allions déjeuner. Je lui dis que je ne le pouvais, parce que j'avais mon service à faire ; cependant, après bien des instances, je lui promis de revenir sur les 9 heures et demie, ce que je fis, en amenant avec moi un de mes camarades, que je mis dans la confidence et qui, après un court entretien, eut toute la confiance du général. Il commença d'abord par lui répéter tout ce qu'il m'avait dit la veille ; il ajouta cependant que les pensions ne seraient plus payées à partir du 1er vendémiaire an XI, qu'il en venait de recevoir la nouvelle officielle, que tout le revenu de l'an XII était déjà à sa fin. Mon camarade lui demanda quelle était la cause de sa destitution ; il lui répondit que c'était pour avoir prêté son appartement à une réunion de patriotes ; que d'ailleurs, s'il voulait écrire au 1er consul, avec lequel il était très lié, il serait bientôt en liberté, ainsi que son grade, mais qu'il ne voulait pas servir sous un tel monstre, qui avait déserté le premier l'armée d'Egypte, après y avoir fait empoisonner 8.000 malades dans un hôpital, tous Français ; que le 1er médecin ayant refusé, il avait ordonné à un adjoint qui avait exécuté l'ordre ; que de plus, il avait fait assassiner Cleber et Desaix, et disant qu'il en avait les pièces à l'appui, qu'il ferait imprimer un jour, afin de rendre ses crimes publics, ne voulant pas que tant de forfaits restent impunis. Le soir, il nous proposa de le conduire, qu'il retournerait à l'isle d'Oléron ; il fut décidé par l'idée de mon camarade que nous le conduirions jusqu'à *Fourres* (ou *Founes*) (?), disant que là il pourrait trouver une barque de pêcheur pour peu de chose, et pourrait le passer de suite. La partie engagée pour le lendemain matin, il vint nous reconduire en ville, loua un cabriolet à la porte et le lendemain matin nous fîmes route. Arrivés chez la personne qui était déjà prévenue, puisqu'elle vous avait déjà rendu compte de la première journée, je fus chez lui, en ce que nous étions descendus à l'auberge. Je lui dis : Je tiens l'homme, et si vous voulez, en le ménageant, vous saurez tout ce

18

que je vous ai dit par vous-même. Vous devez
croire que la personne que vous connaissez
pour avoir toujours été l'ami de la chose n'a
pas mieux demandé, et a bien reçu, je ne vous
dirai pas l'homme (mais bien son grade).
Comme nous avions déjà disposé l'individu, l'a-
mi dont je viens de parler, en moins de deux
heures, en savait autant que nous en deux jours.
Comme il m'avait souvent parlé d'un rassemblement de chefs qui devait se faire sous huit
ou dix jours, mais qu'il voulaitque ce fût dans
un endroit un peu éloigné de Rochefort, et que
nous y serions invités, je crus à propos de lui
indiquer Muron? (illisible) chez un aubergiste
parfaitement connu de nous, et qui ne pouvait
que favoriser le dessein que j'ai de faire encore
mon ancien métier, dont je vous demande l'a-
grément, s'ils avaient la témérité de réaliser
leurs projets. Rochefort, 14 vendémiaire an XI.
(Ce rapport m'a été remis par le citoyen Dru...
(illisible), chef de bataillon de la 6e batterie d'artillerie de la marine, et par le cit. Bénaud,
lieut. en premier du même corps. *Le préfet
maritime,* (MARTIN.) (Archives nationales.) —
.... 1.909 fr. 08 c. ont été payés au général
de brigade Argoust. Cet officier, déporté sur la
Cybéle, a justifié par des décisions de S. Exc.
le ministre de la guerre, dont il était porteur,
par son livret et par des certificats de cessation
de paiement, qu'il jouissait, pendant sa détention à l'île d'Oleron, de son traitement de réforme. Au surplus, cette dépense n'a plus lieu,
M. d'Argoust étant mort au commencement
de ce mois. (Lettre de V. Hugues, 4 nivôse an
XIII.) (Archives de la marine.)

ASTRUC (Charles, dit *la Violette*), p. 13.
AUBRÉE, pp. 221, 223, 224, 228.
AUBRY (Jean-Baptiste), p. 13.

AUDOUIN (Xavier), p. 4. V. les biographes.

BABEUF (Femme), p. 14. V. *femmes détenues.*

BAILLY (André-Antoine-Côme), ex-employé, 33 ans en l'an XII, né à Châteaudun (Eure-et-Loir), pp. 16, 209, 255, 256, 259, 261, 263.—Note de police. Bailly, rencontré par un agent : « il lui a dit qu'il s'était soustrait à l'arrestation et qu'il allait partir pour aller dans les environs de Châteaudun. » — 4 pluviôse an IX. Par arrêté du préfet d'Eure-et-Loir, du 28 écoulé, « tendant à faire arrêter les nommés André-Antoine-Côme Bailly et Théodore Lamberthé..., moi, Louis-Charles Johet, commissaire de police de Chartres... » se transporte à Châteaudun, prend information...., accompagné de Jean-Pierre Perrigant, commissaire de police de Châteaudun, chez le c. André Bailly, marchand, rue de Chartres..., signifie ses ordres... d'arrêter son fils... « a répondu qu'il y a plus de deux ans qu'il n'avait vu ni reçu son fils..., a dit qu'il le croit pour le moment à Paris et pour preuve... il a présenté une lettre de sondit fils en datte du 15 nivôse dernier... » Quant à la perquisition à faire du nommé Lamberthé, il paraît constant qu'il n'est nullement connu d'aucun habitant de Châteaudun, « il m'a seulement été dit qu'on croyait que ce Lamberthé était un des individus qui avaient été traduits à la haute Cour de Vendôme ». — 5 pluviôse an IX. Préf. Eure-et-Loir à min. pol. Il résulte que Bailly n'a pas même paru à Châteaudun, et qu'il y a lieu de croire qu'il est resté à Paris, d'après la lettre qu'il a écrite à sa mère le 15 nivôse et que je joins à la présente.—La lettre de Bailly, qui figure en effet au dossier, n'offre pas d'intérêt; elle est adressée à la citoyenne Bailly, marchande, rue de Chartres, à Châteaudun.— Bailly, compris dans le sénatus-consulte, mais resta à Paris comme prévenu dans l'affaire de Chevallier. (Note de police antérieure à l'envoi de Bailly à l'île d'Oléron).—Au moment où on l'embarque pour Cayenne, la police fournit cette note à son sujet (an XII) : opinions exagérées, manœuvres séditieuses, intrigant. Instruit, il pourrait être employé utilement, en le faisant surveiller.— A pol. gen. Mgr, André-Antoine-Côme Bailly, demeurant ordinairement à Châteaudun, fut déporté à Cayenne, est revenu en France sur le vaisseau la *Fleur de la Mer*, dont le capitaine est Accacia-Joseph Corea, Portugais, entré à Saint-Nazaire le 11 juin 1809. Son épouse, désirant obtenir la séparation de corps et bien entre elle et lui, suplie V. E. de lui faire connaître les motifs qui ont pu déterminer le gouvernement à condamner ledit Bailly, son mari, à la déportation, ne pouvant obtenir sa séparation sans savoir pourquoi il est déporté. Fe Bailly, chez M. Toutin, huissier, rue Montorgueil, n° 17. — A Fouché. André-Antoine-Côme Bailly suplie humblement V. E. de vouloir bien mettre fin à ses longs malheurs. Après avoir passé 9 ans en surveillance, tant à l'île d'Oléron qu'à Cayenne, cette colonie s'étant rendue, il est revenu en France réclamer de votre bienveillance protectrice la permission de rentrer dans ses foyers. Voilà 8 mois qu'il attend dans les prisons de Nantes la décision salutaire après laquelle il soupire.—17 août 1813. Préf. d'Eure-et-Loir à Pol. André-Antoine-Côme Bailly a été condamné par le tribunal correctionnel de Châteaudun, le 1er février dernier, à 3 ans d'emprisonnement, et le 13 mars suivant, il a été transféré à la maison d'arrêt de Chartres, où il est présentement. — Paris, 26 août 1813. Pol. à préf. de l'Eure-et-Loir... Reçu votre lettre du 17 courant, relative aux sr Bailly. Ce dernier devra, à l'expiration de la peine, à laquelle il est condamné, être transféré dans la prison de Pierre Chatel.

BALLIAS ou BAILLASSE (Raymond), marchand, dép. de la Guadeloupe sur la frégate la *Cornélie*, il est accompagné de son fils Joseph-Raymond Ballias ou Baillasse, pp. 221, 223.

BARBIER (Jean-François), né au Mesnay (Jura), ex-vérificateur de la comptabilité des hôpitaux militaires ; agent d'affaires rue Marceau, n° 62. Pp. 16, 20, 57, 150, 257, 259, 261, 263, 265, 267, 271, 272, 273, 274, 276. — « Barbier, précédemment religieux dans les ordres. Marié à Paris depuis la Révolution et père de plusieurs enfants. Commis aux hôpitaux militaires de Paris. Agé de 51 ans. Caractère caché, physique ordinaire. Reste chez le c. Langlois, duquel il élève les enfants. Peu de notes sur son compte. » (Note de l'administration des Seychelles.) — Barbier est instituteur en 1809 à l'Ile-de-France, où il lui a été permis de se rendre des Seychelles. — 26 août 1813. Police à préfet Jura. ...Jean-François Barbier... est revenu en France en 1811, après la capitulation de l'Isle-de-France..., envoyé en surveillance à Mesnay, lieu de sa naissance, département du Jura. Je vous charge de le faire arrêter sur-le-champ et de l'envoyer à Pierre-Chatel... Cette arrestation doit avoir lieu sans éclat, etc...— 1er septembre 1813. Lons-le-Saulnier, le préf. du Jura à pol. (sur Barbier). ...Je me suis empressé de donner l'ordre de son arrestation pour Pierre-Chatel, mais la lettre s'est croisée par un avis de M. le sous-préfet de Poligny, au moyen duquel je suis informé que le sieur Barbier a quitté son domicile le 23 du mois dernier, emportant ses effets et n'ayant laissé aucun indice de la direction qu'il a prise. Le

sous-préfet me fait observer que le sieur Barbier était à Mesnay sans aucun moyen d'existence, et que probablement il n'a quitté sa
résidence que pour chercher ailleurs des ressources pour vivre... On fera des recherches.
— Préf. du Jura à pol. 13 septembre 1813.
... Le sieur Barbier (Jean-François), s'étant
représenté à la mairie de Mesnay, après une
absence de trois jours, a été arrêté, conformément aux intentions de V. E. Il est actuellement dans la prison d'Arbois, d'où il sera
incessamment dirigé sur celle de Pierre-Chatel.
— A min. pol. Jean-François Barbier, rue
Chabannais, 14, à Paris, ancien employé au
bureau de la solde provisoire et retraite des
militaires de tout grade, expose qu'il fut arrêté, etc., etc., sollicite des secours, août 1816.
— 6 août 1816. Attestation suivie de signatures que « Jean-François Barbier, né à Mesnay,
près Arbois, le 11 novembre 1743 (Jura), était
domicilié à Paris, en 1776, rue de Rouen, 24,
employé alors à l'administration des Quinze-
Vingts. A sa dissolution, il passa à celle du
clergé. Bon père, bon époux, aucune part aux
agitations révolutionnaires. En messidor an II,
ledit Barbier, connu par ses vrais principes
royaux d'un nombre de personnes, l'ont fait
entrer à l'administration de la guerre dans le
bureau de la solde provisoire et retraites...
Son arrestation n'a pu être attribuée par nous
qu'aux visites multipliées qu'il rendait au représentant, le général Pichegru, son compatriote et son ancien camarade de classe...» —
Il résulte de la pièce précédente que Barbier a
été employé au bureau de la solde provisoire
depuis messidor an II jusqu'au 1er brumaire
an IV et qu'il fut alors réformé par l'ordonna-
eur Blanchard pour cause d'économie.

BARLOIS (Laurent), p. 16. Une note transmise le 17 nivôse an XIII à la division de la liberté individuelle annonce qu'il n'a pas été arrêté.

BASCII, p. 4.

BAUDRAIS (Jean-Baptiste), pp. 16, 221, 223, 229, 230, 240, 241, 242. V. *les Biographes.* — Le sénatus-consulte du 14 nivôse an IX, désigne : Baudray, rue de Marivaux, le véritable nom est Baudrais. Nous l'avons déjà expliqué : en inscrivant ce nom sur la liste de déportation, Fouché ignorait que Baudray (Baudrais), absent depuis longtemps du Continent, exerçait à La Guadeloupe des fonctions judiciaires. On sait aussi que Baudrais fut, à la même époque, déporté de La Guadeloupe par l'amiral Lacrosse, et redéporté de France à Cayenne. La pol. ignora toujours que le Baudrais amené de La Guadeloupe était le Baudray qu'elle recherchait à Paris, car en l'an XIII, Baudray figure sur la liste de ceux que la Préfecture de pol. déclare n'avoir pu arrêter. — Le ministre de la marine et des colonies, certifie que le c. Jean Baudrais, natif de Tours, département d'Indre-et-Loire, qui a été destiné, par arrêté du 14 thermidor an VI, à servir dans la partie judiciaire à La Guadeloupe, a été embarqué à Lorient le 7 vendémiaire an VII... — Cayenne, 10 brumaire an XI, V. Hugues écrit à min. de la marine : Tribunal de première instance de la Guyane, greffier. Baudrais, ancien juge au tribunal de La Guadeloupe, renvoyé en France par le contre-amiral Lacrosse et à Cayenne par ordre du gouvernement. Le défaut absolu d'un sujet propre à remplir les fonctions de greffier du tribunal de première instance, m'a déterminé à prendre sur moi de nommer provisoirement le c. Baudrais, en faveur duquel, citoyen ministre, je sollicite votre bienveillance. Je connais depuis longtemps le c. Baudrais, sa moralité, et surtout son dévouement sincère au gouvernement actuel lui ont concilié l'estime des chefs et des habitants de la colonie, en confirmant sa nomination, le gouvernement réparera une erreur commise à son égard, et attachera à son service un honnête homme qui lui est dévoué de cœur, malgré les malheurs qu'il a éprouvés. En vous demandant, il y a quelques mois, l'autorisation d'employer d'une manière quelconque deux seulement des déportés de La Guadeloupe que je croyais convenable d'utiliser, j'avais en vue le c. Baudrais et le c. Guillermain, jurisconsulte instruit, que l'état de nullité dont il est frappé par le gouvernement ne m'a pas permis d'appeler aux fonctions de juge, à raison de leur importance, mais qui serait utile dans une colonie où les lumières manquent, et sur la conduite duquel je n'ai que des comptes satisfaisants à vous rendre. Je vous rappelle, citoyen ministre, la prière que je vous ai faite d'être autorisé à utiliser ses talents et sa bonne volonté. — — Cayenne, 4 nivôse an XIII. Il (le colonel Leclerc) me fit un crime d'avoir donné une place à un nommé Baudrais, qui avait, disait-il, donné sa démission quelques jours auparavant pour ne pas prêter le serment de fidélité au nouveau gouvernement, comme si, dans la supposition que ce fait eût été vrai, je pouvais répondre des intentions secrètes des diverses personnes employées. (Lettre de V. Hugues). — Après l'empire, Baudrais revint à Paris et mourut à Bicêtre, dans le quartier des Bons-Pauvres.

BAUDRAY, rue de Marivaux. — V. *Baudrais*.

BAYLE (Moyse), député, p. 13. V. *les biographes*. — Le 21 nivôse an IX. il est extrait de

la maison de Pélagie et envoyé en surveillance
à Genève, — 24 pluviôse an IX, préf. de
Genève à pol. Le préfet de police m'a écrit
qu'en exécution d'un arrêté des consuls du
17 nivôse, il avait fait délivrer un passeport au
c. Moyse Bayle pour se rendre à Genève, avec
injonction de sortir de Paris dans les vingt-
quatre heures. Il m'invitait à exercer sur ce
citoyen la surveillance nécessaire. Le c. Bayle
étant arrivé, je me proposais de le mettre en
surveillance dans la commune de Genève, mais
d'après les raisons plausibles de convenance
qui lui faisaient désirer de pouvoir habiter
dans la commune de Plainpalais, je l'ai placé
sous la surveillance du maire de ladite commune, n'étant séparée de celle de Genève que
par les fortifications de la place et pouvant être
considérée comme l'un de ses faubourgs, le c.
Bayle est aussi bien à ma portée que s'il rési-
dait dans l'enceinte même du chef-lieu. Salut
et respect. — La fille de Moïse Bayle (Rose
Bayle), 348, r. du Cloître-Saint-Benoist, Paris,
à min. pol., 25 ventôse an IX. L'excès de l'infortune me force à vous importuner. Ma mère
expirante depuis quinze jours dans son lit, un
père arraché du sein de sa famille depuis plus
de deux mois, voilà quelle est ma position.
C'est au nom de toute ma famille... que j'ose
réclamer... le retour de mon père, persuadée
que votre âme sensible s'empressera d'y mettre
un terme. — Rose Bayle, 348, rue Saint-Be-
noist, près la rue des Mathurins, à pol. gén.,
3 germinal IX. Le retour de mon père, seul,
pourrait nous tirer de l'état affreux où nous
nous trouvons et rendre la vie à notre infortunée mère... — 2e complémentaire an X. Fe
Bayle à pol. gén. On m'a dit que mon mari a
été mis en état de surveillance. J'aime à croire

que ce bruit est sans fondement... Dans le cas
que cela fut, je viens vous prier de faire cesser
cet état d'exil et de surveillance, et de rendre
à mon mari la liberté d'user de tous ses moyens
pour pourvoir aux besoins de sa famille infortunée...

BERGER, serrurier, p. 13.

BERGOEINO (François), député, p. 13. V. *les
biographes.* — Le... nivôse an IX, décision du
min. pol. il est remis en liberté et il lui est délivré un passeport pour se retirer dans le département de la Gironde, à Macaire et Bordeaux, pour y être mis en surveillance. Il lui
est enjoint de quitter Paris dans les 24 heures.
— Bergoeing, capitaine de frégate, au général
Bonaparte, 15 nivôse an X. « J'ai fait d'inutiles démarches auprès du ministère de la police générale pour obtenir la justice due au c.
Bergoeing, mon frère, je la réclame directement de vous... Mon frère... est toujours en
surveillance dans sa commune. Je vous prie
d'ordonner qu'il soit promptement rendu à la
liberté... Daignez, citoyen consul, avoir égard à
la juste réclamation d'un militaire... qui fit
avec vous la campagne d'Egypte, et qui était
près de vous le 18 brumaire. »

BERNARD (Abraham), p. 13.

BERNE, pp. 221, 223, 237, 282.

BERTRAND-CODWALE (Nicolas-François),
sous-lieutenant de la 82e demi-brigade de ligne, né à Metz, 34 ans en l'an XII d'après une
pièce, pp. 172, 175, 209, 243. — Etait à l'île
d'Oleron en l'an XI. — « Impliqué dans l'affaire des libelles incendiaires imprimés à Rennes à l'époque du vote pour l'élection à vie du
premier consul, auteur d'écrits séditieux dont
le but était d'insurger l'armée et de provoquer
l'assassinat du premier consul. Intelligent, ins-

truit, pourrait être employé militairement. »
(Notes de police consignées sur les pièces qui
l'envoient à Cayenne.) — 18 brumaire an XIII,
acte de sa prestation de serment à l'empereur,
ainsi que de celle de Vingtergnier, comme employés « extraordinairement » dans l'administration de la Guyane. — Marine à préfet de
la Moselle, à Metz, 3 mars 1807. S. E. me
charge de vous prévenir qu'il vient d'être écrit
au commissaire de l'empereur et roi à Cayenne,
pour l'inviter, selon votre désir, à faire connaître au sieur Bertrand-Codwale la mort de
son père, et à l'engager à faire passer sa procuration à une personne de Metz, à l'effet de le
représenter à la liquidation dont il s'agit. — Le
père de Bertrand, avocat à Metz, était décédé
en octobre 1806. Bertrand était mort lui-même
à Cayenne le 13 mai 1806.

BESCHER (René-François), pp. 16, 308, 309.
— J'ai fait arrêter... le 8 thermidor Bescher,.. J'estime qu'il y a lieu de le faire conduire à l'île de Rhé, jusqu'à décision ultérieure
du gouvernement. (Travail avec S. E. le ministre. Dubois, conseiller d'Etat, rapporteur,
9 thermidor an XII.) En marge : Adopté. —
Pourtant Bescher ne fut point conduit à l'île
de Rhé. — Thermidor an XII. Bescher à pol.
gén. « Ils ne sont pas aujourd'hui en si
grand nombre ceux qui ont donné à la révolution des gages certains et à qui la nature de
leur éducation ont départi quelques talens. Il
demande sa liberté... P. S. « Le cit. André,
détenu pour la même cause, se recommande
également à votre justice. » — 14 fructidor an
XII. Bescher, détenu à la Force. En faire
mention au bulletin de police générale. (Note.)
— Bescher a une femme et six enfants ; il demande la même grâce que Saulnois, Lefranc

et Vauversin. J'estime que le gouvernement pourrait avoir la même indulgence et le renvoyer à Lyon pour surveillance. (Signé : Dubois, 14 fructidor an XII.) — Bescher, ne voyant aucun adoucissement, plutôt qu'une captivité qui plonge sa famille dans la misère, demande, dans sa pétition du 1 de ce mois, à être transporté, lui, sa femme et ses enfants, au Cap ou à Cayenne. Il se plaint d'être détenu avec des prévenus de vols et de brigandages. (Note de police, vendémiaire an XIII.) — Le même (à la Force), 5 nivôse an XIII, à Fouché... Le 3 nivôse... « Je demeurais rue de la Pépinière, maison de M. Marcillac, en qualité d'instituteur. Un de ses élèves est le frère du maréchal Lasne. » Cet enfant peut attester son innocence au 3 nivôse... Ce jour-là Bescher lui donna une leçon de littérature, soupa avec lui, etc... Les vrais auteurs de l'attentat sont connus... « Cependant, après avoir été privé 3 ans 1/2 de ma tranquillité, je me suis vu enlever à ma famille et à mes enfans, et depuis 6 mois je languis dans une triste prison... » «... Seraient-ce d'anciennes opinions politiques qu'on aurait à me reprocher? » — 30 nivôse an XIII. Le directeur du *Journal des bâtimens, des monumens et des arts* à M. Avasse, chef du bureau de la liberté individuelle au ministère de la police générale. Bescher est père d'une nombreuse famille, il vit de son travail et d'un modique revenu patrimonial... « Après avoir exercé dans le département qui l'a vu naître d'importantes fonctions administratives, il vint à Paris... En l'an VII, le ministre actuel de la police l'appela à remplir la place de sous-chef de son bureau des passeports. Compris dans une réforme générale qui eut lieu, il fut professeur de belles-lettres maison d'éducation de M. Marcillac, rue de la Pépinière. » — 1er pluviôse an XIII. Travail du min. de la pol. « Bescher a une femme et 6 enfants. M. le maréchal de l'empire, gouverneur de Paris, a écrit en sa faveur, et M. le conseiller d'Etat, préfet de police, touché de la pénible situation de sa famille, m'a proposé de l'envoyer en surveillance à Lyon. » En marge : « Les envoyer (Bescher, André, Chalandon, Humblet, etc.) en surveillance dans une petite ville de 3.000 âmes, à plus de 60 lieues de Paris. Signé: Napoléon. » — Une note sans date, mais postérieure à juin 1809, fait savoir que Bescher est en surveillance à Montbrison.

BÉTRÉMIEUX, p. 13.

BIARIEUX, chirurgien, pp. 102, 105.

BIGARD ou BIGARRE (Balthazard), commissaire aux prises pour les départements de la Guyane et de la Guadeloupe, déporté de cette dernière colonie en France sur la frégate la *Cornélie*, pp. 221, 223, 229, 237, 238. — Mar. à préf. marit. Lorient, 29 pluviôse, an X. Vous me marquez, citoyen préfet, par votre lettre du 3 de ce mois, que le nommé Balthazar Bigard, déporté de la Guadeloupe, compris dans l'arrêté des consuls du 4 fructidor est en état de s'embarquer pour sa destination ; en attendant une occasion directe pour le faire passer à la Guyane, mon intention est que vous le teniez en surveillance. — Mar. à préf. mar. Lorient, 15 germinal an X. Balthazard Bigard, déporté de la Guadeloupe, citoyen préfet, dont l'emba queme t pour Cayenne n'a pu avoir lieu avec les autres partis sur la corvette l'*Impatient* en exécution des ordres du gouvernement, demande dans une lettre qui m'a été remise par le ministre de la police géné. ale à se rendre à sa destinatio ; et il m'indique une

corvette nommée la *Diligente* qu'on arme à
Lorient pour cette colonie, je consens qu'il
profite de cette occasion. — Mar. à capitaine
général de la Guadeloupe, Paris, 16 janvier 1809. Je vous préviens, monsieur, que
par une dépêche de ce jour, j'autorise le préfet
du Morbihan à permettre l'embarquement du
mulâtre Jean-Silvy Bigard, pour la Guadeloupe, où il paraît être rappelé par son père.
Mais, malgré cette autorisation, je crois devoir
vous rappeler ici les dispositions de ma circu-
laire du 20 ventôse an XI, qui vous donne le
droit de ne pas admettre dans la colonie les
porteurs de passeports, dans le cas où vous jugeriez que leur présence peut nuire à la tranquillité publique.

BLONDEAU (Louis-Jacques-Philippe), sellier,
36 ans en l'an XII, pp. 159, 208. — Les notes
de police disent : « très exalté et turbulent depuis sa détention. » — Mar. à pol. 15 nivôse
an VIII. Je réponds, mon cher collègue, à
votre lettre du 26 frimaire dernier par laquelle
vous me demandez si d'après les dispositions
ordonnées, il est possible d'admettre sur un
des bâtiments en armement à Rochefort pour
la Guyane, le nommé Blondeau, détenu au
fort national de Cherbourg, et condamné à la
déportation par jugement de la haute cour nationale. J'ignore quand il me sera possible de
faire une nouvelle expédition.—En l'an XI Blondeau était à l'île d'Oléron. — Note du 29 janvier 1808. Blondeau (Jacques-Philippe) arrivant de Cayenne à Saintes avec un passeport
visé par le délégué à La Rochelle avait été déporté par jugement de l'an IV, dans l'affaire
Babeuf; l'ennui d'un long exil, le désir de revoir sa famille, l'ont déterminé à s'échapper de
cette île, avec l'espoir que, de retour dans ses

foyers, il lui serait permis d'y demeurer tranquille comme à plusieurs de ses compagnons
qui ont pris le même parti que lui, il est arrivé
sur un navire américain venant de la Guadeloupe, le préfet assure qu'il a montré le plus
grand repentir. Toutefois comme il existe un
jugement qui le condamne à la déportation et
que de son aveu, il s'est soustrait à cette peine
par la fuite, le préfet l'a fait arrêter ; mais il
pense qu'il n'y aurait pas d'inconvénient qu'il
attendît en surveillance seulement la décision
de S. M... Sa santé est très altérée... En marge,
par le ministre: le mettre en surveillance à
Saintes. — Autre note : cet individu n'est plus
à Cayenne, il s'en est évadé et est rentré en
France, il débarqua à La Rochelle dans le mois
de janvier 1808, d'où il se rendit à Saintes. Le
préfet le fit arrêter. Une décision du 29 janvier 1808 le mit en liberté et en surveillance à
Saintes. Il était autrefois sellier, il exerce actuellement la profession de peintre et doreur.

BOIS, v. GUY.

BOIS JOLLY, dit CHRÉTIEN, p. 16. — Une
note transmise le 17 nivôse an XIII à la division de la liberté individuelle annonce qu'il
n'a pas été arrêté.

BOMZET, marchand de bois, p. 13.

BONIFACE (Antoine), ex-concierge de la maison d'arrêt du Temple, pp. 16, 52, 140, 141,
142. « Ci-devant limonadier dans l'enceinte du
Temple, ensuite concierge, on lui a reproché
l'évasion de Sydney-Smith, employé en qualité d'adjudant de la garde nationale, âgé de
45 ans, assez bonne éducation, reste chez
Mme Saint-Jorre, de laquelle il élève les enfants.
Assez mal noté par les habitants, quoiqu'ils
n'articulent aucun fait contre lui. » (Note de
l'administration des Seychelles)—Mort aux Sey-

chelles le 24 prairial an XIII. Malgré le curieux incident dont il est l'occasion aux Seychelles (pp. 140, 141, 142), Boniface était marié en France, car le min. de la marine écrit, le 20 décembre 18⁰9, à Mᵐᵉ Boniface, née Fleurot, place des Vosges, n° 25, à Paris : « Madame, S. E., en réponse à votre lettre du 24 novembre dernier, me charge de vous prévenir que vous devez adresser à une personne de confiance sur les lieux votre procuration, pour réclamer la succession que vous énoncez avoir été laissée par votre mari, décédé à Mahé, l'une des isles Seychelles. »

BONJOUR (Jean-Pierre), p. 13. Le 24 nivôse an IX, est envoyé en surveillance à Salins (Jura).

BORMANS (Adrien-Antoine), marchand bottier, pp. 16, 20, 52, 150.— Cordonnier, rue des Maçons, arrêté comme septembriseur (réclamé par son épouse, mère de 3 enfants). On estime qu'il n'y a lieu à faire droit. (Rapport du préf. pol., 27 pluviôse an IX)—Femme Bormans, rue des Maçons-Sorbonne, n° 449, 4 germinal an IX, à min. pol. : « Mon mari, déporté, actuellement en Espagne, laisse une épouse et 3 enfants (reste de 19, sic) dont, par le fruit de son travail, il était l'unique soutien. De ces 3 enfants : l'un est à la défense de la patrie, les 2 autres sont infirmes par suite de blessures reçues à l'ennemi et par les effets de la nature... » Quant à son mari, il est âgé de 58 ans, il est infirme et il a eu un enfant tué au service du gouvernement. — « Bormans, maître bottier à Paris, père d'une nombreuse famille, âgé de 55 ans, mauvais physique, caractère assez doux, reste chez le c. Loiseau, près l'établissement du gouverneur. » (Note de l'administration des Seychelles).— En 1809, il est à l'Île de France ;

une note dit qu'il est infirme et qu'il réside « à l'atelier des pompes », où il est sans doute employé. — 1815. Le directeur des colonies demande au commissaire-ordonnateur de Bourbon l'extrait mortuaire de Bormans (Adrien-Antoine), *qu'on énonce être décédé* en décembre 1811. Se procurer cette pièce et le bref état de succession.

BOTOT (François-Marie) et non *Botto*, secrétaire de Barras, p. 13. V. *les Biographes*. — Le... nivôse an IX, par décision du min. de la pol. il est remis en liberté et il lui est délivré un passeport pour se rendre à Bruxelles, où il sera placé en surveillance. Injonction de quitter Paris dans les 24 heures. — 3 pluviôse an IX, préf. de la Dyle à pol. J'ai reçu le 27 du mois dernier une lettre du préfet de police, datée du 21, par laquelle il m'annonçait avoir en vertu de vos ordres, délivré le 19 au c. François-Marie Botot, un passeport pour se rendre à Bruxelles avec injonction de sortir de Paris dans 24 heures, il m'invitait à faire exercer sur lui la surveillance nécessaire lorsqu'il serait arrivé à Bruxelles et à l'en certifier. Je lui ai accusé réception de sa lettre le 28 en lui observant que je n'avais encore reçu de vous aucun ordre ni instruction à cet égard, et que je n'avais pas encore vu arriver ici le C. Botot. J'ai l'honneur de vous annoncer, citoyen ministre, que jusqu'à ce jour 3 pluviôse à midi je n'ai point encore vu arriver ici le C. Botot. — 3 pluviôse an IX. Justice à pol. Je vous transmets une pét. du c. Botot, demandant la faculté de rester trois décades à Coyolles, l'une de ses propriétés, département de l'Aisne. Si vous ne trouvez aucun inconvénient à le laisser séjourner dans ce lieu solitaire, je vous invite à lui accorder sa demande.

— 14 pluviôse an IX, pol. à justice. J'ai reçu, mon cher collègue, avec votre lettre du 3 courant la pétit. du c. Bottot, tendant à obtenir la faculté de rester pendant trois décades dans la commune de Coyolles, département de l'Aisne. Ce département étant excepté de ceux désignés pour la surveillance, il n'est pas en mon pouvoir de donner au c. Botot l'autorisation qu'il demande. — 25 germin. an IX, justice à pol. Je vous envoie, mon cher collègue, une lettre du c. Bottot qui sans doute réclame son rappel à Paris. Il me charge d'être auprès de vous son interprète et de vous garantir son attachement pour le gouvernement et particulièrement pour la personne du premier consul. Je puis à cet égard rendre témoignage de ses sentiments, ils me sont connus. Bottot est incapable de rentrer dans aucune espèce de complot ou de mouvement. Il a besoin lui-même et du gouvernement et d'une existence tranquille. Je vous invite donc, mon cher collègue, à faire pour son rappel tout ce qui dépendra de vous, salut et attachement : Abrial.

— Préf. pol. à pol., 4 floréal, an IX. J'ai l'honneur de vous adresser la pétition du c. Bottot renvoyé de Paris et résidant actuellement à Coyolles, département de l'Aisne. Je vous prie de me faire connaître la décision. — Pétition des demoiselles Botot au min. pol. Depuis longtemps Botot est sujet à une incommodité, elle est tellement aggravée que ce n'est qu'à Paris qu'il trouvera du soulagement où qu'il pourra subir une opération toujours douloureuse et souvent dangereuse. (En marge, me faire note). — Pol. sûreté gén., 20 therm. an XII, note pour S. E. Les demoiselles Bottot sollicitent auprès de vous le retour à Paris de leur frère, compris dans l'arrêté du 17 nivôse an IX, qui renvoye en surveillance dans l'intérieur plusieurs individus. On n'a point eu dans le temps connaissance des motifs de cette mesure, on ignore en conséquence s'ils subsistent encore; on doit seulement faire remarquer à V. E. qu'il paraît que la D⁰ de Montpezat aurait prétendu renouer l'ancienne négociation avec le prétendant qu'on a dit avoir été suivie par le sieur Bottot au nom de Barras, auquel il était alors attaché. En marge: ajourné. — An XIII : à l'empereur : Botot éloigné de sa famille languit depuis plus de 3 ans dans un exil trop pénible pour son cœur, que V. M. daigne le rendre à une fille, à une sœur qui osent solliciter de votre justice son rappel. A. Sophie Botot, Houdouard née Botot. — Paris, 6 pluviôse an XIII. A préf. pol. Ayant été prévenu que le sieur Botto, secrétaire de l'ex-directeur Barras, et qui avait été envoyé en surveillance dans le département de l'Yonne, se trouvait en ce moment à Genève sans que j'eusse reçu aucune communication à cet égard, j'en ai référé à S. E. qui m'a fait connaître que le sieur Botto était autorisé à rentrer à Paris.

BOUIN (Mathurin), de la division des marchés, ancien juge de paix, fabricant de bas, né à Angers (Maine-et-Loire). Pp. 16, 52, 102, 304. V. *les Biographes*. — Extrait le 20 nivôse an IX de Bicêtre et conduit à Nantes, mort à Anjouan le 14 floréal an X.

BOULAY-PATY, député, p. 3. — V. *les Biographes*.

BOUSQUET (Antoine), p. 175, personnage que le gouvernement avait résolu de déporter, à raison de ses liaisons avec Metge, Chevalier, etc., ne fut pas embarqué. — 13 nivôse an IX. Com. gén. police de Bordeaux à min. pol...

Il dénonce les Jacobins. « ...Partarrieu est toujours leur point de ralliement, ils font son éloge, ainsi que celui du général *Dufour*, *sur lequel ils comptent* (souligné), disent-ils, *au besoin* (ce propos m'a été confirmé par le maire du Sud). Ils prennent le plus vif intérêt à Guéraud et à Bousquet qui devaient être leurs correspondants à Paris. Ces deux hommes, qui ont joué ici, sous le trop fameux Lacombe, un rôle dont les habitants de Bordeaux se souviennent avec effroi, comptent des amis parmi les vils suppôts de la contre-police dirigée par Partarrieu. Bousquet est doué de talents qui le rendent d'autant plus dangereux qu'il y réunit l'audace et l'art de parler : serrurier de profession, il est bon mécanicien, bon armurier, excellent artiste, il peut avoir beaucoup contribué à la confection de la machine infernale... »

BOUSQUET (femme), p. 14. « A disparu et n'a pu être arrêtée. » (Note de police, germinal an IX.) — V. *Femmes détenues*.

BOUVERY dit FLEURY (Benoist), négociant, né à Lyon, pp. 208, 215. Il est à l'île de Ré en l'an XI. Une note dit : « Cond. à la dép. par le tribunal criminel de l'Ain en l'an VI, pour faux. Homme très dangereux. Les motifs de sa condamnation doivent déterminer l'opinion qu'on doit avoir de sa moralité. » Ce cond. existait encore à la Guyane en l'an XIV (20 brumaire), mais ne figure pas sur la liste de ceux qui sont rentrés en France après la capitulation de Cayenne.

BOUVIER, p. 5.

BOYER, p. 4.

BRÉBAN ou BRABANT ou BRABAN (Jacques), pp. 16, 57, 102. « Jacques Brabant, 34 ans, né à Paris, demeurant rue de la Mortellerie, 138, secrétaire du commissariat de police de la division de la Cité depuis environ 5 mois. » (Procès-verbal de police du 26 nivôse an IX). Un autre document le qualifie de : cordonnier.— 20 nivôse an IX, figure sur la liste des individus arrêtés.—26 nivôse an IX, extrait de Pélagie et conduit à Nantes.—27 pluviôse an IX, rapport du préf. de pol. : Bréban (Jacques), ex-inspecteur de police, réclame contre sa déportation. La réclamation de Bréban est appuyée des certificats du juge de paix Wisnick, des cc. Planchet, Valcourt, Poulletier, des commissaires de police Arnoult et Violette, qui attestent que Bréban s'est bien comporté dans ses fonctions d'inspecteur de police, ils ne disent rien de sa conduite antérieure. Bréban a figuré à différentes époques de la Révolution, dans le sens exagéré, le gouvernement est prié de statuer. — Mort à Aujouan, le 13 floréal an X.

BRETON (Pierre-Denis), p. 13.— Compagnon menuisier, 2, rue Jeanpain-Mollet, porté sur la liste. Sa femme réclame, le 23 niv. an IX, la dispense pour son mari de se rendre à Blois. Elle dit que son mari, incommodé d'une hernie et autres infirmités, courrait les plus grands dangers. (Note de police) :—24 nivôse an IX, il lui est délivré un passeport pour se rendre à Blois, en surveillance ; il est, à cette époque, âgé de 38 ans. Par une note sans date, le préfet de police propose de rapporter cette mesure. Breton « a été renvoyé de Paris pour ses liaisons avec les exclusifs les plus prononcés ; il expose qu'il est infirme...» — 16 vendémiaire an X. Le min. de la pol. autorise son rappel.

BRIOT, député, p. 5. V. les Biographes.

BRISSEVIN. V. Brisvin.

BRISVIN (Jean-Michel), 40 ans en l'an XII, né à Château-Thierry (Aisne), tourneur en bois, faubourg Saint-Antoine. pp. 16, 178, 184, 189, 209, 255, 256, 259, 263, 264.—11 brumaire an XII, le préfet du Doubs a reçu du grand juge et transmet au général commandant la division une pétition de la femme Brissevin, concernant son mari, détenu au fort de Joux. — 21 juillet 1809. Brisvin vient de débarquer à Paimbœuf, sur un vaisseau portugais, qui ramenait la garnison de Cayenne. Il a été déposé dans les prisons de cette ville. La dame Brisvin sollicite la liberté de son mari, et l'autorisation pour lui de revenir à Paris. Dans le cas où S. E. croirait devoir le faire mettre en liberté, on estime que cet individu ne doit point être autorisé · à revenir à Paris. Par le min. : *Refusé.* — 13 octobre 1809. Brisvin..., rendu à la liberté, à la condition de demeurer en surveillance éloigné de Paris et des côtes, expose qu'il avait choisi Château-Thierry..., mais que ne croyant pas trouver à s'y occuper de son état de tourneur en bois, et ne pouvant avoir d'ouvrage qu'à Paris, il demande la permission d'y rester. Par le ministre : Tolérer provisoirement et le surveiller. — 11 août 1813. Pol. à préf. pol. Rechercher Brisvin, qui, devant se rendre en surveillance à Orléans, n'y était pas le 7 de ce mois. Le diriger sur Pierre-Châtel.—Paris, 26 août 1813. Pol. à préf. du Loiret... Brisvin a quitté Paris à l'époque où il en a reçu l'ordre; au mois de juin dernier, sa malle lui a été expédiée par une maison de roulage.— Paris, 8 septembre 1813. « Monsieur, la confiance que vous m'avez inspirée dans mon séjour à Orléans me fait adresser à vous pour vous prier d'aller en mon nom à l'auberge où j'étais logé, chez M. Fourmy, au Cheval Rouge, place du Vieux-Marché, pour y retirer la malle que j'y ai laissée et la renvoyer à Paris à mon épouse, Mme Brisvin, rue

Traversière, n° 10, fg Saint-Antoine. J'ai été frappé d'une maladie dans mes courses qui m'empêche de retourner à Orléans. » — 19 septembre 1813. Préfet Orléans à pol... a recherché Brisvin. « J'ai su peu après que la malle dont il est question lui était en effet arrivée, lui avait été remise, et qu'il l'avait laissée chez un aubergiste au Cheval-Rouge, place du Marché-aux-Veaux, à Orléans, nommé Michel Fourmy. Un commissaire de police se rendit chez lui..., que l'aubergiste annonça être en voyage pour son commerce de colporteur, et devoir revenir sous peu de jours pour reprendre sa malle..., n'a point reparu... M. le maire prit le parti de la faire transporter à la mairie, et aujourd'hui il me communique la lettre ci-jointe, écrite le 8 de ce mois par Brisvin, de Paris, où il est, rue Traversière, n° 10, fg Saint-Antoine; le cordonnier à qui elle était adressée ne l'a reçue qu'hier.

BROCHET (Jean-Etienne), né à Nogent-sur-Seine (Aube), 51 ans, en l'an XII, marchand épicier, membre des Cordeliers, pp. 16, 175, 196, 199, 209, 244, 245, 304. — V. *les Biographes.* — 25 pluviôse an XIII, le chef de la division de la liberté individuelle demande des renseignements sur ce dép. à la division de sûreté générale. On répond qu'il n'a à son dossier que les deux pétitions suivantes. — Au grand-juge. La nommée Dieudonnée Pelé, femme Brochet, marchande épicière, demeurant rue du Vieux-Colombier, 444. « Ayant donné la preuve que son mari n'est pour rien dans l'attentat... J'ay tenue mon mary caché pendant 18 mois sans que l'on se soit présenté pour l'arrêter, mais le 22 messidor an X, on est venu à trois heures du matin l'arrêter. Mon malheureux époux a été transféré à Oléron depuis le 9 therm.

an X... Seule dans ma boutique, ne pouvant vaquer au dehors sans que ma maison en souffre...» Prière de prendre des renseignements sur son mari, ils seront à son avantage. En marge : Nous, maire du XI° arrondissement de Paris, recommandons à la bienveillance et à l'humanité du c. grand-juge, le c. Brochet et son épouse, dont la triste et malheureuse position est faite pour intéresser toutes les âmes sensibles. 25 ventôse an XI, Boulard maire. — La femme Brochet à Fouché. «Ayant éprouvé beaucoup de pertes au commencement de la Révolution, des débris de notre fortune nous avons entrepris, il y a cinq ans, un petit commerce qui nous mettait à même de pouvoir donner à mon fils unique une éducation convenable; mais élevé dans les principes de la liberté, le désir d'acquérir de la gloire sous les drapeaux du vainqueur de l'Italie, il s'est empressé, avant l'âge prescrit par la loi, d'aller partager les lauriers de ses compagnons d'armes...». Comment a-t-on pu prendre son mari, «homme paisible, qui ne s'est jamais compromis dans aucune affaire politique, n'a jamais fréquenté d'endroits suspects ni aucun rassemblement...». Le fils est à la 24° demi-brigade d'infanterie. — Attestations des propriétaires et marchands du voisinage en faveur de Brochet. «Nous soussigné juge de paix de la division du Luxembourg... certifie que le c. Brochet était un de mes assesseurs avant l'arrêté qui le met en surveillance... et qu'il n'a jamais manifesté, en ma présence, d'opinion contraire au bon ordre... 15 pluviôse an IX de la République, une et indivisible. Guérin, juge de paix.» — Le dossier contient en outre une note de police ainsi conçue : «La lettre du 21 frimaire auquel celle-ci répond est au dossier des révélations de Brochet, n° 7629, ainsi que la réponse du préfet de l'Aisne, du 4 nivôse et autres ».— Pendant son internement à Oléron, il est noté comme « tranquille ».— 20 brumaire an XIV. V. Hugues, annonce que Brochet s'est évadé de Cayenne.

BRUNOT ou plutôt DAMIAN (Bruno). V. ce dernier nom, pp. 221, 223.

BUONAROTTI, cond. dans l'affaire Babeuf, p. 159. V. *les Biographes* On trouve au dossier une pétition signée de lui et d'autres dép. relégués à Oléron, contre le régime que l'on fait subir aux dép.

BURDET (Hugues), p. 294 supérieur, sous le nom de François de Sales, des trappistes de la Cervara, né à Anse (Rhône), domicilié dans le département des Appennins, 42 ans en 1811, cond. à Gênes, le 17 août 1811, par la commission militaire extraordinaire, à 10 ans de bannissement, comme convaincu du crime de provocation à la rébellion. Emb. le 26 septembre 1811, sur le brick *le Faune*, déb. à Bastia le 21 octobre 1811.

CAMIN, place Sorbonne, 413. — P. 13.

CANTEGRIS dit MAGNOT (Jean), boucher, et GUY (Pierre), garçon serrurier, p. 209. — Une note dit : Arrêtés à Toulouse et conduits de cette ville à Oléron, avaient troublé différentes fois la tranquillité publique, menacé et maltraité des citoyens, tenu des propos violents et fait des menaces contre le Gouvernement et la personne des premiers magistrats. Tapageurs dangereux (ce dernier mot effacé).— Ces deux dép. existaient encore à La Guyane en l'an XIV (20 brumaire) mais ils ne figurent pas sur la liste de ceux qui sont rentrés en France après la capitulation de Cayenne.

CAPPY (Antoine - François - Joseph), p. 13.—

« Cappy, ex-inspecteur de police, homme immoral, connu sous les plus mauvais rapports. Il a trahi la police. »(Note de police sans date.) —Le 21 nivôse an IX, est extrait de la maison de Pélagie et envoyé en surveillance à Lyon, en exécution de l'arrêté du 17 nivôse.— Cappy, au min. pol. gén. « Après avoir satisfait à la loi, je vous adresse mes... réclamations. Domicilié à Paris depuis le 6 mars 1784, je fus arrêté chez moi le 13 nivôse dernier, conduit à la préfecture de police le 20, à 6 h. du soir, en vertu de vos ordres. On me fit signer de partir pour Lyon dans 24 h.; il me fut délivré un passeport. L'on me dit que le 20 ne comptait pas. Je quittai Paris le 21 au soir et passai la nuit à écrire à la pointe de Bercy. A la pointe du jour, je me rendis à Charenton, distant de Paris de 2 lieues, où je me couchai pour attendre quelques effets. A 9 h. du matin, 22 nivôse, je fus arrêté par la gendarmerie et reconduit à la préfecture de police, où j'ai encore resté jusqu'au 28, que l'on m'a conduit ici de brigade en brigade, de prison en prison, à raison d'une livre et demie de pain par jour, à pied, à l'eau et couché sur la paille. En vain j'ai représenté mon innocence, que n'ayant pas le sol, étant dans l'indigence, qu'il me soit accordé une feuille de route et 3 s. par lieue. Pour augmenter mes tourments, l'on m'a fait rester en cet état 41 jours en route, dont 22 jours de séjour, étant arrivé à Lyon que le 7 ventôse, et mis en liberté par le commissaire général de police, le lendemain 8, sans ressources ici, je suis obligé de mendier mon pain. La mort me serait préférable... Fils de feu M. le major de Belfort, mort en 1782, j'ai servi l'État, officier au régiment du Dauphiné, j'ai 30 ans de services tant militaires que civils. A la révolution, j'ai perdu toute ma fortune; sous la terreur, j'ai été trois fois sous le glaive de la loi. J'ai perdu ma famille sur l'échaffaud. Un parent de mon nom, qui était commandant d'une division des gardes constitutionnelles, fut la cause de ma proscription... La commune de 1791, à la création, me nomma l'un des 24 officiers de paix du département. Je l'ai exercé avec honneur jusqu'au 12 août 1792 que je fus incarcéré, où j'échappai par miracle au massacre des prisons, ayant eu une agonie de près de huit jours. J'ai été vérificateur aux transports militaires, depuis le 1er juin 1793 jusqu'au 1er brumaire an V, époque de la suppression de ma place. Ma femme a été, pendant 4 ans 1/2, attaquée d'une maladie des plus aiguës...; elle est décédée le 15 vendémiaire an V; elle m'avait trois fois sauvé la vie. Cette maladie m'a fait contracter des dettes et m'a réduit à la plus affreuse indigence. Dans cet état, je fus obligé, pour exister, d'accepter, en vendémiaire an VI, une place de 1.200 fr. par an au bureau central; en frimaire an VIII, je fus maltraité et invectivé par le c. Bertrand, chef du bureau de surveillance, lequel me fit tort. J'en portai ma plainte par écrit et signée aux administrateurs du bureau central. Ils me promirent justice et qu'ils me feraient changer de division. Voilà la source de mes maux actuels. La préfecture de police arriva; le c. Bertrand gagna la confiance du préfet, il obtint ma destitution qu'il fit rétrograder d'un mois... Je ne suis pas encore payé de ce qu'il m'est dû... Depuis un an, j'étais sans place et manquant de tout. Le 15 vendémiaire an IX, j'obtins par le canal du chef d'escadron d'Aiguillon une place de 40 s. par jour, en qualité d'ordonnance fixe à l'état-major

de la 17ᵉ division militaire. Bertrand l'apprit.
Furieux de voir que je mangeais du pain, il
profita de l'événement affreux du 3 nivôse pour
me rendre sa victime et m'immoler à sa rage...
Domicilié à Paris depuis 18 ans, sans interruption ; tenant à la ci-devant caste nobiliaire, avoir
échappé aux massacres des prisons du 1ᵉʳ septembre 1792, avoir été trois fois incarcéré, subi
un jugement le 28 thermidor an 2ᵉ, n'avoir
cessé d'être sous la terreur persécuté comme
modéré, comment, en ce moment de justice,
puis-je être traité comme terroriste?... Quel
supplice pour un homme honnête, âgé de 50 ans,
ayant été quarante ans dans l'opulence, d'être
réduit à mourir lentement de faim, de mendier son pain, nud, couvert d'haillons, mangé
par la vermine, m'avoir fait partir sans avoir de
quoi me rechanger, et me faire perdre une
modique place de 40 s. par jour qui me faisait
exister... Cappy, demeurant chez le c. Morel,
aubergiste, cour des ci-devant Carmes, n° 70 bis,
proche les Terraux.

CARDINAUX (Pierre-Maurice), 40 ans en 1809.
Né à Neufchâtel (Suisse), domicilié à Paris
depuis 1774, pp. 16, 20, 52, 150. L'un des
fondateurs de la Société du Panthéon. Accusé dans l'affaire Babeuf. — « Cardinaux
(Pierre-Maurice), marchand de vin, tenant un
théâtre à l'Estrapade. Cardinaux réclame; il
convient qu'il a été très prononcé, qu'il a eu
chez lui des réunions, mais il y a longtemps.
Il invoque le témoignage des cc. Champagne,
directeur du Prytanée, et Legois, commissaire
de police. La réclamation de Cardinaux n'est
appuyée par personne. On estime qu'il n'y a
lieu à faire droit. (Rapport du préf. de pol. à
pol. gén.)— L'infortunée femme Cardinaux, re-
commandable par ses malheurs et par ses be-

soins, demeurant au théâtre de l'Estrapade,
division du Panthéon, vous expose que Maurice Cardinaux, son mari... séparé de ce qu'il
a de plus cher, de sa patrie, de son épouse et
de ses deux enfants, dont il était l'unique soutien..., que lors de ce fatal départ il ne lui
restait pour tout moyen d'existence que le zèle
des artistes qui, par leurs efforts, pouvoient
suffire à ses besoins les plus urgents, mais
l'opinion publique ne s'est pas contentée d'une
victime, son théâtre est abandonné, et la re-
cette ne couvre pas les dépenses, de manière
qu'elle (la femme Cardinaux) ne doit son existence... qu'au faible produit de la vente de ses
effets. Cette ressource est épuisée...» Elle
demande la liberté de son mari. — Sous la
signature, le juge de paix de la division de
l'Observatoire, qui a pris connaissance ou lecture de la supplique, requête ou demande
adressée au min. par la f. E. Cardinaux, atteste que ladite femme est en effet bien malheureuse .., atteste qu'il n'est rien venu à sa
connaissance sur le compte de cette personne,
ni depuis, ni avant le départ de son mari... Le
7 ventôse an IX. Laffitte, juge de paix. — «Cardinaux, cuisinier, âgé de 45 ans, taille élevée,
caractère ordinaire, exerçant son état chez le
c. Loiseau, où il reste. » (Note de l'administration des Seychelles.) — En 1809, Cardinaux
est encore à Mahé (îles Seychelles), où il exerce
la profession d'aubergiste. — Paris, 2 septembre 1811. Justice à pol. M. le duc, j'ai
l'honneur de vous transmettre comme objet
relatif à vos attributions, un mémoire par lequel la nommée Eglé, femme de Pierre Cardinaux, déporté, demande à être autorisée à
toucher une modique somme qui lui est échue
dans une succession. — En marge: Lui répon-

dre que la police ne connaît point l'endroit où cet homme peut être... — Dans un mémoire, le juge de paix de Nanterre dit que la pièce demandée est... « pour une famille de la commune de Puteaux... Marie-Jeanne-Françoise Egly, femme de Pierre Cardinaux, l'une des héritières, n'est point autorisée par lui, parce qu'il a été déporté...» — Plusieurs travaux ont été publiés sur Cardinaux. Consulter entre autres Walschinger, *Théâtre de la Révolution.*

CARET dit ROBERTIN, p. 198.

CARETTÉ (Jean-Pierre), 53 ans en l'an IX, né à Paris, pp. 16, 163, 175, 209, 255, 256, 260, 263, 269, 271, 272, 273, 274, 276. — Carretté (Pierre), perruquier, rue Dominique-Germain, nº 1.282 (réclamé par sa femme). A l'appui de sa réclamation, le com. pol. de sa division atteste que d'après les informations, il n'a rien appris qui fut à la charge dud. Carretté. Le juge de paix de la division des Invalides et plusieurs cit. en disent autant et déposent de sa moralité, il est père de famille. On estime qu'il y a lieu de rapporter la mesure à son égard. Mais, comme il a toujours professé des principes exagérés, on pense qu'il doit être éloigné de Paris. (Rapport du préf. de pol.): — Envoyé à Oléron le 10 ventôse an IX, noté comme « assez tranquille » pendant sa détention. — Dép. à Cayenne, revient en France après la capitulation de cette ville.—A min. pol. Pierre Carretté, ancien militaire, sexagénaire, accablé d'infirmités... revient de Cayenne, la colonie ayant été rendue aux Portugais : il en rapporte d'honorables certificats dont est ci-joint copie. Daignez jetter les yeux sur ce titre manifeste de sa bonne conduite et le retirer des prisons de Nantes, où il gémit avec résignation, espérant vos ordres pour le rendre à sa famille et à ses

enfants.—Nous, commandant et capitaine de la
garde bourgeoise de la colonie de Cayenne,
certifions... que le n. Pierre Carretté... a, par
sa bonne conduite, toujours mérité l'estime
des habitants d'icelle, et que lors du siège de
cette place, icelui a pris les armes pour sa défense et s'est, par continuation de bonne conduite, doublement acquis l'estime, tant des habitants que de nous, commandant et capitaine
soussignés. A Cayenne, le 16 janvier 1809. — A
pol. gén. L'épouse du n. Carretté, ci-devant
déporté à Cayenne, a l'honneur de représenter
à V. E. que son mary, ayant reçu l'ordre à Nantes
de se rendre à Meaux, où il serait encore si les
autorités constituées de cette ville ne lui eussent ordonné de passer à Châlons-sur-Marne.
Arrivé dans cette nouvelle ville, il se présenta
aux officiers municipaux, qui lui assurèrent
n'avoir reçu aucun ordre pour lui accorder des
secours, ni pour le recevoir, que cependant ils
en écriraient aux autorités supérieures à Paris.
Mais n'ayant reçu aucune réponse au bout de
onze jours, ils lui conseillèrent de retourner au
sein de sa famille, avec laquelle il vivait depuis
peu de temps, lorsqu'on vint l'en arracher le
4 de ce mois, pour le conduire à la préfecture,
où il subit un interrogatoire auquel, malgré les
raisons ci-dessus qu'il objecta, il fut transféré
à la Force, où il est encore. » Femme Carretté,
rue Saint-Lazare, 14, proche celle des Martyrs
(sans date).—24 novembre 1809. Par suite d'une
décision du 23 décembre dernier, qui rendit la
liberté aux déportés de Cayenne, à la condition
de leur éloignement de Paris et des côtes, le
sr Caretté a été renvoyé à Châlons-sur-Marne ;
il est venu sans autorisation à Paris, où sa
femme est blanchisseuse, et a été déposé à la
Force. Caretté a donné pour excuse de l'infrac-

tion de son ban l'impossibilité de trouver à Châlons aucun moyen d'existence. On invite S. E. à décider s'il doit y être reconduit. Par le ministre : autorisé le r tour à Châlons.—2 mars 1810. Il est autorisé à habiter Paris provisoirement, à la condition de justifier des moyens d'existence suffisants et de fournir caution de sa conduite, sauf à prendre à son égard tel parti ultérieur. — 6 août 1813. Pol. à préf. de Seine-et-Marne. Ordre d'arrêter Jean-Pierre Caretté... S'est rendu à Meaux, où il doit être actuellement.—21 août 1813. Préfet de Seine-et-Marne à pol... Jean-Pierre Caretté a été arrêté à Meaux et dirigé de suite sur la prison de Pierre Châtel. Il est parti pour cette destin. le 15 courant.

CASTEL, marchand d'argent au perron, p. 13.

CAZIN (Jean-Baptiste), pp. 159, 208. — Il est à l'île d'Oléron en l'an XI. Certaines pièces le qualifient d'ouvrier, d'autres d'inspecteur de l'arsenal de Paris. Mort à Cayenne le 11 janvier 1807 à 52 ans. (D'après l'acte de décès, né à Paris, fils de Cazin et de J. Perrard).

CEYRAT (Joachim), pp. 16, 19, 304. —1er Germinal, an IX. Les membres du corps législatif et du tribunal pour le département du Puy-de-Dôme à pol. écrivent en faveur de Joachim Ceyrat, notre compatriote, pour qu'il soit retiré de la liste des déportés de nivôse où il a été placé sous la qualification odieuse de président des septembriseurs. Ce titre infâme ne lui appartient pas, il peut avoir eu des torts dans les temps orageux de la révolution, il n'a jamais eu celui de présider à des massacres, ni de commander des crimes. Les pièces jointes à sa pétition le justifient. — 25 floréal an IV. Extrait des minutes du greffe du tribunal criminel du département de la Seine, séant au

palais de justice à Paris. Nous Louis-Jérôme
Gohier, président du tribunal criminel du département de la Seine... Vu la déclaration du
jury spécial de jugement sur les accusations
portées contre Joachim Ceyrat, ladite déclaration... portant : « Qu'il est constant que des
personnes ont été homicidées dans la maison
des Carmes. Que Joachim Ceyrat n'est point
convaincu d'avoir aidé et assisté les coupables
dans les faits qui ont facilité l'exécution de ces
homicides... Prononçons que Joachim Ceyrat,
âgé de 44 ans, natif de Clermont-Ferrand, département du Puy de-Dôme, ancien juge de
paix de la section du Luxembourg, employé à
la commission des secours, demeurant à Paris,
rue Férou, n° 990, susdite section, est acquitté
de l'accusation... Fait et prononcé à l'audience
publique du tribunal, le 23 floréal an IV...
10 heures du soir... » — Pluviôse an XIII. Le
c. Ceyrat rue des Cannettes n° 468, IIe arr. à
min. pol. Le c. Ceyrat est inscrit sur une
liste... et depuis ce temps privé de son état,
errant, fugitif, éloigné de sa femme et de ses
enfants, livré à des craintes et des agitations
continuelles causées par sa position, espère
qu'il obtiendra de votre justice une liberté définitive, quoique depuis 30 ans il ait toujours
résidé à Paris, il ne demande pas à y fixer son
séjour, mais qu'il lui soit permis d'établir en
liberté sa résidence dans le département du
Puy-de-Dôme... — La citoyenne Ceyrat, 468
rue des Cannettes à pol. gén... vous a déjà
exposé que son mari n'a jamais été accusé, dénoncé ni soupçonné d'avoir mis les pieds dans
aucune des prisons de Paris, ni d'avoir été témoin d'aucun des massacres commis dans les
journées de septembre ; il a été dénoncé longtemps après son arrestation en prairial an III,

pour de prétendus arrêtés pris pendant qu'il présidait l'assemblée générale de sa section, et dont la falsification a été démontrée lors de l'instruction publique du procès, il a été acquitté de toutes les inculpations... Depuis un an... livré exclusivement à son état de professeur de mathématiques, ses écoliers et moi voilà son unique occupation depuis notre union... Rendez donc à une fille un père, à une mère éplorée, un époux... — Ceyrat (Joachim), d'après le rapport de M. Havas du 11 prairial an XIII, cet individu est autorisé à se rendre à Clermont (Puy-de-Dôme), pour y demeurer sous la surveillance des autorités. — Préfet du Puy-de-Dôme à M. le conseiller d'Etat Pelet, chargé du 3ᵉ arr. de la pol... Le s. Ceyrat était avocat avant la révolution, en 1790 il fut commissaire de police de la ville de Clermont, jusqu'en 1792, au mois d'août 1792 il fut juge de paix jusqu'au mois de pluviôse an III. Au mois de ventôse an III il fut employé dans la commission de secours, et ensuite dans les bureaux de la guerre...— La pièce qui précède commet une erreur ; c'est à Paris et non à Clermont que Ceyrat exerça les diverses fonctions dont il est parlé dans ce document. — 24 prairial an XIII. Préf. Puy-de-Dôme à cons. d'Etat chargé du 3ᵉ arr. de pol... Je viens de placer sous la surveillance de la mairie de Clermont, le n. Joachim Ceyrat.— Une note sans date, mais postérieure à juin 1809, l'indique encore comme « ayant été envoyé en surveillance à Clermont-Ferrand en prairial an XIII », ce qui permet de penser qu'à la date de 1809 il était encore vivant.

CHALANDON (Claude), membre du comité révolutionnaire de la section de l'Homme armé, pp. 16, 308, 309, 325. (V. *les Biographes*.)—Arrêté le 6 nivôse an XII, détenu à Pélagie, — écrit, 14 nivôse an XIII, à pol. : « Le pauvre diable de Chalandon, cordonnier de son métier, a, comme tant d'autres, donné à plein collier dans le tourbillon révolutionnaire, mais jamais son trépied, sa manchette crépine, ni encore moins son haleine, n'ont été criminels en manière quelconque. Babillard comme le sont tous les cordonniers, il a prêché l'avantage de la liberté et de l'égalité sans en connaître ni la réalité ni les résultats. Il défie qu'on lui reproche le plus léger crime et demande à être envoyé à *Rouen* ou *Auxerre* si on le trouve suspect. » — Nous inclinons à penser que la lettre qui précède n'est pas de Chalandon, mais qu'elle a été écrite par lui sous la dictée de quelque prisonnier plus lettré : l'inexpérience de l'écriture jure avec le style général de la pièce. Un passage du livre de Charles Nodier, sur les *Prisons de Paris sous le Consulat*, s'exprime sur Chalandon en termes très chaleureux; l'auteur de la lettre copiée par Chalandon ne serait-il pas Nodier lui-même? — Par un rapport du 1er pluviôse an XIII, Chalandon est envoyé à Dijon. — 5 thermidor an XIII, Chalandon sur sa demande est autorisé à se retirer à Auxerre. En 1809, il est ou mort ou définitivement en liberté, car il ne figure plus sur la liste des cond. tenus en surveillance.

CHATEAU (Joseph), marchand oiseleur, d'après une note, ébéniste, d'après une autre. 56 ans en l'an XII, d'après une note, 51 ans, d'après une autre, né à Paris, pp. 16, 178, 184, 189, 209, 252, 255, 256, 257, 260. — Fo Chateau à Bonaparte, 1er consul. Lettre datée de germinal *an X* (en marge): Renvoyée au ministère de la police générale le 5 floréal an IX (sic). La c. Chateau, demeurant rue des Postes, no 16... est dans la situation la plus déplorable... son mari qui a fui une rigueur non méritée, mène loin d'elle une vie errante, livrée aux craintes, à la misère et au désespoir, ce qui a détruit son commerce; se rendra-t-il à une mort anticipée, en emportant sur une plage étrangère le regret... de laisser loin de lui une femme et six enfants, dont quatre dans le plus bas âge?... Chateau est-il un septembriseur? Non, il n'a possédé et ne possède encore actuellement que sa maison de la rue des Postes, laquelle n'est pas en ce moment en valeur et qui est la seule propriété que lui ont laissé ses pères. A-t-il participé... au 3 nivôse? Non, tout le monde peut attester que Chateau, occupé sans relâche dans son jardin, y travaillait depuis un an pour le disposer au printemps à former une maison champêtre pour y vendre du vin... — Revenu de Cayenne en juin 1809 et envoyé en surveillance à Compiègne, il sollicite l'autorisation d'habiter Paris. Sa demande est admise provisoirement le 2 mars 1810, « à la condition de justifier des moyens d'existence suffisants et de fournir caution de sa conduite, sauf à prendre à son égard tel parti ultérieur. »

CHATEAUNEUF père (Joseph Hugot, dit), 40 ans en l'an XII, né à Dijon, chanteur à l'Opéra, beau-père de Philippe-Valery Hugot, dit Chateauneuf, pp. 16, 20, 52. — « Hugot, Chateauneuf, ci-devant acteur et chanteur à l'Opéra de Paris, — âgé de 50 ans, d'un assez beau physique, quoique amaigri par l'âge, demeurant chez le c. Boulay, habitant. Peu de notes sur son compte. » (Note de l'administration des Seychelles).—Une autre note des îles Seychelles dit que Chateauneuf père s'est évadé « à bord d'un portugais, suivant procès-verbal du 28

vendémiaire an XIV».—Pourtant son intention
n'était pas de quitter les îles françaises, puisqu'il vint habiter l'Ile-de-France, où il était encore en 18·9, et où son beau-fils avait de son
côté obtenu la permission de se rendre. Soit
qu'il fut mort, soit à raison de toute autre circonstance, Chateauneuf père ne paraît pas être
rentré dans la mère-patrie après la capitulation de l'Ile-de-France. Son beau-fils seul revint.
—Arles, 20 juin 1811. Mgr, j'ai lu dans les journaux que les Anglais devoit rendre tous les
Français à sa patrie. Mon mari Châteauneuf-
Hugot et mon malheureux fils furent déportés
le 3 nivôse l'an IX pour avoir prêté cent mille
francs. Voilà dix ans qu'ils sont à l'Isle-de-
France, si, par vos bontés, vous pouvez me
donner quelques renseignements pour les ra-
voir, mon fils ayant perdu la vue, j'employerai
tous les moyens que votre cœur me dictera...
(sic). Je suis avec respect et considération. Ha !
si vous m'accordiez votre protection. Je ne
cesse de prier le soleil, notre Dieu, qu'il vous
rende le prince le plus heureux. Fe Hugot, ditte
Chateauneuf, département des Bouches-du-
Rhône. (V. *Chateauneuf fils.*)

CHATEAUNEUF fils (Philippe-Valery Hugot,
dit), parfumeur, né à Paris, le 1er septembre
1767, beau-fils du précédent, pp. 16, 20, 52,
260, 263, 265, 267, 269, 271, 272, 273, 274, 276.
—« Chateauneuf fils, âgé de 30 ans, physique
assez faible, reste à la Digue, où il est instituteur. »(Note de l'administration des Seychelles.)
—Au général Bonaparte la femme Hugot réclame
son fils *aveugle*, déporté... Femme Chateauneuf,
rue Neuve-des-Petits-Champs, n° 25. — Chateauneuf fils qui, en effet, était ou devint aveugle, obtint en 1807 la permission de se retirer
à l'Ile-de-France, à l'hôpital, où il était encore

à l'époque de la capitulation de cette colonie.
— Arles, 15 juin 1813. Philippe-Valeri Hugot,
au duc de Rovigo... « De retour dans ma
patrie, je n'ai trouvé qu'une femme et deux enfants dans la misère ; ne pouvant porter aucun
secours, vu mon malheur, le gouvernement
m'a permis de choisir un pays à Arles en Pro-
vence. Je vis de quelques secours de bonnes
femmes. Le gouvernement a toujours eu soin
de moy tout le temps de ma déportation. » Il
demande une pension ou l'entrée aux Quinze-
Vingts, ou à Arles... (Signé : *Femme Hugot*, sans
doute à cause de la cécité de son mari.)—Préf.
Bouches-du-Rhône à pol., 22 août 1813... « Conformément à votre lettre du 6 de ce mois, j'ai
fait arrêter Valery Hugaut, qui était en surveillance à Arles, et j'ai chargé le capitaine de gendarmerie de le faire transférer à Pierre-Chatel.
Il partira par la première correspondance de
gendarmerie de la prison de Tarascon, où il
est détenu. » (*V. Chateauneuf père.*)

CHAUMETTE (femme). — Marie-Claude Duflocq, femme divorcée du c. Guillaume-René
Chaumette, âgée de 49 ans, rentière, native de
Paris, y demeurant rue Bordet, n° 44, pp. 14,
15. — 22 vendémiaire an VIII. Le c. concierge de la maison de détention de Pélagie
laissera communiquer, en se conformant aux
lois, la citoyenne Duflocq, demeurant rue de la
Licorne, n° 31, division de la Cité, âgée de
48 ans, avec le nommé Moutardon, qui y est
détenu, et s'il n'est pas au secret. Les administrateurs municipaux. — 22 germinal an IX.
« Arrêtée depuis le 5 nivôse, » elle demande
sa mise en liberté. — Pétition sans date. Elle
demande à être jugée et à connaître son sort.
— Autre pétition demandant sa liberté, appuyée
par ses sœurs... « Ma famille ayant besoin de

moi pour un partage de bien, duquel il me fallait un acte de notoriété... moi et ma famille auraient à risquer que cet acte fut daté d'un lieu destiné à renfermer le crime, et néanmoins où je suis confondue... » — 9 messidor an IX. Préf. à min. (sur une pétition de la femme Chaumette).... Tous les rapports sur sa conduite et ses liaisons avec les ennemis du gouvernement n'ont jamais varié. — Des Madelonnettes, le 18f. (sic.) Femme *Durie-Quervelle?* à pol. générale. « Ce pour vous assure de mon profon respet a même tan poure vous dire que la citoyen Chomé a dite devan moi et dame que si elle ete sure d'avoier 12 fame come elle pari cero bien tos sans desous et de plus que les premic consuls ne cero plus care que ceux qui on atante à sa vie ete de maladroi care si cetes elle quelle ne laura pas maqué. » — 21 fructidor an IX. Préf. à min. pol. Je crois devoir vous adresser le procès-verbal ci-joint où vous trouverez consignées les déclarations faites par deux détenues aux Madelonnettes, relativement à des discours aussi dangereux que méchans, tenus par la femme Chaumette, renfermée dans cette maison. — L'an X de la république française une et indivisible, le 24 vendémiaire, 3 heures moins 1/4 de relevée. Procès-verbal de perquisition dans la cellule de la prisonnière et à son domicile, 42, rue Bordet, division des Plantes. Saisie de papiers. — Je soussigné, chirurgien des prisons du département de la Seine, etc..., certifie que la nommée Duflocque, femme divorcée Chaumette, détenue à la maison d'arrêt des Magdelonnettes, est arrivée malade dans cette maison, qu'elle a été mise à cette époque à l'infirmerie de laditte maison à raison d'une afection de poitrine, et qu'elle y est restée environ deux mois, et qu'elle en est sortie guérie. A Paris, ce 20 vendémiaire an X. Didier. — Elle écrit au grand-juge, 5 frimaire an XI: « Je jouis d'une mauvaise santé, je ne puis me procurer aucune douceur, ni même du feu, nous n'avons que du pain bis et de l'eau... » — 26 frimaire an XI. Elle écrit encore au grand-juge : « Les vexations que nous avons éprouvé et confondues parmi le crime, les horreurs qui se commette dans cette maison, enfin mon cœur qui ne connu jamais le crime étant révolté de tant d'horreur, l'on a hourdi contre moi ce qu'il y avait de plus affreux, l'on m'a réduit dans un cachot 22 jours et le c. Horien et Brothier sont témoins des horreurs que l'on m'a fait soufrir, me trouvant baignante dans mon sang, d'une perte qui a duré 26 jours, ou j'étais sur la paille sans drap. M. Houceur (?), inspecteur, me fit donner un matelats et des draps, enfin j'ai été si mal que l'on fut obligé de faire passer la nuit à une prisonnière auprès de moi... » — 24 nivôse an XI. Police secrète. Dubois à grand-juge. ... La première (Chaumette)... a subi plusieurs arrestations qui n'ont fait qu'aigrir son caractère, et avant sa dernière arrestation sa conduite et ses liaisons avec les ennemis du gouvernement n'ont jamais varié... Jeanne-Françoise Colombe est une fille, etc... J'estime, c. grand-juge, que ces deux femmes ne peuvent être mises en liberté qu'à la condition de quitter Paris. — 11 thermidor an XII. Lenoir Laroche, président de la commission sénatoriale de la liberté individuelle, à pol. Il a été adressé à la commission une réclamation de Marie-Claudine Duflocy, femme Chaumet. Elle expose qu'elle est détenue depuis 3 ans et 7 mois, sans connaître les motifs de

sa détention et sans avoir subi aucun interrogatoire, Elle réclame sa liberté ou sa mise en
jugement. — Elle écrit au min. pol. 22 thermidor an XII : « J'ai demandé en vain à paraître
devant mes délateurs, pour les confondre, étant
la honte de mon sexe, et ne cherchant à (s'extraire?) d'une peine infamante par leurs faus-
ses dénonciations... Je ne puis être entendue... » — 23 therm. an XII. Dubois à min. pol.
Dès les premiers troubles de la révolution, la
femme Chaumette a été signalée comme un
des agens les plus actifs des ennemis de l'ordre et de la faction anarchique. Il n'est pas de
femme plus dangereuse. Je pense donc qu'il
n'y a pas lieu à rapporter l'arrêté précité. —
Madelonnettes, 7 fructidor (an XII)... « En captivité depuis 14 mois..., je réclame ce qu'on accorde aux gens détenus d'ordre du gouvernement... » — Dubois à min. pol., 7 fructidor
an XII. La femme Chaumette demande à se
rendre à Château-Thierri, Marne (sic), où elle
possède un petit bien qui doit lui procurer des
moyens d'existence. J'estime qu'il y a lieu de
la mettre en liberté, à charge de se rendre de
suite à cette destination sous la surveillance de
l'autorité locale. (Adopté.) —24 fructidor an XII.
Préf. pol. « Je fais surveiller son départ. La
femme Chaumette mérite l'attention particulière de la police, à cause de l'exagération de
ses principes révolutionnaires. » — Femme
Lafont, rue Galande, nº 53. Sa sœur, la femme
Chaumette, ne vit que de la vente de ses effets,
elle ne peut subsister à Château-Thierry. Il lui
faut la permission de se rendre à Paris dans
sa famille. (Lettre sans date.) — V. *Femmes
détenues*.

CHAUSSEBLANCHE, pp. 196, 199.

CHEVAL (Charles-Auguste), né à Evreux

(Eure), bonnetier, ex-inspecteur de police, 52 ans en 1808, pp. 16, 20, 52, 150. — 6 floréal an X. « Des ennemis secrets mirent tout en usage pour le perdre... Il a, dit-on, été question d'un dîner fait le 4 frimaire an IX, dans lequel on prétend avoir vu figurer Augustin *Cheval*; ce fait est démenti par le chef de la 3º division de la préfecture de la Seine (le cit. Lechat), qui atteste que le c. Cheval se trouve porté sur l'état de présence des auxiliaires pour le travail du soir à la date de ce jour 4 frimaire. Sur l'exécrable affaire du 3 nivôse, eh bien, citoyen ministre, ce même jour (3 nivôse), Augustin Cheval remplissait gratuitement des devoirs sociaux envers ses voisins. Il aidoit à un arrangement de meubles, le c. Béranger, chapellier, rue des Francs-Bourgeois, dont il ne sortit qu'à 8 h. du soir... Vous rendrez à une femme... et à deux enfants abandonnés un père tendre, nécessaire à leur existance... Signé : (femme Cheval). — « Cheval, marchand bonnetier de Paris, âgé de 50 ans, d'un physique assez robuste, n'ayant point marqué dans la Révolution, aimé dans la maison où il reste (Elène Aloche), assez mal noté, sans aucune plainte formelle contre lui. » (Note de l'administration des Seychelles.) — 11 germinal an XIII, grand juge à min. pol., lui transmet pétition : Adelaïde-Geneviève Talon, femme Cheval, rue du Marché-Palus (?), 42, son époux employé à la préfecture du département, elle demande le retour de son mari. — Une note de l'administration des Seychelles (1808) qualifie Cheval de marchand mercier-bonnetier, employé dans les bureaux du département de la Seine. Cette note ajoute que Cheval a servi dans les troupes de ligne, infanterie et cavalerie, pendant 5 ans, et qu'il a quitté le service

avec le grade de maréchal-des-logis en chef.
— En 1809 il est à l'Ile-de-France, et y exerce
la profession de marchand.

CHEVALIER (Claude-Louis), teinturier, né à
Nantes, 37 ans en l'an IX, demeurant à Paris,
rue Thibautodé, n° 11, pp. 16, 20, 57.— « Artificier de son état, frère de celui compromis dans
l'évènement du 3 nivôse, ayant eu quelque
temps l'esprit aliéné, physique ordinaire, âgé
de 40 ans, reste chez le c. Mence, ance aux
pins. » (Note de l'administration des Seychelles).
—Le dossier contient deux extraits certifiés indi-
quant que Claude Chevalier a été extrait de Pélagie, conduit à Nantes et embarqué. — Marie-
Françoise-Nicolle Forgemolle, femme de Louis-
Claude Chevalier, teinturier, demeurant à Paris,
r. St-Honoré, 1419, annonce au g. juge qu'elle
a pour ses affaires un besoin indispensable de
l'arrêté qui déporte son mari. Il n'y a point eu
de Chevalier déporté au 3 nivôse. Il n'y a eu
qu'un seul Chevalier, artificier, qui, dans ses
interrogatoires, prenait aussi cependant la qualification de teinturier, qui a été fusillé... (Note
de police.) —La note ignore, comme on voit,
l'existence du dép. Claude Chevalier, lequel
était en réalité le frère du Chevalier condamné
à mort pour avoir construit une soi-disant machine infernale. — Marie-Françoise-Nicole Forgemolle, âgée de 27 ans (rue St-Honoré, maison
Décailler, lingère, 1.419), femme de Claude
Chevalier, âgé de 40 ans, arrêté le 5 nivôse
an IX, et déporté depuis ce temps à l'isle de
Chessel (Seychelles), a l'honneur de vous exposer qu'elle se voit privée de son mary depuis
4 ans, sans espoir de se voir réunir à lui. En
conséquence, elle supplie humblement Mgr de
jetter un regard..., n'étant que journalière,
manquant souvent d'ouvrage, obligée cepen-

dant de soutenir sa petite famille..., de vouloir bien accorder la permission de divorcer, sans qu'il lui en coûte aucuns frais..., ce qui lui faciliterait... à ses enfants un second soutien dans un second mari... Depuis son malheur, ils (les enfants) sont à la charge de leur grand-père, qui n'est pas fortuné... La nécessité où je suis réduite semble justifier la demande... Il en a bien coûté à mon cœur... Mais enfin, il faut briser des liens... — En 1809 (15 juin), Chevalier était encore aux Seychelles (île Praslin).

CHOUDIEU, député, pp. 16, 156, 157. — V. *les Biographes*. — 22 nivôse an IX, ordre de le conduire à Saintes pour être interné à l'île de Rhé ou à l'île d'Oléron. — 23 nivôse an IX. Préf. pol. à min... « A l'égard de Choudieu, il n'a pu être arrêté jusqu'à présent; si je parviens à le découvrir, je vous en instruirai de suite. »

CHRÉTIEN (Pierre-Nicolas), membre des Jacobins, juré révolutionnaire, cafetier, pp. 16, 52, 102, 126, 130, 131. — V. *les Biographes*. — Le dossier ne contient rien sur le sort de Chrétien, mais des rapports de police sur la surveillance dont son café est l'objet. Le café Chrétien avait été pendant la Révolution très fréquenté par les patriotes. « Le c. *Barbié*, rédacteur du journal d'indication rue d'Argenteuil, a entendu des individus sur le boulevard, dire, après l'explosion : « enfin le B... a sauté » puis après : « c'est sa faute pourquoi ne va-t-il plus à Malmaison ? » Une note dit que c'est le fils Chrétien qui a dit : « il a donc sauté ? » Deux individus qui buvaient chez Chrétien avaient auparavant manifesté leur impatience de ce qu'ils n'entendaient aucun bruit, après l'explosion ils sortirent du café, disant « que c'était la fusillade de *Biniouski* qu'on donnait au

Théâtre Favart. » Autre note donnant le signalement de plusieurs personnes , sans doute d'habitués du café Chrétien.

CLAIRE, pp. 223, 224.

CLÉMENCE, p. 4.

COCHET, p. 13.

COLETTE (Claude). — V. *Colette* (Nicolas).

COLETTE (Nicolas-J.-B.), adjudant-général, pp. 16, 163, 166, 209, — figure sur la liste des individus dont le *Moniteur* annonce l'arrestation le 20 nivôse an IX. — « Claude Colette a dit qu'il y avait erreur à son égard, que son prénom était Nicolas et non Claude, qu'il était ex-adjudant et non général, jouissant du traitement de réforme, 39 ans, né à Meudon (Seine-et-Oise) , demeurant à Paris , aux écuries d'Orléans, qu'il existe à la vérité, sur la liste des déportés, un n. Claude Colette, mais que cet. individu a demeuré faub. Antoine, que c'est un ancien gendarme à pied qui se dit vainqueur de la Bastille et qui est actuellement potier de terre. » (Procès-verbal d'extraction de la maison de Pélagie, 26 nivôse an IX.) — Colette (Nicolas) réclame, il prétend n'avoir jamais demeuré faub. Antoine, mais aux écuries d'Orléans depuis 3 ans qu'il est revenu de l'armée d'Italie; il demande du service dans les colonies. Un Claude Colette, faub. Antoine, inscrit sur la liste de déportation, a été recherché. On a arrêté Nicolas Colette, croyant arrêter Claude; le réclamant n'a point habité le faub. Antoine ; il n'y a pas d'identité de personne. On estime qu'il y a lieu de le mettre en liberté. Le gouvernement statuera sur sa demande tendant à obtenir du service dans les colonies. (Rapport du préfet de police.) — Pourtant, on décide que Colette sera envoyé à Oléron (2 ventôse an IX), il part le 10 ventôse

pour cette destination.— Isle d'Oléron, 6 floréal
an IX. Colette, ex-adjudant général, détenu
dans ce fort, à Fouché : « Des gens de mauvaise foi... sur de faux rapports, m'ont fait
porter sur la fatale liste... sous un prénom
qui n'est pas le mien, et un lieu de domicile
que je n'ai jamais habité... Je suis sous les
verrous, sans aucun traitement, perdant le
fruit de 25 années de service, sans interruption et sans reproches... Je ne sais si l'honorable corps dont j'ai fait partie (gardes françaises) et dont il en reste peu serait toujours
victime des ennemis de la liberté et de la République... J'en appelle à vous... (il réclame
son traitement et le régime de l'Isle de Rhé).
Le général Lefebvre, membre du Sénat, vous
attestera qui je suis, ainsi que le général Parin,
Bourrette et Tollède, tous me connaissant. » Il
joint un mémoire pour le 1er consul, où il dit :
« Je suis âgé de 39 ans, sans fortune et sans
état que celui militaire que j'ai embrassé depuis celle de 16 années. J'ai servi la cause de
la liberté et de la République avec honneur,
probité et courage. Je suis adjudant général
depuis le 5 juillet 1703, v. st. Je jouissais du
traitement de réforme... Je rappelle à votre
souvenir l'ordre que vous donnâtes le 25 nivôse an VIII de me faire payer une somme de
1.415 fr. que j'ai déboursé pour le transport
d'objets d'art pour le Muséum national de France
et cent exemplaires des relations des révolu-
tions de Gênes par le c. Girardin, libraire du
tribunal ; le tout envoyé de votre part. Ces
objets m'ont été confiés par le c. Faypoult,
ambassadeur de la République française près
celle de Gênes et maintenant préfet du département de l'Escaut. Les pièces nécessaires
pour certifier la vérité sont sur la lettre et le

passeport qu'il m'a délivré lui-même. Les pièces sont entre les mains du ministre de l'intérieur, bureau du c. Amaury Duval, chef de la section des beaux-arts. » — Il envoie de Cayenne un paquet qu'il adresse au maréchal Lefebvre et intercepté par la pol., il renferme des pièces dont voici des extraits : — Colette à commissaire général de pol. de Bordeaux. Il lui demande le service d'adresser au maréchal Lefebre le paquet ci-joint, il demeure rue Joubert, Chaussée d'Antin, n° 523... parce qu'il est trop loin pour que la lettre lui arrive franche de port, ce qui serait nécessaire. Le prie aussi de lui faire rendre la réponse, « c'est le plus grand service que vous puissiez rendre à un ancien militaire patriote républicain, dont 6 années d'exil sont la récompense de cette ancienne vertu, » Cayenne, 30 octobre 1806. — A maréchal Lefebvre : « Vous n'ignorez pas, mon général, que depuis six années je suis privé de ma liberté personnelle, et pourquoi, pour *causent* de mes opinions politiques, six années écoulées sans avoir pu obtenir la plus moindre justice contre cette acte, dont l'autorité première (le 1er consul avait ordonné par son arrêté du 14 ventos que nous resterions à l'Isle d'Oléron) en avait adoucie la rigueur, comment s'est-il pu faire, général, qu'au bout de trois années, l'on m'est envoyer en surveillance dans cette colonie, où j'ai éprouvé les plus terribles accidents par des causes imprévues et par la rigueur du climat... Aussi est-ce à vous que je m'adresse... oui, à vous seul, général. J'ai besoin de faire usage des eaux thermales, au printemps prochain... ou je suis privé de deux membres pour le reste de mes jours. » Cayenne, 30 décembre 1806, *triplicatat.* — Suit la pétition. « Nicolas-Jean-

Baptiste Colelle, né à Meudon, l'an 1762, au service depuis l'âge de 16 ans, adjudant général le 13 mars 1793, a l'honneur d'exposer à Votre Majesté impériale et royale que depuis le 16 nivôse an IX il est prisonnier d'Etat... que depuis deux ans qu'il est dans cette colonie, deux maladies très dangereuses causées par l'extrême chaleur du climat l'ont presque mis au tombeau, qu'à peine convalescent il fut terrassé par un mulet effrayé par des chiens, de laquelle chute il eut le bras gauche fracturé à la hauteur de la clavicule. Cet accident n'est pas le seul : blessé (à la vérité, dans un combat singulier) au genouil droit, il résulte de ces divers malheurs qu'il demeure estropié de deux membres... » — Autre lettre du même à Lefebvre : «Mon général, c'est trop longtemps souffrir que six années d'exil. J'ai servi comme vous la liberté dès son berceau, et depuis cette époque j'ai occupé différents emplois... J'ai tout fait par zel ce que la loi m'a prescrite, pour le bonheur et la prospérité de la liberté et de la patrie. Qu'ai-je donc fait, général, pour mériter une si longue privation du païs qui m'a vu naître? est-ce 27 années de service sans interruption comme sans reproches (j'ose le dire) et 8 années de guerre, y compris les trois campagnes (dites les trois premières années de la Révolution), qui me font mériter cette acte de privation pour la vie?... » — Meurt à Cayenne à une date non indiquée par le dossier, en 1807 ou 1808.

COLLIN-LACOMBE ou COLLIN DE LACOMBE, p. 13. — Collin de Lacombe... arrêté à la préfecture... prétend n'avoir point eu connaissance de l'arrêté qui le condamne à la surveillance hors Paris. (Note de police sans date.) — Citoyen grand juge. J'ai l'honneur de vous exposer que le c. Collin, mon mari, désire revenir à Paris d'où il a été éloigné il y a quatre mois, sans en connaître le motif. On lui donna ordre de se rendre à la préfecture de police, on lui demanda ses nom et prénoms, ce qu'il avait fait avant et depuis la révolution, et ce qu'il faisait à Paris, ensuite on le conduisit à La Force où il est resté 15 jours. Il sortit de La Force et on lui signifia qu'il ne pouvait rester à Paris, il est depuis ce temps dans le département de l'Allier. Ses affaires le demandent ici pour faire vivre par son travail sa femme et ses enfants. Signé : F. Collin. — Gannat, 24 germinal. Citoyen premier consul. Je jure sur votre épée, que je ne suis nullement coupable, que j'ai constamment été l'ami de l'ordre et de la tranquillité, ce qui, à divers époques, m'a fait proscrire, et cependant voilà onze mois que j'ay reçu l'ordre de m'éloigner à trente lieues de Paris, je suis à quatrevingt ; j'ay une femme et deux enfants à nourrir, qui sans moi ne peuvent se soutenir. Collin, ancien commissaire du Directoire près la 2e municipalité. — Police secrète au c. Grand juge. Dans le tems de la terreur, je me suis exposé plus de cinquante fois à me faire trancher la tête, mais j'ay été bien dédommagé de mes dangers, j'ay eu la satisfaction d'avoir sauvé la vie à vingtdeux pères de famille qui sans mon secours auraient été infailliblement guillotinés. Le c. Collin Lacombe, homme de loi, demeurant dans la mais n de Salm, rue de Lille à Paris, fut arrêté le 3 floréal an X, et exilé à Gannat, département de l'Allier, lieu de sa naissance ; s'il eût été possible de le convaincre d'avoir commis un crime, sans doute il eut été puni : s f ute ne consiste qu'n quelques p oles n discrètes, échappées au huzard, encore ne peu-

on les luy prouver. Ministre paternel, vous êtes
notre grand juge, la balance est entre vos ver-
tueuses mains, daignés mettre d'un côté le pé-
ché de ce père infortuné, et de l'autre tous les
maux qu'il souffre depuis le jour qu'il a été
exillé. En voyant la désolation de sa famille et
la perte de sa fortune jetez un œil de commi-
sération sur sa femme, cette malheureuse
mère, avec ses deux enfants sur ses genoux,
un âgé de quatre ans et l'autre de deux mou-
rant de froid, et l'autre lui demandant du pain
qu'elle ne peut lui donner. Pendant 35 années,
j'ay été dans les cachots de la Bastille, avec
les fers aux pieds et aux mains, couché sur de
la paille sans couverture. Là, dans ces lieux
affreux, j'ay étudié à fond tout ce que le cœur
de l'homme peut souffrir; voisin et par conséquent témoin oculaire de la désolation de la
famille du cit. Collin, j'ose implorer votre justice. Rendez par un seul mot, un époux à sa
femme et un père à ses enfants. Sûr de votre
humanité et de votre justice, j'espère qu'en
peu de jours je conduirai moi-même cette famille désolée à notre paroisse, pour supplier
l'être suprême de vous combler, vous grand
juge et notre premier consul, de ses plus pré-
cieuses bénédictions. Daignez m'honorer d'une
réponse, salut et respect, Latude, ingénieur à
la maison de Salm, rue de Bellechasse, n 567,
à Paris, le 2 floréal an XI. — 19 prairial an XI
(note de Riouffe tribun, en faveur de Collin).
Citoyen grand juge... Le c. Collin me parait avoir autant de droits à la clémence... Ce
pauvre Collin s'était mis à la suite d'une opposition plus étourdie encore que malveillante,
mais il l'avait fait par l'habitude de marcher
depuis longtemps avec certains hommes. Je
crains bien que des ennemis particuliers qu'il

avait dans la police n'aient exagéré ses torts.
J'ai d'assez fortes raisons pour le croire. Collin
a été employé à différentes époques de la révolution, il a rendu de grands services par son
activité, il a dans la section de la Butte-des-
Moulins conservé pendant longtemps une
grande influence, dont il a toujours usé pour
la bonne cause. Il est pur de toute espèce de
crime, il a été placé quelque temps à la police,
et je suis convaincu qu'il pourrait y être très
utile, il connaît tout Paris, a une énorme
clientèle de patriotes de toutes classes. Il est
susceptible de reconnaissance. — Note de police du 21 mars 1806. Collin Lacombe, compris dans l'arrêté du gouvernement du 17 nivôse an IX, et maintenant en surveillance à
Gannat Allier, sollicite depuis longtemps la
permission de revenir à Paris. On ne peut que
reproduire la nouvelle sollicitation du sr Collin Lacombe (en marge: insérer au *Bulletin*.)

COLOMBE (Jeanne-Françoise, fille). — Pp. 14,
352. — 21 avril 1809. Extrait d'un état de détenus
par mesure de haute police dans le 4ᵉ arrondissement qui ont été examinés par la commission du contentieux et dont les pièces ont
été renvoyées à S. E. le grand-juge... La fille
Colombe est comprise dans l'arrêté des consuls
du 16 nivôse an IX .. C'est une fille publique,
sans moyens d'existence, et qui a été longtemps
liée avec Metge dont elle a eu un enfant. —
Cette pièce semblerait indiquer qu'à cette date
elle n'est pas encore mise en liberté. — V.
Femmes détenues.

COPIN (Pierre), 28 ans. — P. 13. — 24 nivôse
an IX, en exécution de l'arrêté du 17 nivôse est
envoyé en surveillance à Mayenne. — Copin à
min. justice (qui renvoie à police). Pierre Copin,
ex-agent de pol. en surveillance, à Mayenne,

par erreur, depuis le 22 nivôse dernier en maison d'arrêt le 3 messidor an IX. J'ai obéi aux ordres du gouvernement qui par erreur, m'a forcé, sauf à réclamer, de sortir de Paris sous vingt-quatre heures et de me rendre dans cette ville. Depuis mon arrivée j'ai été assujetti de me rendre deux fois par jour à la mairie, ce qui a été fait. Jusqu'à ce jour... les motifs qui ont occasionné le ministre de la police de me mettre en surveillance me sont absolument inconnus, ce qui a donné lieu aux membres composant le tribunal de cette ville à dire que j'étais un espion envoyé du premier consul, et que l'on ait à se défier de moi, ce qui m'occasionne plusieurs invectives injurieuses. — Le père, la mère, le frère, la femme et les amis de P. Copin à pol. gén. « Pierre Copin, ci-devant inspecteur de police, supprimé en l'an VIII, par mesure d'économie, marié, propriétaire du chef de sa femme, domicilié à Paris depuis plus de 20 ans, blessé au service de la patrie... après plusieurs jours de détention on l'a mis en liberté, en lui retirant sa carte de sûreté... a obtempéré... en se rendant à Versailles ou, à cause de maladie, on lui a permis de séjourner une décade... Il a un père, une mère dans la vieillesse, un frère, deux enfants en bas âge, enfin sa femme enceinte d'un troisième .. un procès pendant au tribunal de la Seine qui nécessite ici sa présence... — Police secrète. Pierre Copin, agent de la préfecture de police, destitué pour sa mauvaise conduite et l'inexactitude de ses rapports a été expulsé .. Il paraît que la division administrative qui ignorait cette disposition a, depuis, authorisé Copin à aller à Alençon, et ce département est un de ceux dans lesquels Copin ne peut résider, d'après les dispositions du même arrêté des con-

suls du 17 nivôse an IX. Le préfet de l'Orne
auquel il avait été écrit pour savoir pourquoi
Copin n'était pas dans le lieu fixé pour sa résidence a répondu que le changement avait été
authorisé par une lettre du grand-juge du 20
vendémiaire.— Lettre du commissaire du gouvernement près les tribunaux criminel et spécial de la Sarthe au c. Copin, 27 thermidor an
XI, qui l'invite à lui envoyer des renseignements : « Indiquez-moi avec détails... Je pro-
fiterai avec reconnaissance des notes confiden-
tielles que vous me donnerez à cet égard. Salut
et considération. » — Alençon, 13 frimaire an
XII, Copin à Regnier, grand-juge. Je viens de
recevoir, citoyen ministre, un accusé de réception relatif à un rapport que je vous ai fait
contre les nommés Lemoine et Botte, huissiers
de cette ville, en outre de ceci, ils vienne de
m'arriver un événement singulier. Pour récompenser les bons services que j'ai rendus à la
République, le préfet de l'Orne vient d'exercer
un acte arbitraire envert moi... soi-disant par
vos ordres. Je vous ai adressé à ce sujet un paquet chargé à la poste d'Alençon, le 10 de ce
mois... depuis trois ans de surveillance, j'ai
fait arrêté considérablement de voleurs à mes
frais, et ici on m'en fait un crime. Je suis un
ami du gouvernement qui déteste les fripons,
ce même préfet m'a arrêté treize certificats de
grands services rendus à la République à moi
délivrés par le préfet de la Mayenne, de la
Sarthe, et ces certificats je les ai fait colation-
ner par le maire de cette ville, et c'est en les
voulant faire légaliser qu'ils m'ont été arrêté,
crainte que je vous les envoye. Je ne crois pas
qu'on puisse me faire un crime de poursuivre
les brigands et conspirateurs contre l'Etat. Au
moins seize cents ont été par moi détruits et

fait juger conformément aux lois. — Copin est
au dépôt de Bicêtre, le 16 frimaire an XII; il écrit
au grand-juge pour se plaindre. — 30 *frimaire an XII*, Alençon. P. Copin à Regnier,
grand-juge. « Pour le bien de la Patrie et de
votre personne, faites-moi traduire devant le
commissaire du gouvernement près le tribunal
criminel spécial de l'Eure sous 24 heures. Que
je sois conduit de brigade en brigade par la
gendarmerie nationale pour ne donner aucun
soupçon. Vous recevrez des témoignages de reconnaissance, en vertu d'une lettre reçue de
vous le 9 frimaire dernier, signée : Regnier, et
sur d'autres objets que vous avez fait exécuter
d'après mes rapports... — Il résulte de l'ensemble du dossier de Copin que cet individu
est un agent particulier du grand-juge. Nombreuses et curieuses pièces. Le préfet de police
et même Fouché paraissent ignorer cette situation. — 6 nivôse an XII, préf. Orne à grand-
juge : en exécution des ordres du 2 de ce mois...
les ordres pour la translation de Copin à Dijon
ont été donnés. — 1 ventôse an XII, le préf.
Côte-d'Or, prévient que le nommé Pierre Copin, en surveillance dans ce département est
décédé le 3 pluviôse à l'hôpital de Dijon.

COQUERELLE, rue du Crucifix. — P. 16. —
Une note transmise le 17 nivôse an XIII, à la
division de la liberté individuelle annonce qu'il
n'a pas été arrêté.

CORCHAND ou CORCHANT (André), fondeur,
pompier, fontainier, président de la Commis-
sion militaire de Lyon, après la prise de cette
ville par la Convention, 35 ans en l'an IX, né à
Rhodez, demeurant à Paris, rue Aumaire, 75.—
Pp. 4, 16, 87, 102, 108, 114, 117, 119, 125, 304, 377.
—V. *les biographes.*—Mar. à Mme Corchand, rue
Aumaire, n° 75, 17 prairial an XI. Vous de-

mandez, madame, des renseignements sur l'existence de votre mari, déporté à l'isle d'Aujouan. Le min. me charge de vous annoncer que le c. Corchant a quitté l'isle d'Aujouan le 2 prairial an X, pour se rendre à la côte de Zanzibar. — On sait (p. 125) que Corchant mourut à Zanzibar.

CORDAS (Jacques), dit *Bourgeois*, demeurant à Paris, rue des Ecrivains, né à Saint-Lô (Manche), brodeur ; un état de détenus lui donne aussi la profession de « maître de déclamation ». — Pp. 16, 163, 175, 209 — *V. les biographes.* — 3 ventôse an IX. Préf. pol. à min. pol... J'ai fait arrêter, ce matin, le n. Jacques Cordas, inscrit sur la liste des individus à mettre en surveillance spéciale hors du territoire européen de la République. Je vais le faire transférer à Pélagie. — Interné à l'île d'Oléron le 10 ventôse an IX, noté comme « assez tranquille » pendant sa détention. — Décédé à Cayenne. L'acte de décès dit qu'il est veuf avec une fille de son mariage, que Paris est son dernier domicile et qu'il est âgé de 50 ans. Pourtant l'état d'embarquement lui donnait 55 ans en l'an XII. — Mar. à M¹¹ᵉ Cordas. Paris, 10 janvier 1809. Vous avez demandé, mademoiselle, par votre pétition du 25 avril dernier, adressée au ministre de la marine et des colonies, l'extrait mortuaire et le bref état de la succession du sʳ Jacques Cordas, votre père, décédé à Cayenne le 14 avril 1807. S. E. me charge de vous transmettre ici la première de ces deux pièces. A l'égard de la succession dont il s'agit, elle est portée dans l'état de situation des succes-ions vacantes dans la Guyane française, à la somme de 953 fr. 75 c.

CORSAINT. — P. 13.

COTTEN ou COTTIN (Claude), adjudant général de l'armée des Antilles. Dép. de la Guadeloupe en France sur la *Cornélie*.— Pp. 221, 223, 231, 237, 238.

COUTRAS ou COUTRA (Philippe-Marie).— P. 13. — Citoyen ministre, sachant que depuis longtems Coutras est sous le coup de la loi et que, non content de tout le mal qu'il a déjà fait, il a eu l'audace et la scélératesse de vous dénoncer vous-même au 1er consul, je crois devoir vous dire l'endroit où il est bien facile de l'arrêter, puisqu'il y couche toutes les nuits, etc... Votre servante, fe Lagrange. Paris. 10 pluviôse 9e année, 68, rue Thionville, près le carrefour de Bussy. (En marge : Donné note au préfet de police Il couche chez le c. Daspierre, chef des évolutions militaires de l'Opéra, rue Montorgueil, passage du Saumon.)— 8 ventôse an IX. Préf. à min. pol... Il n'a point été trouvé au domicile de Daspierre – Préf. de pol. Paris, 17 germinal, an IX. Je prie le c. Coutra de venir me parler demain 18, à 9 heures, pour l'affaire dont est question. (Paraphe). (Le papier de ce billet est coupé net en carré d'un coup de ciseau, comme si on voulait cacher un postscriptum).— Pol. gén. Patrice souhaite le bonjour à l'ami Bertrand Il le prie de lui marquer s'il est vrai qu'i emploie Coutra. Ré, onse sur le même papier : Coutra a proposé deux affaires qui n'ont pas réussi. On ne l'emploie point. On ne le trouve même point. C'est un bien mauvais sujet B. (Paraphe .— 0 prairial an IX... Pardevant nous, Pierre Fardel, substitut magistrat de sûreté du 1er arrondissement, a été amené par ordre du ministre de la police le c. Coutras... Je m'appelle Philippe-Marie Coutras, âgé de 26 ans, sans état, natif de Toulouse, demeurant à Paris, rue de Thionville, n° 68..., ma mère me nourrit. Je cherche à

rentrer à la police. D. Pourquoi vous êtes-vous
soustrait à l'arrêté des consuls du 17 niv. dernier? R. Je ne m'y suis point soustrait. Le c.
Bertrand, de la préfecture, m'envoya chercher
un soir et me dit que si je voulais être utile à
la police je ne serais point inquiété. Voilà pourquoi j'ai resté tranquille. D. Avez-vous la lettre
que le c. Bertrand vous écrivit à cet égard? R.
Oui, la voilà. D. D'où vient qu'elle est déchirée
et qu'il ne reste que trois lignes et les deux
bouts. R. Je vous garantis que la vérité est dans
ce que je vous dis. — Citoyen chef du bureau
particulier, de faux rapports m'accusent de faire
la contre-police. J'ai bien des choses à répondre : 1° Personne plus que moi n'est intéressé
à ne pas attirer les regards de la police, vu les
tracasseries que j'éprouve depuis longtems. Je
donne le défi à mes délateurs de prouver leur
imposture ; 2° Un homme qui fait la contre-police ou des affaires pour son compte doit être à
son aise, et moi et ma malheureuse femme
couchons sur une paillasse avec un seul drap,
mon dernier matelat ayant été vendu il y a peu
de jours pour vivre. Je vous prie de faire vérifier le fait. Je loge rue de Thionville, n 68,
vis-à-vis celle Contrescarpe, chez Baty, marchand frangier, au 1°. J'ai les moyens de servir
la police que mes ennemis n'ont pu m'ôter,
mais il me manque des moyens pécuniaires.
L'émigré Dastorgue, qui est sous mandat et
dont le complice Rougier est détenu au Temple, est à la tête des nouveaux assassins qui
méditent la perte du 1° consul. Je peux le faire
arrêter, mais, ce qui est encore plus utile, je
peux le découvrir et déjouer leurs projets, qui
ont pour but de venger St-Régent, etc. Le
faux timbre de la préfecture de police circule
dans Paris et sert de passe aux gens plus que

suspects. Je peux aussi le faire saisir. Sy je suis assez malheureux pour ne pas obtenir ma demande, daignez, citoyen, me faire transférer à la grande Force, prison qui est la seule où ma mère pourra me secourir, attendu que son âge et ses infirmités lui interdiroient une course plus grande. P.-M. Coutra, ex-aide de camp de l'armée de l'intérieur, membre de la Société des Arts, à Paris depuis vingt-un ans. Le 9 prairial an IX.— Voicy 18 jours que je suis détenu, mon arrestation n'a d'autre cause que mon exil, j'ai cependant offert d'obéir... Le c. ministre, quoique trompé sur mon compte par de faux rapports, ne sera point injuste à mon égard. D'ailleurs, comme vétéran de la Révolution et républicain malheureux, j'ai droit à sa bienveillance. Lyon est un vaste champ pour un observateur zélé et intelligent... P.-M. Coutra, à l'infirmerie de Pélagie, 27 prairial an IX...— Prairial an IX. Min. à préf. transmet une pétition de Coutra... Vous le ferez mettre en liberté, et vous lui délivrerez un passeport pour se rendre à Lyon dans le délai de 3 décades. — 18 fructidor an IX. Com. gén. pol. de Lyon à min. pol. La gendarmerie a traduit hier pardevant moi, en vertu d'un ordre du préfet de police, le n. Philippe-Marie Coutra, que vous m'aviez annoncé, par votre lettre du 6 messidor dernier, devoir se rendre à Lyon dans quinze jours. J'aurai soin que la plus exacte surveillance, etc...

COZZETTE (Pierre). — P. 10. — Une note transmise le 17 nivôse an XIII à la division de la liberté individuelle, annonce qu'il n'a pas été arrêté.

CRÉPIN OU CRESPIN (Jacques), compagnon tabletier, né à Paris, 47 ans en l'an XII, d'après une note, 49 ans, d'après une autre. — Pp. 10.

175, 209. — Figure sur la liste des individus arrêtés publiée par le *Moniteur* (20 nivôse an IX). — Pétition de thermidor an IX : Jacques Crespin est un ouvrier père de famille et ses deux enfants sont en bas âge. Par mesure de sûreté il s'est vu ravir sa liberté; en différentes fois le juge de paix de la division de la Fidélité a demandé qu'il fut libre sous sa responsabilité et jusqu'à présent point de réponse du ministre de la police générale... — A pol. générale. Marguerite-Ursule Gagenreaux, femme Crespin fait une pétition pour son mari. — Crépin est mort à Cayenne le 8 vendémiaire an XIV.

CROSNIER (Pierre), rue des Postes. — Inscrit sur la liste de déportation du 14 nivôse an IX. Le dossier ne dit rien de lui, si ce n'est qu'il a été arrêté et reconnu le 27 ventôse an IX, détenu à Pélagie, puis envoyé à Oléron. — V. Crosnier (Jean-Louis).

CROSNIER ou plutôt CRONIER (Jean-Louis), 48 ans en l'an XII, né à Villiers-Adam, dégraisseur (un autre document le qualifie de jardinier). — Pp. 16, 103, 164, 209. — Figure sur la liste, publiée par le *Moniteur*, des individus arrêtés à la date du 20 nivôse an IX. — Crosnier (Jean-Louis), rue Bailleul, jardinier (réclamé par son épouse et par son frère, capitaine adjudant de place). Un Crosnier, rue des Postes, est inscrit sur la liste. Par suite de recherches, on a arrêté Jean-Louis de la rue Bailleul, comme étant le Crosnier de la rue des Postes, d'où celui-ci était disparu. Jean-Louis est réclamé par son épouse et par 20 citoyens jouissant d'une bonne réputation, et tous déposant de sa moralité, il n'est point le Crosnier porté sur la liste, celui-ci n'a aucune infirmité et le réclamant est privé d'un œil, il n'y a point identité de personne, on observe que Jean-Louis, *maintenant détenu*, a été indiqué dans les papiers de Babœuf comme *pro re à un coup de main*. Le gouvernement est prié de statuer. (Rapport du préf. de pol. 27 pluviôse an IX). — La décision fut que Jean-Louis Crosnier serait mis en surveillance à Oléron (décision du 1er consul (2 ventôse an IX), parti pour cette destination le 10 ventôse, à 7 heures du matin, il y arrive le 2 germinal, il est indiqué sur les pièces relatives à ce voyage comme habitant Paris, 344, rue de Bethisy, au moment de son arrestation. — Sevestre, mes. (messager?) d'Etat, palais du Corps législatif à min. pol., 12 germinal an IX. Je me suis présenté le 9 à votre bureau . le véritable prévenu est Pierre Crosnier, arrêté le 27 ventôse dernier, demeurant rue des Postes et actuellement détenu à la prison de Pélagie et non pas Jean-Louis Crosnier, déporté à Oléron, sans avoir d'autre reproche à se faire que celui de porter un nom proscrit .. — 21 floréal an 9, préf. de la Charente-Inférieure envoie à min. pol. une lettre de Jean-Louis Crosnier. « Ma famille à fait des démarches: il lui fut répondu dans les bureaux de la préfecture de police que l'arrestation du véritable Crosnier déterminerait seule ma sortie. Le dernier convoi de déportés arrivés ici le 23 du courant a produit l'autre Crosnier, et sans rien préjuger contre ce citoyen que je ne connais pas, je m'adresse à vous... Le Crosnier porté sur la liste dressée à la suite du sénatus-consulte a un S pour quatrième lettre de son nom, et moi j'écris le mien sans S. Salut et respect, *Cronier.*» — 28 messidor an IX. Rapport aux consuls. En recherchant le n. Crosnier, demeurant rue des Postes... Inscrit, etc., on arrêta Jean-Louis

Crosnier, demeurant rue Bailleul, comme étant
le Crosnier de la rue des Postes. Celui-ci s'était
soustrait... Le préfet de police avait observé
qu'il n'y avait pas identité. Cependant, comme
le Crosnier inscrit sur la liste n'était pas arrêté,
que Jean-Louis Crosnier était désigné dans les
papiers de Babœuf comme propre à un coup
de main, vous décidâtes le 4 ventôse dernier
qu'il serait envoyé à l'Isle d'Oléron. Jean-Louis
Crosnier est arrivé à sa destin., sa femme réclame, et le préfet de police m'informe que le
Cro-nier de la rue des Postes est arrêté et reconnu, il pense qu'il y a lieu de rapporter la
mesure en ce qui concerne Jean-Louis Crosnier, réclamé par 29 citoyens déposant de sa
moralité. Le min. propose d'adopter l'avis du
préf. de pol. — Malgré les documents qui
précèdent, Jean-Louis Crosnier fut dép. à
Cayenne, et en regard de son nom, la mention
suivante fut placée sur l'état d'embarquement :
« le préfet de la Charente-Inférieure le désigne
comme très suspect, dangereux. » — Mort à
l'hospice de Cayenne le 27 floréal an XII.

DALOYAU Pierre-Jean-Baptiste) ou DAL-
LOYAU, — Pp. 13. — Daloyau, ex-inspecteur. Il a
toujours tenu la plus mauvaise conduite (note
de police). — Une autre note le qualifie d'ancien gendarme. — 21 nivôse an IX, il est extrait de la maison de Pélagie et envoyé en
surveillance à Vendôme (Loir-et-Cher), en exécution de l'arrêté du 17 nivôse. — Madeleine
Girard, femme Daloyau, au préf. pol..., a
l'honneur de vous exposer que pour des causes
trop puissantes, elle s'est vue forcée de poursuivre son divorce contre son mari; que son
mari, par l'effet de la prudence que vous commande le poste que vous occupez, est obligé
de quitter Paris et de s'en éloigner de 40 lieues,

que cet ordre de vous est déjà exécuté et que le c. Dalloyau est maintenant en route pour se rendre au lieu de sa destination. Cependant, l'exposante se voit frustrer du bénéfice de la loi du divorce qu'elle invoquait, par l'absence de son mari, avec lequel il devait être prononcé contradictoirement le 1er pluviôse prochain. La mesure de sûreté que vous avez prise vous-même, citoyen préfet, contre le c. Dalloyau, doit vous prouver combien était nécessaire et combien serait plus urgent le divorce qui doit la séparer d'un homme que vous avez jugé à propos d'éloigner. Pourquoi et dans cette circonstance, l'exposante vous prie, citoyen préfet, de permettre au c. Dalloyau la rentrée à Paris le 1er pluviôse prochain pour que le divorce puisse être prononcé.

DAMIAN (Bruno) et non BRUNOT ni DANDIEU, v. ces derniers noms, dép. de la Guadeloupe en France sur la *Cornélie*, pp. 221, 223.

DANDIEU ou plutôt DAMIAN (Bruno), v. ce dernier nom, pp. 221, 223.

DAUBERMESNIL, député, pp. 4, 5. — *V. les Biographes*.

DAVID (François ou Pierre-Laurent, marchand de vin, rue du Théâtre-Français, pp. 10, 175. — Figure sur la liste des individus arrêtés à la date du 20 nivôse an IX. — 25 messidor an IX... Femme David au 1er consul : Mon mari est détenu depuis quatre mois à la Force, quoique âgé de 52 ans, il est déjà infirme comme s'il était dans l'âge le plus avancé... on a reproché à mon mari ses opinions... le gouvernement fort.. s'inquiète peu des opinions, il ne s'occupe que des faits, et à cet égard je ne crois pas qu'on puisse en imputer à mon mari...— 20 prairial an X. Femme David, demeurant maison du c. Dutrône, rue du Théâtre-

Français, n° 12... écrit en faveur de son mari détenu à la Force depuis 18 mois... — Autre pétition... 3 nivôse: A cette époque, le c. David, mon mari, était malade et gardait le lit depuis longtemps...— Pendant son internement à Oléron, David est noté comme « très tranquille. » Un état dit de lui: « Compris dans le sénatus-consulte du 15 nivôse, ses opinions exagérées et ses manœuvres séditieuses, donnèrent lieu à cette mesure. » — David ne fut pas embarqué.

DECLERCQ, député. — Pp. 5. — *V. les Biographes.*

DEFONTAINE ou **FONTAINE** (Pierre), né à Gurgy-le-Château (Aube), 52 ans en l'an XII, orfèvre.—Pp. 17, 209. — Defontaine (Marie-Adélaïde Verneuil, femme de). 2 vend. an X. Supplique au 1er consul. Son mari s'est équipé à ses frais, a combattu aux frontières, il a été vaillant et il est devenu lieutenant, maintenant il est orfèvre, quai Pelletier...— Le maire de Toulouse écrit qu'il a arrêté Defontaine le 11 fructidor an X. Defontaine était sans passeport. On lui demande pourquoi; il dit qu'il a des raisons pour n'en pas avoir. Comment? Parce qu'il aurait été arrêté s'il en avait demandé, à cause de l'acte de déportation sur lequel il est inscrit. Il venait, dit-il, régler à Toulouse des affaires de son commerce, et se proposait ensuite d'aller spontanément se rendre. Il demande à être envoyé à sa déportation. Demeure à Paris, rue Perpignan. — Le 21 fructidor an X, le préfet de Saintes est avisé qu'on le lui envoie de Toulouse pour être interné à Oléron. — Defontaine écrit au min. police pour réclamer son prompt départ, ou la ville de Toulouse pour prison. .— Le général Savary s'intéressé vivement à ce dép. et le recommande, sur la prière de Jean-Baptiste Pretot, neveu de Defontaine, brgadier-tambour dans la gendarmerie d'élite ; cette demande de son rappel de Cayenne est repoussée, ainsi qu'une autre semblable faite par sa femme (refus le 5 floréal an XIII). — Defontaine figure encore sur l'état des dép. existant à Cayenne à la date du 20 brumaire an XIV.

DELABARRE (Robert-Guillaume-Antoine), 51 ans en l'an XII, né à Pont-Audemer (Eure), serrurier.—Pp. 16, 20, 52, 150.—Pierre-Antoine Delabarre fils, au nom de sa mère et de ses frères et sœurs, 964, rue de Sève, fg Germain (sans date), r clame à min. pol. « un père vertueux, propriétaire, compris sans doute par erreur dans l'arrêté du 14 nivôse... Que l'on ouvre les registres de Babeuf, on le verra présenté comme indigne de servir le parti pour raison de sagesse. Dans des tems malheureux, il fut envoyé en mission dans le Calvados, il ne versa que du baume dans les plaies. Il dénonça en plein comité de sûreté générale la conduite atroce de Fouquier-Thinville, et d'après son propre dire, de suite le comité prit un arrêté qui retirait à ce monstre le droit donné par le comité de salut public de lancer des mandats de son gré et sans visa. De plus, il fut nommé membre de la Commune et commissaire pour empêcher les massacres de prisons... — Delabarre. forgeron de son état, père de famille, âgé de 45 ans, caractère dur et difficile, reste à l'établissement du gouverneur, où il ne peut exercer son état, ni même dans la colonie, y ayant quatre forges d'établies. (Note de l'administration des Seychelles). — Delabarre était encore à Mahé (Iles Seychelles) le 15 juin 1800.

DELAPORTE (Antoine-Jean-Baptiste), écrivain public, ci-devant sellier, 49 ans en l'an IX, né é à Montdidier (Somme), demeurant à Paris, rue du Vieux-Colombier, n° 724, au séminaire Sulpice.— Pp. 17, 57, 102, 125. Parti de l'île d'Aujouan le 2 prairial an X, avec les dép. Vanheck et Corchand.

DELBREL, député.—Pp. 5. *V. les Biographes.*

DELRUE (Jean-Baptiste-Edouard ou Jean-Baptiste-Edouard-Joseph), imprimeur.—Pp. 17, 52, 60. — Le 19 nivôse an IX, 7 heures du soir, est extrait de la prison du Temple et conduit à Bicêtre. — Pendant la traversée de France aux Seychelles, le capitaine Bonamy écrit le 20 brumaire an X, de l'île de France au min. marine. « Je perdis pendant ma relâche (à Bourbon) un des détenus le c. Delrue » — Un certificat du chirurgien de *La Flèche* une déclaration de l'agent général d'administration de l'île de la Réunion constatent « le décès et l'inhumation à Saint-Denis du nommé Delrue. »

DERUISSEAU.— Pp. 290, 291.

DERVAL (Nicolas-Joseph). — *V. Duval.*

DERVILLE (Georges-Laurent). — *V. Laurent dit Derville.*

DERVILLE. — « A été arrêté à Toulouse et envoyé de suite à Oléron. » (Extrait d'un état des individus envoyés en surveillance par le sen. cons. du 14 nivôse an IX) Ce document sans date paraît être de l'an X ou de l'an XI. Nous ne savons ce qu'est devenu ce Derville, arrêté à cause de la similitude de son nom avec celui de Laurent Derville qui à ce moment était pourtant déjà dép. aux Seychelles. — *V. Laurent dit Derville.*

DESFORGES (Thomas-Aviss), né à Versailles, employé du Directoire.—Pp. 209.—Il est à l'île d'Oléron en l'an XI. 52 ans en l'an XII, d'après une pièce, 53 ans d'après une autre. — « Son exagération, sa haine prononcée contre le gouvernement, ses liaisons avec Metge et Chevalier ont motivé son arrestation. Tranquille depuis sa détention. » (Note de police.) « Instruit mais intriguant, il peut être employé dans les administrations civiles, en le faisant surveiller. » (Note sur l'état d'envoi à Cayenne). — Mort à La Guyane, le 15 vendémiaire an XIII.

DESFORGES (Marguerite-Antoinette Delaunay, femme). p. 14.—A été arrêtée par suite de l'incarcération de son mari et pour ses liaisons avec les hommes connus pour leurs opinions exagérées. (Note de police, germinal an IX.) — 22 germinal an IX, elle écrit au min. pol. « Mon mari détenu à Pélagie et moi, depuis le 4 nivôse, mes enfants à l'abandon ou à la merci de ceux que l'humanité intéresse. . confondue avec le crime...». — V. Femmes détenues.

DESMAZIÈRES ou DESMARIÈRES (Antoine-Jean-Baptiste), juge au tribunal de Cayenne, dép. de La Guadeloupe en France sur la Cornélie, pp. 221, 223.

DESSAIX, député, p. 4. — V. les Biographes.

DESTREM (Hugues), négociant, député, né à Fanjeaux (Aude) en 1754.—Pp. 3, 4, 17, 47, 156, 157, 158, 159, 166, 173, 209, 244. V. les Biographes. — « L'an VIII... le 21 brumaire, 2 heures 10 minutes décimales (5 heures du matin). Nous Louis-Auguste Laffitte, commissaire de police .. en vertu de sept mandats d'amener décernés par le bureau central le jour d'hier... contre les dénommés ci-après... rue de Bourgogne, n° 1465, parlant au portier de la maison, lui avons demandé à voir le citoyen Destrem. Il nous a répondu que, depuis dix jours, le citoyen Destrem ne demeurait plus en cette maison, et qu'il ne connaissait pas son domicile actuel... » — « Destrem en s'échappant à l'arrestation s'est, dit-on, cassé une jambe. On a pris son domestique. » (*Journal de Paris, Gazette de France, Observateur*, etc., 25 brumaire an VIII). — « 14 nivôse an IX, le concierge de la maison d'arrêt du Temple recevra du c. Boachon, officier de paix, Hugues Destrem, venant du dépôt établi près la préfecture de police... domicilié à Toulouse... logé à Paris rue Saint-Denis, n° 55... (registre d'écrou). » — 23 nivôse an IX. Michel-Louis Talot, Félix Lepelletier, Charles Hesse et Hugues Destrem sont extraits du Temple pour être conduits devant le préfet de la Charente-Inférieure à Saintes. — « Le c. Gaudriot, lieutenant de gendarmerie à la résidence de Paris, a remis, le 13 pluviôse au commandant d'armes à Saint-Martin île de Rhé, Charles Hesse, Lepelletier, Talot et Destrem, tous les quatre condamnés à la déportation et que cet officier était chargé de conduire à Saintes devant le préfet de la Charente-Inférieure, qui a requis de poursuivre la conduite jusqu'au dit Saint-Martin. » (Rapport de Radel au min. de la pol.) — Saint-Martin, île de Rhé, le 9 floréal an IX, Destrem père à min. pol. Le citoyen Félix Lepelletier m'a communiqué une lettre par laquelle on lui marque que le gouvernement nous a mis à votre disposition et que vous nous auriez déjà donné la faculté de quitter l'Isle de Rhé, s'il n'était qu'il y avait quelque difficulté que l'un de nous alât à Toulouse ; mes compagnons d'infortune pensent que c'est moy dont il est question, et que je suis la cause innocente du retard de vos ordres pour leur liberté. Il a suffi que le c. Pelletier m'aye communiqué cette lettre pour que je vous écrive, et vous réitère ce que j'ay dit au premier consul dans la lettre que je luy écrivis le 20 nivôse dernier de la maison d'arrêt du Temple. Je nay jamais commis ni crime ni délit, pas même d'intention ; l'erreur seule (dont les gouvernements les plus justes n'ont jamais été exempts) a pu me faire perdre la liberté. Je la réclame et la réclamerai toujours avec force et confiance ; mais comme quelque point du globe que j'habite volontairement ou non, je serai toujours honnête, loyal, et surtout soumis aux lois, je ne doits pas plus inquiéter le gouvernement dans mon département que dans l'autre. Si cependant, il ne veut pas me rendre la faculté d'habiter mes propriétés et de vivre libre au sein de ma famille, et qu'il veuille me tenir sous votre surveillance spéciale, je vous déclare que ne sachant qu'obéir à l'autorité je me rendrai dans tels lieux que vous me fairés connaître avoir fixés. Salut et respect. Destrem. — Toulouse, 9 thermidor an IX. Etienne Destrem, négociant de Toulouse au c. Fouché, min. de la pol. Vous avez honoré de votre estime un homme qui n'a pas cessé de la mériter, et je juge trop bien de votre grandeur d'âme pour penser que vous lui refusés vos généreux services parce qu'il est dans le malheur. Mon père fut compris dans une mesure de sûreté générale dans le mois de nivôse dernier ; sa famille est pour toujours malheureuse et sans ressources, si le gouvernement ne le rend à son épouse, et à onze enfants. Le tableau de ses affaires est déchirant, ce n'est plus cette maison de commerce honorée d'un grand crédit ; elle n'est plus le le que dans le temps où nous eûmes l'honneur de vous voir au milieu de nous ; l'exil de mon père, son désintéressement dans les fonctions qu'on lui a confiées, sont les malheureuses causes du dérangement total de sa fortune. Si le gouvernement croit devoir le retenir encore éloigné de nous, qu'il lui accorde au moins un délai pour mettre ordre à ses affaires ; et si, durant cette époque, l'on exige une caution, je me rendrai à sa place dans telle prison que l'on indiquera... — 13 thermidor an IX, lettre du même au même. Envoie la pièce suivante: Nous, soussignés, négociants de la commune de Toulouse, connaissant le délabrement des affaires de la maison Destrem et fils, déclarons et attestons que l'absence ou l'éloignement du c. Destrem père, met sa famille dans l'impossibilité de faire honneur à ses engagements ; que cette famille nombreuse est pour toujours malheureuse et sans ressources, si le c. Destrem père ne vient pas régler ses affaires. L'intérêt qu'inspire cette famille désolée est d'autant plus vif qu'il n'y a pour elle aucun espoir de voir renaître son crédit primitif, sans la présence de son chef. Toulouse, le 13 thermidor an IX. (Suivent cinquante signatures de négociants parmi lesquelles celles du président, des juges et du greffier du tribunal de commerce.) — 2 brumaire an X. Etienne Destrem à Fouché «.... Je suis persuadé que vous vous intéresserez à mon père... à raison de l'estime dont vous l'avez honoré. Les hommes de votre caractère et de vos principes, loin de retirer leur amitié aux malheureux, redoublent de soin et de zèle pour leur être utile... » Il insiste sur ses pétitions précédentes. — Pétition (sans date) de la famille Destrem au 1er consul. « Rendez à sa famille un homme qui n'a jamais cessé de mériter votre estime. Si les événements politiques ont pu le faire passer aux yeux du gouvernement pour dangereux, croyez, général consul, qu'il fut toujours entraîné par le désir de voir la République à son plus haut degré de prospérité par

une sage et prudente administration. Que
peut-il désirer actuellement ? » Signé : Albarel
Destrem, épouse du c. Destrem. Destrem fils
aîné, Etienne Destrem, Mariette Destrem, Julie
Destrem. « Pour mes trois jeunes frères qui
sont au collège de Sorèze, et mes trois sœurs
mariées ou absentes, et mon frère qui est depuis deux ans et demie dans le premier régiment de chasseurs, Etienne Destrem. » —
3 floréal an XI. Grand juge à préf. de la Charente-Inférieure. Je vous autorise, citoyen préfet, à délivrer à Hugues Destrem, détenu à
l'Isle de Rhé, un passeport pour se rendre en
surveillance à Fangeaux, département de l'Aude;
vous lui imposerez l'obligation de se présenter
à son arrivée devant le maire de cette commune... — 3 floréal an XI. Le même à préf.
de l'Aude. Lui annonce la décision précédente :
« Vous prendrez les mesures nécessaires pour
que sa conduite soit observée, et pour qu'il ne
puisse obtenir de passeport pour un autre lieu
sans mon autorisation, et vous me rendrez
compte des résultats de votre surveillance. »
— 24 floréal an XI. Préf. de la Charente-Inférieure à Grand juge... « Le c. Hugues Destrem
est parti le 16, de l'Isle de Ré pour le lieu de sa
destination. — 4 messidor an XI. Grand juge
à général Moncey Je vous invite, citoyen général, à donner les ordres nécessaires pour
faire conduire à l'Isle de Rhé, Hugues Destrem, envoyé en surveillance dans la commune
de Fangeaux... — 26 messidor an XI. Général
Moncey à Grand juge. Le capitaine de gendarmerie de l'Aude m'annonce, en date du 14 de
ce mois, que Hugues Destrem a été arrêté le
même jour dans la commune de Fangeaux. Il
devait partir le lendemain, sous l'escorte d'un
sous-officier et d'un gendarme pour être con-

duit, conformément à vos intentions à l'Isle de
Rhé. — Nous soussignés, habitants de Fangeaux, chef-lieu de canton, département de
l'Aude, déclarons à qui il appartiendra que le
c. Hugues Destrem, durant son séjour en cette
commune, depuis son retour de l'Isle de Rhé,
a observé la conduite la plus tranquille et la
plus modérée. Déclarons en outre que nous
n'avons pas eu connaissance qu'il aye tenu le
moindre propos, et que ses procédés ont été à
l'abri de tout reproche fondé. Fangeaux, le
7 thermidor an XI. (Suivent 60 signatures.) —
Nous maire et adjoints de la commune de Fangeaux... attestons... que durant le séjour du
c. Destrem dans cette commune, depuis son
retour de l'Isle de Rhé nous avons exercé sur
lui notre surveillance, et nous n'avons eu aucun motif de plainte, ni à raison de ses propos
ni à cause de ses procédés .. Fangeaux le
7 thermidor an XI. Lieussou, maire, Valette
(Charles), adjoint. — Le sous-préfet du premier arrondissement communal de l'Aude certifie... qu'il n'est nullement parvenu à sa connaissance, que le c. Hugues Destrem..... aye
produit aucune notion désagréable par une
conduite contraire à l'ordre et à la tranquillité
de ses concitoyens.. Castelnaudary, 10 thermidor an XI. Robert. — Paris 30 thermidor an
XI de la République une et indivisible. Le c.
Berlier, conseiller d'Etat, président du conseil
des prises au c. Régnier, grand juge... J'ai
l'honneur de vous transmettre la déclaration
du sous-préfet de Castelnaudary en faveur du
c. Destrem, cette pièce est le complément de
celles que mon collègue Français (de Nantes)
et moi, nous vous avons adressées il y a quelques jours. Je souhaite que ces attestations
contribuent à la justification du malheureux

Destrem, et au retour de sa liberté. Je serai en mon particulier, très sensible à l'intérêt dont vous voudrez bien l honorer, si, comme je me le persuade, son innocence vous est démontrée par les certificats qu'il a produits et qui sont entre vos mains... F. Berlier. — Hugues Dest em revenu à l'Isle de Rhé puis embarqué sur la *Cybèle*, était arrivé a Cayenne, lorsque l'un de ses plus jeunes fils, Antoine Destrem, alors élève de l'École polytechnique, demanda verbalement sa grâce à l'empereur, pendant la célébration de la fête du 14 juillet. Il obtint cette grâce. — A M. Destrem, élève de l'Ecole polytechnique. C'est au ministre de la police, monsieur, qu'il faut vous adresser pour avoir l'exécution de la promesse de l'empereur. Ainsi, il faut lui écrire, comme il a été témoin de la scène d'hier, je suis persuadé qu'il y mettra de la célérité. Monge. — Mar à V. Hugues. Ostende, 26 thermidor an XII. Je vous préviens, monsieur, que S. M. l'empereur a bien voulu autoriser la mise en liberté et le retour en France du sieur Hugues Destrem, l'un des déportés partis de l'Isle d'Aix au mois de ventôse dernier, sur la frégate la *Cybèle*, et que le commandant de cette frégate a dû mettre à votre disposition. Vous voudrez bien en conséquence, donner les ordres nécessaires pour que le sieur Destrem puisse profiter de la faveur que S. M. vient de lui accorder et m'annoncer la réception de cette lettre. — Victor Hugues, com. du gouvernement à Cayenne, au min. de la mar. J'ai l'honneur de vous informer de l'évasion de trois déportés: Michel, Destrem et Lamberté; les deux premiers sur un américain, qui, à ce que j'ai appris, a facilité leur évasion pour de l'argent... — Min. de la mar. au commissaire de l'empereur à Cayenne

22 frimaire an XIII. L'empereur a appris avec déplaisir l'évasion que vous m'avez annoncée de trois des déportés que le capitaine Senez a mis, dans le temps, à votre disposition. Au surplus, je vous ai déjà mandé que l'un de ces évadés nommé Destrem, avait obtenu le terme de son exil de la clémence de S. M. Mais la facilité qu'ont eu les trois individus dont il s'agit de se soustraire à la surveillance que vous avez du ordonner, ne prouve pas moins un relâchement, dont je ne puis trop vous recommander de prévenir les suites. — Apr s son évasion Hugues Destrem put aborder à Gustavia (île Saint-Barthélemy); atteint dans cette ville de la fièvre jaune, il y mourut le 20 juillet 1804.

DIDIER, p. 4.

DRAP (Jean-Pierre), 24 ans, p. 13. — 24 nivôse an IX. En exécution de l'arrêté du 17 nivôse, est envoyé en surveillance à Carcassonne (Aude).

DROUET fils (Théodore-Toussaint), p 13. — Drouet, graveur, exclusif très prononcé et remuant. (Note de pol.). — L'épouse de Théodore-Toussaint Drouet, rue des Postes au ci-devant couvent de la Présentation, 10, ne sait pourquoi son mari a reçu l'ordre de quitter Paris dans 24 heures, il ne pourra vivre. Il est graveur en taille douce. Il peut montrer des certificats de bonne conduite à lui délivrés par différents directeurs du Dépôt général de la guerre où il a été employé comme graveur à la carte de France de Cassini, dont le travail est suspendu pour le moment, mais il est toujours du nombre des douze qui doivent être rappelés. — 16 vendémiaire an X. Le min. de la pol. ne consent pas à son rappel à Paris.

DUBREUIL, p. 4.

DUCATEL (Pierre), p. 17. — 20 nivôse an IX,
au 1er consul. Jean-Charles Ducatel, parent du
fameux Monneuse, est l'un des assassins de
septembre. Les pièces qui en sont la preuve
furent dans son temps, mises sous les yeux du
3e consul. Pierre Ducatel, son frère, bon époux,
bon père et bon citoyen, très connu dans la
section des Quinze-Vingt, est mis sur la liste
des déportés. Dénoncer ce fait au 1er consul,
c'est lui rendre service. Tel est le devoir que
je me suis imposé. Je vous salue, Dessingly.
— Ducatel (Pierre), gardien à la maison de la
Force... (réclame et prétend qu'il y a erreur
de personnes). Un Pierre Ducatel est inscrit sur
la liste et a été précédemment à la formation
de cette liste, indiqué comme *septembriseur*.
Un Pierre Ducatel est arrêté, il est constant
que malgré l'identité de noms, il y a erreur de
personne, que Pierre Ducatel, maintenant détenu, jouit d'une bonne réputation. — Rapport
du 6 ventôse an IX. Pierre Ducatel était, avant
la Révolution, imprimeur en papier peint, et a
toujours travaillé dans le faubourg Antoine;
il s'est marié au commencement de la Révolution et est aujourd'hui père de quatre enfants;
il a fait différents états dans la Révolution pour
procurer du pain à sa femme et à ses enfants;
il a été tour à tour peintre en papier, sieur de
long, gardien de gens suspects, à 40 s. par jour,
et enfin gardien de la maison de la Force Cette
homme n'a jamais fait de mal à personne; il
n'a pas eu de caractère marquant dans la Révolution; cependant, il s'est montré dans le faubourg, comme les ouvriers de ce temps, partisan de la Révolution; il n'a jamais été membre
d'aucun comité; il n'a fait de mal à personne.
Une dame publie à la louange de Pierre Ducatel
ce qui suit: M. Yatrain, maître de pension rue

Piepus, faubourg Antoine, fut soupçonné dans le plus fort de la terreur d'être un royaliste ; le comité révolutionnaire de la division des Quinze-Vingt le fit gardé à vue par un malheureux de la section. Pierre Ducatel (le même qui aujourd'hui est condamné à la déportation) fut choisi pour être le gardien dépositaire dudit Vatrain ; il l'a gardé quatre mois, et enfin jusqu'au moment où ce malheureux condamné par le tribunal de Robespierre fut porté sa tête sur un échafaud... Ducatel, pendant les quatre mois qu'il fut le gardien de cet homme n'a cessé de lui procurer les aisances et secour nécessaire ; il a fait plus, il s'est présenté plus de vingt fois au comité de sa section pour demander la liberté de ce détenu, disant qu'il était innocent, mais il ne put rien obtenir. Enfin, Ducatel eut tant de soins et d'égards pour ce vieillard, que quelques jours avant sa mort, il recommandât à son épouse d'avoir grand soin que Ducatel ne manquât de rien après sa mort. Tels sont les renseignements vrai et exact que je me suis procuré sur Pierre Ducatel, détenu en ce moment à la Force ; on est tellement, dans cette maison, persuadé de son innocence qu'on le laisse en pleine liberté, et qu'il fait son métier de gardien comme cy-devant. — Le 18 ventôse an IX, une décision le remet en liberté.

DUFOUR (François), pp. 17, 52. — Mécanicien et tourneur, a une boutique montée à l'établissement du gouverneur où il demeure et travaille ; beau physique ; âgé de 45 ans ; père d'une nombreuse famille ; n'ayant point marqué dans la Révolution ; assez mal noté par les habitants, sans cependant qu'ils lui reprochent aucun fait. (Note de l'administration des Seychelles). — Mort aux Seychelles, le 8 fructidor an X.

DUPATY, p. 295.

DUPLANTIER, de la Gironde, député, p. 4. — V. *les Biographes.*

DUPONT (Guillaume-Jean), propriétaire, 49 ans en l'an IX, né à Briquebec (Manche), pp. 17, 57, 102. — Propriétaire, rue de Vaugirard, n° 938, ancien domestique (réclamé par son épouse et plusieurs citoyens qui certifient de sa moralité et par le c. Reguis, législateur). Le gouvernement est prié de statuer. (Rapport du préf. pol. 27 pluviôse an IX.)—«Marguerite Picot, femme Dupont, rue de Vaugirard, n° 938 (au min). Il se trouve inscrit sur la liste des ennemis du gouvernement. Comment serait-il son ennemi? lui, acquéreur de biens nationaux, lui qui ne se mêle aucunement d'affaires politiques, lui qui fut un des premiers signataires pour le gouvernement consulaire. — Dupont a l'honneur de vous exposer (au c. Bonaparte) qu'il a été arrêté le 12 nivôse dernier, conduit à la préfecture de police, sans savoir pourquoi, et à Pélagie, et enfin compris dans la liste des déportés et conduit à Nantes »... Il demande justice, liberté. Sa pétition est signée par des avocats, des professeurs, etc. — Dupont meurt à l'île d'Anjouan le 10 floréal an X.

DUROURE (Scypion), p 4.

DUSOUSSY (Joseph-Fainéant), gantier-fourreur, 35 ans en l'an IX, né à L'Apuis (Vienne), demeurant à Paris, rue des Marais, faubourg Saint-Germain, n° 1312, pp. 17, 20, 57, 150. «Marchand gantier, père de famille, physique ordinaire, âgé de 36 ans, reste à l'établissement du gouverneur. Pauvre, ne pouvant exercer son métier à Mahé. » (Note de l'administration des Seychelles). — En 1809, il est infirme, à l'hôpital de l'île Bonaparte (île Bourbon). — 17 juillet 1817. Mar. à Mme Dusoussy, veuve

Cugnet. Madame, vous avez adressé au ro
une pétition tendant à ce que le s^r Joseph-
Fainéant Dusoussy, votre frère, l'un des individus déportés aux Seychelles en 1801, par
suite de l'événement du 3 nivôse an IX, ob-
tienne un passage gratuit pour revenir de Saint-
Paul, île de Bourbon, en France, et une indemnité pour se rendre à Paris. Il n'y a, en ce qui
concerne le ministère de la marine, aucun em-
pêchement à ce que le s^r Dusoussy revienne
en France, mais je ne puis lui accorder ni le
passage gratuit, ni l'indemnité que vous demandez en sa faveur

DUVAL, dit Emmery. pp. 196, 199.

DUVAL (Nicolas-Joseph), né à la Capelle
(Aisne), 48 ans en l'an XII d'après un état,
45 ans d'après un autre. Pp. 17, 163, 175. 209.
— 27 pluviôse an IX. Duval (Nicolas-Joseph),
cordonnier, rue ci-devant Blancs-Manteaux (il
réclame). Un Nicolas-Joseph Derval est inscrit
sur la liste ; Nicolas-Joseph Duval a paru être
celui indiqué comme Derval (Nicolas-Joseph).
Il était lié avec Metge et, à l'époque de l'arrestation de ce dernier, il était détenu à la Force.
Il n'y a pas d'identité de noms, et l'on pense
que la mesure ne peut lui être appliquée. Mais
cet individu, qui s'est fait remarquer dans tous
les mouvements révolutionnaires, doit être éloigné de Paris. (Note de pol.). — Duval est envoyé à Oléron (21 ventôse an IX).— Bien que
la police ait dit que « la mesure ne lui est pas
applicable », il est déporté à Cayenne, comme
« compris au senatus consulte du 14 nivôse
an IX ». Il est noté comme « tranquille » depuis
son arrestation. — A la date du 20 brumaire
an XIV, il est porté par V. Hugues sur l'état
des dép. « existants à Cayenne ».— Le 13 novembre 1806, il se marie à Cayenne avec Marie-

Antoinette Chambaud. Le 9 février 1809, on le trouve mort dans son lit à l'hôpital de Sinnamary, où il est resté sans secours, par suite de l'invasion du pays par les Portugais. Son acte de décès lui donne 45 ans, et dit qu'il est fils de Jean Duval et de Marie-Barbe Paris.

ÉON (Paul-Marie-Bonaventure-Dominique), 45 ans en 1807, avocat et homme de lettres, collaborateur de Vatar, dont il était le parent, au *Journal des hommes libres*, né à Rennes, pp. 17, 20, 52, 150, 304. V. *les Biographes.*—Envoyé aux Seychelles, Éon y était encore en 1807.— « Habitant de Rennes, se disant parent du général Moreau, bonne éducation, âgé de 35 ans, physique ordinaire, demeure Anse-aux-Pins, chez le c. Péan ». (Note de l'administration des Seychelles). L'âge indiqué doit être erroné.— Éon paraît avoir quitté les Seychelles en 1808. En 1809, il est à l'île-de-France, où il exerce la profession d'instituteur.

FEMMES DÉTENUES.— Voici quelques pièces relatives aux femmes détenues en vertu de l'arrêté que nous avons fait connaître. — Pol. gén. Rapport aux consuls. 16 germinal an IX. Vous avez ordonné, par votre arrêté du 10 nivôse dernier, l'arrestation et la détention à Bicêtre des ff. Bousquet, Chaumette, Colombe, Desforges, Lavendée, Pignan et Silas. Le préfet de police, chargé par moi de l'exécution de cette mesure, vient de m'en rendre compte. Il résulte de son rapport : que les ff. Bousquet, Lavendée et Pignan se sont cachées et n'ont pu être arrêtées ; que les autres ont été mises aux Magdelonnettes, où elles sont encore. La f⁰ *Chaumette* est dangereuse. Les diverses arrestations qu'elle a subies, loin de la corriger, n'ont fait qu'aigrir son caractère et la rendre plus méchante. *Colombe* est une fille de mauvaise vie : elle a été longtemps liée avec Metge, de qui elle a eu un enfant. Elle est sans moyens d'existence, et la rendre à la liberté était de nouveau l'exposer au crime ou au malheur. La f^e Desforges a des enfants qui périssent de misère depuis qu'elle est arrêtée. La détention qu'elle a subie est une leçon qui influera sans doute sur sa manière d'être. La ve Sijas, actuellement femme Préville, a pour mari un homme tranquille qui la réclame et promet de la surveiller. Le préfet conclut, en conséquence, à maintenir la détention des deux premières et à rendre la liberté aux deux autres. Je vous propose, c. consuls, d'adopter ces conclusions. Fouché. Adopté (paraphe). — Note du min. Dans les premiers moments de l'explosion de la rue Nicaise, lorsque l'opinion semblait flotter encore incertaine sur les auteurs de cet attentat, le gouvernement crut devoir s'assurer de quelques femmes signalées par leur exagération dans le cours de la Révolution...— 26 germinal an IX. Préf. à min. Conformément à la lettre que vous m'avez adressée le 23, j'ai fait mettre en liberté la f Desforges et la ve Sijas, f^e Préville (elles seront surveillées). — Bureau particulier : femmes détenues aux Magdelonnettes : Bouquet, Chaumette, Duflaque, Colombe, Desforges, Fumey, Lavendée, Pignan, Sijas, la ve Marat, la f^e Chevallier. — Cette dernière est la femme du dép. Chevalier (Claude-Louis), dont on a lu plus haut la notice.

FERNANDO, pp. 89, 117.

FERRAGUS, p. 295.

FIDIAS ou PHIDIAS, peintre, dép. de la Guadeloupe en France sur la *Cornélie*, pp. 221, 223.

FIQUET (Claude-Antoine), pp. 4, 17, 304. V. *les Biographes*. — Une note de pol. indique qu'il a été arrêté à Melun et que son dossier a été

« renvoyé à la division administrative le 0 pluviôse an IX ». Une note adressée le 17 nivôse an XIII à la division de la liberté individuelle, dit : « Il est mort à Paris. »

FLAMAND (Claude), charron, né à Sainte-Bodil, 40 ans en l'an XII, pp. 17, 20, 52, 150.— Louise Huard femme de Claude Flamand, charron, rue et faubourg Poissonnière, n° 39, Envoie de nombreuses pétitions. Réclame son mari « victime de la déportation par une erreur de nom, celui qui devait l'être jouit de sa liberté ; ils sont, il est vrai, tous deux du même canton et du même nom, sans être ni ami et alliés ; l'un était commandant de bataillon, et le mari de l'exposante, charon, n'ayant jamais occupé de place quelconque... Etant à bord, il eût une explication très vive avec les déportés, et reconnu innocent et victime de l'erreur, le capitaine Bonamy témoin de cette explication porte à cette victime l'intérêt le plus vif et engage la suppliante à vous demander à grands cris cet infortuné... » « Le dennoncé, Flamand est marchand de vin au Cheval blanc, à la Nouvelle France, qui a figuré dans tous les clubs, et celui qui est déporté est charon rue Papillon, qui ne s'est jamais mêlé d'affaire politique... l'autre jouit de l'impunité..., erreur qui a plongé sa famille dans la plus profonde misère et la désolation, puis qu'on lui a donné le prénom de Jean qu'il n'a pas, constaté par son extrait de naissance. » « Extrait des registres des actes de naissance de la cy-devant paroisse de Sainte-Baudille, actuellement Mont-Solide : L'an 1764, le 26 janvier, est né Claude fils de Claude *Flamand* et de Marguerite Thollon, son épouse... (collationné et certifié par moi officier public du 2e arrondissement de Paris. Gonchon, 16 vendémiaire an IV).— Homme un peu mieux éduqué que ne l'est la classe du peuple de laquelle il faisait partie, demeurant chez le c. Péan, à l'Ance aux Pins, où il est occupé à des travaux grossiers d'habitation. Peu de notes sur son compte. (Note de l'administration des Seychelles).—Flamand était encore aux Seychelles en 1808. — 15 juin 1809, il est à l'Ile de France, il réside «au génie» où il travaille de son état de charron.

FOUGEON (François) (le nom est ainsi orthographié par le dép. lui-même dans ses interrogatoires), portier, 64 ans en l'an IX, né à Sarry près Grenoble, demeurant à Paris, rue Cadet, n° 19, pp. 17, 57. — Mort aux îles Seychelles, à une époque non indiquée, mais antérieure à l'an XII.

FOURNIER, p. 4. Je ne puis dire si ce Fournier est l'un des personnages du même nom qui vont suivre.

FOURNIER (Claude) dit l'*Américain*, 60 ans en l'an XII, né à Auzon en Auvergne, domicilié à Saint-Domingue, d'après sa déclaration, pp. 17, 178, 179, 180, 184, 189, 209, 243, 244, 245, 246, 251, 252, 255, 256, 260. *V. les Biographes.* — «Signalé sous les rapports les plus défavorables; on l'accuse d'avoir eu une grande part à l'assassinat des prisonniers d'Orléans à Versailles. Il doit être l'objet d'une surveillance particulière. » (Note de police). — Fournier l'Américain envoie du canton de Triel, département de Seine-et-Oise, le 24 brumaire an IX, un long mémoire au premier consul, en voici le résumé : les préposés de l'ancien régime à Saint-Domingue l'ont accablé de vexations, obligé par ces injustices de passer en France pour réclamer ses droits... toujours persécuté... sous la Convention, détenu trois ans, dont quatorze mois du vivant de Robespierre,

« parce que je n'avais pas fait assassiner les prisonniers qui devaient être jugés par la première
cour nationale d'Orléans, qu'au contraire j'ai
failli à être assassiné moi-même pour les avoir
sauvé des assassins qu'on avait envoyés à Versailles pour consommer cette belle œuvre »...
après thermidor, « il plut à Barras et à Bourdon
de l'Oise de garder pendant trois mois encore
l'ordre de mon élargissement » il n'en a pas joui
longtemps « 19 jours après j'ai été incarcéré
de nouveau pour avoir reproché à Barras qu'il
était l'auteur de mes persécutions, et lui avoir
dit que j'allais mettre au grand jour l'affaire
d'Orléan » arrêté avec sa femme, remis en liberté à l'amnistie générale. Persécutions depuis le consulat, condamné à la déportation
par loi du 26 brumaire an VIII, on est venu
cinq fois en son domicile pour l'arrêter : 1°
29 nivôse an VIII, on ne l'a pas trouvé, rien
de suspect. On l'accusait d'embaucher pour
Louis XVIII. Il se rendit deux jours après chez
Fouché. On ne put s'empêcher de rire de
cette accusation, on l'a renvoyé ; 2° 10 floréal
an VIII, perquisition chez lui, rien trouvé ;
3° 22 floréal, mandé chez le préfet de police,
on lui notifie l'ordre de s'éloigner de quarante
lieues de Paris. « Le préfet a fait expédier la
lettre de cachet. J'ai resté cinq mois dans cet
état de bannissement. » Pendant ce temps,
pas moyen de venir à Paris pour son jugement
civil contre ses spoliateurs, condamné malgré
les réclamations de son avocat, ruiné donc ;
4° le 30 fructidor an VIII, perquisition chez lui.
« Le 12 vendémiaire, j'ai porté une pétition au
ministre de la police, avec dix sept reconnaissances du Mont de piété pour lui prouver mes moyens
d'existence avec lesquels l'on me fait conspirer. Le 2 du courant, j'ai reçu par un agent

mes dix-sept reconnaissance, et le conseil de
rester tranquille; » 5° fatigué de ne pouvoir avoir
explication claire et franche, « je retourne en
mon exil; le 27 vendémiaire, le préfet de police m'invite à passer chez lui, je lui écris
qu'aussitôt rétabli, j'irai à son invitation, c'est
ce qui me détermine à vous écrire, citoyen
consul, le détail de mes persécutions... » —
La femme de Fournier écrit le 15 nivôse an IX,
à min. police, elle demande la permission de
voir son mari, détenu au Temple depuis six
mois. « Mes secours lui sont d'autant plus nécessaires qu'il est estropié du bras droit par
suite d'une blessure qu'il a reçu à l'armée d'I-
talie en combattant pour sa patrie. » — Pluviôse an XI, pol., à général Moncey. On l'invite à donner des ordres pour faire conduire
de brigade en brigade, Fournier l'Américain;
prendre des précautions pour empêcher son
évasion en route. « Je dois vous prévenir qu'il
cherchera probablement à gagner la confiance...
de sa garde afin... de s'évader. » Le concierge
de Pélagie est prévenu de le mettre à la disposition du général. — Pluviôse an IX, pol. à
préf. de la Charente-Inférieure. Les ordres nécessaires ont été donnés pour conduire à Oléron Fournier l'Américain, le faire détenir dans
le fort. — 11 brumaire an XII, le préfet du Doubs
envoie au général commandant la division, une
pétition de la femme Fournier en faveur de
son mari détenu au fort de Joux. — 13 pluviôse
an XII, la femme de Fournier l'América n, écrit
au grand-juge que forcée de vendre ses meubles et effets, dans la misère la plus profonde,
sans pain ni vêtement, elle « sollicite le secours
que vous accordez aux femmes des déportés »
elle demeure rue de Turenne, au Marais, n° 317.

— Fournier revient en France en 1809, est autorisé à demeurer à Paris.

FOURNIER (Pierre), officier réformé, né à Nîmes, 40 ans en l'an XII d'après une pièce, 34 ans d'après une pièce de la même époque, p. 209. — « Son exagération, sa haine prononcée contre le gouvernement, ses liaisons avec Metge et Chevalier, condamnés à mort pour conspiration contre le premier consul, ont motivé son arrestation. Tapageur, depuis sa détention. » (Note de police). — Détenu d'abord au fort de Joux (d'après une pièce), puis transféré (en l'an XI) à l'île d'Oléron.— 30 brumaire an XIII ; la marine a reçu extrait mortuaire de Fournier, décédé à la Guyane. — 27 pluviôse an XIII. Envoi de cet acte mortuaire à Mme v^e Fournier.

FOURYON. V. Fougeon.

FRENIÈRE (Barthélemy), garçon de chantier, 42 ans en l'an IX, né à Paris, demeurant rue des Lyons-Saint-Paul, n° 19, pp. 17, 57, 102.— Mort à l'île d'Anjouan le 20 floréal an X.— 13 thermidor an XI. Le min. mar. envoie son acte de décès à sa veuve.

FRIZON, député, pp. 4, 5.—V. les Biographes.

FRONTIN ou FRONTAIN (Pierre), chef de bataillon, dép. de la Guadeloupe en France sur la Cornélie, pp. 221, 223.

FUMEY (Femme), p. 14. — « Acquittée dans l'affaire de Demerville et autres, a été mise en liberté par ordre du ministre de la police. » (Note de police, germinal an IX) — V. Femmes détenues.

FYON (Jean-Joseph), pp. 17, 304. V. les Biographes. — Une note le 17 nivôse an XIII) annonce qu'il n'a pas été arrêté. « On croit qu'il a obtenu un passeport pour sortir de France, cependant il n'y a rien d'officiel à cet égard. »

GABRIEL (Charles-Théodore), pp. 4, 17, 19, 235. V. *les Biographes*.— Au moment où il était inscrit sur la liste des proscrits du 14 nivôse an IX, Gabriel était à Cayenne, où il avait été envoyé en l'an VIII, en qualité d'agent civil (parti pour cette colonie sur la *Bergère*, 28 brumaire an VIII). Une note (17 nivôse an XIII) annonce, sans autre explication, qu'il n'a pas été arrêté. Gabriel, comme agent dans la Guyane, et plus tard, comme vice-président de la Cour d'appel de Cayenne, se trouvait placé sous les ordres du min. de la mar. C'est dans les archives de ce ministère que nous trouvons les renseignements qui suivent : — Gabriel, vice-président, homme honnête et instruit, âgé de 33 ans, ayant fait de très bonnes études de droit, professant les belles-lettres et la botanique, mais sans propriétés dans la colonie. Il remplit depuis trois ans les fonctions de juge et s'est concilié l'estime et la confiance de tous les habitants. Il se livre à l'étude de la botanique et je me propose de le substituer au c. Martin, quand il partira pour France. (Lettre de Victor Hugues.) -- Victor Hugues à mar. 27 floréal an XI. Permettez-moi de recommander à votre bienveillance particulière, le c. Gabriel, vice-président au tribunal d'appel de cette colonie, et qui passe en France avec un congé limité pour cause de maladie ; ce magistrat jouit ici de la considération générale, et j'en fais particulièrement le plus grand cas. — Le congé qu'il a obtenu est d'un an. Un rapport du min. (1 nivôse an XII) énonce qu'il a été capturé pendant la traversée de Cayenne en France ; il a été emmené à Londres. Il réclame ses frais de route de Londres à Paris, en passant par Flessingue. Il a obtenu de venir sur parole de Londres à Paris pour se faire échan-

23

ger. — 6 messidor an XII. Rapport au min.
mar. Gabriel demande à rejoindre son poste à
Cayenne et un acompte sur ses appointements.
— Paris, 22 frimaire an XII. Gabriel, vice-président du tribunal d'appel de Cayenne, prisonnier de guerre sur parole, en convalescence à
Paris, au c. ministre de la marine et des colonies. J'apprends que S. Eminence le cardinal
Caprara s'est plaint à vous, par l'organe du c.
Portalis, que je m'étais permis des propos indécents et même des menaces contre lui. Je
dois à ma conscience et à mon caractère de
fonctionnaire public de repousser cette éton-
nante inculpation. Quoique vague et non préci-
sée, elle me rappelle cependant une circonstance, qui, mal interprétée, a pu lui donner
naissance. Voici le fait : Quelque temps après
la publication du concordat à la Guyane, M. Hochard, ministre du culte dans cette colonie,
reçut de M. le cardinal Caprara des pouvoirs
qu'il crut devoir communiquer au c. Victor
Hugues. Ce dernier voulant en instruire le
gouvernement, me pria de faire une copie de
ces pouvoirs écrits en latin, et de lui en traduire quelques articles. Je fis cette copie, et je
lui en traduisis *verbalement* les passages les
plus saillants. Tout cela s'est passé au gouvernement, dans le secrétariat du commissaire et
n'a nullement été rendu public. Comment
M. Hochard en a-t-il été instruit ? Je l'ignore.
J'ignore encore bien plus comment il a pu en
conclure que j'avais tenu des propos indécents
contre M. le cardinal Caprara. Car il est bien
facile de voir que je n'ai été dans cette occasion
qu'un instrument purement passif et contre
lequel il serait impossible d'exercer aucune
récrimination. Si le fait que je vous soumets,
c. ministre, n'est pas la cause de l'inculpation

qui m'est faite par M. le cardinal légat, je vous
déclare que je n'en connais pas d'autre. Gabriel, rue du Bouloy, hôtel de Normandie. —
Le 18 brumaire an XIII les membres de la Cour
d'appel de Cayenne ayant été appelés à prêter
serment à l'empire, le registre de l'inspecteur
porte cette mention : « Gabriel, vice-président,
absent de la colonie par congé. » — Le 20 brumaire an XIV, une lettre de V. Hugues constate
qu'à cette date Gabriel est encore « en France
pour cause de santé ».

GAGNY, p. 4.

GARGAY, ou plutôt GAUGRY (Pierre), ex-commissaire de Marie-Galante, dép. de la Guadeloupe en France sur la *Cornélie*, pp. 221, 223.

GASPARD (Gilles) ou peut-être GILLES (Gaspard), né à Vendôme (Loir-et-Cher), maçon,
pp. 17, 20, 52, 150. — Maçon à Paris, restant
au Gros-Caillou, père de trois enfants, âgé de
47 ans, exerce encore son état chez le c. Quinssy,
de l'habitation duquel il ne sort pas. (Note de
l'administration des Seychelles.) — Gaspard
était encore aux Seychelles en 1808. — 15 juin
1809 ; il est à l'île de France, où il exerce son
métier.

GASTAING, p. 5.

GAUGRY (Pierre). V. *Gargay*.

GAUTHIER ou GAUTIER (François), enseigne
de vaisseau, dép. de la Guadeloupe en France
sur la *Cornélie*, pp. 221, 223.

GEORGER ou GEORGÈRE (Jean-Baptiste-François), pp. 17, 57, 102, 108. — Le sénatus consulte du 14 nivôse an IX ordonnait la déportation de *Georget* (Jean-Baptiste). La pol. arrêta:
1° Georger (Jean-Baptiste-François), et 2° *Georget* (*Guillaume-Martin*). Malgré leurs réclamations, elle exécuta contre *tous les deux* les prescriptions du sénatus consulte. Voici les pièces

relatives à Georger : « Jean Baptiste Georget
(son nom, dit-il, se termine par un *r* et non
par un *t* ; il a pour deuxième prénom *François*),
menuisier, né à Paris, demeurant rue Mazarine,
n° 1690 ; 35 ans. » (Note de pol). — J.-Baptiste
Georger, parti pour sa destination, avait réclamé
contre l'identité ; mais l'identité de personne
ayant été reconnue, la décision a été maintenue.
Depuis, le préfet de police a fait arrêter un
Martin Georget, maintenant à Oléron. (Note de
pol.) — Jeanne-Pierre Letendu, femme Georgère (*sic*), épouse de Jean-Baptiste-François
Georgère, menuisier en carrosse, rue Mazarine,
1690, division de l'unité, dit que c'est par la plus
grande erreur et méprise que J.-B.-François
Georgère, son mari, se trouve compris dans
l'arrêté ; ce malheureux est proscrit, en butte
à la haine la plus injuste ; il se trouve déporté
sous le nom de Jean-Baptiste Georget, demeurant à Paris, 39, rue de la Calandre, division de
la Cité, au lieu qu'il se nomme Jean-Baptiste-
François Georgère, menuisier en carrosse, rue
Mazarine, n° 1690. Grand Dieu ! quelle méprise !..., etc. (Pétition renvoyée par grand-
juge à Fouché le 7 germinal an IX.)—Le ministre... certifie que, d'après un état joint à la
lettre du général Magallon..., le nommé Jean-
Baptiste Georger, menuisier, déporté aux îles
Seychelles, en vertu....., est décédé à l'île
d'Anjouan, le 13 floréal an X... Paris, 10 avril
1817.

GEORGET (Guillaume-Martin), pp. 17, 107,
209. — A Oléron, une note de police dit que
depuis son arrestation il est « tranquille ». —
Pétitions de sa famille Georget (Guillaume-
Martin), demeurant rue de la Calandre, n° 39,
division de la Cité, arrêté le 9 nivôse. Il a une
maladie de foie depuis deux ans ; il était alité

depuis le 10 frimaire, vingt-trois jours avant le 3 nivôse, jusqu'au 3 nivôse même (comme l'attestèrent les personnes qui sont venues l'arrêter). Il est bon époux, bon père de famille, etc.

GERBAUX, GERBAUD, GERBAULT ou GERBEAU (Jean-Louis), journalier, 45 ans en l'an IX, né à Paris, demeurant rue des Fossés-Bernard, nº 20, pp. 17, 57, 102. — Sa femme adresse cinq pétitions à des dates diverses; elle est mère de quatre enfants, dont deux à l'armée. — Gerbeau écrit à sa femme, de Nantes, à bord de l'*Amiral*, le 6 germinal an IX. « Tu me demandes des nouvelles de mes camarades, tu diras à mes commères que nous ne savons pas où ils sont, nous n'en avons aucune nouvelle. Tu remercieras mes frères et sœurs, parents et amis, tu leur diras bien des choses honnêtes de ma part, et tu les embrasseras bien pour moi, ainsi que mes compères et commères. » — Mort à l'île d'Anjouan, le 6 floréal an X.— Le 28 août 1817, le min. mar. délivre son extrait mortuaire à sa veuve.

GERMAIN, p. 117.

GERMAIN (Charles-Antoine-Guillaume), 32 ans en l'an XII d'après une pièce, 36 ans d'après une autre, pp. 159, 164, 170, 171, 173, 208, 213, 244. V. *les Biographes*.— Son dossier porte cette mention (en 1810) : Germain, natif de Narbonne, ex-officier de hussards, déporté à Cayenne, actuellement en Angleterre. — Une autre note dit : très exalté, querelleur. — Le 3 décembre 1810, Delaballe, à bord du vaisseau le *Glory*, prison de guerre à Chatham, à min. pol. : Croyant qu'il est du devoir... de signaler à la police un être qui, par son infernal génie... le n. Charles *Germain*, qui se dit de Narbonne, déporté depuis plusieurs années à Cayenne, échappé de la surveillance du gén. Hugues, puis embarqué sur le corsaire le *Prudent*, armé au dernier lieu, enfin fait prisonnier et détenu au dépôt de Chatham, en Angleterre... S'occupant à déchirer le gouvernement de son pays..., la personne auguste de notre souverain, découragant ses compagnons d'infortune en leur insinuant que la prolongation de leur détention n'est due qu'à l'abandon et à la cruauté... J'ai cru devoir joindre une lettre interceptée de ce misérable, qui montre assez clairement ce dont il est capable ».— La lettre « interceptée » n'est pas au dossier ; au reste le délateur se trompe sur la situation de Germain, que Victor Hugues ne signale nulle part dans sa correspondance comme s'étant évadé, mais qui s'était sans doute engagé sur un corsaire avec la permission du gouverneur de la Guyane.— Il rentra en France sous la Restauration.

GERSMAREFIS. Nom évidemment estropié sur les pièces du dossier des dép. de la Guadeloupe; il est illisible. P. 223.

GIRAUD, p. 4. Je ne sais si ce personnage est le même que celui du même nom qui va suivre.

GIRAUD, rue du Vert-Bois, rédacteur du *Journal des hommes libres*, p. 17. Une note (17 nivôse an XIII) annonce qu'il n'a pas été arrêté.

GOMBAUT-LACHAISE (Jean-Jacques), né à Bordeaux, ex-employé aux bureaux de la guerre, 63 ans en l'an XII d'après une pièce, 67 ans d'après une autre. Une autre pièce de la même époque le qualifie de « militaire-vétéran » et lui donne 58 ans. pp. 175, 100, 100, 209.—A l'île d'Oléron en l'an XI. — « Son exagération, sa haine prononcée contre le gouvernement, ses liaisons avec Metge et Chevalier, ont motivé son arrestation. Depuis sa détention, tranquille et laborieux. » (Note de police). — « Intelligent et instruit, on était satisfait de son travail dans les bureaux du ministère de la guerre. Il paraît tranquille ; il est âgé et laborieux ». (Note de police sur l'état d'embarquement pour Cayenne). — Il figure sur l'état des dép. existant à Cayenne, d'après la correspondance de Victor Hugues à la date du 20 brumaire an XIV. Mais on ne trouve pas son nom sur la liste de ceux qui revinrent de Cayenne en France, après la capitulation de la colonie.

GOSSET (Jean-Marie), ouvrier sur le port. V. *Gosset (les frères)*.

GOSSET (Louis-Jacques), gagne-denier. V. *Gosset (les frères)*.

GOSSET (*les frères*), pp. 17, 52, 102, 125. — Pétition de la femme de Jean-Marie Gosset, 24, rue des Boullangers, division du Jardin des Plantes. Depuis cinq ans qu'il est revenu des armées, il ne s'est jamais occupé d'affaires de révolution, n'a paru chez aucun juge de paix ou commissaire de police, ne songeant qu'à travailler et faire honneur à ses affaires. Il a deux enfants en bas âge. — Pétition de la femme de Gosset (Louis-Jacques), rue des Boulangers, 28, section du Jardin des Plantes. Il a été arrêté par vengeance, sur de faux rapports de camarades mal intentionnés. — Louis-Jacques Gosset meurt à l'île d'Anjouan, le 9 floréal an X. — Le min. mar. écrit trois lettres à la veuve de Jean-Marie Gosset (an X ; an XII, 5 avril 1810) ; il en résulte que le min. ignore le sort de ce dép. qui mourut à l'hôpital, aux Indes, ainsi que nous le disons p. 125. (V. *Vauversin*.)

GOULARD (Jean-Baptiste), imprimeur, né à Paris, 50 ans en l'an XII, pp. 17, 175, 209. — Arrêté le 14 prairial an IX. — « Goulard est réclamé par son épouse ». (Rapport de préf. de pol. 1 pluviôse an XIII.)—Pendant son internement à l'île d'Oléron, noté comme « tranquille ». — Mort à Cayenne le 4 thermidor an XIV.

GUZEAU, p. 13.

GRANDMAISON, député, p. 5. V. *les Biographes.*

GRIBAUVAL, p. 198.

. GRISIER (Edme-Antoine), p. 13. — 21 nivôse an IX : en exécution de l'arrêté du 17 nivôse, extrait de la prison de Pélagie et envoyé en surveillance à Beaulieu-les-Loges, près Loches (Indre-et-Loire). — Dans une lettre où il réclame son rappel, il dit qu'il a été arrêté le 3 nivôse comme prévenu d'avoir vendu de la poudre.—Le 9 floréal an IX, il écrit « à mon cher papa et à ma chère maman », pour qu'on demande qu'il puisse aller dans une grande ville, afin de pouvoir travailler. Il a, dit-il, une lettre de son frère. — La cit° Grisier adresse une pétition à Dubois, préfet de police : son mari, marchand fourbisseur au Palais-Égalité, est innocent, père d'une nombreuse famille, ses enfants, dont plusieurs en bas âge, réclament des secours dont ils sont privés. (En marge : porté sur la liste.) — La Grand'Cour, rue J.-J.-Rousseau, hôtel Bouisson. Pétition pour le même, le c. *Gressier*, en surveillance à Tours (Indre-et-Loire)... C'est un père de 3 enfants. — 5 fructidor an IX. La femme Grisier dit : « Le c. Vallet, déporté de Cayenne, s'étant procuré l'entrée de notre maison, et ayant conçu des projets d'adultère, chercha à s'associer au commerce du c. Grisier, et il eût infailliblement réussi, si je n'eusse prévenu mon mari de ses intentions à mon égard ; il fut évincé de la maison et l'événement du 3 nivôse se présentant, sa vengeance lui suggéra de perdre mon mari, et s'associa pour sa vindicte un

agent secret du ministère de la police générale
chassé tout récemment et c'est ce même agent
qui se rendit le dénonciateur du c. Grisier. —
Note au min. pol. : « Le préf. propose de rapporter la mesure à l'égard de... Grisier fils,
fourbisseur... était prévenu d'avoir vendu de
la poudre à tous ceux qui se présentaient ». —
Note du 10 vendémiaire an X, autorisant son
rappel à Paris.

GROSCASSAND-DORIMONT, député, p. 5. V. *les
Biographes.*

GUBICON, p. 13.

GUESDON, p. 5.

GUEYRAUD (Jean-Baptiste), né à Sarlat (Dordogne), négociant rentier, 44 ans en l'an XII,
fils de Gueyraud, procureur à Sarlat, pp. 175, 209,
332. — « Son exagération et ses liaisons avec
Metge et Chevalier ont motivé son arrestation.
Tranquille, depuis sa détention. » (Note de police.) — Il est à l'île d'Oléron en l'an XI. — Le
ministre de la marine et des colonies certifie
qu'il résulte d'un état extrait des registres mortuaires tenus à l'hospice militaire de Cayenne,
pendant le 3e trimestre an XIII, visé par le
chef d'administration ordonnateur, sous la date
du 3 thermidor de la même année, que le déporté Jean-Baptiste Gueyraud, ci-devant procureur à Sarlat, département de la Dordogne,
âgé de 45 ans est décédé audit hospice militaire de Cayenne, le 25 prairial an XIII. (Paris,
4 juin 1810.)

GUILHÉMAT (Bertrand), imprimeur à Paris,
né à Montpellier, 48 ans en l'an IX, pp. 17, 20,
57. — Guillemat (Bertrand), rue des Maçons-
Sorbonne, réclame à cause de la différence de
nom, le prénom est exactement le même et
rien n'annonce qu'il y ait non identité. On
estime qu'il n'y a lieu à faire droit. (Rapport

23.

préf. de pol. du 27 pluviôse an IX.) — Imprimeur à Paris, père de famille, d'un caractère assez difficile. Reste à la Digue chez le c. Florent Payèse. » (Note de l'administration des Seychelles). — Était encore à la Digue (îles Seychelles) le 15 juin 1809.

GUILLERMAIN ou GUILLERMIN, ou GUILLEMIN (Georges-Henry), commissaire substitut du gouvernement près le tribunal civil et criminel du département de la Guadeloupe. Dép. de cette colonie en France sur la *Cornélie*, dép. à Cayenne sur le brick *l'Impatient*, pp. 221, 223, 230, 240, 242, 320.

GUY ou GAYE (Pierre, Bois dit), garçon serrurier, p. 209, 337.

HENRIOT, p. 4.

HESSE-RHEINFELD-ROTTEMBOURG (Charles, prince de), général, membre des jacobins, connu sous le nom de Charles Hesse, pp. 4, 17, 72, 156, 157, 158, 159, 160, 379. V. *les Biographes*. — 15 messidor an IX. Ch. Hesse au ministre de la guerre Berthier. « ... J'ai été exilé par le directoire exécutif à 30 lieues de Paris pendant 6 mois pour avoir osé écrire en faveur de Bonaparte, les papiers publics en font foi ; jugez donc si je puis être l'ennemi du même Bonaparte, moi qui serais prêt à sacrifier ma vie pour défendre la sienne... Donc mon rappel. Charles de Hesse, gén. div. P. S. : ma sœur, Mme de Bouillon-Turenne vient de décéder à Paris, il y a un mois. » — 10 brumaire an X. Charles Hesse au min. pol. : « La paix générale vient d'être signée..., l'oubli des erreurs et des fautes doit en être inséparable... Retour à Paris, ou mon rapprochement à 10 lieues de cette capitale... Mes infirmités, mes malheurs et mes biens abandonnés à Paris depuis 10 mois d'exil icy seront mes titres... » — 24 ventôse an X. Au min. pol. : « Obtenez de la justice et de la générosité de notre 1er consul la permission de revenir à Paris ; je vous donne ma parole d'honneur de ne pas sortir de ma maison sans votre aveu, et de ne recevoir chez moi que des gens d'affaires... » — 10 messidor an X. Il se plaint d'être atteint du scorbut. — 5 thermidor an X. Certificats délivrés par deux médecins, Pouran et Piramith, l'un ci-devant médecin des hôpitaux militaires, l'autre officier de santé, « qu'il est urgent qu'il soit éloigné pour conserver ses jours, qui sont en très grand danger s'il continue son séjour à Saint-Martin, île de Ré ». Cette pièce est transmise le 24 thermidor an X par Sulat, ex-juge du tribunal civil, rue de l'Orangerie, n° 44, à Versailles, fondé de pouvoirs de Charles Hesse. — 18 thermidor an X... « Ma fortune est absolument à l'abandon, à Paris, et j'ai dû emprunter une forte somme à fort intérêt pour subvenir à l'entretien de mon loyer à Paris, de mes gens d'affaires, de mes domestiques et de mes impositions foncières et mobilières, non compris mes dettes et la surséance de mes créances arriérées... » — 20 thermidor an X... « 17 mois de prison sous Robespierre, 10 mois d'exil sous le feu Directoire, 2 mois de prison au 18 brumaire, et 21 mois d'exil... Je me vois privé, tout à la fois de mon honneur, de mon grade militaire, de mes biens, de ma liberté et même de ma santé... Mes cousins de Hesse-Cassel et de Hesse-Darmstadt, qui ont eu le malheur de faire la guerre aux Français en 1792, sont comblés d'honneurs et de marques d'estime et vont obtenir par l'influence de la France des biens et indemnités immenses, qu'ils n'eussent jamais obtenus sans l'événement de notre Révolution, et moi, infortuné, qui sert la France avec fidé-

lité et désintéressement depuis 36 ans, je suis
voué à l'opprobre, à la misère et à l'abandon... » — 30 thermidor an X... « Hémoragies
fréquentes, maux de gorge journaliers, je souffre prodigieusement de mon scorbut... En
outre j'ai 51 ans... Le cit. Talot, exilé avec
moi, a obtenu sa liberté il y a 4 mois, le cit.
La Harpe a obtenu son rappel complet. Certes,
je suis à cent lieues de son talent, mais mes
malheurs surpassent les siens, car je suis dans
le 50e mois d'exil ou de prison depuis 1793... »
— 2 fructidor an X... Ministre des relations
extérieures à Fouché... Je vous ai adressé
l'extrait d'une lettre que j'avais reçue de Ch.
de Hesse... Aujourd'hui une nouvelle lettre
de lui. S'il y a lieu d'apporter quelques adoucissements au sort de Ch. de Hesse, je serai
charmé de vous en avoir l'obligation ; en conséquence, vous me ferez un véritable plaisir de
me faire connaître sur cela votre résolution, et
de me mettre dans le cas de la transmettre à
Ch. de Hesse si elle lui est favorable. (Ch. M. de
Talleyrand.) — 22 pluviôse an XI. Je ne signais
mon nom sur le registre de la municipalité
que tous les 10 jours ; on m'a ordonné aujour-
d'huy de venir signer tous les jours impairs, et
me voilà privé des adoucissements accordés à
l'infortune... J'ai les cuisses bleue·, les jambes
enflées et un ulcère à la gorge depuis 6 mois...
— 25 ventôse an XI. « Je succomberai infailliblement si je dois passer l'hiver encore icy...
J'ai les vessigatoires au dos depuis 20 jours,
les sangsues à la gorge, le corps couvert de
taches bleues, rouges et jaunes, et par suite de
mon scorbut, de mon mal de gorge, privé de
sommeil... Quant à ma grande liquidation et
indemnités, j'ai pleine confiance dans la justice
du gouvernement français et dans les lumières

de son ministre des relations extérieures... »
— 12 germinal an XI, au G. juge. « J'ai été
arrêté et conduit icy, dans la même voiture il
y a 29 mois, avec MM. Talot et Lepeletier. Le
premier a obtenu sa liberté il y a un an, et le
second, parti subitement, vit cependant paisiblement à Paris, s'y promène librement, et a
même été admis à l'audience du consul Cambacérès... Suis-je donc plus coupable qu'eux,
le scorbut dont je suis rongé me fait éprouver
des douleurs inouïes. Je ne puis boire et manger qu'avec une peine extrême, et je n'ai pas le
moindre espoir de guérison en cette isle, vu
l'air de la mer, source et aliment de cette affreuse maladie... M. le grand-juge, si je ne
pouvais obtenir encore la même faveur que
MM. Talot et Lepeletier, mes deux camarades
d'infortune, je demande au moins avec instance
(en attendant la décision de mon sort politique)
la permission de me retirer, sur ma parole
d'honneur, dans une ville de l'intérieur pour y
rétablir ma déplorable santé...»— 15 germinal
an XI. Min. pol. à Moncey. Je vous invite à
faire les dispositions pour conduire jusqu'à la
frontière d'Allemagne Charles Hesse... Il lui
est fait défense de rentrer en France, sous
peine d'être déporté aux colonies. — 5 floréal
an XI. Général Moncey à grand-juge... « Il a
montré beaucoup d'humeur au moment où les
intentions du gouvernement lui ont été signi-
fiées ; il s'est plaint amèrement de ce qu'on
récompensait ainsi 30 années passées au service de la France ; il s'écriait qu'il aimait mieux
être fusillé ou noyé, que remis à la disposition
de son frère, le langrave de Hesse-Cassel, qu'il
suppose disposé à le faire écorcher vif. Son
espoir paraît être dans son oncle, l'électeur de
Bavière, auprès duquel il compte se rendre... »

— Idem à idem (1 prairial an XI). « Je vous annonçais le 17 floréal que Ch. Hesse était parti de La Rochelle le 3, pour être conduit aux environs de Mayence ; il est arrivé à sa destination..., déposé de l'autre côté du Rhin. Avant de quitter la France, il a montré beaucoup d'humeur, a éclaté en injures contre son escorte, et l'a menacée de résistance, si on persévérait à vouloir lui faire passer le Rhin... »

— Bâle, 20 mars 1812. Au duc de Rovigo. Hesse demande la permission de se retirer à Nancy, Chalon ou *Rheims* (souligné), en attendant qu'il puisse rentrer à Paris. « Voici mes titres... J'ai 60 ans, je suis moitié aveugle, j'ai servi la France pendant 36 ans avec une fidélité et un courage à toute épreuve. J'ai fait plus encore. J'avais un traité avec l'électeur de Hesse en 1804, qui m'assurait une fortune très considérable, je l'ai déchiré dans un accès de colère pour ne pas faire la guerre à la France à *Géna* (aussi souligné) et j'ai préféré une pauvreté honorable à une richesse coupable dans mon opinion. Ma fille adoptive vous remettra elle-même, pour preuve parlante, ledit traité, *en original* (souligné), déchiré par moi... Charles, prince de Rhinfels. » — Huningue, 28 mars 1812. Le maire de cette ville au duc de Rovigo : Charles de Hesse réside à Bâle, auberge de la Cigogne, depuis environ un mois ; il a été hier en cette ville, où il s'est entretenu très favorablement du gouvernement, duquel il espère obtenir une pension de 6.000 fr. par an. Il a la vue très basse... — 9 avril 1812. Au duc de Rovigo... Demande un passeport pour son père, le prince Charles de Rhinfels, ancien général français, en ayant grand besoin de consulter pour ses yeux, et celui de conférer avec les célèbres avocats de la capitale pour régler ses droits à la succession de son frère, décédé à Francfort le 21 mars dernier... Jenny Delauriers, fille du prince Ch. de Rheinfels. — Min. pol. à préf. de Colmar, 26 avril 1812. Ordre de renvoyer hors de la frontière Charles de Hesse s'il revient en France. — Au duc de Rovigo. 9 mai 1812. Je suis arrivé à midi, avec toute la confiance et le respect dus au gouvernement français ; j'allai mourir de faim en Suisse, car depuis la mort de mon frère aîné, dont je suis l'héritier présomptif, ma famille a osé se permettre de me retirer ma pension alimentaire de famille, et puisqu'il fallait mourir, j'ai préféré de mourir en France, ayant eu l'honneur de la servir pendant 39 ans avec une fidélité à toute épreuve. Prince de Rhinfels, ancien général français, rue Gaillon, hôtel de Pierre-le-Grand. En marge : « Charles Hesse... Par une dispos. particulière, S. M. a ordonné dans le tems (an XI) son expulsion de France, depuis il avait réclamé et sollicité la permission de revenir, sa demande n'avait pas été accueillie. Le ministre a ordonné de le renvoyer au delà du Rhin; esprit remuant et intrigant, opinions exagérées. »— 14 mai 1812. Hesse (Ch.), prince de Rhinfels. Conformément aux intentions de S. E., il lui a été délivré un passeport pour retourner au delà du Rhin, il a quitté Paris le 12 de ce mois pour se rendre à Bâle, par la route et la diligence de Strasbourg.— Strasbourg, 21 mai 1812. Com. gén. de pol. à min... Le 16 de ce mois, le prince Charles de Rhinfels, connu sous le nom de Charles Hesse est arrivé en cette ville porteur d'un passeport du préfet de police du 12 de ce mois... Visé ce passeport le 17 pour Kehl, en Allemagne. Mais comme M. de Rhinfels, qui était descendu dans une petite auberge, ne se disposait pas à partir, j'ai ordonné au commissaire de police de l'arrondissement de le faire suivre de près. Le 18 il changea d'auberge et alla se loger à l'hôtel de la Maison-Rouge, où il ne fut reçu que sur l'invitation de M. de Lezay, préfet du département, qui s'engagea à payer sa dépense. Le 19 au matin, je lui ai envoyé le commissaire de police et je lui ai fait dire qu'il ne pouvait davantage rester à Strasbourg, et qu'il devait se disposer à obéir dans le jour à vos ordres, monseigneur ; il répondit qu'il était prêt à obtempérer, mais qu'il était totalement dépourvu d'argent, qu'il ne savait où aller, ayant été également expulsé de l'Allemagne et que le climat de la Suisse lui était contraire, qu'il était d'ailleurs aveugle et malade et qu'à la fin de la semaine il attendait sa fille qui devait lui porter de l'argent. J'allais rendre compte à V. E. de ces circonstances, lorsque j'ai appris que le 10, dans l'après midi, M. de Rhinfels est allé chez le général de la division pour y demander des secours, et je lui ai fait intimer le même soir qu'il ait à partir, parce que pouvant sortir, il pouvait aussi se mettre en voyage. Le 20 au matin, il s'adressa de nouveau à M. de Lezay et lui demanda à être autorisé à louer une maison à Strasbourg et à y rester provisoirement. M. de Lezay me fit communiquer sa demande et je lui répondis que si M. de Rhinfels n'obéissait promptement aux ordres de V. E., je me verrais forcé de le faire expulser d'autorité du territoire français ; il reçut hier de la part de M. de Lezay des secours en argent pour pouvoir continuer sa route et il est parti aujourd'hui pour se rendre à Rastadt, Francfort, ou partout où il trouvera un azile. — 31 mai 1812. Préfet du Haut-Rhin à min. de la pol. : Le prince Charles de Hess a quitté Basle, pour aller fixer sa résidence à Berne. J'ignore le motif qui a déterminé le prince à changer le lieu de son domicile. — 15 avril 1813. Le maire de la ville d'Huningue à min. de la pol. : J'ai été informé que M. Charles de Hesse, ancien officier au service de la France, se trouvait au caffé de la place en cette ville ; j'ai de suite cherché à le voir pour l'inviter, conformément à vos ordres, à ne point enfreindre le territoire de la France à l'avenir. Arrivé au caffé, j'appris qu'il venait d'en sortir, et qu'il se rendait par la porte du Rhin vers Bâle ; je fus le joindre et lui fis part des ordres de V. E. : il me dit qu'il était arrivé depuis peu de jours de Francfort et de ses environs, qu'à Francfort il avait trouvé beaucoup de ses parens, que les uns parais-saient épouser le parti des Français, que les autres, principalement le prince de Hesse, le-vait deux légions noires pour le service de la Russie, qu'il a été étonné du mauvais esprit qui régnait à Francfort, relativement à la guerre actuelle, que là on lui avait notifié de quitter la ville, d'où il a été à Offenbach, où il a passé 7 semaines, et où M. le maréchal Augereau et le général Albert se trouvaient, que ne pouvant rester plus longtemps dans ces contrées, il est revenu à Bâle, où il est logé à la Cigogne, qu'é-tant pensionné de la France, il n'avait pas pu s'imaginer que le territoire lui serait interdit, avec d'autant plus de raison qu'il y a servi pen-dant 40 ans, et qu'il s'y croit naturel du pays, qu'en tout tems et encore à présent il a pris les intérêts de la France à cœur, qu'il y a six mois qu'il a prévu les trahisons que nous avons éprouvées et qu'avant six semaines nous ver-rions de grands désastres. Je lui ai demandé en quoi et pourquoi ? Il me dit : « Vous n'avez que des conscrits et vous êtes sans cavalerie, tandis que l'ennemi a une cavalerie formidable et une armée faite pour vaincre. » Il a ajouté qu'on lui avait offert tout récemment le commandement d'un corps d'armée et un grand duché, offres qu'il a rejetées, ne voulant pas, à l'âge de 62 ans et demi, changer d'opinions et de caractère. — 30 avril 1813. Min. à maire d'Huningue… Reçu les détails transmis sur le passage dans votre ville du sʳ Ch. de Hesse. J'ai peine à croire que ce qu'il vous a dit des offres brillantes qui lui ont été faites soit exact. Sa conduite antérieure et ses opinions ne sont pas propres à lui avoir mérité de semblables témoignages de confiance, de bienveillance… Je vous invite à continuer de me communiquer…

HUGUES (Victor), commissaire du gouvernement à Cayenne, puis mis en surveillance, p. 247. — V. *les Biographes*.

HUMBLET, pp. 17, 325. — «… J'ai fait déposer au ministère de la police générale le témoignage de plus de 150 citoyens du quartier que j'habitais alors… Attesté que travaillant seul de l'état de cordonnier j'étais parvenu à procurer une honnête existence à une femme valétudinaire et à deux enfants en bas âge… que je ne fréquentais aucun endroit public… Signé : Humblet, cy-devant dans le faubourg Antoine. Donner avis de la décision à M. Tissot, petite rue de Reuilly, 8. — Rapport du préf. pol., 1 pluviôse an XIII… Humblet, cordonnier… s'est soustrait à l'arrestation. Cet homme obligé de se cacher depuis quatre ans, est réduit à la misère la plus affreuse et dans l'impossibilité de soulager une femme et deux enfants. — Rapport de Dubois, cons. d'Etat, 15 prairial an XIII, S. E. le ministre de la police m'a fait transmettre deux pétitions du n. Humblet, cor-

donnier, inscrit au sénatus-consulte du 14 nivôse an IX et qui, depuis cette époque, s'est
tenu caché. Il implore la clémence du gouvernement et il présente à l'appui de sa demande
le cautionnement des sieurs Fromentin, chef
de bureau à la préfecture de la Seine et Tissot,
manufacturier de coton, demeurant petite rue
de Reuilly. Attendu la mesure adoptée déjà
par S. E. à l'égard des nommés André, Bescher,
Michel et autres, tous portés au même sénatus
consulte, et qui ont obtenu leur liberté à la
condition de se retirer en surveillance dans
différents départements, j'estime qu'il y a lieu
d'enjoindre également au nommé Humblet de
quitter Paris et de se rendre à 40 lieues de
cette ville, des côtes, et des lieux où la cour
pourrait séjourner pour y demeurer sous la
surveillance des autorités locales. (Approuvé).
— Une note sans date postérieure à juin 1809,
dit : « A Paris en fructidor an XIII. »

JACQUOT-VILLENEUVE (Jacques-Chrysostôme)
ancien officier de paix, orfèvre dans la Cité,
50 ans en l'an IX, né à Paris, demeurant rue
Haute-des-Ursins, nos 1 et 2, pp. 17, 20, 57,
150, 260, 263, 264. « Orfèvre dans la cité de
Paris, âgé de 55 ans, d'un physique faible, père
d'une nombreuse famille, homme tranquille,
désirant acheter des terres, reste chez la veuve
Dutems, Ance-aux-Pins. » (Note de l'administration des Seychelles.) — En 1808, Jacquot Villeneuve est encore aux Seychelles. En 1809 (15
juin) il est à l'Ile Bonaparte (Ile Bourbon),
« dans sa famille. » Il revient en France après la
capitulation de la colonie. — 31 octobre 1811,
marchand orfèvre, 67 ans, natif de Paris, venant de l'Ile de France, porteur d'un passeport
délivré à Morlaix ; cet individu sollicite... résider dans la capitale. On estime qu'il y a lieu

de faire droit... en le soumettant à une surveillance convenable. Approuvé. (Note de police). — 17 août 1813, préf. pol. à pol. D'après
votre note de ce mois, j'ai donné des ordres
pour que le s. Jacquot Villeneuve, l'un des déportés, qui avait été envoyé au dépôt de mendi-
cité de Villers-Cotterets, fût transféré dans la
prison de Pierre Chatel, je viens d'apprendre
que cet individu est mort le 7 juin dernier.

JALABERT (Etienne), coiffeur de femmes,
né à Montpellier, 44 ans en l'an XII, pp. 17,
20, 52. — 19 nivôse an IX, est extrait de la
maison du Temple et transféré à Bicêtre. —
Maître perruquier au Palais-Royal à Paris, âgé
de 50 ans, physique ordinaire, reste à l'établissement du gouverneur où il exerce son
état. Assez doux de caractère, peu de notes sur
son compte. (Note de l'administration des
Seychelles.) — Jalabert est encore à Mahé (Iles
Seychelles) à la date du 15 juin 1809.

JEUNOT, p. 13.

JOLICŒUR, p. 117.

JOLLY ou JOLY (René), officier réformé, pp.
17, 52, 102, 126, 130, 131. — Mar. à Mme Joly,
rue de Versailles, n° 992, division du Jardin
des Plantes. Paris, 2 ventôse an XII. Le ministre de la marine me charge, madame, de
vous adresser un certificat, constatant la mort
de votre mari. Vous le trouverez ci-joint.

JORRY, p. 4. — « Il paraît... que Jorry est
depuis quelques mois à l'armée du Rhin dans
le grade d'adjudant général. » (*Moniteur*, 2 frimaire an VIII.)

JOURDAN, général, député, maréchal de
France, pp. 5, 6. — V. *les Biographes*.

JOURDEUIL (Didier), adjoint au ministère de
la guerre, pp. 4, 17. — V. *les Biographes*. —
Un état sans date des « déportés du sénatus-

consulte du 14 nivôse an IX, maintenant en surveillance en France, » dit: « Jourdeuil (Didier), n'a pas été arrêté; au Havre. » Une note, transmise le 17 nivôse an XIII à la division de la liberté individuelle annonce aussi qu'il n'a pas été arrêté: « Il vient d'être autorisé à se rendre en surveillance à Evreux. »

JUILHES, p. 13, peut-être JUILHES-LA ROCHE (Jean). — V. *La Roche*.

JULIEN (de Toulouse), député, p. 5. — V. *les Biographes*.

JUMILLARD (Jean-Baptiste-Louis), né à Paris, marbreur de papier, d'après une pièce, fabricant de papier marqué, d'après une autre, 54 ans en l'an XII, pp. 175, 196, 199, 209. — « Exagéré et impliqué dans l'affaire Metge et Chevalier. Très tranquille depuis sa détention. » (Note de police.) — Il est à l'île d'Oléron en l'an XI. — En janvier 1806, le ministère a reçu l'avis de son décès à la Guyane.

LACHEVARDIÈRE, p. 5.

LACOMBE (Bertrand), tailleur, né à Périgueux (Dordogne), pp. 17, 52, 102. — V. *les Biographes*. — Lacombe (la femme), cloître Saint-Honoré, n° 11, an II, à Fouché: « Il y a longtemps que je vous fis la demande de me procurer les moyens d'aller joindre mon infortuné mari au lieu de son triste exil. Je vous renouvelle cette demande... Je ne puis exister plus longtemps loin de mon époux, et mes enfans loin de leur père... » —.Mar. à madame Lacombe, cloître Saint-Honoré, n° 11, à Paris, 10 vendémiaire an XI. Par votre lettre sans date, vous demandez, madame, au ministre de la marine qu'il vous procure, ainsy qu'à vos enfans, la facilité de vous rendre à Mahé pour y rejoindre votre époux. Je vous préviens que le ministre ne peut remplir votre désir, faute de moyens de trans-

port. — Bertrand Lacombe était mort à l'île
d'Anjouan le 17 floréal an X. — Mar. à mad.
veuve Lacombe, rue Saint-Denis, près celle
Bon-Conseil, n° 46, à Paris. 3 floréal an XII. Le
ministre me charge, madame, de vous adresser
un certificat constatant la mort de votre
époux.

LAGÉRALDY (Jean-Pierre), pp. 13, 17, 52,
102. — Mort (en fuyant l'île d'Anjouan) à l'île
Comore (suivant une lettre du dép. Lefranc)
an X.

LAIGNELOT (Joseph-François), député, p. 13.
— V. *les Biographes*.

LAMBERTÉ (Théodore), imprimeur, 48 ans en
l'an XII, né à Paris, pp. 4, 17, 173, 178, 189, 197,
209, 315, 384. V. *les Biographes.* — Marie-Françoi-
se-Claire Privat, femme Lamberté, à pol. Son
époux a été arrêté le... floréal (*sic*) dans l'imprimerie du cit. Clousier, où il travaillait pour
subvenir à leur existence. L'incarcération immé-
ritée de son mari l'a réduite à la plus extrême
misère, elle est néanmoins créancière du gouvernement pour la somme de... (*sic*) qui lui
est due pour 13 mois d'appointements de son
premier mari (Lay), adjudant-général à l'armée
d'Italie (les représentants Isnard et Cadroy lui
ont pris de plus quatre chevaux tout arnachés,
et les ont fait mettre dans les dépôts de la République), le ministre de la police ayant reconnu les républicains non coupables dans le
3 nivôse, elle demande que l'on rende son mari
à ses travaux. Le c. Clousier se portera s'il le
faut caution de sa conduite, femme Lamberté,
rue Neuve-Médéric, au 2°, chez le marchand
de boutons vis-à-vis le magasin de vin et eau-
de-vie. — Il fut conduit à l'Isle d'Oléron, le
9 thermidor an X et s'en évada dans le mois de
thermidor an XI. Il a été arrêté à Paris par un

brigadier de gendarmerie qui avait fait partie
de l'escorte qui l'avait conduit à Oléron. Ce
dernier le rencontra dans la rue, il crut d'abord
le reconnaître, l'embarras qu'il témoigna quand
il se vit fixé, détermina le brigadier à lui demander qui il était et à l'arrêter lorsqu'il vit
qu'il voulait fuir. (Note de pol.) — A Oléron
il était noté comme « très tranquille ». —
18 brumaire an XII. Le g. juge donne des
ordres au général Moncey et au préf. du Doubs,
pour la translation de Lamberté au fort de
Joux. Il donne en même temps au préf. de pol.
l'ordre de remettre à la gendarmerie « Lamberté (Théodore) que j'ay fait conduire devant
vous le 10 du mois dernier. » — 14 fructidor
an XII. V. Hugues annonce que Lamberté s'est
évadé de Cayenne. Il « a volé une pirogue, avec
un mauvais sujet venu de Marseille nommé
Pignatel, et ils ont fait route pour Surinam. On
pense qu'ils se sont noyés. La certitude que
j'ai qu'ils n'y sont point arrivés me le fait
croire. »

LAPORTE (Antoine-Jean-Baptiste), v. DELA-
PORTE.

LAPORTE, tonnelier, déporté de La Réunion,
p. 102.

LA ROCHE (Jean), p. 13. Peut-être est-ce le
même que Juilhes (v. ce nom) qui s'appellerait
Juilhes La Roche.

LAURENT (Joseph-Simon-George) dit LAU-
RENT DERVILLE, lieutenant au 16° régiment de
cavalerie; mis en non-activité le 24 vendémiaire
an IX, demeurant, depuis le 1er frimaire an IX,
rue André, maison du père Lachaize, n° 7, près
de Charonne, croyant même que c'est commune de Charonne (d'après interrogatoire).
pp. 17, 57, 87, — 20 nivôse an IX, figure sur la
liste des individus arrêtés — « J.S.G. Laurent

dit Derville réclame, parce que sur la liste (du sénatus consulte du 14 nivôse) on trouve seulement les noms de G. Laurent Derville, et prétend qu'il ne peut y avoir identité: la réclamation n'est point appuyée. Quoiqu'il n'y ait sur la liste que les deux prénoms Georges-Laurent, il n'y a point erreur de personne, et J. S. G. Laurent dit Derville est bien l'individu qu'on a voulu désigner. La déclaration signée de la femme Morlot, en date du 7 nivôse, l'accuse de propos et de menaces contre le chef de l'Etat. Dans son interrogatoire Derville s'est défendu, en disant que la déposition était un acte de vengeance et de jalousie. Le gouvernement est prié de statuer. » (Rapport du préf. de pol., 27 pluviôse an IX). — Cy devant aide de camp, âgé de 38 ans, restant chez Vaula-Maëfa, négresse libre, riche propriétaire de Mahé, un beau physique, une bonne éducation, assez mal noté par les habitants. Il désire aller dans l'Inde, pour y servir les princes du pays, et on lui en facilitera les moyens lorsque l'occasion se présentera. » (Note de l'administration des Seychelles.)—Mort aux Seychelles le 3 pluviôse an XIII.

Lebois (René-François), né à Paris, 33 ans en l'an XII, imprimeur, journaliste. pp. 4, 17, 175, 209. V. *les Biographes.* — Une note de police le signale comme « tranquille » depuis son arrestation, dont l'époque n'est pas indiquée. — Ange Pitou, arrêté le 24 floréal an X, et détenu 18 mois, dit avoir été à cette époque, enfermé avec Lebois à Sainte-Pélagie, dans le corridor de l'opinion. — Conduit à l'Ile d'Oléron puis à La Guyane, figure en 1806 sur la liste des dép. « existant à Cayenne » mais ne figure pas au nombre de ceux qui rentrent en France après la capitulation de cette colonie.

LEBRUN (Joseph-Etienne-Antoine), 70 ans, p. 13. — 24 nivôse an IX : est envoyé en surveillance à Perpignan (Pyrénées-Orientales).

LECOINTRE, de Versailles, député, p. 13. V. *les Biographes*. — Une note dit (30 floréal an X) : « Lecointre de Versailles a été autorisé à aller dans le département de Seine-et-Marne, depuis il a eu l'autorisation de rester quelque temps à Sèvres. »

LEFEBVRE (Pierre), p. 17. — Une note (17 nivôse an XIII) annonce qu'il n'a pas été arrêté.

LEFÉVRE (Pierre-Jean), ex-commandant de la 35e demi-brigade de gendarmerie, 40 ans en l'an IX, né à Paris, demeurant rue Contrescarpe, n° 18. (Cicatrice sur chaque œil, dit son signalement). pp. 17, 57, 102, 114, 117, 119. — Femme Lefèvre, rue de la Contrescarpe, fossés de la ci-devant Bastille, n° 18 : « J'offre de prouver que depuis la cessation de son service jusqu'au 13 nivôse, époque de son arrestation.... Voici le précis de sa conduite qu'il m'adresse de Nantes et qu'il me charge de vous présenter : en 1789 il fit son service dans la garde nationale jusqu'au 26 août 1792, où il fut nommé capitaine dans la 35e division de gendarmerie nationale ; ce service militaire lui a valu l'estime de ses frères d'armes qui le nommèrent au grade de chef de bataillon commandant la division. Il partit pour la Vendée, et resta à son corps jusqu'à ce que la Convention nationale rappela ce corps à Paris, voyant qu'il était presque détruit par les différents combats, le fit incorporer avec la 33e qui forma alors la 34e qui fut licenciée le 13 prairial an II. Le comité de salut public le nomma alors chef de bataillon dans la légion de police. Le 1er consul étant alors général de l'armée de l'intérieur lui donna ordre de se

rendre à Vincennes pour commander le dépôt, et lui intima un nouvel ordre pour aller à Marly y prendre le commandement du dépôt des jeunes gens de la réquisition. Il y resta jusqu'au mois de floréal an IV. Le Directoire le rappela à Paris où il fut employé provisoirement. Le ministre de la police générale le chargea alors de rallier les esprits du faubourg Antoine ; il s'acquitta avec succès de cette mission, il invoque le témoignage des c. Laborde et Gonchon, qui ont correspondu avec lui jusqu'au 1er germinal an VIII, époque à laquelle il a cessé son service auprès de l'état-major de la 17e division. N'ayant d'autres moyens d'existence que son employ militaire il fut obligé d'attendre la décision du ministre auquel il avait représenté que les inspecteurs aux revues exigeaient de lui une nouvelle autorisation pour continuer son service ; voyant qu'elle tardait, il reprit son état de tourneur. Il n'a point quitté ses travaux jusqu'à l'époque où il fut arrêté, conduit à la préfecture de police et il ignore encore... Marié depuis 16 ans... »
— Mort à l'île d'Anjouan le 17 floréal an X.

LEFRANC (Jean-Baptiste-Antoine), architecte, 40 ans en l'an IX, né à Paris, demeurant rue Thomas-du-Louvre, n° 269. Pp. 17, 35, 36, 57, 102, 112, 114, 117, 119, 123, 126, 127, 130, 131, 132, 144, 254, 260 263, 271, 272, 323.—1 frimaire an XII. Au général Bonaparte... à Anjouan..., où on nous jetta sur la côte comme des bêtes fauves ; 15 jours après notre arrivée nous tombâmes presque tous malades, et sur la fin de la troisième semaine, vingt et un étaient au tombeau ; huit se sauvèrent avec le frère du roy d'Anjouan à l'isle de Comord pour éviter la mort, etc. — 4 frimaire an XII. Rapport au min. « Il a déclaré que lui et Saunois ne sont

revenus en France que, parce que d'après le
rapport du capitaine Marchand qui, d'après les
circonstances de la paix, avait été envoié de
l'isle de la Réunion à la recherche des déportés
de cette colonie disséminés en Affrique , ils
avaient eu aussi la persuation qu'ils étaient
eux-mêmes amnistiés et rappelés. » Il nie s'être
permis des déclamations publiques contre le
gouvernement français pendant sa captivité en
Angleterre, ni avoir reçu aucun secours de ce
pays. Ce rapport est suivi d'un ordre de Bonaparte de les envoyer en surveillance dans une
petite commune du côté de Montpellier.— A
pol. : « A mon arrivée des prisons d'Angleterre
à Brest, lieu de mon domicille, je me suis présenté le 29 de brumaire dernier, chez M. le
commissaire général de police, pour lui faire
la déclaration, contre les nommés Lefranc et
Sonnoi, venant de mêmes prisons que moi, se
disant passagers venant des colonies, que j'ai
reconnu pour être du nombre des déportés en
Affrique part le gouvernement pour cause d'attentats dirigés contre S. M. impérial, à lors
1er consul, le 3 de nivôse, à Paris. Si la bienfaisance du gouvernement accorde quelque récompense, et que je sois susceptible de cette
faveur, je supplie V. E. d'avoir égard à un malheureux qui est chargé de famille dans l'indigence ». Desgouge, déporté de Saint-Pierre-et-
Miquelon, et sergent dans la ci-devant compagnie desdites isles, à l'hospice de Recouvrance,
le 9 thermidor an XII. (Police secrète nᵒ 5588.)
— 3 octobre 1811. Lefranc et Saulnois, en
surveillance à Lunel depuis 7 ans, jouissant
d'un traitement de 40 francs par mois qui vient
de cesser, sollicitent la levée de leur surveillance. On propose à S. E. d'accorder l'objet de
la demande en interdisant à ces individus d'ap-

procher de Paris de 20 miriamètres et des lieux
où se trouvera la Cour. Par le ministre : Approuvé. — 24 may 1812. Attestation du maire
de Lunel que le sr Lefranc J.-B.-Ant., originaire de Paris, architecte, entrepreneur, a habité Lunel 8 ans, s'y est concilié l'estime générale, a été chargé de la direction de plusieurs
travaux publics et privés, puis dans l'octroi de
bienfaisance pendant 6 ans, preuves d'intelligence et de la plus exacte probité... Signé : Va-
lantin. — Montpellier, 18 août 1813. Préf. de
l'Hérault à pol... D'après la lettre de V. Exc.
du 6 de ce mois, j'ai donné ordre d'arrêter et
faire conduire dans la prison de Pierre-Chatel,
Ant. Lefranc et Charles Saulnois ; Saulnois a
été arrêté et sera dirigé par la première correspondance de la gendarmerie sur la prison de
Pierre-Chatel. Quant à Lefranc, il est parti depuis environ 15 mois...— 24 août 1813. Préf.
Hérault à pol. Charles Saulnois, arrivé dans la
maison d'arrêt de Montpellier, a été atteint de
douleurs rhumatismales aiguës dans les extré-
mités inférieures et a besoin de 15 jours de
repos... — Charles Sonnois, employé aux oc-
trois de Lunel, à Mr Pélet, de la Lozère. « Arrêté à Lunel le 15 août 1813, où je suis resté
en prison jusqu'au 17, 5 heures du matin. Sans
mandat d'arrêt, détenu depuis le 17 du courant
dans la maison centrale du département de
l'Hérault, sans être interrogé ; je ne puis attribuer mon arrestation qu'à des ordres de la police générale ; ne connaissant pas la cause de
cette rigueur... Signé : Sonnois, en surveillance du maire de Lunel depuis 1802 jusqu'au
21 octobre 1811. » — 28 août 1813. Pol. à commissaire gén. de pol. à Bordeaux... Le n. Lefranc J.-B.-Ant..., a pris à Lunel, il y a 15 mois,
un passeport pour Bordeaux, où l'on croit qu'il

est encore aujourd'hui employé comme architecte à diriger les travaux d'une maison qu'un
général retiré fait bâtir. Je vous charge de le
faire arrêter sur-le-champ et de l'envoyer dans
la prison de Pierre-Chastel. — Lefranc à commissaire gén. pol. de Bordeaux. « Détenu au
fort du Hâ depuis hier par vos ordres... Réclame liberté..., ayant besoin de vaquer à des
opérations que j'ai entrepris, vous observant
aussi que mon arrestation peut préjudicier non
seulement à mes intérêts mais aussi à ma réputation ; veuillez ordonner ma mise en liberté
sous la responsabilité de deux personnes très
connues, m'engageant à paraître devant vous
au jour et à l'heure qu'il vous plaira ordonner. »
— Montpellier, 20 septembre 1813. Préf. Hérault à pol. gén. : Charles Saulnois, resté dans
la prison de Montpellier pour cause de maladie,
est parti par la correspondance de la gendarm.
le 20 courant pour Pierre Chatel...—(11 octobre ?) Réclamation de Lefranc, au min. pol. :
« J'y ai fait établir (à Bordeaux) mon ouvrage
hydraulique ». Il allait faire un 3e essai, mais
il est arrêté encore. « On a mis sur ma feuille
de route que j'étais évadé de Pierre-Chatel, où
on me conduit ; on m'a assuré à Bordeaux
qu'on y avait vu passer un n. Franc qui s'était
évadé de cette prison. » Il y a, dit-il, erreur sur
la personne ; il demande à être placé en surveillance à Bordeaux ou emprisonné au fort du
Hâ, pour achever son ouvrage hydraulique. —
20 avril 1814. Pol. à préf. d'Angoulême. Je
vous prie, monsieur, en conséquence de l'autorisation qui m'en a été donnée par le gouvernement provisoire, de faire mettre en liberté le
sr Jean-Bapt.-Ant. Lefranc, qui doit être détenu
à Angoulême. Dans le cas où il ne voudrait pas
rester dans cette ville, vous lui ferez délivrer

un passeport pour le lieu où il désirera se retirer (Paris excepté) et où il devra rester en surveillance. — A la Restauration, Lefranc fut mis définitivement en liberté. Mais en 1816, il fut impliqué dans une conspiration dite « des patriotes ». Condamné de nouveau alors à la déportation, il fut conduit au mont Saint-Michel.

LEGER, arrêté après le 18 brumaire, pp. 239, 242.

LEGROS aîné, septembriseur. V. *Legros* ou *Gros (Aimé)*.

LEGROS ou GROS (Aimé), p. 17. — Legros aîné, indiqué sur la liste du sénatus consulte, ne fut pas trouvé, et on a arrêté à sa place un nommé *Aimé Gros* ou *Legros*, dont voici le dossier. — Figure (sous le nom de Legros aîné) sur un état du 20 nivôse an IX au nombre des individus arrêtés. — Le 26 nivôse an IX, est à la maison de Pélagie, et, au moment d'être désigné pour l'embarquement, réclame contre son arrestation, ainsi qu'il résulte du procès-verbal suivant : « Aimé Legros... a dit qu'il y avait erreur..., que l'acte du gouvernement portait Legros *Aîné*, que lui s'appelait *Aimée Gros*, qu'il n'avait point de frère, que conséquemment ce n'est point de lui dont on a voulu parler ; qu'il existe des nommés Legros dans la même division où il a son domicile (gardes françaises), qu'il en existe dans la section de la butte des Moulins et sur le quai de l'Ecolle, qu'il réclame un sursis, qu'il est âgé de 38 ans, né à Lyon, demeurant rue du Chantre, n° 72... — 27 pluviôse an IX. Rapport du préf. de pol. « Legros (Aimé), marchand mercier, rue du Chantre (réclame, attendu la différence de noms). Legros aîné, septembriseur, est inscrit sur la liste. Legros (Aimé), maintenant détenu, réclame ; il est fortement appuyé par plusieurs citoyens et notamment par le commissaire de police de sa section, qui déposent de sa moralité ; il est évident qu'il n'y a point d'identité de noms. On estime que la mesure ne lui est point applicable. » — Le min. pol. ajourne sa décision jusqu'après nouveaux renseignements. — Rapport d'un agent du 6 ventôse an IX sur Legros aîné : Les renseignements que je me suis procuré consistent premièrement en ce que le nom de Legros aîné n'est pas le nom de celui qui est condamné à la déportation, qui est détenu en ce moment à la maison de Pélagie et qui est marchand mercier rue du Chantre-Honnoré. Cette homme, qui est très connu des habitants de son quartier, se nomme *Aimé Gros*. Il était maître tailleur avant la Révolution. Les émigrés, à l'époque de la Révolution, lui ont enlevés une partie de son avoir. En 91, il prit une boutique de marchand mercier dans la rue du Chantre-Honnoré, où il est encore aujourd'hui. Il a suivi le cours de la Révolution, comme ont fait alors tous les habitants de Paris. Il était de la section des gardes françaises ; il fut nommé par ses concitoyens membre du comité de surveillance de sa section. Il fut trouvé dans le règne de la Terreur, trop modéré pour être membre du tribunal révolutionnaire ; il fut destitué. Depuis, il fut nommé par sa section, commissaire du comité de bienfaisance ; il l'a exercée pendant deux ans, à la satisfaction de tous ses concitoyens ; c'est à tort qu'on lui donne le titre exécrable de septembriseur. Il est généralement reconnu par tous ses voisins que cette inculpation est très fosse. Tous les citoyens de sa section gémissent sur sa détention. C'est un des meilleurs citoyens de notre section, qui a fait beaucoup de sacrifices dans la Révolution et notamment pendant

les deux années qu'il fut commissaire de bienfaisance, où il est évidemment prouvé qu'il a
donné plus de 2.000 francs aux pauvres de son
propre avoir. Cet homme est marié, sans enfants, à la vérité, mais il n'est pas riche et il a
sa mère à sa charge. Cette homme est connu
dans son quartier pour être très tranquille, bon
époux et bon fils, et fesant beaucoup de bien
aux pauvres de la section ; tous les citoyens de
la section se sont offerts de faire une pétition
pour demander sa sortie au premier consul ;
il est également très estimé du commissaire de
police de sa section, le cit. Coullet. Les voisins
disent hautement que c'est un homme qui lui
doit de l'argent qui l'a dénoncé, dans l'espoir
d'annulé sa créance, croyant qu'il aurait été
guillotiné. Tel sont les renseignements vrai et
exacte que je me suis procuré sur le compte
du nommé *Aimé Gros* et non Legros aîné ;
d'ailleurs il n'a pas de frère à Paris. — Autre
rapport : 6 ventôse an IX. Renseignements sur
Legros. D'après les ordres qui m'ont été donnés
hier, je suis allé aux informations des deux individus y dénommés et d'après les informations
les plus exacte, j'ay appris que le cit. Legros, marchand mercier, rue du Chantre, avait été arrêté il y a environ 2 mois, qu'il y avait 10 à
12 ans qu'il occupait la même boutique, que
tous ses voisins ont été surpris de son arrestation, l'ayant toujours connu fort tranquille ; il
est généralement regretté de tout le quartier.
Il a été membre du comité révolutionnaire, il
en a été renvoyé parce qu'il étoit trop honnette
homme et qu'il n'étoit pas asses méchant. Il a
aussy été membre du committé de bienfaisance.
Quant il a quitté, tous les malheureux qui avait
afaire à luy l'ont pluré. Il a été aussi officier
municipal. On dit qu'il avait été réformé faute

de connaissances. — 21 ventôse an IX. Le préf.
de pol. annonce au min. qu'il a fait mettre
Aimé Legros en liberté.

LEPELETIER (Ferdinand-Louis-Félix-Michel),
frère de Lepeletier-Saint-Fargeau, V. *les Biographes*, pp. 14, 17, 156, 157, 158, 159, 161, 173,
174, 370, 409. — Paris 12 nivôse an IX... Le
concierge du temple recevra du c. Boachon,
officier de paix, le ci-après nommé venant de
la préfecture de police : Le Pelletier (Ferdinand-Louis-Félix-Michel), âgé de 33 ans
3 mois, natif de Paris, cultivateur, domicilié à
Versailles, rue et porte de Bucq, arrêté à Paris,
boulevard Montmartre, 27. — Tour du temple
15 nivôse, au min. pol. Je suis arrêté depuis
trois jours sans avoir été interrogé... Je saisis
cette occasion de vous rappeler qu'à l'époque
du 13 vendémiaire, dont la publicité donne
aujourd'hui les odieux rapports, j'étais depuis
6 semaines ou 2 mois près Dieppe avec Antonelle, qui même ne partit de Paris qu'avec un
passeport de la police. J'ajouterai encore qu'une
fois pour toutes, je voudrais entrer avec qui
on voudra dans les détails les plus secrets de
ma fortune pour que l'on fût bien certain
qu'elle ne peut me fournir les moyens d'agiter.
Si l'on connaissait mieux mon caractère, on
saurait que le rôle de payeur d'écrits ou d'intrigues est à mes yeux le plus vil de tous...
Félix Lepeletier. — Jamais, on le sait d'ailleurs
par les notes dont il accompagna la publication qu'il fit des discours et des écrits de son
frère (œuvres de Michel Lepeletier-Saint-Fargeau, Bruxelles 1834), jamais il ne crut à la
mort de Paris, l'assassin de Lepeletier-Saint-
Fargeau. Le dossier de Félix Lepeletier renferme sur ce point quelques documents. Après
son évasion de l'île de Rhé, Félix Lepeletier

s'était rendu à Paris, et il avait été envoyé en
surveillance à Genève. C'est pendant son séjour dans cette dernière ville qu'il eut occasion
de provoquer l'enquête que font connaître
les pièces suivantes: on remarquera avec un
certain étonnement que le gouvernement consulaire ne semble pas douter de l'existence de
Paris, malgré les pièces authentiques qui établissent la mort de cet assassin en 1793. —
Pol. secrète, 15 frimaire an XII, au préf. du
Léman. Le c. Félix Lepeletier, placé provisoirement sous votre surveillance, annonce, citoyen préfet, par une lettre du 5 de ce mois,
que le n. Paris, assassin de Michel Lepeletier,
son frère, a passé dernièrement huit jours à
Genève. Je vous recommande de faire toutes
les recherches nécessaires pour vérifier si ce
fait est exact, et pour vous assurer, dans ce
cas, de la personne du n. Paris. — Genève, le
29 frimaire an XII. Le préf. du Léman au
grand juge. Il résulte des renseignements que
j'ai recueillis sur le n. Paris, en exécution des
ordres contenus dans votre lettre du 15 de ce
mois, que cet individu a en effet passé à Genève, avec femme et enfants, il y a environ
5 mois, mais qu'il ne s'y est pas arrêté. —
Genève, 3 pluviôse an XII. Préf. du Léman au
grand juge. J'ai fait les démarches convenables pour avoir des traces du n. Paris, l'assassin de Michel Lepelletier, mais il ne m'est pas
encore réussi d'obtenir d'ultérieurs renseignements sur son compte. Un individu que l'on
présume pouvoir en donner est absent de cette
ville, où il ne sera de retour que dans la quinzaine. Le conseiller de préfecture, Fabry. —
Genève, 13 pluviôse an XII. Préf. du Léman
à grand juge. J'ai eu l'honneur de vous écrire,
le 3 de ce mois, que je n'avais pu obtenir

d'ultérieurs renseignements sur le n. Paris,
l'assassin de Michel Lepelletier, attendu l'absence d'un individu que l'on présumait pouvoir en donner. Cet individu étant de retour,
un des commissaires de police qui me l'avait
indiqué pour être un des auteurs du bruit qui
s'était répandu de l'apparition à Genève de
Paris, l'a conduit par devant moi, et le résultat
des réponses qu'il a faites le 7 de ce mois, à
mes interrogats, est le suivant: il s'appelle
François Darins, âgé de 58 ans, natif de Neu-
velotte, département de la Meurthe, fabriquant
de quelques petits objets de quincaillerie, habitant Genève depuis 15 mois. Il a été à Paris
jusqu'au commencement de l'an VIII, ensuite
à Lyon en qualité d'homme de confiance d'un
M. Delaporte. Ce Darins, ayant eu occasion, il
y a environ 8 à 9 mois, de faire faire quelques
ouvrages à un tailleur n. Greblé, a été dans sa
boutique deux ou trois fois, où il a rencontré
un individu qui se disait ci-devant garde du
corps du roi, et se vantait d'avoir tué Lepellе-
tier-Saint-Fargeau, ce qui le fit conjecturer
que cet individu était le n. Paris, qu'il n'avait
jamais eu occasion de connaître. Il ajoute que
sa conversation avec cet individu a été de
courte durée, n'ayant pas eu envie de se
mettre en relation avec lui, qu'il a même refusé d'accepter un verre de vin que celui-ci lui
offrait, et qu'il ignore absolument d'où venait
cet individu. J'ai mandé par devant moi le
n. Claude Greblé, tailleur d'habits, qui depuis
6 à 7 mois, a quitté Genève et habite Versoix,
où il exerce sa profession de tailleur d'habits.
Ce Greblé est âgé de 37 ans, natif de Vantère,
département de l'Isère, ci-devant lieutenant des
douanes. Greblé s'est rappelé d'avoir fait
quelques ouvrages pour un homme de la

taille, de la figure, et habillé tel qu'on lui a
peint Darins, dont il a déclaré ignorer le nom,
puisqu'il n'a pas fait de comptes, mais a payé
comptant le peu qu'il a fait faire. Quant à l'individu présumé être Paris, il a été sur la néga-
tive, a assuré n'avoir travaillé pour aucun
voyageur, dans les derniers jours de sa résidence à Genève, et surtout n'avoir entendu
tenir aucun propos sur des faits relatifs à la révolution, à la mort du roi et aux suites de cet
événement. Il a observé, au reste, que ne se
tenant pas toujours à la boutique, quelque
chose aurait pu être dite à son insçu. Invité de
se rappeler avec précision les personnes qui
ont fréquenté sa boutique, surtout dans les
derniers jours et lorsque Darins s'y est trouvé,
a déclaré qu'il ne saurait se rappeler qu'un
nommé Fournier, concierge de la Monnaye, à
Genève, qui est un de ses amis, pour avoir
servi ensemble dans les douanes; que ce Fournier a été à Paris, au commencement de la révolution, et fut choisi pour garde du corps du
roi, après la suppression des anciennes gardes.
Cet éclaircissement me fit naître l'idée de faire
appeler Fournier et Darins, le premier pour
être interrogé sur ces faits, le second pour
faire la reconnaissance de ce même Fournier.
Le résultat de cette confrontation a été que
Darins a reconnu Fournier en ma présence,
pour être le même individu qu'il a vu chez
Grébié, et qui a tenu les propos dont il s'agit.
Fournier a bien convenu d'avoir été plusieurs
fois chez Grébié, d'y avoir vu Darins, mais a
nié d'avoir jamais parlé ni d'affaires politiques, ni de la mort de Michel Lepeltier, déclarant au surplus n'avoir jamais connu Paris,
dont il a seulement entendu parler dans le
tems, il a déclaré en outre qu'il avait déjà

quitté Paris, lorsque Louis XVI fût exécuté. Il
m'a paru pouvoir induire des réponses de ces
trois individus et surtout d'une espèce d'embarras dans la physionomie de Fournier,
qu'étant peut-être en état d'yvresse, il pouvait
avoir tenu quelques propos, dont il ne se rappelle point, et qu'il regrette actuellement
d'avoir tenu. Darins ayant entendu ces propos, leur a donné plus d'importance peut-être
qu'ils ne méritaient et a cru voir en Fournier
la personne de Paris, d'autant plus que la qualité de garde du corps se rencontrait dans les
deux. Quant à Grébié, ses réponses m'ont paru
présenter le caractère de la véracité. Au reste
Grébié et Fournier sont sous ma main, et je
les aurai toutes les fois que j'en aurai besoin.
J'ai donné ordre à Darins de ne point quitter
la ville sans m'en prévenir, et je l'ai placé sous
la surveillance de la mairie. J'ai l'honneur de
vous adresser en original les verbaux que j'ai
dressés le 7 et le 9 à ce sujet, et je vous prie de
me faire parvenir vos ultérieures détermina-
tions auxquelles j'aurai le plus grand soin de
me conformer. Salut et respect. Le conseiller
de préfecture Fabry. — Le procès-verbal annoncé par la lettre précédente figure dans le dossier. Cette pièce ne nous apprendrait rien de
plus que ce qui précède. Deux documents sont
encore relatifs à l'assassin Paris que l'on cherchait sur une autre piste. Voici ces pièces qui
sont de prairial an XII : — Extrait d'un rapport
du 8 prairial. Le gouvernement a cherché
longtemps ce Paris, qui a assassiné Le Pelletier,
si vous en avez besoin, il demeure sur le bord
de la mer près la Délivrande et près Caen. On
peut savoir à Caen le nom de la paroisse où il
demeure, en le faisant demander chez *Dieu*,
hôtel des Victoires, il y est bien connu. — A

préf. du Calvados. On me donne avis, M. le préfet, que le nommé *Paris*, assassin de Le Pelletier, demeure près de Caen, dans une petite commune du côte de la Délivrande sur les bords de la mer. On ajoute qu'on pourrait savoir à Caen le nom de la paroisse où il demeure en la faisant demander chez le nommé *Dieu*, hôtel des Victoires, où il est bien connu. Je vous invite à vérifier si cet avis est exact, et, dans ce cas, à donner les ordres nécessaires pour assurer l'arrestation de l'individu signalé. Je vous prie de m'informer du résultat de vos soins à cet égard.

LEPINE (Louis-Marie-Daniel-Victor-Gaignard) et non (Louis-Marie-Daniel-François-Victor), p. 17.—27 pluviôse an IX. « Est réclamé par les cc. Couvreur, négociant, Devina, chef de brigade, par un grand nombre de cc. de la Bourse, et enfin par son épouse. Louis-Marie-Daniel-François Lepine est inscrit sur la liste de déportation. Louis-Marie-Daniel-Victor-Gaignard Lepine réclame et prétend qu'il n'y a point d'identité de personne, puisqu'il n'y a point identité parfaite de noms. Il a été arrêté à la suite d'une dénonciation anonyme portant qu'il avait tenu contre le 1er consul les plus affreux propos. Il n'existe aucune preuve de ce qu'on lui impute. Il est vivement réclamé par un grand nombre de cc. recommandables qui déposent de sa moralité. Il n'y a jamais eu à la police aucune note contre lui. L'identité de noms n'est pas reconnue. On estime qu'il y a lieu de rapporter la mesure en ce qui concerne le d. Gaignard Lepine. » — Rapport : Quant au cit. Lepine, je n'ay rien pu savoir, n'étant pas connu dans son quartier, où il est que depuis 6 mois. Je suis allé à son ancien quartier, il n'y est pas trop connu, j'ay seulement appris

qu'il était agent de change.— 7 ventôse an IX.
Autre rapport : Je suis allé hier aux informations dans les différents quartiers qu'a habité
le c. Lepine, depuis qu'il est venu de Versailles.
Rue de Lille, où il a resté 3 ans, tout le voisinage en fait le plus grand éloge, on dit qu'il
était agent de change, qu'il avait acheté des
biens nationaux, qu'il en avait revendu une
partie et qu'il luy reste encore une maison à
Versailles, quelque peu de terre labourable et
des bois. J'ai aussi appris de différens agens de
change qu'il avait signé une pétition pour obtenir sa liberté. — Remis en liberté par décision du 18 ventôse an IX.

LEROY ou LEROI (Julien), dit : Eglator, p. 17.
V. papiers de Robespierre (1re liste des patriotes ayant des talens plus ou moins). — 20 nivôse an IX. Il est extrait de Bicêtre et envoyé à
Nantes avec un groupe de proscrits, pour être
embarqué.— Note pol., 20 nivôse an IX. « Un
commissaire de police bien famé assure que
Julien Leroy, non comme concierge, mais
comme septembriseur, était à Bicêtre le jour
du massacre des détenus et tenait les registres
que l'on avait retirés des mains du concierge
qui a été massacré.»— 30 nivôse an IX. La Société du point central des arts et métiers atteste... que le c. Leroy a toujours été bon
sociétaire...— 24 pluviôse an IX. Préf. Nantes
à min. pol. « 39 des individus... étaient déjà
transférés à bord de la frégate qui doit les
porter à leur destination, le c. Julien Leroy
était du nombre. Le commissaire principal de
la marine auquel j'ai donné communication de
votre ordre a pris les mesures... pour faire
débarquer le c. J. Leroy... Je l'ai fait placer
dans l'hospice des maisons d'arrêt, attendu le
mauvais état de sa santé... » — Ancien con-

cierge de Bicêtre. Membre de la Commune du 10 août. Depuis, instituteur, rue des Boucheries-Germain, n° 244, arrêté comme septembriseur (il est réclamé par sa famille). Le 1er consul et le ministre ont reçu des pétitions en sa faveur et ont ordonné un rapport. Julien Leroy, dit Eglator, d'après les déclarations signées des cc. Brunet, officier de santé en chef des prisons, Deschamps, économe de la maison de Bicêtre, L'Etourneaux, agent de surveillance de l'hospice de Bicêtre, est indiqué comme s'étant vanté aux deux premiers déclarants, et en différentes fois, d'avoir présidé, comme officier municipal, le massacre des prisons de l'Abbaye ; comme ayant montré à l'un d'eux l'écharpe dont il était décoré dans ces terribles journées, et enfin d'avoir dit qu'il fallait à cette époque abattre trois ou quatre cent mille têtes. Le maire de Gentilly a écrit que Julien Leroi avait toujours professé des opinions exagérées et qu'il avait été étroitement lié avec Ronsin, Chaumette, Hébert et autres ; que cependant, tant qu'il a habité la commune de Gentilly, il n'a fait de mal à personne. Sa famille, dans les mémoires qu'elle a présentés, assure que Leroi n'a jamais trempé dans les massacres de septembre ; le gouvernement est prié de prononcer. (Note de pol., 27 pluviôse an IX.) — Nantes, 20 messidor an IX. Certificat du concierge de l'hospice des maisons d'arrêt de Nantes .. J. Leroy y est détenu, il a des infirmités particulières constatées..., enflure des jambes. hernies, oppressions de poitrine..... Bonne conduite... — Au grand juge : « Julien Leroy, époux et père des suppliants, est septuagénaire et infirme... Le ministre de la police générale voulut bien pour ces motifs le dispenser de l'embarquement et le faire déposer à l'hospice de la prison de Nantes, ensuite, et sur la demande même des autorités de cette ville, il consentit à convertir sa détention en une simple mise en surveillance dans la commune ; depuis près d'un an qu'il jouit de cette faveur, il n'a donné lieu... son âge de 71 ans... (Signé f° Leroy et fille Leroy, rue des Boucheries, f. G., n° 244.) » — Préf. de Nantes à min. pol., 29 germinal an X. Julien Leroy demande un passeport pour Paris. En marge: le ministre ne peut accorder l'autorisation demandée contre les dispositions du sénatus consulte.

LESAGE-SENAULT, député. p. 5. *V. les Biographes.*

LESUEUR (Jean-Nicolas), 39 ans en l'an IX, né à Paris, employé au ministère de la police, demeurant rue de l'Arbre-Sec, n° 8. pp. 17, 52. — Frimaire an IX... Note au min. Le n. *Lesueur*, ex-agent de police, a été arrêté par vos ordres dans le mois de fructidor dernier : 1° Pour être revenu à Paris contre la défense de revenir dans cette ville sans une autorisation ; 2° Comme soupçonné de faire partie d'une contre-police dont le but devait être principalement de mettre en mouvement les républicains. Son interrogatoire et ses papiers ne présentent rien à sa charge. On propose sa mise en liberté avec injonction de sortir de Paris et de se tenir à 30 lieues de cette ville. — Min. pol. à préf. Frimaire an IX. Ordre de mettre Jean-Nicolas Lesueur en liberté avec ordre de quitter Paris et de s'en tenir à 30 lieues; il est actuellement au dépôt de la préfecture de police (cet ordre non daté, bien qu'expédié par l'employé, paraît n'avoir pas été mis à exécution). — 7 nivôse an IX. Rapport : De tout le temps que j'ai fréquenté le n. Lesueur, il n'aurait jamais osé se permettre de s'écarter de ses devoirs devant moi, mais du moment que j'ai cessé de le voir j'ai appris officiellement qu'il travaillait contre le gouvernement. A cette époque les conspirateurs se réunissaient à la chancellerie d'Orléans, et Lesueur se rendait tous les deux jours pour y dinner. Il a eu l'adresse de correspondre secrettement avec le valait de chambre du ministre né Tibeaux, ce dernier lui donnait tous renseignements qui... Lesueur correspondait de même avec le n. Baylleul demeurant à Belleville, ainsi qu'avec Maylfer et d'autres qui sont détenus au Temple. Lorsque l'on a arrêté quelques-uns des conspirateurs ils ont accusé Lesueur de les avoir dénonsés ; aussitôt le magazin dernier qui était à la chancellerie a été transporté ailleurs. La f° Maylfer, du moment que son mari a été arrêté, elle a dit que Lesueur avait dénoncé son mari, et elle se disposait à le dénoncer à son tour si ledit Lesueur n'avait pas donné des preuves que ce n'était pas lui le dénonciateur de son mari. — 20 pluviôse an IX. Femme Lesueur, 8, rue de l'Arbre-Sec, chez le cordonnier, réclame pour son mari cond. à la dép. Elle a déjà envoyé deux pétitions pour avoir des reconnaissances du Mont-de-Piété et d'autres objets pris chez elle lors de l'arrestation de son mari, par les agens le 10 vendem. dernier. — 10 pluviôse an IX, au 1er consul, « sur le billet qui m'a prévenu le 7 dernier que le mémoire pour Jean-Nicolas Lesueur, agent *extra muros* depuis la Révolution *inclusivement* au min. du cit. Fouché, était renvoyé à ce ministère. Dans ce mémoire, je répondais sur ma tête de l'innocence de cette victime d'une calomnie atroce ; permettez, citoyen consul, que je renouvelle ici toute ma responsabilité... Je pense me connaître en affaire de police, comme avocat au parlément, trente ans sur le tableau, et conseil secret des Davrillères, Malsherbes, Amelot, Sartine et Lenoir... Signé Guinot, homme de loi, rue d'Anjou-Thionville, division de l'Unité, n° 1813. — « Lesueur. Attaché ci-devant à la police, caractère paisible, assez bon physique, reste à l'établissement du gouverneur. » (Note de l'administration des Seychelles.) — Lesueur s'évada des Seychelles entre l'an X et l'an XII. — Mar. à Mme Lesueur, Paris, 5 juin 1811, le ministre l'informe de l'évasion de son mari.

LETRONNE (Jean-Louis) (peut-être est-ce l'individu désigné dans l'arrêté du 17 nivôse an IX sous le nom de Tronc. V. p. 14). A min. pol. Elisabeth Petit, femme de Jean-Louis Letronne, demeurant rue Denis, n° 59, à la Bourse-d'Or. Son mari, par un arrêté du préfet de police de Paris, a été exilé de Paris avec deffense de s'en rapprocher de plus de 40 lieues. Il a obéi à cette mesure rigoureuse et s'est retiré à Marseille, laissant l'exposante à Paris avec deux enfans en bas âge... Elle demande qu'on lui rende son mari. Il n'a pu, dit-elle, qu'être dénoncé par des ennemis de Letronne... « qui doit en avoir un grand nombre, par suite du travail dont il a été chargé comme agent *extra muros* au ministère de la police dans les circonstances les plus difficiles. » — Certificat favorable du juge de paix de la division de la Fidélité, canton de Paris, du 9 fructidor an IX.

LEYMERIE, LEYMERY ou LEMMERY (Louis-Julien, d'après les pièces du dossier, mais Jean d'après ses déclarations), 44 ans en l'an XII, né à Clermont-Ferrand (Puy-de-Dôme), médecin de l'hôpital du Sud, à Paris, pp. 17, 170, 171, 173, 200, 244, 245, 246, 304. — Ange Pitou, dans ses mémoires, dit avoir été détenu avec lui à Sainte-Pélagie (an X). — 26 prairial an XI.

Interné à Oléron, demande que sa surveillance lui soit donnée dans le Puy-de-Dôme, ou s'il doit rester à Oléron, qu'on lui permette la Charente-Inférieure et la Gironde, afin qu'il puisse exercer son art et « continuer ses expériences ». — Il s'agit d'expériences sur la nature de la fièvre jaune, au sujet de laquelle, dès l'an X, Leymerie publie des brochures qu'il adresse au tribunat. — A Oléron, il est noté comme « très tranquille ». La note suivante est mise à son dossier, au moment où on l'embarque pour Cayenne : « L'esprit remuant ; il a la réputation d'être bon médecin. Il pourra être utile dans les colonies. » — Guillet, juge au tribunal civil de Marennes, à min. pol. : « Implore la clémence de S. M. pour trois amis infortunés, déportés à Cayenne : Leymerie, Louis et Vatar ; le premier a tiré sa fille aînée « des portes de la mort ; j'ai acquis l'amitié des deux autres par de très légers services que je leur ai rendus pendant leur exil à Oléron, etc. ». — Bourguignon, ancien min. de la pol., juge au tribunal criminel et spécial de la Seine « Leymerie étant mon médecin, il m'a rendu service lorsque j'étais dans une sorte de proscription. je désirerais pouvoir l'obliger à mon tour... Il se persuade que sa proscription a été provoquée par des savans distingués, et je crois qu'il se trompe, mais au résidu, il n'a fait aucun mal. » — 20 brumaire an XIV. V. Hugues annonce l'évasion de Lemmery ; cette évasion a eu lieu antérieurement à cette date, car en prairial an XIII, Leymerie habite les Etats Unis. — « New-York, 22 prairial an XIII. Le général divisionnaire, commissaire des relations commerciales de France, envoie à min. pol. un mémoire et une pétition de Leymerie à l'empereur. A partir de cette époque, jusqu'à son retour en France, le dossier renferme de nombreux mémoires de Leymerie, qui veut obtenir son rappel pour apporter un procédé de son invention, propre à guérir la fièvre jaune par l'ammoniaque. Le dossier renferme aussi des extraits de journaux des États-Unis, sur les discussions à ce sujet du docteur Leymerie avec ses confrères américains, etc. Dans une lettre, il dit à « l'empereur de la République française » (3 juin 1805) que trois motifs l'ont déterminé à s'évader de Cayenne : le premier se trouve dans le besoin de conserver ses jours menacés d'abord par une maladie aussi longue que douloureuse (le tenesme) et les difficultés de son tempérament à s'acclimater (dix de ses compagnons étaient déjà morts) ; 2° insuffisance de moyens d'existence, sa maison à Paris ayant été pillée, les six francs des colonies accordés par le gouvernement sont insuffisants pour vivre ; 3° les ravages de la fièvre jaune. Le gouvernement envoyait partout des commissions de santé ; « il a dû désirer d'aller dans le premier pays où il pût enfin publier ses découvertes, qu'il savait être susceptibles d'indiquer le véritable caractère de cette cruelle maladie. » - 6 avril 1812. Note : Jean Leymerie, ancien médecin en chef à l'hospice du Sud, à Paris, déporté et arrivé d'Angleterre à Morlaix en juillet dernier sur le parlementaire le *Morning Star*, et retiré à Clermont-Ferrand, d'où il est originaire, ayant obtenu d'y établir une fabrique de sucre de betterave, demande à venir à Paris pour acheter des instruments. (En marge) : Cet homme, dont les opinions étaient très exagérées, s'est surtout fait remarquer par un esprit tracassier et remuan... sous ce point de vue, il ne conviendrait ... t-être pas qu'il pût venir à Paris. D'ailleurs, il pourra se pro-

curer ailleurs les instruments dont il a besoin.
On doit ajouter qu'on ne croit pas qu'il soit dans
l'intention de S. M. que les individus qui ont
été déportés, en exécution du sénatus consulte,
puissent revenir à Paris.

LINAGE (Christophe), 40 ans en l'an X. « Linage aîné, ferblantier à Paris, faubourg Saint-
Antoine. Physique ordinaire. Caractère assez
doux. S'occupant de son état. Logé à l'établissement (du gouverneur). Peu de notes sur son
compte. » (Note de l'administration des îles
Seychelles.) V. *Linage* (les frères).

LINAGE (Jean-Pierre). « Linage cadet, 35 ans
en l'an X. Ferblantier à Paris, fauxbourg Saint-
Antoine. Physique valétudinaire. Caractère
doux. S'occupant peu de son état. Aimant à
lire. Logé à l'établissement (du gouverneur).
Peu de notes contre lui. » (Note de l'administration des isles Seychelles). V. *Linage* (les
frères).

LINAGE (les frères), pp. 47, 52. — 40 nivôse
an IX, 7 heures du soir, extraits de la maison
du Temple et transférés à Bicêtre. — Evadés
des Iles Seychelles, « les deux Linage frères
ont déserté pour Mozambique, suivant procès-
verbal adressé au gouverneur général de l'Île-
de-France du 28 frimaire an XI. » (Note de l'administration des Seychelles.) — 5 prairial
an XII... Rapport au min. Christophe Linage,
désirant faire un voyage en France pour y terminer quelques affaires, a obtenu, sur la recommandation du résident de la République
française au Cap, d'être employé sur le *Géo-
graphe* chargé d'amener en France les animaux destinés à Mme Bonaparte et au muséum
d'histoire naturelle, il a été désigné au port de
Lorient pour conduire ces animaux à Paris sous
les ordres du c. Jouneau, administrateur de

marine, passeport du 20 germinal dernier. Il présente à l'appui de sa demande de résider à Paris... un certificat du c. Bruix, résident de la République au Cap... qui contient les témoignages les plus avantageux de la conduite des ff. Linage depuis leur établis. dans cette colonie... Linage est actuellement logé chez sa mère rue Saint-Martin, n° 54... Je pense que cette autorisation peut être accordée sans inconvénient. Réal., adopté : Regnier. — Linage (Christophe), autorisé à rester deux mois à Paris. (Note sur la chemise du dossier.) — 24 fructidor an XII. Le même à Desmaretz demande un secours jusqu'au moment où il pourra s'embarquer. — Fructidor an XII. Le même demande « qu'il lui soit délivré un passeport pour s'embarquer et se rendre au Cap de Bonne-Espérance. Sa demande ayant pour objet de retourner dans l'endroit où il est placé en surveillance, elle ne peut faire de difficulté. » — Veuve Linage, 21 juin 1814, 20, rue du Pont-aux-Choux. Je suis plus que septuagénaire....

— Veuve Linage (sous la Restauration), mère de Jean-Pierre et Christophe Linage, déportés à l'Isle des Seychelles, sous le gouvernement de Buonaparte, demande qu'il lui soit permis d'écrire à ses fils pour qu'ils reviennent dans leur patrie. — 6 juillet 1814. Rapport au min. pol. « Ces deux frères, l'un armurier et l'autre ferblantier... ils ont formé au Cap de Bonne-Espérance un établissement de produits de leur état. Christophe vint de ce pays en France au mois de floréal an XII, obtint la permission de passer deux mois à Paris, puis un passeport pour Bordeaux, où il s'embarqua pour retourner au Cap... Pas d'autres charges que celle du crime politique dont ils étaient prévenus. Il ne paraît pas y avoir d'inconvénients à autoriser le retour des frères Linage... On a l'honneur de proposer à V. E. de prendre une décision en ce sens (Approuvé, 7 juillet 1814.)

L**CHARD ou L**CHARD (François), p. 13. — 21 nivôse an IX. Extrait de Pélagie et envoyé en surveillance à Port-sur-Saône (Haute-Saône).

LOUIS (Pierre-Jacques), dit Brutus, né à Paris, 26 ans en l'an XII, d'après une note, 36 ans, d'après une autre, commissaire des guerres, commissaire de marine, garde-magasin des hôpitaux militaires, surveillant de la dépense des bureaux du Directoire, secrétaire de Barras, membre du club du Panthéon, pp. 17, 175, 209, 330, 440.—A min. pol. «Compris dans le sénatus-consulte du 14 nivôse an IX, serait-il possible que j'obtinsse du gouvernement ou de vous un passeport nécessaire pour me rendre à l'étranger. Je choisirais en ce cas pour retraite la ville de Madrid ou l'Espagne... Louis. » — Mar. à M. Louis, invalide à l'hôtel impérial des Invalides, le 29 avril 1806. Le ministre, monsieur, me charge de répondre à la lettre que vous lui avez adressée le 22 de ce mois, pour savoir si le s. Pierre-Jacques Louis, votre fils, déporté à Cayenne, est encore existant. Suivant la dernière dépêche écrite à S. E. par le com. de l'empereur dans cette colonie, en date du 20 brumaire an XIV, et par laquelle il lui transmet les extraits mortuaires de ceux des déportés qui sont décédés, celui de Pierre-Jacques Louis, votre fils, n'y étant point compris, on doit présumer qu'il était vivant. — Mar. à Mme veuve Bonnet, Paris, le 9 septembre 1812. Le ministre de la marine me charge de vous prévenir qu'il résulte des documents contenus dans une lettre que lui a adressée, le 14 août 1811, M. Victor Hugues, ci-devant commissaire de l'empereur, commandant en chef dans la Guyane française, que le sieur Pierre-Jacques Louis, déporté par un sénatus-consulte, embarqué comme capitaine d'armes sur le corsaire le *Prudent*, armateur M. Dupeyron, est mort sur ce bâtiment à la Côte d'Afrique. M. Victor Hugues ajoute n'avoir su le décès dudit Louis que par quelques hommes qui étaient avec lui, entr'autres le nommé Vatar, son camarade de déportation et de bord.

MADIOT (Maurice), p. 14.

MAGENDIE, p. 14.

MAIGNAN (de Marseille), p. 4. — Je ne sais si ce Maignan a quelque rapport avec le personnage du même nom qui va suivre.

MAIGNAN (Joseph) ou **MAGNAN**, pp. 17, 52, 87, 102, 108. — 3 nivôse an IX, à Bicêtre, en est extrait le 22 et envoyé à Nantes, où il arrive le 11 pluviôse, s'embarque le 19 floréal an X pour fuir l'île d'Anjouan et se rendre à l'île Comore. Meurt à l'île Comore an X.

MAIGNET (Brutus), p. 4. — *V. les Biographes*. — « Il paraît... que Brutus Maignet avait été envoyé dans la même colonie (Cayenne) par l'ancien Directoire qui lui avait donné une place de capitaine. » (*Moniteur* du 2 frimaire an VIII.) V. aussi Clarelie : *Les derniers Montagnards*.

MAMIN (Jean-Gratien-Alexandre-Petit), membre des Cordeliers, né à Bordeaux (Gironde), pp. 4, 17, 52, 102, 304. — *V. les Biographes*.— Mort à l'île d'Anjouan le 15 floréal an X.

MARAT (veuve), p. 14. — *V. femmes détenues*. — 6 germinal an IX. Bureau particulier. Min. pol. à préf. pol. Je vous ai déjà transmis, citoyen préfet, diverses réclamations en faveur de la veuve Marat, détenue. Veuillez bien m'adresser le plutôt possible le rapport que je vous ai demandé à ce sujet.

MARCELLIN ou plutôt MARCELIN (Jean-François-Julien), ancien officier de paix, pp. 17, 308, 309.—« Porté au sénatus-consulte et non arrêté.» (Note de police sans date.)— Marcelin, 27 brumaire an XI, au 1er consul : « En évitant par la fuite la proscription... j'avais pensé que le temps dissiperait d'injustes préventions... » Ses opinions sont, dit-il, indépendantes, invariables..., mais il sait qu'il doit obéissance aux lois quel qu'elles soient... le peuple souverain peut seul les changer... qu'on lui donne une place aux colonies... sinon qu'on lui désigne un lieu de déportation, il s'y rendra directement avec une feuille de route (il se tient caché). — 7 nivôse an XI, Marcelin, rue de Sèvres, n° 1039, au grand-juge : « Ne pouvant résister aux cris de deux enfants et aux larmes de leur mère, privés de moyens d'existence depuis ma condamnation, j'écrivis il y a un mois au 1er consul pour concilier l'arrêt qui me condamne avec la... charité... emploi dans celle des colonies qui lui paraîtra convenable... en parlant l'austère langage d'un homme libre, je voulus me montrer à ses yeux tel que je suis, irréprochable dans mes actions... mais indépendant dans mes opinions, puisqu'elles m'appartiennent et qu'elles n'ont jamais variées... Je demande clémence au 1er consul, justice au grand-juge... » — Il est arrêté le 7 nivôse an XII. — Marcelin, à min. pol., Sainte-Pélagie, 30 messidor an XII : Celui que vous aimiez à compter au nombre des hommes qu'on n'oublie jamais, est encore digne et de votre souvenir et de votre intérêt... Si, contre toute attente, je suis destiné à être irrévocablement sacrifié, je réclame de votre humanité d'être mis dans un lieu où je ne sois plus confondu avec le crime. — 5 nivôse an XIII. Marcelin, ancien juge de paix, « et qui depuis un an était détenu à Ste-Pélagie, est mis en liberté. Il doit se rendre à Bordeaux sous la surveillance du commissaire général de police. » (Note de pol.) — La surveillance de Marcelin à Bordeaux est levée en 1806.

MARCHAND, membre des cordeliers et du manège, employé au ministère de la guerre, pp. 4, 17. V. *les Biographes.*

MARCHANDET (Claude-Nicolas-Joseph), menuisier, rue du Vieux-Colombier, n° 449, p. 14. — 21 nivôse an IX. Est extrait de la maison de Pélagie et envoyé en surveillance à Charleville (Ardennes). — Marie-Louise Poirié, femme Marchandet, dit dans une pétition que son mari a été arrêté le 4 nivôse an IX. — 11 pluviôse an IX : Note de la préfecture. « Marchandet est à Charleville, ayant un passeport pour s'y retirer, attendu qu'il était sur la liste des bannis. » — Le dossier renferme plus de dix pétitions du général Kellermann en faveur de Marchandet. — Chappon, médecin, membre du tribunal de paix du 10ᵉ arrondissement : « Ayant été appellé à présider les 5 ou 6 époques les plus orageuses de la Révolution, il était de ma section alors; autant de fois que je pouvais mettre la main sur lui, sans nuire à ses travaux, je l'entraînais et j'en faisais un censeur, qui, au compte qu'il me rendait, me prouvait qu'il convenait mieux que tout autre à un président ennemi juré de toute faction. Il est bon père, bon époux, bon ouvrier... » — Le retour de Marchandet à Paris est autorisé le 26 floréal an IX.

MARCONNET (Ambroise), né à Poitiers (Vienne), pp. 17, 52, 102. — Mort à l'île d'Anjouan le 13 floréal an X. Sa veuve, 20, rue de la Harpe, vis-à-vis la rue Serpente, signe : Marconney.

MARLET (Michel), 51 ans en 1808, né à la Ville-aux-Bois (Loiret), domicilié à Paris, cordonnier. Pp. 17, 20, 52, 150. — M·r. à Mme Marlet, rue d'Enfer, n° 7, 9 messidor an XI : Vous demandez, madame, des renseignements sur l'existence et le sort de votre mari, déporté aux isles Seychelles. Je vous préviens que, d'après une lettre du commandant de l'isle de France, en date du 12 prairial an X, le cit. Marlet était à cette époque existant aux isles Seychelles. — « Cordonnier, de Paris, père de famille, âgé de 40 ans. Reste à l'établissement du gouverneur. Il exerce son état. » (Note de l'administration des Seychelles.) — En 1808, une note de l'administration des Seychelles annonce que Marlet est parti, malade, sur la prise la *Cérès,* pour rentrer à l'hôpital à l'Ile-de-France. — 15 juin 1809. Le nom de Marlet figure dans l'état des dép. dressé par l'administration de l'Ile-de-France.

MARNÉ, p. 4.

MARQUÉZY, député, pp. 4, 17. V. *les Biographes.* — Une note (17 nivôse an XIII) annonce qu'il n'a pas été arrêté.

MARS, p. 14.

MARSAULT (Réné-François), receveur à la trésorerie nationale, agent d'affaires, pp. 17, 163, 166.— Figure (20 nivôse an IX) sur la liste des individus arrêtés. Détenu à Pélagie. — Rapports du préf. pol. (27 pluviôse an IX). Marsault, réclamé par le c. Bert, avoué au tribunal d'appel, rue Pavée-Saint-André-des-Arts, et recommandé par le c. Thibaudeau, conseiller d'Etat. Marsault, inscrit sur la liste de déportation, a été arrêté à la suite de propos très coupables contre le 1er consul, propos qu'il a tenus dans un caffé ; deux déclarations bien précises et bien signées sont venues à l'appui de l'accusation. D'après les déclarations, Marsault a dit : que le 1er consul était un intrigant, que son règne ne durerait pas longtemps, que sous peu de jours on verrait. Les déclarants ont observé à Marsault qu'il n'y avait que de mauvais citoyens qui pussent en vouloir au 1er consul. Marsault répond : que les jacobins, les royalistes ne faisaient qu'un pour sa destruction. C'était le 28 ou le 29 frimaire, c'est-à-dire peu de jours avant le 3 nivôse, que Marsault, dit-on, a tenu ces propos. Marsault, interpellé, s'est renfermé dans des dénégations si faibles, qu'elles ne semblent point détruire les déclarations. Il nie avoir tenu les propos cités, mais il convient avoir dit : « que savez-vous s'il ne se trame pas quelque chose, et si, sous peu de jours, il ne sera pas culbuté ? » C'est dans un caffé que Marsault convient s'être ainsi exprimé. Les déclarans précisent les faits et Marsault ne se souvient pas d'avoir dit telle ou telle chose, et cependant il se rappelle un propos qui, loin d'éloigner le soupçon, vient au contraire corroborer les dépositions des déclarants. Le gouvernement est prié de statuer. — 2 ventôse an IX. Le premier consul décide que Marsault sera envoyé à l'île de Ré. — Piorry, sous-chef du bureau d'instruction, 23 germinal an IX : « Je recommande très particulièrement au c. Desmarets le c. Réné-F. Marsault, mon parent et mon ancien cam. de collège...— François-Réné Marsault, inscrit sur la liste des notabilités du département de la Vienne et membre du conseil municipal de Poitiers, au grand juge, expose qu'il est père de François-Réné Marsault, cy-devant chanoine de Saint-Hillaire, de la même ville, détenu à l'île de Ré... Si les propos sont vrais, une détention de plus de deux ans doit les absoudre..., l'exposant plus que septuagénaire... — 21 floréal an XI. J'ai l'honneur de prévenir les membres de la députation de la Vienne, que sur les témoignages qu'ils ont rendus en faveur de Réné-Franç. Marsault, en détention à l'île de Rhé, le gouvernement vient d'ordonner son envoi en surv. à Poitiers. Signé : le chef de la division de police secrète.

MARSEAU (René-François). — V. *Marsault*.

MARTIN (Joseph), ouvrier chapelier, p. 209.— Il est à l'île d'Oléron en l'an XI. — Les notes de police disent en l'an XII : né à Mont-Lyon (Hautes-Alpes), exagéré et impliqué dans l'affaire Metge et Chevalier, 40 ans. — Une autre note dit : 41 ans. — Une troisième le qualifie de : chapelier de Montdauphin (Hautes-Alpes) et lui donne 46 ans. — L'acte mortuaire dit : décédé à Cayenne, 8 novembre 1807, 42 ans, né à Deygliers (Hautes-Alpes), fils de Joseph et de Madeleine Brun.

MASSARD (Guillaume-Gilles-Anne), 51 ans en 1808, né à Monthault (Ille-et-Vilaine), pp. 4, 17, 20, 52, 150, 304.—V. *les Biographes*.—Officier de terre de 1770 à 1777, entré volontaire dans la marine en 1778, comme auxiliaire breveté, jusqu'en 1789, où il donna sa démission. A repris de suite le service de terre. A rempli aux armées les fonctions d'adjudant. (Note.) — 19 nivôse an IX, extrait de la maison du Temple et transféré à Bicêtre. — Pétition de Reine-Marie Dulaurens, femme Massard ; Marie-Hiacinte Massard fille ; Guillaume Massard fils, à Landevennec, près le Faon, département du Finistère, 25 vendémiaire an X, au 1er consul, renvoyée à police le 11 brumaire ; demandent la grâce de leur mari et père, « déporté, et où ? je l'ignore... » dit la pétition. — 30 frimaire (?). La f. Massard à min. « Le c. Massard, mon

mary, fut arrettó le 10 fructidor pour avoir le
6 du même mois *an VIII*, tenu soi disait-on
quelques propos indiscrets du gouvernement,
dans une maison et à des personnes qu'il n'a-
vait vue et où il n'avait été depuis plus de trois
mois ce qu'il m'a marqué avoir prouvé lors de
son interrogatoire; il c'est trouvez compris
au mois de nivôse an IX au nombre des déportés qui, je crois, était de 132. Permettez,
citoyen ministre, que j'ay l'honneur de vous
observer qu'à cette époque du mois de nivôse
an IX, mon marri était détenue depuis cinq
mois. » — Ci-devant lieutenant des vaisseaux
de l'État, né à Pontcarneau, en Bretagne, âgé
de 50 ans, ayant fait le commerce à Paris, père
de famille, caractère ordinaire, taille assez
élevée, mais un peu cassé; demeure à Praslin,
chez le c. Cosnier. (Note de l'administration
des Seychelles.) — Massard était encore aux
Seychelles en 1808. — Le 15 juin 1809, il est à
l'Ile-de-France, où il exerce la profession d'instituteur.

MÉGY ou MÉGIS (Antoine-François), pp. 221,
222, 225, 226. — Mar. à capitaine-général de la
Guadeloupe, 16 frimaire an X. Le c. Mégy, négociant, un des déportés de la Guadeloupe, a
obtenu, citoyen, du 1ᵉʳ consul, sa liberté et un
passeport pour se rendre à Saint-Domingue
avec défense de retourner à la Guadeloupe jusqu'à nouvel ordre.

MÉNÉE (Jean-Claude-Hippolyte), pp. 14, 173,
174, 176. — V. *les Biographes*. — Le ... nivôse an IX, il est mis en liberté et envoyé en
surveillance à Dijon. Il ne dut pas y rester
longtemps, puisque des pièces publiées plus
haut (pp. 174, 176) indiquent qu'il a été envoyé
en surveillance aux îles de Rhé et d'Oléron et
qu'il s'en est évadé. — 4 messidor an XI. Min.

à préf. pol. Je suis informé que le n. Méhée est
de retour de Londres où il est allé intriguer
auprès de l'administration contre notre gouvernement et contre la personne du 1er consul.
Il doit être présentement à Paris. Je vous prie
de le faire rechercher et d'employer tous les
moyens... pour vous assurer de sa personne
et de ses papiers.

MÉNESSIER ou plutôt MENNESSIER (Claude),
pp. 17. 304.— V. *les Biographes.*—Sous-préf. de
Senlis à min. pol., 22 nivôse an IX. « Depuis
deux décades, le n. Mennessier, condamné con-
tumace dans l'affaire Babeuf, qui était venu se
fixer dans la commune d'Augy, arrondissement de Clermont (Oise), pour mieux intriguer
dans les environs où il a tenu des conciliabules
dans lesquels on avait arrêté la désorganisation
des autorités constituées et assassinat de tous
ceux qui les composent a transporté son domicile dans la commune de Verneuil de mon
arrondissement. Cet homme y a paru quelques
jours, mais depuis le 1er nivôse, il a laissé sa
femme et ses enfants et ne paraît plus... on
ne connait à ce particulier aucun moyen d'existence, et cependant il a fait de la dépense ; reçu
de Gênes 2.000 fr., il est connu dans mon
arrondissement, où il est né, comme un chef
de toutes les factions... En prairial, il tint
une réunion à Senlis, souper, on avait organisé
des départements nouveaux. Cet individu me
paraît le même que celui déporté par le sénatus-consulte du 14 nivôse... » — Le min. invite ce sous-préf. à tacher d'arrêter Mennessier.
— Mennessier à duc de Rovigo : Paris, 24 septembre 1810. En marge (A-t-on des renseignements sur cet homme ? Non, cet homme n'a
point été arrêté. Faire le rapport à S. M.) :
« Mgr, plusieurs actes qui caractérisent la

justice de votre administration me déterminent
à présenter à votre équité une réclamation que
ma position me commandait depuis longtemps,
étant l'un des individus confondus dans le
nombre de ceux qui ont été frappés par le sénatus-consulte du mois de nivôse an IX, j'ai
rempli la tache que l'homme se doit à lui-
même en me soustraiant à l'exécution d'une
mesure qui me séparait de ma patrie et de mes
affections. Je me suis isolé de la société, au
milieu d'elle, en me vouant à l'exercice pénible
du jardinage. Déjà à cette époque fatale, je
vivais à la campagne depuis plusieurs années
dans un isolement absolu; plein de confiance
dans la magnanimité de V. E. si développée à
l'égard de quelques-uns, je viens m'adresser
à elle pour sortir de la position dans laquelle
je végète depuis 10 ans; en utilisant la capacité que la nature et l'étude m'ont procurée.
Mennessier, ex-administrateur de la police de
Paris et ex-agent de la République française
en pays étranger, présentement jardinier fleu-
riste grande rue du Faubourg-Saint-Antoine,
n° 307. » — Duc de Rovigo à l'empereur:
« Le sieur Mennessier était compris dans le
sénatus-consulte du 14 nivôse an IX... il s'est
soustrait aux recherches de la police. Il vient
de m'adresser une pétition... Le s. Mennessier
a été l'un des administrateurs du bureau de
police qui avait été formé à Paris avant l'établissement du bureau central. Il a manifesté
pendant la Révolution des opinions exagérées,
mais il ne paraît pas qu'il ait pris part à de
grands désordres. La vie tranquille et retirée
qu'il mène depuis 10 ans, annonce qu'il a entièrement renoncé à ses anciennes liaisons...
Duc de Rovigo... (Accordé, Fontainebleau, le
8 novembre 1810. N.) — 22 novembre 1810.

Mennessier est appelé à la police pour recevoir
le permis de séjour qu'il demande.

METGE, pp. 4, 12,363, 378, 389, 391, 396,402,
405, 417, 450.

MÉTIVIER (Louis). Plusieurs Métivier furent
arrêtés à la place du Métivier (Pierre) dont il
est parlé plus loin; voici une note relative à un
Metivier (Louis). — Préfecture de police.
Bureau des passeports du 13 avril 1807. Permis de séjour par renouvellement. Métivier
(Louis). — Peut-être est-ce ce même Métivier
dont Charles Nodier, dans son livre sur les
prisons du Consulat, a dit : «... J'ai vu un
papetier nommé Métivier, qui ne fut interrogé
qu'au bout de huit mois. Ce jour-là, on s'a-
perçut qu'il y avait eu erreur sur la personne, il
fut mis en liberté Quand il arriva chez lui, sa
marchandise était séquestrée, et sa mère était
morte...»

MÉTIVIER (Pierre), 55 ans en 1803, né à La Rochelle, marchand gazier, pp. 17, 20, 29, 52.— Pétition imprimée adressée aux consuls par la citoyenne Deherlin, épouse du c. Métivier, rue du
Coq-St-Jean. n° 122, compris dans l'acte du 14
nivôse. Voici résumée, d'après la pétition, la
vie politique de Métivier: électeur en 1791, 17
août 1792, élu membre du tribunal extraordinaire, eût pour collègue Mathieu, aujourd'hui
tribun, et Réal. J'en appelle à leur témoignage,
humain et sensible, il ne condamna jamais
qu'à regret et acquitta avec transport. Lors de la
suppression de ce tribunal il fut nommé juge
du tribunal civil du cinquième arrondissement
de Paris, de la fin de 1792 au 9 thermidor an II.
Les c. Roulloy, Michel, Launoy et Petit, commissaire actuel auprès du tribunal de première
instance de Paris, section de police correction-
nelle, lui ont donné dans le temps les attesta-

tions les plus honorables... Membre de la Commune dans les temps les plus orageux, il fit tout le bien possible, sa justice et son impartialité étaient tellement connues dans la section de Bondy qu'il habita longtemps, qu'il fut compris dans les citoyens qu'elle chargea quelque temps avant le 9 thermidor, d'aller réclamer au comité de salut public et de sûreté générale, et à la commission des Cinq, la liberté de quelques habitants de cette section détenus injustement comme suspects. Le citoyen Sanguin, ci-devant marquis de Livry, et plusieurs autres habitants de cette section, ci-devant qualifiés, doivent leur salut et leur liberté à ses démarches particulières. Ces citoyens s'empresseront de rendre hommage à la vérité, ainsi que le c. Guillou, ex-juge au tribunal civil de la Seine, et Dumas, administrateur du même département, pacificateur de la Vendée, chargés avec Métivier de réclamer les détenus. Ils vous diront les dangers courus par lui pour avoir lutté contre le comité révolutionnaire de leur section... *Après le 9 thermidor,* Métivier fut juré au tribunal révolutionnaire... Il assista au jugement des malheureux Nantais et concourut à leur acquittement. Au commencement de l'an VI il fut officier de paix près le bureau central de Paris, et pendant les vingt-six mois de son exercice il n'encourut pas un reproche. Des ennemis osèrent l'inculper d'être partisan de Babeuf et d'avoir gardé chez lui l'étendard de cet ultra révolutionnaire, mais il démasqua leur calomnie. Il n'avait jamais connu Babeuf et ne quitta ses fonctions que par suite du remaniement des administrations en l'an VIII. La pétition demande la liberté de Métivier, il est d'un tempérament maladif, la traversée le tuerait... une femme et un fils inconsolables... — Gazier et marchand rue Saint-Denis à Paris, père de famille âgé de 45 ans, physique faible et valétudinaire, on croit qu'il a été espion de police, reste à l'Ance-aux-Pins chez la veuve Dutems, il désire se rendre propriétaire, il attend sa famille, son caractère est assez doux, peu de notes sur son compte. (Note de l'administration des Seychelles.) — Mort à Mahé (Iles Seychelles) en 1807.

MICHEL, p. 4. Je ne sais si ce Michel a quelque rapport avec l'un des personnages de ce nom qui vont suivre.

MICHEL fils, pp. 221, 222, 225. — Est en fuite à la date du 26 frimaire an X. — *V. Michel père.*

MICHEL père, pp. 221, 222, 225. — Est en fuite à la date du 26 frimaire an X,

MICHEL (Étienne-Louis), parfumeur et fabricant de rouge végétal, demeurant rue Meslée, à Paris, né à Mâcon, 29 ans en l'an XII d'après une note, 40 ans d'après une autre, pp. 17, 178, 179, 181, 186, 189, 209, 244, 260, 261, 263, 384, 418. V. *les Biographes.* — A été arrêté le 22 thermidor an X et est maintenant en dépôt à...... (*sic*). (Note de police.) — A Grand-Juge: — L'horrible attentat contre les jours du premier consul... ma liberté fut troublée, mais d'après l'intime conviction que la préfecture de police obtint de mon innocence, je rentrai chez moi, je repris le cours de mon commerce, et c'est d'après dix-huit mois que l'on vient m'arrêter en vertu d'un mandat d'arrêt décerné par la gendarmerie d'élite ainsi conçu : *Michel du 6ᵉ arrondissement, même désignation est portée sur l'arrêté du sénatus consulte.* Signé : Michel, détenu à l'infirmerie de la Force. — 10 germinal an XI. Note au Grand Juge. —

Michel a été dans les premiers moments de la Révolution, administrateur de police de Paris, et depuis il s'est établi fabricant de rouge, rue Meslée, n° 7. Il était parvenu plusieurs fois à éviter les poursuites en se sauvant par une porte de son logement qui communiquait au boulevard, et ce n'est que depuis quelques mois qu'il a été arrêté dans la rue par la gendarmerie d'élite. Il est détenu depuis ce moment à l'infirmerie de la Force. Il demande à passer dans les Etats-Unis d'Amérique ou en tel autre lieu qui lui sera désigné, et offre de donner caution de son exactitude à s'y rendre. Le préfet de police, par rapport à la demande de Michel, estime qu'au lieu de l'envoyer aux Etats-Unis, il serait préférable de l'envoyer dans nos colonies où il pourrait établir son commerce de rouge, et où il se retirerait avec sa nombreuse famille. — 30 thermidor an XI. Femme Michel à Grand-Juge. — Son mari est parti depuis trois semaines pour le fort de Joux. Elle n'en a aucune nouvelle depuis : « Au nom de l'humanité, citoyen Grand-Juge, donnez des ordres pour que mon mari puisse correspondre avec moi. » — Note au Grand Juge. Michel (à Joux) fait demander par son épouse la permission : 1° de se promener dans le fort ou l'une des cours; 2° d'acheter sur ses fonds ce qui est nécessaire à ses besoins; 3° avoir sa montre. Le commandant du fort peut seul décider sur la première demande. Le Grand Juge a fait droit déjà aux deux autres. Le 23 fructidor dernier il a annoncé que ces prisonniers pouvaient user de leur argent et effets. — 30 vendémiaire an XII. Michel (au fort de Joux) au Grand-Juge. Il demande la liberté d'habiter Milan ou toute autre ville. Le 14 son épouse avait reçu la promesse d'adoucissement du Grand-Juge, mais il ne voit rien venir; il réclame la liberté de se promener dans les cours, de recevoir des livres, un nécessaire pour toilette, etc. — Dimanche, 5 frimaire an XII. Femme Michel, à Grand-Juge. Prière de suspendre le départ de son mari pour Oleron. « Détenu au château de Joux, où il a essuyé les mauvais traitements les plus affreux, comme vous le verrez par la lettre ci-jointe, il est arrivé hier au temple avec trois de ses compagnons d'infortune... Il a éprouvé dans la nuit et encore une fièvre horrible. Un départ compromettrait sa santé, prière de le faire visiter aujourd'hui par un médecin et de le laisser au temple jusqu'à son rétablissement et que le gouvernement ait prononcé sur ma demande de le déporter à Milan ou toute autre ville d'Italie jugée convenable. » — Femme Michel à Grand-Juge.... « Etienne Michel après avoir été pendant trois ans officier de haute police s'était retiré depuis le 18 brumaire et ne s'occupait plus que de son commerce et de l'entretien de sa nombreuse famille. » Le 3 nivôse, on vient de suite pour arrêter Michel qui s'échappe, sa femme présente alors des mémoires justificatifs..... « 18 mois se passent, quand à cette époque de thermidor an X, il est dénoncé par son beau-frère *Dunoyer Duraquet* coeffeur à l'Opéra. Celui-ci qui voit le peu d'effet de sa dénonciation s'agite de nouveau, et parvient à faire arrêter Michel... On le conduit sans jugement, sans même l'interroger à l'Isle d'Aix d'où il a été embarqué, il y a quatre mois sur la *Cybele*, pour une destination ignorée... — 14 fructidor an XII. V. Hugues, gouverneur de Cayenne, annonce qu'Etienne Michel s'est, avec Hugues Destrem, évadé de la Guyane sur un navire américain.

— Michel revint presque immédiatement en France, ainsi qu'il résulte de la suite du dossier. — Femme Michel à l'empereur... Son mari s'est sauvé de Cayenne pour échapper à la mort... Il n'est plus exposé à ce danger puis qu'il est en fuite, mais il ne suffit pas... « Mon mari a eu des opinions exagérées, mais aucun crime ne l'a deshonoré; il est susceptible des sentiments les plus nobles, les plus généreux.... »— 13 pluviôse an XIII. Il résulte des renseignements que la dame Michel est mère de quatre enfants, connue dans le quartier, occupe 6 à 7 ouvriers; ses opinions sont en contradictions avec celles que son mari a manifestées dans le temps, sa fabrique souffre de l'absence de son mari... On propose l'autorisation pour Michel de séjourner un mois à Paris; accordé. — 18 ventôse an XIII. Michel (Etienne), en surveillance à 40 lieues de Paris par décision de S. E. du 28 nivôse dernier, a obtenu par une nouvelle décision du 13 pluviôse une prolongation d'un mois de séjour à Paris pour vaquer au rétablissement de sa fabrique de rouge, rue Meslé, il sollicite sa surveillance à Paris même. Approuvé — 25 octobre 1810. Michel refugié à Troyes, et autorisé à résider à Paris, demande à se rendre à Lyon pour affaires d'intérêt, pareille autorisation lui a été accordée le 17 mars 1809. Il n'existe rien qui s'oppose à sa demande. Par le ministre : approuvé. » — 23 avril 1812. Michel demande à aller à Lyon et Marseille pour son commerce approuvé. — Lyon, 10 août 1813. Com. gén. de pol. de Lyon à pol. gen le n. Michel n'est pas connu à Lyon... Le 11 août 1812... par décision du 10 juillet précédent, il a été délivré un passeport au s' Etienne Michel, marchand parfumeur pour Lyon et Marseille... Le n. Michel ne s'est

pas présenté dans nos bureaux, sans doute il
a été directement à Marseille ..— 13 août 1813.
Co m. gén. pol. de Marseille. Michel n'est
jamais venu à Marseille, sans doute il est resté
à Lyon. — Ces deux dernières lettres du com.
de police de Lyon et de Marseille sont relatives
aux recherches prescrites à cette époque par la
pol. gén. pour arrêter et faire conduire à la
prison de Pierre-Chatel les dép. rentrés en
France.

MICHEL (Julien-Marie). C'est le personnage
que la police jugea être le Michel (Sulpice) désigné par le sénatus consulte du 14 nivôse
an IX. V. Michel (Sulpice), p. 17. — 20 ventôse
an IX, min. pol. à préf. de l'Aube : « Il résulte
d'un rapport de la préfecture de police, que le
n. Michel, marchand de vin, l'un de ceux qui
ont été mis en surveillance hors du territoire
européen de la République, s'est réfugié dans
une maison de campagne des environs de
Troyes à lui appartenant... faire arrêter
Michel... » — Troyes, 29 germinal an IX, préf.
de l'Aube à min. pol. « J'ai fait prendre des
renseignements sur le n. Michel, marchand de
vin, toutes les recherches ont été inutiles. —
10 floréal an XIII. Il avait été signalé comme
entretenant une correspondance intime avec
un nommé Revol, imprimeur, exilé de Paris en
therm. an XI pour ses opinions exagérées et
comme auteur d'un manuscrit contre le gouvernement. Michel était porté au sénatus consulte sous le prénom de Sulpice. Il est détenu
à la Force jusqu'à décision ultérieure. —
10 floréal an XIII. Michel (Julien-Marie), natif
de Lyon, 41 ans, rue Saint-Denis, vis-à-vis celle
Greneta, et le même qui avait été porté au sénatus consulte sous le nom de Michel (Sulpice),
marchand de vin rue Beaubourg, a été arrêté

le 2 de ce mois. — 24 floréal an XIII. Michel (Sulpice) sollicite sa liberté. On estime qu'il y a lieu de le renvoyer à 60 lieues de Paris et des côtes, et de tous les lieux où la cour pourrait résider, sous la caution de deux citoyens bien connus et pour y demeurer en surveillance. Adopté.

MICHEL (Sulpice). — Réclamé par le citoyen Aunet, menuisier, rue de la Monaie, n° 8. — Un Sulpice Michel est inscrit sur la liste de déportation. Par suite de recherches on a arrêté Sulpice Michel, compagnon imprimeur. Le Sulpice Michel porté sur la liste ne peut être que le Michel, marchand de vin, rue Beaubourg, ami intime de Chevalier, auteur de la première mach. infernale et disparu de chez lui depuis le 3 nivôse. Sulpice Michel détenu maintenant jouit d'une bonne réputation, il est inconnu dans les archives de la police. Malgré l'identité de noms il n'y a pas identité de personne. On estime qu'il y a lieu de le mettre en liberté. (Rapport du préf. de pol. 27 pluviôse an IX). — Le Michel (Sulpice) objet du rapport qui précède fut, en effet, mis en liberté. C'est Michel (Julien-Marie) (V. ce nom), que la police estime être le Michel (Sulpice) désigné par le sénatus consulte du 14 nivôse.

MILLIÈRES (François), né à Vesoul, pp. 17, 52, 102, 510. V. *les Biographes*. — Mort à l'Ile d'Anjouan, le 20 floréal an X.

MOLLARD ou MOLARD, pp. 221, 222, 225. — Est en fuite à la date du 20 frimaire an X.

MONNEUSE ou MONNEUSE (Louis), 60 ans en 1805, cordonnier, officier municipal de Paris, pp. 17, 20, 52, 150, 386. — Maître cordonnier à Paris, âgé de 52 ans, grande taille, estropié d'une jambe, père d'une nombreuse famille, exerce son état à l'établissement du gouver-

neur, où il reste. Peu de notes sur son
compte. (Note de l'administration des Seychelles). — En 1807, Monneuse est encore aux
Seychelles. — En 1809, 15 juin, il est à l'Ile de
France, infirme, à l'hôpital.

MOREAUX (Louis), ébéniste, 42 ans en l'an
IX, né à Lille (Nord), demeurant à Paris, rue
Saint-Sébastien, n° 3, pp. 17, 57, 102, 108.
— Mort à l'Ile d'Anjouan le 13 floréal an X.—
Mar. à Mᵐᵉ Moreau, Grande rue du faubourg
Saint-Antoine, n° 44, 13 thermidor an XI.
Envoi d'un certificat constatant la mort de son
mari.

MORICE (Jean), p. 14.

MORICHON (Pierre, et non : Jean-Basilic),
p. 14. — Morichon, sculpteur, 54 ans, rue de
Bièvre, 9, division du Panthéon français,
écrit à min. pol. : un ordre l'enveloppa dans
une mesure de déportation, il lui faut quitter
Paris dans les 24 heures et abandonner une
épouse infirme et malade depuis cinq ans, il
est entouré de créanciers qui comptaient sur
son travail, il cherche inutilement les motifs de
cet ordre notifié hier, 22 nivôse, il n'a rien
fait de mal, il a la confiance de ses concitoyens, puisqu'il est toujours dans les grades
de sa compagnie, et a encore l'honneur d'en
être le chef. Il ne peut partir faute de ressource
et d'argent, il est malade depuis six mois d'une
maladie du sang. Il demande à rester à Paris
sous la surveillance de la police... Il se plaint
en outre d'être désigné sous les prénoms de
Jean-Basilique, au lieu de Pierre, et comme
lieutenant de garde nationale, alors qu'il est
capitaine de sa compagnie. — Morichon... a
constamment été l'agitateur perpétuel de la division du Panthéon français, surtout à l'époque
des assemblées primaires et de l'assemblée

électorale du département de la Seine en l'an VI. Il était intimement lié avec Cardinaux, Decreps, Huc, Desforges, Degouy et autres, qui se réunissaient chez Jumilliard, rue Jean-de-Beauvais, et banni de Paris. J'estime qu'il y a lieu de maintenir la mesure. (Préf. pol. à min., 23 prairial an IX.)

MONROY ou MONROY (Juste), 51 ans en l'an XII, ouvrier metteur en œuvre. Quelques pièces l'appellent : Sire Monroy. Pp. 159, 175, 208, 252, 255, 256, 260. — Etait à l'île d'Oléron en l'an XI. Les notes de police disent qu'il est « tranquille » depuis sa détention. — Revenu de Cayenne en France en 1809. Est envoyé en surveillance à Mont-Ferrand (Puy-de-Dôme).

MOURAT. pp. 295, 305, 306. V. *Ali*.

MOURGOUING, p. 4

MOUTON (Charles-Simon), p. 14. — « La femme de Seigneray, celle de Jalabert, sont étonnées de ne pas voir sur la liste de déportation les nommés Mouton, Cocorus (?), ny Barbier, qui étaient liés avec Humbert, et qui se flattaient journellement de porter le coup au premier consul, notamment à l'affaire du 27 fructidor au théâtre de la République. (Note de police.) — 20 nivôse an IX. Citoyen, le bienfaiteur de la France vient de nous être conservé par la divinité, mais il reste encore des assassins qui vous sont inconnus : le n. Mouton, menuisier, restant rue de Rohan, qui sous le règne de la Terreur fut celui qui recevait chez lui tous les chefs des assassins du camp de Grenelle dont il était le premier. Il fut un de ceux qui prêta la main aux septembriseurs. Homme de sang le plus outré, ne vivant que de tous les partis, il a des relations avec les mêmes hommes que lui à Saint-Germain-en-Laye, et même à Nantes, vu que toute sa famille y reste et qu'il en est natife. Je vous prie de faire prendre des renseignements sure lui (section des Tuileries toute entière vous reconnaîtra la vérité de ce que j'avance, etc.) (dénonciation anonyme).

MOUVERNET, ou plutôt MONTVERNET (Jean-Baptiste), 38 ans, pp. 14, 477. — 24 nivôse an IX: Est envoyé en surveillance à Bordeaux (Gironde).

MULOT, faubourg Saint-Martin, p. 17. — Une note (17 nivôse an XIII) annonce qu'il n'a pas été arrêté.

NERVI (Nicolas), p. 294, prêtre, procureur général de l'ordre des théatins, fils de feu Eugène, 59 ans en 1811, né et domicilié à Gênes, emb. à Gênes par ordre supérieur, le 6 octobre 1811, sur la goelette *le Goëlan*, déb. le 11 octobre 1811, à Bastia.

NIQUILLE (Jean-Joseph-Nicolas), 59 ans en 1808, né à Fribourg en Suisse. A Paris depuis 1759, rentier, agent de la commune de Paris, inspecteur de police. « A servi dans le régiment de la garde française jusqu'en 1777, qu'il s'en est retiré étant sergent. » (Note.) Pp. 18, 20, 52, 150, 257, 260, 263, 270, 271, 272, 304. V. *les Biographes.* — Inspecteur de police à Paris, propriétaire d'une fortune honnête, âgé de 55 ans, physique assez beau pour son âge, caractère qui se montre doux, vivant très retiré chez la veuve Dutems. Peu de notes sur son compte. » (Note de l'administration des Seychelles.) — Niquille reste aux Seychelles jusqu'en 1808, à cette époque il se rend à l'île de France par « le courrier des Seychelles ». — 1809, 15 juin, il est à l'île de France où il exerce l'état d'instituteur. — 3 avril 1813, pol. à préf. Seine-et-Oise. Mettez en liberté Jean-Joseph Niquille, qui doit être détenu à Corbeil, et lui faites délivrer passeport pour Paris, en le faisant prévenir qu'aussitôt son arrivée il devra se présenter devant le préfet de police que j'ai prévenu de cette disposition et qui fera surveiller sa conduite. — 6 août 1813, pol. à préf. Seine-et-Oise. Ordre d'arrêter Niquille, revenu en France vers la fin de 1811 après la capitulation de l'Isle de France; aujourd'hui en surveillance à Corbeil. — Préf. Seine-et-Oise à pol. « Le 10 août dernier j'ai eu l'honneur de rendre compte à V. E. que le s. Niquille avait été arrêté et déposé dans la maison d'arrêt de Corbeil pour être conduit dans la prison de Pierre-Chatel. Ce prisonnier est encore à Corbeil, sa maladie et son grand âge ne permettant pas encore de le faire conduire à sa destination. — 14 septembre 1813. La femme Niquille, 10, rue des Gravilliers, à duc de Rovigo: parle de la triste situation de son mari, demande, lorsqu'il sera rétabli, à changer sa détention de Pierre-Chastel en exil en Suisse, « sa patrie, pour y finir ses vieux jours languissants où il est demandé par sa famille, » elle le conduira elle-même lorsque sa santé lui permettra la voiture, afin de lui donner les soins nécessaires. « Hélas! mon mari n'est repassé en Europe que parce qu'il n'a pas voulu prêter serment de fidélité et soumission au roi Georges; dépouillé à son retour par les Anglais du fruit de 12 ans de travaux et de peines... » — 13 avril 1814. A LL. Ex. les président et membres du gouvernement provisoire. Il y a un an que Niquille tenant un petit café rue des Gravilliers 10, à Paris, fut sans motifs ni interrogatoire exilé à Corbeil (Seine-et-Oise), son grand âge (il a 71 ans) et ses infirmités n'ayant pas permis de l'exiler plus loin; il espérait que la conduite discrète et prudente qu'il menait dans cette retraite le sauverait d'autres tourmentes, mais il se trompa, puisqu'un ordre du ministre de la police enjoignit au sous-préfet de le faire renfermer dans les prisons où il est encore, ce qui eût lieu le 12 août 1813 dernier. Je ne puis chercher à le justifier puisqu'aucuns motifs apparents ne légitiment l'acte arbitraire qui le fait gémir dans les fers ; j'ai seulement su qu'environ trois mille pères de famille paisibles et tranquilles furent enveloppés dans la même proscription et que les agens de police appelaient cela : mesures de haute police. Mon devoir d'épouse m'a fait sacrifier jusqu'à mes effets d'habillement pour empêcher ce débile vieillard d'être réduit à la triste pitence des prisonniers criminels. S'il n'obtient sa grâce tout de suite il mourra... — Paris, 20 avril 1814, pol. à préf. pol. Ordre de mettre en liberté Niquille. « Comme le sieur Niquille, qui est presque septuagénaire, avait un établissement à Paris, et que sa femme y demeure, je l'ai autorisé à y venir faire sa résidence, mais j'ai invité M. le préfet de Seine-et-Oise à le prévenir qu'aussitôt son arrivée, il devra se présenter devant vous et rester sous votre surveillance. »

OLÉRON (Ile d'). V. *Ré* (Ile de).

ORNANO (Jean-Baptiste), p. 292.

PACHON (Charles), marchand fripier, 49 ans en l'an IX, né à Lyon, demeurant à Paris, rue de la Juiverie, n° 10, pp. 18, 57, 102. — Parti de l'Ile d'Anjouan le 10 floréal an X, pour se rendre à Comore et à Zanzibar. Mort à l'Ile Comore.

PARIS (Nicolas), 40 ans en l'an IX, né à Nancy, demeurant à Paris, rue Neuve-Guillemain, n° 393, cordonnier, pp. 18, 57, 102, 108. — Mort à l'Ile d'Anjouan, le 8 floréal an X.

PASQUEZ, p. 14.

PAYERNE (Louis), marchand, dép. de la Guadeloupe en France sur la *Cornélie*, pp. 221, 223.

PÉPIN-DESGROUETTES ou DE GROUHETTE (Pierre-Athanase-Nicolas), 55 ans en l'an XII, né à Paris et y demeurant, pp. 18, 52. V. *les Biographes.* — « Homme de loix, cy-devant membre du tribunal criminel du 10 août, âgé de 60 ans, physique fort chétif, restant chez la v° Nageon. Père de 6 enfants, ayant formé le projet de lever à Mahé une maison d'éducation. Ne communiquant jamais avec les déportés qui restent à l'établissement. Assez mal noté par les habitants qui craignent ses écrits, mais ne lui en reprochent cependant aucun abus. » (Note de l'administration des Seychelles.)— Mort aux Seychelles le 27 germinal an XIII.

PERRAULT (François), maçon, né à Saint-Sulpice-les-Feuilles (Haute-Vienne), 41 ans en l'an XII, pp. 18, 108, 209. V. *les Biographes.*— Figure sur la liste des individus arrêtés (20 nivôse an IX).— 15 vendémiaire an X, s'évade de l'île d'Oléron. Il figure cependant en l'an XII sur la liste de ceux qui doivent être embarqués pour Cayenne, mais il ne partit pas; sans doute parce que la police avait perdu ses traces.

PHIDIAS. V. *Fidias.*

PIGNAN (Femme), p. 14.— Très liée avec les anarchistes, s'est cachée et n'a pu être arrêtée. (Note de police, germinal an IX.) V. *Femmes détenues.*

POULLAIN-GRANDPREY, député, p. 5. V. *les Biographes.*

PRADEL (Jean-Baptiste), 43 ans en l'an IX, né à Vic (Cantal), domicilié à Aurillac, marchand épicier-étapier; à Paris depuis le 1 vendémiaire an IX, rue du Montceau-Gervais, hôtel de Bourgogne, pp. 18, 57, 150.— 25 *février an IX (sic).*

Femme Pradel, rue Geoffroy, ancien hôtel du Saint-Esprit, à min. pol. « Je m'adresse à V. E., d'après les recherches inutiles faites à la préfecture pour la supplier de vouloir bien faire vériffier dans les registres de son ministère si Jean-Baptiste Pradel, mon époux, n'avait pas un portefeuil lors de son arrestation. Il fut arrêté le 18 nivôse an IX, et ce portefeuil contenait les papiers de ce qui m'était dû par le gouvernement. J'ai cinq enfants à ma charge et ne suis pas fortunée. » — Aurillac, le 18 nivôse an IX. Le secrétaire général, en l'absence du préfet, au min. de la pol. gén.... « Le bruit court icy qu'un individu n. Pradel, petit marchand domicilié à Aurillac, a été arrêté à Paris comme complice de l'horrible attentat commis le 3 de ce mois... Le cit. Pradel est père de cinq enfants, qu'il est reconnu icy pour un républicain honnête, qu'il a fait une avance de toute sa fortune pour le soutien du service des convois militaires dont il était entrepreneur général, qu'il a été à Paris pour tâcher d'obtenir son remboursement, qu'il est possible que cet homme, à qui on a offert des effets perdant deux tiers, a tenu quelques propos qui l'auront rendu suspect dans un moment aussi critique, mais au fait c'est un honnête homme, ami de la République. » — Ancien étapier, réclamé par le sénateur Cornudet et le cit. Rion, préfet du Cantal, qui le peignent comme un imbécile, etc. A été désigné comme tenant les propos les plus indiscrets. Mais les pièces fournies en sa faveur paraissent, par leur précision, devoir déterminer un rapport de la mesure en ce qui le concerne. On pense cependant qu'à raison de ses opinions exagérées, il doit être tenu de quitter Paris et de demeurer à Aurillac, lieu de sa naissance, sous la surveillance des autorités constituées. (Rapport du préf. pol. 27 pluviôse an IX.) — Ce rapport n'eut pas la vertu d'empêcher l'embarquement de Pradel pour les îles Seychelles. — « Père d'une nombreuse famille. Assez mauvais physique. Agé de 45 ans. Reste chez le cit. Charlotte, habitation Ramelinga. » (Note de l'administration des Seychelles). — Paris, 10 novembre 1808. Min. pol. à min. mar. « La d° Jeanne Poulet, épouse de J.-B. Pradel..., vient de m'adresser une pétition par laquelle elle demande que son mari, qui est à Mahé, soit autorisé à résider à l'isle de France, où il pourra se livrer avec plus de facilités à quelque genre d'industrie. Je ne pense pas qu'il puisse y avoir d'inconvénients au changement de résidence. » — Le nommé Pradel, qui fut le sujet de la dépêche de V. Exc. du 5 décembre 1808, n° 8, est un de ceux qui ont profité de l'autorisation que j'ai donnée pour venir à l'isle de France. Decaen, capitaine général de l'Ile de France, 15 juin 1809.

PRÉVILLE (veuve Sijas, femme), p. 14. — Le 10 germinal an IX, « détenue aux Magdelonnettes depuis le 4 nivôse, et n'ayant rien à se reprocher », elle réclame sa liberté. — « A été arrêtée par suite de ses opinions exagérées et de ses liaisons avec les hommes les plus marquans de ce parti. » Note de police de germinal an IX. — V. *Femmes détenues.*

PRÉVOST (Gabriel-Antoine), né à Paris, 55 ans en 1803. Pp. 18, 20, 52. — « Ci-devant huissier à Paris. Physique usé. Reste à la Digue, chez le c. Lacroix. » (Note de l'administration des Seychelles.) — Mar. à Mme Félicité Lesage, femme Prévost. Envoi d'un certificat relatif au décès de son mari. — Prévost meurt aux Seychelles en 1806.

PRUDHON, député, p. 5. V. *les Biographes.*

QUINON (Joseph dit Lyonnais), 46 ans en l'an XII, né à Lyon, domicilié à Paris, ouvrier boulanger, pp. 18, 20, 52, 53. — Marianne Hubert, femme Quinon, rue des Deux-Ponts, îlle de la Fraternité, n° 14, à pol. gén. envoie plusieurs pétitions en faveur de son mari, étant sur le Port-au-Vin, tenant les registres, qui a été déporté très injustement « l'enlèvement de mon mary, occasionné par vengeance de ses camarades malintentionnés » elle est une mère malheureuse chargée de famille. — Quinon écrit à sa femme : Riva de Cella, 4 ventôse an IX : Va néantmoins trouver la commère Carbonnet et prie la de s'intéresser pour moi, auprès du citoyen Ménil (?) son compère, à l'effet de l'engager d'employer de tous ses moyens, ses connaissances, tant auprès du 1er consul que autres du gouvernement avec une pétition que tu feras faire, tendant à ma justification, et que tu feras signer par les citoyens les plus notables de notre quartier et... tu me marqueras en réponse à la présente, si tu as retiré un mémoire qui a été signé par différents citoyens d'entre les mains du c. Sandrin, marchand de vin, et de Dupont, qui justifie que jamais je ne me suis trouvé en aucun rassemblement, principalement à la turie de septembre, vu que j'étais à travailler à tirer du bois au chantier de la Croix-d'Argent, Port-Bernard, et le 3 nivôse, ou j'étais à travailler au Port-au-Vin... Réponds-moi de suite, au c. Quinon, à Riva de Cella, province des Asthuries, en Espagne, à bord sur la corvette la *Flèche*, commandée par le cap. Bonamy, par Bayonne. — Boulanger de son état, il travaillait sur le pont Saint-Bernard, pour les marchands de vin, physique robuste, laborieux, âgé de 40 ans. Caractère assez doux, reste à l'établissement du gouvernement. (Note de l'administration des Seychelles.) — A la date du 15 juin 1800, Quinon est encore à Praslin (Iles Seychelles), employé sur une habitation.

QUIROT, député, p. 5. V. *les Biographes.*

RÉ (Iles d'Oléron et de). Voici un « état des déportés dans les Iles de Rhé et d'Oléron au 30 messidor an XII », c'est-à-dire après le départ pour Cayenne des dép. de la *Cibele.* C'est un tableau en huit colonnes dont l'étroitesse de notre format ne nous permet pas de reproduire l'aspect, mais que l'on pourra facilement reconstituer, en prenant note de l'ordre des huit colonnes qui est le suivant : Noms et prénoms, âge, lieu de naissance, département du lieu de naissance, motifs de la déportation, époque où elle a été décidée, profession, observations. Nous avons cru devoir n'indiquer que par une initiale, les individus frappés pour un motif non politique, mais nous ne comprenons pas dans cette catégorie, les cond. pour « brigandage », « excitation au pillage », « pillage de malle », etc., et qui sont des chouans. — Ile de Rhé : 1° Bernard (Joseph-Marius), 36 ans, Aix (Bouches-du-Rhône), ordre du préfet de police, motif inconnu, 10 germinal an XI, ex-capitaine adjoint, a l'ile pour prison, se comporte bien, ses occup. journalières ne sont pas connues ; 2° Caillaud, 35 ans, Poitiers (Vienne), ordre du g. juge, comme émigré rentré, 2 fructidor an XI, propriétaire, id. (c'est-à-dire mêmes obs. que pour le précédent) ; 3° Messonnier (F.), 71 ans, Iliers (Var), jugement de commission militaire, accusé d'émigration, 2 frimaire an VII, cuisinier, id. ; 4° Léande (J.-B.), 62 ans, Noue (Jura), décision de l'administration centrale des Landes, comme banni rentré, 9 prairial an VII, lieutenant d'invalides, se conduit bien, employé comme infirmier major de l'hospice de cette ville ; 5° Anger (François), 38 ans, Tourouvre (Orne), par le tribunal criminel d'Eure-et-Loire, pour provocation à la dissolution du gouvernement, 28 nivôse an IX, officier de santé, ivrogne et bavard, déraisonne, peu dangereux ; 6° Gaussin (Mau... Maurice ?), 27 ans, Mazières (Ariège), par le tribunal criminel de l'Ariège, pour provocation à la dissolution du gouvernement, 30 fructidor an VIII, tisserand, honnête homme, paraît repentant ; 7° Berges (Thomas), 29 ans, id., id., id., 10 fructidor an VIII, tailleur d'habits, id. ; 8° Rouzier (François), 66 ans, Nortable (Puy-de-Dôme), id., id., scieur de long, ivrogne, travaille journellement de son état, peu dangereux ; 9° Ouvrard (Jean), 30 ans, Montsurgent (Vienne), tribunal criminel des Deux-Sèvres, provocation à la dissolution du gouvernement, 7 brumaire an VIII, tisserand, honnête homme, travaille journellement de son état ; 10° Salval (D.-Salvin-Jean), 37 ans, Fontenay (Vendée), id., pour provocation au pillage, 5 mess. an IX, scieur de long, se conduit bien, bon ouvrier, travaille de son état, mais susceptible de surveillance, ami des Treton et Legay (homme dangereux) ; 11° Babin (Jacques), 24 ans, Chauffert (Sarthe), tribunal criminel de Mayenne, pour rassemblement armé, 25 fructidor an IX, garçon meunier, bon ouvrier, travaille au port, mais susceptible de surveillance, ami des Treton et Legay ; 12° Despré (Jean), 34 ans, Neuvillet, id., tribunal criminel de la Mayenne, provocation au pillage, 20 germ. an IX, perruquier et tisserand, id. ; 13° Rémes (Mathieu), 37 ans, Anvers, Deux-Nèthes, tribunal des Deux-Nèthes, pour provocation à la royauté, 6 pluviôse an VIII, militaire, se conduit bien, à éloigner à cause de son opinion ; 14° C... (Etienne), 48 ans, Bordeaux (Gironde), conseil de guerre, 20° div. mil., pour vol, 30 therm. an X, propriétaire, se conduit bien, travaille, mais susceptible d'une surveillance particulière; 15° B..., dit B... de J... (Julien), 38 ans, Tosset (Sarthe), tribunal criminel de l'Orne, pour vol, 29 fructidor an X, journalier, mauvais sujet sous tous les rapports (très dangereux de le laisser dans l'isle à l'approche de l'ennemi); 16° B... (Pierre), 31 ans, Saint-Salby (Tarn), trib. spécial de l'Ain, pour vagabondage, 29 fructidor an X, id., id.; 17° Diol (dit petit Jean-René), 23 ans, Saint-Fort (Mayenne), tribunal de la Mayenne, brigandage avec armes, 5 ventôse an XI, domestique, insolent et dangereux, à éloigner; 18° Legay (Pierre), 37 ans, Gastine, id., tribunal spécial, provocation au pillage, id., propriétaire, un des plus mauvais, urgent de l'éloigner, capable de tout pour servir l'ennemi; 19° Richard (Jean), 25 ans, La Porte, id., tribunal spécial de Mayenne, pour brigandage et vagabondage, id., cultivateur, id.; 20° Barcaud (Pierre), 21 ans, Montjean, id., tribunal spécial de la Mayenne, rassemblement armé, id., id., dangereux à l'approche de l'ennemi, quoique se conduisant bien; 21° Trouillard (François), 45 ans, Saint-Bathevier? id., id., id., laboureur, id.; 22° Dupont (André), 35 ans, Houssé (Manche), tribunal spécial de la Mayenne, pillage de malle, id., fabricant en toiles, à éloigner et renfermer; 23° Lepiney (Jacques), 34 ans, Lebigon-Saint-Jean-sur-Herne (Mayenne), tribunal spécial de la Mayenne, provocation au pillage, id., propriétaire, id.; 24° J... (enfant naturel), 41 ans, tribunal spécial du Tarn, pour vagabondage, 25 germinal

an XI , journalier , nullement dangereux ;
25° Lachet (Pierre), 20 ans, Tarascon (Bouches-
du-Rhône), conseil de guerre de Perpignan,
21 germ. an XI, charron, dangereux, à éloigner ;
26° J... (Bernard), 41 ans, Consclaix (Haute-
Garonne), tribunal spécial du Tarn, pour vagabondage, 25 germinal an XI, journalier, non
dangereux; 27° M... (François), 43 ans, id., id.,
id., id., mendiant, id. ; 28° F... (J.-Pierre),
34 ans, Saint-Aubin (Tarn), id., id., id., à surv.
dans l'île; 29° F... (Jean-Baptiste), 50 ans,
Longpré (Aube), tribunal de 1re instance de
l'Aube, pour vagabondage, id., roulier et cultivateur, id. ; 30° A... (Martin), Rixheim (Haut-
Rhin), conseil de guerre du 1er régiment suisse,
pour violation de domicile, 29 prairial an XI,
militaire suisse, se conduit bien, à laisser dans
l'île; 31° P... (Louis), 20 ans, Wick, canton de
Vaux (Suisse), même conseil de guerre, pour
désertion, 2 ventôse an XII, id., id.; 32° Sacles
(Louis-Jules), 53 ans, Paris (Seine), par le grand
juge, 26 messidor an XI, architecte entrepreneur, est employé à l'hospice de Saint-Martin,
se conduit très bien; 33° Thomassin (Augustin-
Nicolas), 37 ans, id., id., id., id., journalier
maçon, se conduit très bien, on ignore le motif
de sa déportation; 34° Treton (Boismaime-,Jo-
seph-Julien), 30 ans, Mans (Sarthe), id., comme
un homme dangereux, 24 frimaire an XIII
imprimeur journaliste, fin, adroit, rusé, dangereux, cherche à corrompre tous les autres,
urgent de l'extraire de l'île; 35° B... (Louis),
40 ans, Mesint (Hautes-Alpes), ex-forçat de
Toulon, 3 prairial an XII, cultivateur, très mauvais sujet, urgent de quitter l'île; 36° Mottay
(Charles), 32 ans, Pontorson (Manche), conseil
de guerre 12e div. mil., pour avoir distribué
des pamphlets infâmes contre le gouverne-

ment, 7 prairial an XII, lieutenant au 63e rég. d'infanterie, quoique se conduisant bien, prudent de l'extraire de l'Ile; 37° C... (se disant Julien dit P... Ustache, *sic*), 27 ans, Châteauroux (Indre), par le général commandant la 12e division militaire, comme homme dangereux, 21 prairial an XII, ex-capitaine à 14e demi-brigade et ex-forçat libéré, très mauvais sujet, urgent de l'éloigner de la mer, à enfermer dans un fort; 38° B... (Jean), 43 ans, Thonard (Loire-Inférieure), par le général de la 12e division militaire, comme sujet chassé du corps, id., ex-militaire, même cas que le précédent; Ile d'Oléron, 39° Lecoq (François), 44 ans, Labassé (Nord), par jugement d'une commission militaire, pour avoir crié vive le roi dans un moment d'ivresse, 16 niv. an VIII, cordonnier, aucune occupation, sujet à des accès de folie, qui l'a porté à se donner trois coups de son tranchet dont *malheureusement* il a guéri (*sic*); 40° Moreau (J.-H.), 36 ans, Versailles (Seine-et-Oise), commission militaire, pour avoir crié vive le roi étant en état d'ivresse, id., militaire dans le régiment de Chamborand, ivrogne, débauché, nullement dangereux d'opinions; 41° Joly (Louis), 30 ans, Rouen (Seine-Inférieure), id., id., militaire de la 20e demi-brigade et tailleur, id.; 42° D... (Jacques), 38 ans, Orléans (Loiret), tribunal criminel du Gard (ex-forçat), 21 prairial an XI, commerçant, mauvais sujet, haine incroyable au gouvernement, à renfermer; 43e Fleury (Jacques-Pierre), Mamers (Sarthe), tribunal criminel de la Sarthe, comme libelliste, 23 brumaire an XII, ex-prêtre, se conduit bien, mais très dangereux, à éloigner; 44° L.... (Marie-Françoise, femme M...), 35 ans, Agen (Lot-et-Garonne), par commission (*sic*), tribunal criminel, pour complicité de vol, 3 prairial an XI, journalier, la femme L... se conduit bien, à placer mieux; 45° Duval (Antoine dit Lanerie Hipolite), 43 ans, Paris (Seine), ordre du grand juge, comme libelliste, dangereux, 16 prairial an XI, chef d'imprimerie à Paris, cet écrivain intarissable en pamphlets et libelles a des correspondants à Paris, à éloigner. — Le même état au 30 messidor an XIII est réduit aux noms suivants déjà cités dans le précédent tableau: Salval, Babin, Despré, Rèmes, C..., B... (dit B... de J...), B... (Pierre), Diol, Legay, Richard, Barcaud, Trouillard, Dupont, Lepiney, Treton, Lachet, B... (Louis), Mottay, C..., B... (Jean). Oléron : Duval, Fleury, D... (Jacques). — 21 thermidor an XII, min. de la guerre à min. pol. Envoi d'états nominatifs d'individus déportés aux Iles de Rhé et d'Oléron, par suite de jugements ou décisions administratives. On fait remarquer au ministre qu'il ait à prononcer sur la nouv. destination de ces individus désignés comme dangereux « il est à craindre en cas d'une incursion que ces hommes ne se joignent aux Anglais », et sur l'amélioration du sort de ceux d'entre eux qui se conduisent bien. Le gén. Dumuy signale ceux qu'il est « ..... nécessaire dans un temps de guerre maritime d'éloigner de ces isles. Je citerai entre autres les n. Triton et Duval. D'autres qui pourraient rentrer dans un corps, tels que Jean-Baptiste Moreau et Louis Joly, militaires condamnés il y a quatre ans, pour avoir crié: vive le roi ! dans un moment d'ivresse. »

RICHARD, contre-maître de la *Chiffonne*, p. 102.

RICHARDET (Claude-Marie), 31 ans en l'an IX, né à Lyon, pp. 18, 57. — Limonadier, rue du Bacq, près des ci-devant Jacobins; réclamé par sa femme et plusieurs citoyens. Plus. citoyens ont signé la pétition. A été désigné par le n. Montverney, agent secret, chargé de suivre l'affaire de Chevalier, auteur de la première machine infernale comme ayant participé avec d'autres individus à la fabrication et construction de la machine du 3 nivôse. Les déclarations de Montvernet ont été tellement précisées qu'il a semblé qu'il ne restait plus le moindre doute. Il est bien reconnu que Montvernet, qui avait servi fidèlement dans l'affaire du 28 fructidor an VIII, dans celle de Veycer et Chevalier, a menti évidemment à l'égard de Richardet. L'arrestation de Saint-Régent et du petit François en est la preuve. On estime qu'il y a lieu de rapporter la mesure en ce qui concerne le d. Richardet, *quoique parti*. Mais à raison de ses opinions exagérées; on pense qu'il doit être renvoyé dans la commune de Lyon (d'où il est natif), sous la surveillance des autorités constituées. (Rapport préf. pol., 27 pluviôse an IX.) — Ce rapport n'eut point pour résultat de faire rappeler Richardet de son exil. — La citoyenne Mariette, fille de Richardet, 1.053, rue Dominique, 19 ventôse an IX, à pol. gén. : « Trois mois se sont déjà écoulés depuis qu'il fut arraché des bras de ma mère et de ses petits enfants... » — La citoyenne Richardet, à pol., rue de Sève, n° 1.039. 3 messidor an X. Elle est dans la misère, ne peut nourrir sa famille, « privé de ce que nous avons de plus cher dans la personne de mon mari, que l'on a déporté sans motif connu. » — Richardet, manufacturier, de Lyon. Ruiné dans la Révolution. Limonadier à Paris. Reste chez le cit. Darquier, à l'établissement. Peu de notes sur son compte. Caractère assez doux. Physique délicat. Agé de 35 ans. (Note de l'administra-

tion des Seychelles.) — « A déserté des îles
Seychelles, suivant procès-verbal du 11 prairial
an XI passé dans l'Inde. » (Autre note des Seychelles.)

RICHON (Jean-Pierre), 41 ans en l'an IX, né à
Lyon, fabricant de soie, demeurant à Paris, rue
Transnonain, n° 703. Pp. 18, 57. Mort en arri-
vant aux îles Seychelles.

RICORD (Jean-François), député, p. 14. V. *les
Biographes.*

RIVIÈRE, p. 18. — Le sénatus consulte du
14 nivôse cond. à la dép. un nommé Rivière,
rue des Prêtres-Saint-Paul. On arrête un Rivière (Étienne-Antoine). Interrogé, il répond
être âgé de 46 ans, né à Paris, paroisse Saint-
Paul, arpenteur forestier, rue Saint-Denis, 43.
Il a été arrêté le 1er frimaire an XII et détenu
à la Force. — Note de police : Il y avait alors
dans la section de l'Arsenal : 1° un n. Rivière,
qui a travaillé sur les ports, et ensuite marchand de sel, il demeurait rue de la Cerizaye ;
2° un n. Rivière, juge de paix, demeurant rue
Neuve-Saint-Paul, n° 22, entré en cette maison
le 16 frimaire 1703, en est déménagé le 24 germinal an IV ; 3° un n. Rivière, rue des Nonen-
dières, il a été dans les Charrol, coché de place,
ensuite tenant maison garnie rue des Vieilles-
Étuves-Saint-Martin, division de la Réunion.
Il a été désigné comme ayant pris part à l'assassinat du représentant Ferrault ; 4° un n. Rivière, rue des Figuiers, maison du cit. Dunet,
plâtrier, au coin de celle des *Prêtres.* Il était
pompier. Celui-ci demeurait le plus près de la
rue indiquée ; 5° un autre Rivière, frère de ce
dernier, qui est ouvrier ébéniste. — C'est le
Rivière, ancien juge de paix, que la police arrête et interroge. — Rapport de police : Rivière
a déclaré que dans l'an II, il avait été nommé

juge de paix de la division de l'Arsenal, qu'il a
exercé 3 ans ces fonctions, et a quitté la division
depuis plus de 6 ans. On doit ajouter qu'Etienne-
Antoine Rivière est attaché à l'administration
forestière du département de la Seine, qu'il est
réclamé par l'inspecteur de cette administration,
sous les ordres duquel il travaille, et qui rend
un témoignage avantageux de sa conduite.
En marge du rapport : « Ce Rivière est-il celui
qui est compris dans le sénatus consulte du
14 niv. an IX ? Il paraît que non. Mettre en liberté Rivière, qui n'est point prouvé être l'individu qu'on cherchait, mais, attendu le doute,
le tenir en surveillance à Paris. 11 frimaire. » —
14 frimaire an XII. Rivière (Etienne-Antoine),
conformément à l'ordre du grand juge, est mis
en liberté, avec surveillance particulière.

Rossignol (Jean-Joseph), général, pp. 18,
36, 48, 57, 64, 91, 100, 102, 105, 106, 107, 108,
112, 113, 114, 115, 117, 119, 123. — V. *les Biographes*. — 21 nivôse an IX. Liard, propriétaire à Soisy-sous-Etiolles, surveillé puis interrogé par le maire de sa commune pour avoir
logé trois individus, déclare : L'un s'appelait
Nicolas, limonadier, demeurant à Paris, place
des Italiens, et dont le véritable nom est Chrétien; le deuxième, nommé Peron, qui ne lui
est connu que par Chrétien dont il était l'ami,
et le troisième, Durand, qu'il déclare n'avoir
connu que par Chrétien, qu'il vient d'apprendre
par la liste des déportés que son véritable nom
est Rossignol, qui a loué une maison à Melun
depuis environ deux mois, que les deux autres
sont sortis de chez lui depuis environ quinze
jours, qu'il ne connaît Chrétien que pour avoir
pris du café chez lui en différents temps, que
ledit Chrétien ayant appris que le déclarant
avait une maison à Soisy, l'avait prié de le re-

cevoir chez lui pour quelques jours avec deux amis, pour voir s'il ne trouverait pas une maison à leur convenance dans le pays.— Melun, 22 nivôse an IX. Le capitaine commandant la gendarmerie nationale de Seine-et-Marne, au général Radet : « Le lieutenant Manginot a été appelé ce matin par le préfet pour aviser aux moyens de rechercher, dans la commune du Méc, l'ex-général Rossignol.. L'ex-général Rossignol ayant été trouvé chez lui et n'ayant pas voulu se rendre à l'arrêté du préfet qui requérait la gendarmerie de le conduire devant le ministre de la police générale, sans un ordre particulier de ce dernier, le préfet a pris le parti de le laisser à la surveillance de trois gendarmes jusqu'à la réponse du ministre .. Signé : Lavoiepierre ». — Au min. pol. : « D'après vos ordres, aidé de vos conseils, je me suis éloigné de Paris, dans la ferme persuasion d'être tranquille, le c. Colin, préfet, vient de me faire arrêter. J'ai refusé d'obéir à cet ordre arbitraire et lui ai représenté qu'il lui fallait un ordre émané du gouvernement et auquel j'étais prêt d'obéir... Je demande que vous vouliez bien me faire raigné de la liste des déportés. Rappelé-vous, citoyen ministre, que vous m'avez promis d'être mon défenseur auprès du premier consul tant que vous serez au ministère, j'attend de vous cette justice. Rossignol, aux Fourneaux, près Melun ». 22 nivôse an IX, en marge : le ministre a donné ordre de le conduire à la Préfecture de police. — Le général Rossignol meurt à l'île d'Anjouan, le 8 floréal an X. Le ministre de la mar. annonce cette mort, à Mᵐᵉ Rossignol, le 17 prairial an XI. — Mar. à MM. les héritiers Rossignol, à Toulon, 13 juillet 1809. Le ministre, Messieurs, en réponse à votre demande de renseignements sur la succession du sieur Jean-Baptiste Rossignol, me charge de vous transmettre et je joins ici, l'expédition qu'il vient de recevoir de l'Ile-de-France d'un extrait certifié du tableau d'ordre entre les créanciers du décédé.

ROUSSELLE (Robert), p. 18. — Figure le 20 nivôse an IX sur la liste des individus arrêtés. — Le 20 pluviôse à Bicêtre, au moment d'être envoyé à Nantes pour être embarqué, il obtient un sursis de départ « pour cause de maladie qui a été constatée par certificat des officiers de santé de ladite maison ». — *Rousselle* (Robert) (réclamé par son épouse et le c. Wisnich, juge de paix, qui dépose de sa moralité). Un Robert Rousselle est porté sur la liste du senatus-consulte. Un nommé Robert *Rouxel*, demeurant division de l'Arsenal, avait été précédemment désigné comme septembriseur. On a arrêté Robert Rousselle, âgé de 61 ans et très infirme, demeurant division de la Fidélité depuis longtemps. Malgré l'identité de noms il y a erreur de personne et Robert Rousselle, maintenant détenu, a été confondu avec Robert *Rouxel*, septembriseur, qu'on a voulu indiquer et qui est disparu depuis le 3 nivôse. On estime qu'il y a lieu de mettre Robert Rousselle en liberté. (Note de pol., 27 pluviôse an IX.) — Rousselle est, à la suite de ce rapport, mis en liberté.

SABATHIER (J.), p. 4. Je ne sais si ce Sabathier est le même que le général Sabathier qui va suivre.

SABATIER (Jean-Isaac, général réformé. Quelques pièces orthographient : Sabathier). Pp. 209, 251, 252, 255, 256, 260, 523.—Les notes de police s'expriment ainsi à son sujet : « Grand parleur, dangereux. Son exagération, sa haine contre le gouvernement et ses déclamations ont motivé son arrestation. Immoral, sans instruction. » — Mar. à guerre. 18 décembre 1809. J'ai reçu, avec la lettre dont vous m'avez honoré sous la date du 7 novembre dernier, la pétition que l'ancien général de brigade Sabatier vous a adressé pour obtenir le rétablissement du traitement de réforme qui lui avait été alloué avant sa déportation à Cayenne. V. E. désire connaître la véritable position de cet officier général en France, et mon avis sur l'objet de sa réclamation... Le 2 mai dernier, informé qu'en vertu de la capitulation de Cayenne, les déportés, par ordre de S. M., allaient être renvoyés en France, je m'empressai d'en transmettre l'état nominatif à S. E. le ministre de la police générale, afin qu'il pût donner à leur égard les ordres convenables. Une partie de ces individus, et avec eux le général Sabatier, étant effectivement arrivés à Paimbœuf le 13 juin de cette année sur le parlementaire brésilien *la Fleur de Mer*, le préfet du département de la Loire-Inférieure donna l'ordre de s'assurer de leurs personnes et ils cessèrent dès lors d'être sous la main des agens de mon département. Ce sont là, M. le duc, les seuls renseignements que je puis vous fournir sur le compte du général Sabatier.— 11 juin 1810, de l'hospice des maisons d'arrêt à Nantes, au comte de Lobeau, général inspecteur, aide de camp de l'empereur. Jean-Isaac Sabatier, général réformé, ose espérer que vous serez favorable à un ancien militaire couvert d'honorables blessures, dont les brevets et certificats attestent les bons services, et qui, constamment soumis au gouvernement, partage l'admiration universelle pour notre auguste empereur. Il explique alors qu'il a été « exilé à Cayenne (an XII) par arrêt du préfet de son départe-

ment d'après des rapports clandestins et faux ».
Son zèle et ses efforts pour la défense de la colonie de la Guyane n'ont pu empêcher Victor
Hugues de la livrer lâchement aux Portugais.
Depuis un an il s'est vu mis dans des prisons
infectes, confondu avec des criminels. Il a dû
vendre ses effets à vil prix, dépourvu, privé du
traitement de réforme qui lui est accordé par
arrêté du 11 nivôse an X. Signé : Berthier. Il
avait en partant autorisé sa femme à toucher
ce traitement, elle est morte depuis 15 mois.
Tous ses fils sont au service, dont un prisonnier
en Angleterre, un mort au champ d'honneur,
une fille en bas âge. Il est dans la détresse ; il
a adressé des requêtes à la guerre, à la police
générale, pour obtenir son traitement et la liberté qu'il veut consacrer au service de S. M.
Il a conservé vigueur et courage ; il brûle de
verser le sang qui lui reste pour le souverain.
En marge : J'adresse cette lettre à S. Exc. M. le
duc de Rovigo, accompagnée d'une de mes lettres. Nantes, le 30 juin 1810. Le cte de Lobau.
— Agathe Sabatier écrit au duc de Rovigo que
son père, revenu de Cayenne, a été mis en arrestation, puis en liberté quand il était à Nantes. Il vient encore d'être arrêté à Tarbes ; elle
demande sa liberté. — 13 décembre 1810. La
pol. gén. fait demander le dossier de Sabatier,
« actuellement détenu en prison à Tarbes. » —
2 mai 1814. Sous-préf. de Verceil au chevalier
Anglès, min. de la pol. Le chevalier d'Augerz
vient de m'annoncer par lettre du 29 avril que
tous les individus détenus pour politique dans
l'étendue de l'ancien gouvernement général au
delà des Alpes, doivent être libres ; il en demande la liste... M. le général Sabatier, qui a
été relégué à Verceil, sous la surveillance de la
police locale, par ordre de Napoléon du 10 juil-

let 1811, est le seul individu auquel s'appliquent ces dispositions. Je m'y suis conformé.

SAINT-AMANT, et non SAINT-AMAND (Jacques), dit Gallebois, tourneur en cuivre, 43 ans en l'an IX, né à Passy, près Paris ; demeurant à Paris, rue de la Cossonnerie, n° 519. Pp. 18, 57, 102. — Mort à l'île d'Anjouan, le 17 floréal an X. — Il avait été entrepreneur du Lycée dramatique à la foire Germain, et il avait obtenu quinze cents livres à titre d'encouragement, le 26 novembre 1797, parce que, dit l'arrêté « son théâtre populaire est uniquement consacré à la représentation d'ouvrages républicains ».

SAULNOIS (Charles). V. *Sonnois (Charles)*.

SAUNIER ou SAULNIER (Jean), 56 ans en l'an XII ; né à Fontaine-Française (Côte-d'Or), instituteur, pp. 18, 103, 175, 209. — Rapport du préf. de pol. du 27 pluviôse an IX. Réclamé par sa femme, a été arrêté dans l'affaire du 22 fructidor dernier ; ses déclarations ont jeté le plus grand jour dans l'affaire de Chapelle et autres, et ont beaucoup contribué à atteindre ces scélérats. Saulnier a toujours été lié avec les plus chauds exclusifs. C'est cependant un homme sans moyens ; il est père de famille. Le gouvernement est prié de statuer. — 2 ventôse an IX, min. pol. à préf. pol. Le premier consul a décidé que... Saulnier serait mis en surveillance à Oléron. — Est envoyé à Oléron le 10 ventôse ; il y arrive le 2 germinal. — 19 ventôse an IX. J. Saunier, 22, rue Guénégaud à Fouché : « Le chef de votre bureau particulier m'a employé, de votre aveu, durant trois mois, à dater du 1er brumaire, n'ayant reçu aucun salaire pendant tout ce tems, et me trouvant sans fortune, j'ai dû cesser. Quelque ait été mon travail, j'y ai mis du zèle, j'ai sacrifié une partie morale de mon temps, on m'a dit que le minimum des indemnités de cette espèce était de 150 fr. par mois... (demande un total de 450 fr.) enfants sans pain... Cet aveu est bien douloureux pour un homme qui a été utile à son pays depuis 1788, comme commissaire près les tribunaux, accusateur public, agent général, et de qui une assemblée a décrété qu'il a bien mérité de la patrie. Je n'ai pas cessé. » — Ventôse an IX, note au ministre. Le c. Saunier réclame une somme de 450 fr. pour un service de trois mois, en qualité d'agent secret du ministère. Saunier a été effectivement essayé en cette qualité par le bureau particulier... (services insuffisants, qu'on lui donne 200 fr.). — La femme Saunier, faubourg Montmartre, rue du Champ-du-Repos, n° 740. Mon mari a été arrêté le 12 nivôse de l'an IX, par erreur de nom, et conduit à Pélagie où il resta 58 jours, déporté le 10 ventôse pour l'Isle d'Oléron, où il est encore... père malheureux... nombreuse famille. — Saunier meurt à Cayenne, 24 vendémiaire an XIV.

SAVIGNY, p. 222.

SERGENT (Louis), né à Chartres en 1751. P. 14. Député. V. *les Biographes.* — Sergent avait épousé la sœur aînée de Marceau, et son dossier donne plusieurs renseignements sur la famille du général. — 23 nivôse an IX. Sergent écrit : « J'ai passé après la Convention deux années en Suisse, à Bâle... Revenu en France en l'an VI, occupé de la perte de mon glorieux frère, j'ai passé un an dans mon cabinet à graver son portrait et à recueillir des matériaux pour son histoire. Un ministre de la guerre du Directoire m'a nommé commissaire du gouvernement près la régie des hôpitaux militaires. (Pendant 9 mois), ma conduite a eu l'approbation du ministre Lacuée... Brisé par la tourmente révolutionnaire, il y a longtemps que mon esprit a renoncé aux idées politiques. — Emira Marceau-Sergent à Fouché, 14 pluviôse an IX... « Vous eûtes la bonté de me promettre que vous proposeriez la radiation d'exil de mon époux. » (Rue Cisalpine, n° 294.) — La même (sans date). « Le c. Sergent a reçu hier matin l'ordre de quitter Paris. » Elle demande à aller avec lui dans l'Eure-et-Loir... Il attend le passeport. — Sergent-Marceau (sans date). Votre commissaire du 1er arrondissement m'a notifié l'ordre de m'éloigner du département de la Seine... Le procès-verbal de ma mise en surveillance est la preuve que j'invoque... On me cherche à mon domicile que j'occupais il y a un an. Alors j'étais chargé de fonctions importantes par le gouvernement et je les ai remplies (7 mois *sous* le consulat) de telle manière que j'ai mérité, à la suppression de ma place, la promesse d'un autre emploi. Celui qui a dit que j'étais... soupçonné de n'être pas *attaché* au gouvernement, me connaît bien peu, il n'a pu qu'être malveillant gratuitement, puisqu'il ignorait que j'étais alors commissaire du gouvernement... Je suis propriétaire de la maison que j'habite depuis huit mois, dans le premier arrondissement, rue Cisalpine, 294... Mon domicile bien connu des consuls, des ministres... — Note sans date. Le préfet de police a fait un rapport sur les réclamations de plusieurs individus qui ont reçu l'ordre de s'éloigner de Paris après le 3 nivôse. Il est d'avis de maintenir la mesure à l'égard de ceux dont les noms suivent... : Sergent, propriétaire exclusif, lié avec les personnes qui se sont prononcées le plus hautement contre le gouvernement consulaire. — Sergent-Mar-

ceau à pol. gén.... « Je viens d'être conduit à
la préfecture. On me prévient que c'est par
ordre de votre ministère... » Il demande à être
interrogé (15 floréal an X). — Le 3 septembre 1811, le min. pol. écrit au préf. d'Eure-et-
Loir pour lui demander « ce que sont devenus
les frères de M. le général Marceau, leur position actuelle, leurs moyens d'existence, s'ils
sont mariés, s'ils ont des enfants et en quel
nombre. Je vous recommande, ajoute le ministre, de prendre vos informations avec discré-
tion. » — 20 septembre, le préf. d'Eure-et-
Loir, qui avait déjà été saisi d'une demande
semblable, par « S. Exc. le ministre secrétaire
d'Etat », répond à ce dernier : On envoie au
ministère de la police, dans la note ci-jointe,
les renseignements que je me suis procurés
sur les frères et la sœur de feu le général Marceau, objet des lettres que vous m'avez adressées le 31 du mois dernier. — Voici une note
qui paraît avoir été dressée par la pol., d'après
les renseignements fournis par le préf. d'Eure-
et-Loir : Les frères du général Marceau sont au
nombre de trois. L'aîné, François Marceau-
Desgraviers, issu d'un premier lit, âgé d'environ 60 ans, vit retiré dans une commune ru-
rale du département d'Eure-et-Loir. Il y jouit
d'une honnête aisance. Il n'a qu'un fils qui est
entré, en l'an III, dans la marine. On le croit
mort aujourd'hui. De ses deux frères germains,
l'un, Nicolas-Severin Marceau, exerce depuis
treize ans, avec distinction, des fonctions administratives ; d'abord commissaire du gouvernement près la direction centrale du département de l'Eure, lors de l'organisation des
préfectures, il a été nommé sous-préfet de
l'arrondissement de Châteaudun. Dans ces deux
places, il s'est distingué par son talent et son

exactitude. Sa famille se compose de deux enfants. Il jouit d'un revenu de 6.000 fr. en propriétés. Le second, Louis-Augustin, âgé de trente ans, suit la carrière militaire depuis l'âge de quatorze ans. Attaché successivement en qualité d'aide de camp aux généraux Championnet, Kléber, à M. le prince d'Essling, il est aujourd'hui major du 10e de chasseurs à cheval et il commande les escadrons de guerre en Espagne. Il compte plusieurs blessures. Les grades de capitaine et de chef d'escadron lui ont été accordés sur le champ de bataille. Il a épousé depuis environ huit mois, la fille du sieur Vandenbrock, ci-devant grand pensionnaire de la ville de Bruxelles. Ses propriétés forment un revenu de 7 à 8.000 francs et l'on croit que sa fortune sera presque triplée lorsqu'il aura recueilli tous ses héritages. La demoiselle Marceau, femme Sergent, sœur aînée du général, est arrivée depuis un mois d'Italie, où elle a résidé plusieurs années. — Note de pol., non datée, mais qui est de la même époque que la précédente, c'est-à-dire de septembre 1811 : Mme Sergent, née Marceau, demeure effectivement rue du Bac, n° 9, dans une maison garnie. Il y a environ un mois qu'elle est à Paris. Elle arrive d'Italie où elle s'était retirée depuis plusieurs années avec son mari. Sergent avait contracté, depuis quelque temps, une soumission pour des fournitures d'hôpitaux. Il paraît que, depuis que sa soumission a été faite, les objets qu'il s'était chargé de fournir ont augmenté de valeur, et qu'en conséquence, son marché lui a été onéreux. Le voyage de Mme Sergent à Paris a deux motifs : le premier est de faire des réclamations auprès de S. Exc. le ministre directeur de la guerre pour tâcher d'obtenir d'abord le payement de ce qui reste

dû à son mari pour les fournitures qu'il a
faites, et de plus, une indemnité relativement
aux pertes qu'il a éprouvées. Le deuxième motif
est de solliciter auprès de M. le conseiller d'Etat
Français, un emploi pour son mari dans les
droits réunis, désirant l'un et l'autre revenir se
fixer à Paris, ou au moins en France s'il y avait
un moyen d'existence. Mme Sergent ne paraît
pas heureuse, elle occupe un logement très
exigu. Elle peut avoir environ cinquante ans,
elle était l'aînée de feu M. le général Marceau.

SERPOLLET ou SERPOLET (Nicolas-François),
dit Lyonnais, fabricant de bas. Pp. 18, 52, 87,
88, 89, 92, 102. — Au commandant des isles
Seychelles, etc. Depuis l'arrestation du c. Serpolet, déporté d'Europe en cette colonie, nous
avons acquis et sçu par la déclaration dud. c.
Serpolet, nonobstant toutes autres informations
et convictions, que le soir du souper sur l'habitation de la cit^e Volamalaëfa, motif de son arrestation, il s'est trouvé dans cette orgie divers
noirs dénommés ci-après : les nommés Mou-
tons et Jolicœur, appartenant à la cit. Volamalaëfa, et le nommé Fernando, noir à vous appartenant, et Etienne (V. ces noms), appartenant au cit. Leguidec, tous lesquels individus
assistant à ce souper, se sont entretenus de
propos incendiaires et portant atteinte à la
tranquillité des habitans et à la perte de la colonie. Nous, agent municipal, habitans, adjoins
et substitut, d'après les pouvoirs qui nous ont
été confiés par les habitans de cette colonie,
nous arrêtons que les dénommés ci-dessus seront renvoyés de suite de cette colonie pour la
sûreté publique ; nous indemniserons les propriétaires d'après les lois en usage à cet égard,
qui sont observées aux isles de France et de la
Réunion. En conséquence de ce, nous vous

prions de vouloir bien vous joindre à nous pour inviter le capitaine Pinnauren à recevoir à son bord les dénommés ci-dessus, et à les transporter aux lieux où il lui sera indiqué, suivant l'ordre que vous lui en donnerez. (Sans date.) Signé : Mondon, agent municipal, Loiseau, F⁸ Savy, Audibert, Lesdeuze ? Ch. Savy. — Serpolet meurt à l'île d'Anjouan le 26 floréal an X.

SIJAS (Veuve). V. *Préville* (femme).

SIMON (Jacques-Marie), dit Lenoir, p. 18. — Figure sur un état (17 nivôse an XIII) au nombre des « individus compris au sénatus consulte du 14 nivôse qui n'ont pas été arrêtés ».

SIMON (Edouard-François), 34 ans en brumaire an XII, né à Troyes (Aube), général de brigade. Pp. 172, 175, 201, 203, 209. — Les notes de police le signalent comme auteur d'écrits séditieux pour insurger l'armée et provoquer à l'assassinat du premier consul Ces notes disent encore : « Ses services lui ont procuré son avancement, il était chef de l'état-major de l'armée des côtes de l'Ouest, commandée par le général Bernadotte. Des moyens, mais remuant. » — M. le comte de Martel, qui a pu consulter le dossier de l'affaire de ce général, m'informe qu'il avait été compromis dans une conspiration militaire à laquelle le général Bernadotte (qui avait, comme on sait, des antécédents républicains) ne paraît pas lui-même avoir été étranger. On avait imprimé, avec les presses même de l'état-major de la division, une brochure insurrectionnelle dans laquelle Bonaparte était traité de tyran corse. Cette brochure avait été envoyée à plusieurs officiers au moyen de stratagèmes divers. L'un d'eux reçut un exemplaire dans un pot à beurre. Aussi les gens mêlés à cette affaire appelèrentlls cette échauffourée « la conspiration des pots à beurre ».

SONNOIS (Charles), porte-clef à la Grande-Force, 35 ans en l'an IX, né à Touillon (Côte-d'Or), demeurant à Paris, rue des Rosiers, n° 3. Pp. 18, 57, 102, 108, 126, 127, 130, 131, 254, 260, 263, 266, 269, 271, 272, 273, 274, 276, 323, 517, 518. — Septembriseur, réclamé par sa femme. Certificat du concierge de la Grande-Force, qui atteste sa bonne conduite comme gardien dans ladite maison. Les réclamations ne présentent aucun caractère d'authenticité. On estime qu'il n'y a lieu de faire droit. (Rapport du préf. pol. 27 pluviôse an IX.) V. *Lefranc.*

SONTHONAX, p. 5. V. *les Biographes.*

SOUCHET (Etienne-Joseph), p. 14.

SOULAVIE, p. 4.

SOULIER, et non SOULLIER (Nicolas), gagne-denier, né à Paris, 38 ans en l'an IX, demeurant rue des Jardins, n° 9. Pp. 18, 57, 102. — « Septembriseur. Réclamation de son épouse, appuyée de plusieurs citoyens qui attestent sa probité. On estime qu'il n'y a lieu à faire droit. » Rapport du préf. pol., 27 pluviôse an IX. — Mort à l'île d'Anjouan, le 29 floréal an X. — Le 13 thermidor an XI, le min. de la mar. adresse à la veuve Soulier, sur sa demande, l'acte mortuaire de son mari.

STEVENOTTE, député, p. 5. V. *les Biographes.*

TAILLEFER (Jacques), marchand de vin à Paris, rue Marceau, n° 35, né à Thérondels (Aveyron), 38 ans en l'an IX. Pp. 18, 57, 102, 108. — 21 ventôse an IX. La femme de Jacques Taillefer au min. pol. « Mon mari n'a jamais été arrêté ni désarmé dans aucun tems, il n'a jamais été un ambaucheur de section et encore moins un septembriseur, ses ennemis ont

pu tromper votre religion... » Elle demande
qu'il ne soit pas dép., mais gardé seulement à
Oléron.— Mar. à Mme Taillefer, rue du Chantre, n° 79, à Paris. 17 prairial an XI. Envoi d'un
certificat constatant le décès de son mari, mort
à l'île d'Anjouan le 24 floréal an X.

TALOT (Michel-Louis), député. Pp. 4, 5, 18,
156, 157, 158, 159, 166, 370, 408, 409. —
V. *les Biographes.* — Talot, à Fouché. Au
Temple, 17 nivôse an IX... J'ai demandé plusieurs fois au ministre de la guerre de reprendre mon rang dans les armées. Ma demande
n'a pas été accueillie, et au lieu de partager les
lauriers..., je ne partage ici que des fers...
Des intérêts de famille m'appellent dans mon
département... Je déclare formellement que
les rapports des agents de police contre moi
insérés dans les papiers publics, sont de la plus
insigne fausseté ; ils me font membre d'un comité insurrecteur dont je ne connus et ne fré-
quentai jamais les membres qu'on dit le com-
poser. Il y a plus, puisqu'à l'époque du mois de
prairial dernier, qu'on cite pour la tenue de ce
comité, j'étais à Angers, où j'ai passé, ainsi
qu'à Cholet, depuis le 25 floréal jusqu'au 28 messidor dernier, en vertu d'un congé du ministre
de la guerre Carnot, du 9 floréal, que j'ai fait
viser par le capitaine de gendarmerie à Angers
le 30. J'ai prévenu le ministre de la guerre de
mon retour le 30 messidor, en lui demandant
de l'activité de service, il m'a répondu le 3 thermidor qu'il avait reçu ma lettre, et qu'il m'avait
présenté pour candidat à une place d'inspecteur
aux revues vacante... Je n'ai point quitté Paris
depuis mon retour en messidor, je n'ai donc
pu y arriver en frimaire dernier, et je n'étais
donc point obligé à faire viser de passeport. Je
consens à supporter une peine capitale si l'on

peut me prouver que j'ai été depuis plus de deux ans au faubourg Saint-Antoine, et si jamais de ma vie je suis allé à Suresnes..... — Remis en activité, comme adjudant-commandant, par un arrêté du 4 frimaire an X, et employé à l'armée de Saint-Domingue, il écrit à Fouché, 7 ventôse an X. « J'ai l'honneur de vous faire mes remercîments, citoyen ministre, de l'acte de justice que le gouvernement vient de faire en ma faveur ; je le dois à votre sollicitude, à celle des conseillers d'Etat Thibaudeau, Réal, Français, Berlier, et à l'intégrité du 1er consul ; je ne l'oublierai de ma vie. » On lui a fait comprendre qu'il était inutile de venir à Paris ; il demande à aller chez lui, à Chollet (Maine-et-Loire), régler des affaires de famille, et quelques mesures de précautions « au cas où ma respectable mère, déjà très avancée en âge, viendrait à mourir pendant mon absence. Je pense que le gouvernement me fera toucher l'arriéré de mes appointements depuis mon arrestation, sans cela je vous avoue franchement que je serai très gêné pour faire mon équipage. » Il avait reçu ses appointements d'adjudant-général jusqu'au 14 nivôse an IX. Ordre est donné de lui rendre les armes saisies chez lui.

THIBAULT (René-Louis), 46 ans en l'an XII. Coiffeur de femmes, né à Saint-Symphorien (Sarthe), pp. 18, 175, 209. — A Oléron en l'an XI. — ... Lorsqu'on le conduisait à l'Ile d'Oléron, il fut laissé à l'hôpital de Blois. Pendant la route il était devenu totalement fou. Il s'est rétabli. Le ministre de la police a donné ordre le 29 thermidor, de l'envoyer à sa destination. On observe que le sénatus consulte contient Thiébault (Sébastien-Hubert) et que l'individu arrêté s'appelle Thibault René - Louis. (Note de pol.) — Figure sur la liste des déportés « existans à Cayenne » à la date du 20 brumaire an XIV, mais ne figure pas sur la liste des dép. revenus en France en 1809 après la capitulation de Cayenne.

THIÉBAULT (Sébastien-Hubert). V. *Thibault* (René-Louis).

THIRION (Firmin-Simon), menuisier en bâtiments, marchand limonadier, 43 ans en l'an IX, né à Thiaucourt (Meurthe), demeurant à Paris, rue du Faubourg-Antoine, n° 248, division des Quinze-Vingts, pp. 18, 57, 102, 108. — Thirion meurt à l'île d'Anjouan, le 30 floréal an X. Le certificat de son décès est envoyé à sa veuve (17 prairial an XI).

TIROT (Claude), 46 ans en l'an IX, rentier, né à Sens, demeurant à Paris, rue du Cherche-Midi, n° 289, pp. 18, 57, 102. — Louise Floury, femme Tirot, 25 ventôse an IX, à min. pol. Elle a administré preuve d'*alibi* de son mari à l'époque... il ne tient à aucune faction... il a une très mauvaise santé, elle implore que son lieu de déportation soit changé et établi à Stenay (Meuse), avec surveillance... elle a un enfant en bas âge, elle a besoin de son mari pour vivre. — Réclamé par son épouse et par son fils, les réclamations ne portent que sur un point, c'est que Tirot était chez Jourdeuil dans la soirée du 3 nivôse, et qu'il n'en est sorti qu'à neuf heures du soir. Il est, depuis longtemps, noté à la police comme un exagéré. On estime qu'il n'y a lieu à faire droit. (Rapport du préf. de pol. 27 pluviôse an IX). — Tirot meurt à l'île d'Anjouan, le 28 floréal an X.

TILLY, chargé d'affaires à Gênes, p. 5.

TORELLO-GATTESCHI (Angelo-Antonio-Pasquale), p. 294, 55 ans en 1811, ex-capucin, coadjuteur de Torrinieri, né à Poppi (Arno), domicilié à Torrinieri (Ombrone). V. *Arezzo.*

TOULOTTE (Eustache-Louis-Joseph), officier de santé, 29 ans en l'an X, né à Saint-Omer (Pas-de-Calais), pp. 18, 173, 174, 198, 209, 304. — Placé en surveillance à Oléron, s'en évade (pluviôse an IX), est de nouveau arrêté (29 floréal) et conduit à Pélagie. — Sa femme écrit au min. pol. (27 fructidor an IX) « depuis près de neuf mois séparée de mon mari, on l'arrêtât le 29 floréal, depuis ce tems détenu à Pélagie. » — 16 messidor an X, à Desmarais. Vous m'avez promis de faire conduire mon époux au Temple. Mais il est encore à Pélagie où il faut que je lui porte tous les jours sa nourriture. J'allaite un enfant et l'aîné est encore au berceau, ce qui rend ma position plus difficile. Je vous ai consulté pour le quartier que je dois habiter pour être près de mon mari, et je m'en trouve excessivement éloignée. Je vous demande l'exécution de votre promesse. On a bien extrait M. Moncalo et plusieurs autres, n'y a-t-il que moi à qui vous ne voulez rien octroyer ? Vous avez assuré au c. Laignelot de vous intéresser à notre malheur... Si mon mari était au Temple il respirerait un air plus salubre, jouirait de la promenade et s'occuperait de littérature pour charmer son ennui. Femme Toulotte, rue des Alpes, n° 11, près le Temple. — 6 therm. an X. Toulotte, détenu à Pélagie depuis quatorze mois, demande un passeport pour Amsterdam, où il devra se fixer. (Note de pol.) — Sa mère écrit : Il n'était à Paris que pour des études analogues à son état de pharmacien. — Le premier consul renvoie à pol. deux pétitions de la mère et de la femme d'Eustache Toulotte, de Saint-Omer, à Pélagie. Ces pétitions ont été jointes à une lettre de laquelle il résulte que Toulotte avait été à Saint-Omer, lors de l'attentat du 3 nivôse, qu'il y fréquentait la maison de Crachet, chez lequel il y eut un dîner où se trouvaient les principaux exclusifs de la ville, qu'à la suite de ce repas dans les premiers jours de nivôse, plusieurs d'entre eux allèrent au bureau de la poste parce que, disaient-ils, ils attendaient de grandes nouvelles. C'est le cit. Vannechout, juge au tribunal de première instance de Saint-Omer, qui a donné ces détails dans sa lettre adressée au ministre le 18 nivôse an IX. — D. Deschaînées, femme Toulotte, « il y a trois jours que j'ai perdu plus que la vie. Mon époux n'est plus détenu à Paris... demande... passeport pour le suivre à l'endroit de sa destination. » — Toulotte n'est pas envoyé à Cayenne, bien qu'il figure sur l'état des détenus qui doivent être embarqués sur la *Cibele,* destinée à conduire les dép. dans cette colonie; son nom est accompagné de la mention suivante: « d'un caractère tranquille, instruit et aimant l'étude, il pourra être utile dans les colonies. » — 20 novembre 1807. Toulotte, qui est à cette époque en surveillance à Lille, sollicite la levée de cette mesure. Le préfet du Nord transmet et appuie sa demande... « Par le ministre : autoriser à lever la surveillance. »

TOUSSAINT-LOUVERTURE et sa famille, pp. 181, 278, 280, 281, 282, 283, 291. V. *les Biographes.* — Voici un extrait de la correspondance du min. de la mar. avec les différentes autorités, au sujet du célèbre noir et de sa famille.— 5 thermidor an X. Au préf. mar. de Brest. Je crois devoir vous confirmer les ordres que je vous ai transmis télégraphiquement le 4 de ce mois, relativement à Toussaint-Louverture et à sa famille. Toussaint doit être enfermé au château de Brest ; il doit y être tenu sous bonne garde, il aura avec lui son domestique ; vous vous serez sûrement déjà concerté avec le commandant de la place pour exécuter à cet égard les intentions du gouvernement. Cet officier général recevra du ministre de la guerre des ordres que je l'invite à lui adresser sur-le-champ. Placide, mulâtre, fils de Toussaint, doit être envoyé de Brest à Belle-Isle en mer. Les deux autres enfants de Toussaint, sa femme, ses nièces et leur négresse, doivent être envoyés aussi par mer à Bayonne. Ce double transport devra être effectué sur deux bâtiments différents que vous choisirez parmi ceux qui sont à votre disposition. Vous prescrirez aux capitaines de prendre les précautions que la nature de leur mission exigera de leur part. Placide devra être remis au commandant de la place de Belle-Isle, le reste de la famille sera laissé à Bayonne sous la surveillance de l'administration municipale de cette commune et du commandant de la place.— 5 thermidor an X. Au commissaire principal de Bayonne. Je vous préviens que deux enfants de Toussaint-Louverture, sa femme, ses nièces et leur négresse, vont être embarqués à Brest pour être transportés à Bayonne, où ils seront laissés sous la surveillance de l'administration municipale et du commandant de la place... — 7 thermidor an X. A préf. mar. de Brest. Les consuls de la République ont arrêté que Toussaint-Louverture serait transféré au fort de Joux ; il doit y être conduit avec son domestique. Si d'après les ordres que je vous ai adressés le 5 de ce mois, Toussaint est déjà enfermé dans le château de Brest, il ne devra conséquemment y être retenu que provisoirement, et il sera remis à l'officier que le ministre de la guerre va char-

ger de conduire ce prisonnier au fort de Joux.
— Au même, 5 fructidor an X. J'ai reçu votre
lettre du 25 thermidor, par laquelle vous m'apprenez le départ du général Toussaint pour
Landerneau, où il sera remis au c. Barret, officier, que le général commandant la division a
nommé pour être chargé de sa conduite, et la
sortie de la corvette la *Nayade*, emmenant le
nommé Placide, fils de Toussaint, qu'il doit remettre au commandant de Belle-Isle, et vous
m'annoncez que dès que cette corvette sera de
retour, elle transportera à Bayonne le reste de
la famille. — Au commissaire pp¹ de la mar. à
Bayonne. 9 fructidor an X. D'après les observations que vous avez faites, par votre lettre du
15 thermidor, sur la somme qu'il convenait
d'affecter à l'entretien, nourriture et logement
de la femme de Toussaint-Louverture, de ses
deux enfants et de leur négresse, le gouvernement a approuvé qu'il serait alloué par mois,
pour chaque personne, la somme de 150 fr., à
l'exception de la négresse, dont la nourriture
sera aux frais des maîtres, ce qui fera par mois
une dépense de 450 fr. Vous voudrez bien en
prévenir la famille Toussaint. De la main du
ministre : « Ceci me paraît cependant très considérable, et devra être réduit aussitôt que possible. La femme Louverture n'a point été élevée
pour tenir un train de maison, et cette somme
de 450 fr. par mois semble au-dessus des besoins de cette négresse. » — 2 vendém. an XI.
Au même. Je vous préviens que je révoque
l'ordre contenu dans ma dépêche du 9 fructid.
dernier par laquelle j'accordais à l'épouse de
Toussaint-Louverture et à ses deux enfants
150 fr. par mois pour chaque individu. L'intention du gouvernement est que la femme
Toussaint, ses deux enfants, ses deux nièces et

la négresse qui les sert, soient habillés, nourris et logés, de manière à ce que tout ce qui sera raisonnablement nécessaire leur soit fourni, sans luxe, mais avec décence, mais avec la réserve et la simplicité qui convient à l'état de nègres et négresses libres, et pour lesquels le gouvernement veut bien avoir des égards. Vous pourvoirez à ces dépenses, en prenant des arrangements avec la personne qui se chargera de faire les fournitures nécessaires, et vous me rendrez compte des conditions que vous serez dans le cas d'adopter à ce sujet, afin que, si je les approuve, je mette les fonds nécessaires à votre disposition : mais vous aurez soin de ne faire compter à l'avenir, sous quelque prétexte que ce soit, aucune somme d'argent à la famille de Toussaint, et vous veillerez à ce que ses deux fils ne se permettent point de porter un uniforme. — Au même, 3 brumaire an XI. Votre lettre du 16 vend^r dernier me rend compte des mesures que vous avez prises pour l'entretien, la nourriture et le logement de la famille Toussaint. Vous m'annoncez qu'un particulier de Bayonne, nommé Picard, offre de se charger pour une somme de 700 fr., une fois payée, de fournir aux cinq individus composans cette famille, et à la négresse qui les sert, les premiers vêtemens nécessaires, et demande 650 fr. par mois pour les loger, les nourrir et les entretenir de tout en général. Mon intention est qu'il ne soit pris avec lui d'arrangement pécuniaire que pour la *nourriture et le logement*. J'ajoute qu'il sera nécessaire que cet individu, ou tout autre avec qui vous prendriez des arrangements, soit surveillé avec la plus sévère exactitude dans ses rapports avec la famille Toussaint. Quant au vêtement et autres objets de nécessité, l'administration de la marine sera chargée d'y pourvoir. — Au commandant du fort de Joux. 5 brumaire an XI. Je reçois, citoyen commandant, votre lettre du 26 vendémiaire, relative au prisonnier d'Etat Toussaint-Louverture, confié à votre garde spéciale, et sur lequel le gouvernement appelle votre plus stricte surveillance. Le 1er consul m'a chargé de vous faire connaître que vous répondez de sa personne sur votre tête. Je n'ai pas besoin d'ajouter à un ordre aussi formel et aussi positif. Toussaint-Louverture n'a droit à d'autres égards qu'à ceux que commande l'humanité. L'hypocrisie est un vice qui lui est aussi familier que l'honneur et la loyauté vous le sont à vous-même, citoyen commandant. La conduite qu'il a tenue depuis sa détention est faite pour fixer votre opinion sur ce qu'on doit attendre de lui. Vous vous êtes aperçu vous-même qu'il cherchait à vous tromper, et vous l'avez été effectivement par l'admission près de lui d'un de ses satellites, déguisé en médecin. Vous ne devez pas vous en tenir à la démarche que vous avez faite, pour vous assurer s'il n'a ni argent ni bijoux. Vous devez faire fouiller partout pour vous en assurer, et examiner s'il n'en aura ni caché ni enterré dans sa prison. Retirez-lui sa montre, et si son usage lui est agréable, on peut y suppléer en établissant dans sa chambre une de ces horloges de bois, du plus vil prix, qui servent assez pour indiquer le cours du tems. S'il est malade, l'officier de santé le plus connu de vous doit seul lui donner des soins et le voir, mais seulement quand il est nécessaire et en votre présence, et avec les précautions les plus grandes, pour que ces visites ne sortent sous aucun rapport du cercle de ce qui est indispensable. Le seul moyen qu'aurait eu Toussaint de voir son sort amélioré, eut été de déposer toute dissimulation. Son intérêt personnel, les sentimens religieux dont il devrait être pénétré pour expier tout le mal qu'il a fait, lui imposaient le devoir de la vérité : mais il est bien éloigné de le remplir, et par sa dissimulation continuelle, il *approche* ceux qui l'*approchent* de tout intérêt sur son sort. Vous pouvez lui dire d'être tranquille sur le sort de sa famille, son existence est commise à mes ordres et rien ne lui manque. Je présume que vous avez éloigné de lui tout ce qui peut avoir quelque rapport avec un uniforme. Toussaint est son nom, c'est la seule dénomination qui doit lui être donnée. Un habillement chaud, gris ou brun, très large et commode, et un chapeau rond, doivent être son vêtement. Je m'en réfère, au surplus, aux ordres que vous avez reçus sur tous les détails de sa nourriture et de la manière de vous comporter avec lui. Quand il se vante d'avoir été général, il ne fait que rappeler ses crimes, sa conduite hydeuse, et sa tyrannie sur les Européens. Il ne mérite alors que le plus profond mépris pour son orgueil ridicule. — Au général en chef, à Saint-Domingue. 5 frimaire an XI. Le ministre lui demande les motifs qui ont déterminé la dép. du mulâtre Chansy ; aucune note contre lui, si ce n'est qu'il est parent de Toussaint-Louverture. — Au c. Baille, commandant du château de Joux. 10 frimaire an XI. Depuis ma réponse, citoyen commandant, du 5 brumaire dernier, à votre lettre du 26 vendémiaire précédent, j'ai reçu celles que vous m'avez adressées, savoir : le 8 brumaire ; le 10 brumaire ; le 10 brumaire, avec copie d'une lettre que vous écrivait Toussaint ; le 15 brumaire, pour la demande d'un adjudant recommandé par moi, le 23, au min. de la guerre ; le 23 brumaire ; le

27 brumaire, avec copies de lettres à vous confiées par ce prisonnier; le 2 frimaire, avec interrogatoire d'un citoyen Gallet. Je ne puis, citoyen commandant, qu'applaudir à votre exactitude, à vos précautions et à vos principes
d'une surveillance sévère, mais assortie des
tempéramens que commande l'humanité. — Au
commissaire de marine chargé en chef du service à Bayonne. 26 frimaire an XI. J'approuve
les mesures que vous avez prises de concert
avec le maire de Bayonne et le commandant
d'armes de cette place, relativement à la surveillance sévère à exercer sur la famille Toussaint. Vous êtes autorisé à continuer de vous
faire remettre et d'ouvrir toutes les lettres à
l'adresse des personnes qui la composent. —
Au citoyen Amiot, commandant d'armes au
château de Joux. 21 nivôse an XI. J'apprends,
cit., par votre lettre du 13 de ce mois, que le
ministre de la guerre vous a confié le commandement du château de Joux. Je ne doute point
de la surveillance active que vous apporterez à
la garde du prisonnier d'État Toussaint, de
votre exactitude à vous conformer aux instructions que j'ai transmises par ordre du 1er consul
à votre prédécesseur, et je vous invite à me
rendre fidèlement compte de la situation du
prisonnier dont il s'agit, toutes les fois qu'elle
éprouvera, ou qu'elle vous paraîtra susceptible
d'éprouver quelque changement. — Au commissaire de marine, à Bayonne. 4 pluviôse an XI.
Je vous renvoye, citoyen commissaire, la lettre
à l'adresse de Rhésis-Louverture, que vous
m'avez transmise par votre dépêche du 15 de
ce mois. Vous pouvez la faire remettre à sa
destination. Vous continuerez à prendre lecture
de toute la correspondance du dehors avec la
famille Toussaint, mais vous ne me donnerez

avis de ce qu'elle pourra contenir, qu'autant que les choses vous paraîtront le mériter. — 7 floréal an XI. Au citoyen Amiot, chef de bataillon commandant au château de Joux. J'ai reçu, citoyen commandant, le compte que vous m'avez rendu de la mort du prisonnier Toussaint-Louverture et le procès-verbal de l'ouverture de son corps, qui était joint à votre lettre. Je ne puis qu'approuver toutes les mesures que vous avez prises à cette occasion. — 15 messidor an XI. Au cit. Bertin, commissaire de marine à Bayonne. Votre lettre du 23 prairial dernier, citoyen commissaire, me transmet une pétition de la famille Toussaint, tendant à obtenir des renseignemens sur le sort de Toussaint-Louverture. Le procès-verbal dont copie certifiée est ci-jointe, répond à cette demande. Je vous invite à le faire parvenir aux pétitionnaires. — (Le 19 messidor, cet extrait, constatant la mort de Toussaint, est envoyé à Mme v^e Toussaint, belle-sœur du décédé.) — 20 thermidor an XI. Au préf. mar. du 5° arrondissement. J'ai mis sous les yeux du gouvernement les observations du commissaire principal de marine à Bayonne, et votre propre avis sur le danger qu'il y aurait à prolonger davantage le séjour de la famille Toussaint en ce port. Le 2° consul a décidé qu'elle serait transférée à Agen pour y être en surveillance. Je fais part de cette décision au grand juge, ministre de la justice, en le priant de donner des ordres en formes aux agens de son ministère. Pour ce qui vous concerne, je vous invite à assurer par tous les moyens convenables, la translation immédiate de la famille Toussaint, sous bonne et sûre escorte. — 5° complémentaire an XI. Au min. justice. J'ai reçu, avec la lettre que vous m'avez fait l'honneur de m'écrire le 22 du mois dernier, la copie de celle que vous a adressée le préfet du département de Lot-et-Garonne, relative à la surveillance à exercer sur la famille Toussaint, destinée à être transférée de Bayonne à Agen, par décision du consul Cambacérès, en l'absence du 1er consul. Pendant le séjour de cette famille à Bayonne, elle n'était pas en état de détention, mais rigoureusement surveillée chez le propriétaire de la maison où elle avait été placée par les soins du commissaire de marine chargé en chef du service. Cet administrateur suivait, avec la plus scrupuleuse exactitude, les rapports des individus qui la composent avec le propriétaire. Nul d'entr'eux ne pouvait sortir, ou parler à qui que ce fut, sans une permission expresse du commissaire de marine. Je l'avais autorisé à se faire remettre et à ouvrir toutes les lettres qui leur étaient adressées, et il me transmettait celles qui lui paraissaient de nature à être mises sous mes yeux. Telles étaient, citoyen ministre, les mesures de sûreté et de rigueur prescrites au commissaire de la marine à Bayonne, et je vous invite à vouloir bien en ordonner la stricte exécution au préfet de Lot-et-Garonne. Quant aux frais de logement, ainsi qu'à ceux d'habillement et de subsistance des gens de couleur dont il s'agit, ils étaient à Bayonne payés sur les fonds de mon département, et continueront de l'être à Agen. Mais il serait nécessaire que le préfet de Lot-et-Garonne, placé sur les lieux, prît le soin de choisir dans la ville d'Agen une maison sûre, où la famille dont il s'agit pût être logée, nourrie avec la modestie qui convient à des gens de couleur libres ; 2° de prendre sur le compte du propriétaire ou principal locataire les renseignements les plus exacts, et 3° de s'entendre avec l'officier d'administration de la marine, à Auvillers, sur les conditions du marché qui serait proposé pour leur logement et leur subsistance. Le total de ces deux articles s'élevait à Bayonne à une somme de 600 fr. par mois, et je présume qu'elle sera plus que suffisante à Agen. L'administration de la marine était et demeure chargée de pourvoir à l'habillement... — 4 brumaire an XII. A préf. Lot-et-Garonne. Votre lettre du 1er du mois dernier, me transmet deux pétitions, l'une....., l'autre d'Isaac Louverture, tendante à connaître le séjour actuel de son cousin, le mulâtre Chansy et à obtenir la faculté de correspondre avec lui... Quant à la demande..., il n'y aurait pas d'inconvénient à l'accorder, mais je ne sais où se trouve en ce moment le mulâtre Chansy. — 9 frimaire an XII. Au min. justice. Vous verrez, citoyen grand juge, par l'extrait ci-joint d'une lettre que m'adresse le préfet de Lot-et-Garonne, le désir que lui ont manifesté de s'unir par le mariage Isaac Louverture et la mulâtresse Chansy, cousine de ce jeune noir, tous deux en surveillance à Agen. Sous le rapport politique, je ne mettrai assurément aucune difficulté à ce mariage. Quelques obstacles paraissent s'y opposer sous le rapport civil, et c'est à vous qu'il appartient de les lever si vous le croyez convenable. — 14 pluviôse an XII. A préf., à Agen. Le ministre me charge de vous accuser réception de la lettre que vous lui avez adressée le 30 du mois dernier, à laquelle était joint l'acte en forme du décès de Jean Louverture. — 4 thermidor an XII. Au préf. mar. de Rochefort. S. M. I. ayant accédé à la demande faite par la veuve Toussaint-Louverture, de la translation à Agen de son fils Placide, actuellement à Belle-Isle, en mer..... De votre côté, vous voudrez bien prescrire à l'officier d'administration, résidant à Auvilliers, de pourvoir dorénavant à la subsistance et à l'entretien de Placide Louverture, suivant le mode déjà adopté pour le reste de la famille Toussaint. — 18 fructidor an XII. Au préf. de Lot-et-Garonne. Le ministre me charge de vous prévenir qu'Isaac Toussaint-Louverture est libre de se rendre aux eaux de Bagnières, dont l'usage a été jugé nécessaire à son rétablissement. S. E. vous invite, monsieur, à faire délivrer à ce nègre une feuille de route pour la destination dont il s'agit et à prendre les mesures qui vous paraîtront les plus convenables pour le soumettre pendant le voyage et le séjour à Bagnières, à la surveillance la plus suivie. — Autres lettres relatives à des voyages à Bagnières d'Isaac Louverture (an XIII et 1806).—29 mai 1809. Au min. d'Etat, directeur général des revues et de la conscription militaire. J'aurais désiré pouvoir accueillir la demande de Victoire Thusac, que V. E. m'a fait l'honneur de me recommander par sa lettre particulière du 13 de ce mois. Mais je dois lui observer que cette fille de couleur, en sollicitant le 11 vendémiaire an XII la permission qui lui a été accordée, de se rendre à Marseille, auprès d'une de ses tantes, a elle-même énoncé pour motif qu'elle n'était ni *parente ni alliée* de la famille Toussaint-Louverture, avec laquelle à cette époque elle se trouvait à Agen. Comme les secours accordés par le gouvernement à cette famille sont exclusivement réservés aux individus qui la composent, je ne puis les étendre à celle qui, de son aveu même, ainsi que dans la pétition que je viens de mentionner, ne lui est même pas alliée...— 3 janvier 1817. A pol. gén. J'ai été informé que le sieur Isaac Toussaint-Louverture, qui avait été mis en surveillance à Agen en 1802, était arrivé à Bordeaux, avec sa femme et sa domestique, en vertu de passeports délivrés le 10 août dernier par le maire d'Agen et visés par le commissaire de police de cette ville. (Le ministre permet cette résidence, mais ordonne au commissaire principal de les surveiller en se concertant avec la police locale. Il ajoute :) La famille Toussaint-Louverture était composée d'abord de six personnes et se trouve aujourd'hui réduite à quatre, en y comprenant Placide Toussaint, frère utérin d'Isaac, qui est resté à Agen... Il eut été à désirer que l'autorité municipale ne permit à aucune des personnes de cette famille de sortir d'Agen sans le concours de l'autorité maritime... — Note sur un mémoire au roi, dans lequel le sr Isaac Louverture se plaint de la surveillance exercée à son égard par M. Bergevin, commissaire principal de la marine à Bordeaux. — 24 avril 1817. Décision en ces termes : « Lever toute surveillance de la part du commissaire de la marine. »

TOUSSAINT-LOUVERTURE (officiers de l'armée de). Voici la liste des dép. de Saint-Domingue à Cayenne, dont il est parlé (pp. 279, 280, 281) dans la pétition de Franconie et dans la lettre de Victor Hugues. Note des prisonniers embarqués sur *la Nathalie*: En..., Félix Bl..., canonniers de marine, assassins; C...., voleur, escroc; Ferragus, couvert de crimes. Affidés de Toussaint et couverts de crimes : Fontaine, ex-adj. gén. de Toussaint; Gingembre, ex-commandant de sa garde; Morisset, chef d'escadron de sa garde; Monpoint, chef d'escadron de sa garde; César, aide-de-camp de Toussaint; Michel, sous-lieutenant des gardes de Toussaint ; J.-B. Dupuy, géreur de Toussaint: J.-B. Dekao, géreur de Toussaint. Sicaires aux ordres de Toussaint : Diala, Antoine, Jean-Louis, Bernard, Jacques. Aucun de ces scélérats ne mérite le moindre ménagement. Signé, le général en chef, Leclerc. — V. *Ferragus*.

TRÉHANT (Jean-Nicolas-Paul), pp. 18, 52. — Agé de 30 ans. Attaché, dit-on, à la police. Ayant servi dans l'infanterie, physique ordinaire, âgé de 36 ans (*sic*), marié et père de famille à Paris. Caractère assez doux, reste à l'établissement du gouverneur. (Note de l'administration des Seychelles.) — ... Epouse de l'infortuné Tréant, victime... déportée à l'isle de Mahé... Il m'a laissée malheureuse, dénuée de tout et affligée de la vue... (Elle demande les moyens d'aller le rejoindre)... Jeanne Mourier, épouse de Jean-Paul Tréant, imprimeur en lettres, carrefour dit de la Vannerie, n° 57, section des Arcis... — Tréhant s'évade des îles Seychelles à une date non indiquée, entre l'an X et l'an XII.

TRONC, ex-employé au min. de la pol., p. 14. V. *Letronne*.

TRUC, député, p. 4. V. *les Biographes*.

VACRAY, v. VACRET.

VACRET (Jean-Martin), bonnetier, 35 ans en l'an IX, né à Paris, demeurant rue Marguerite, n° 11, pp. 18, 20, 57, 180, 261, 263, 264, 268, 269, 271, 272, 273, 274, 276. — Maître bonnetier à Paris, père de famille, mauvais physique, valétudinaire, âgé de 40 ans, caractère très doux, retiré et pauvre. Reste à l'établissement du gouverneur. (Note de l'administration des Seychelles.) — Mar. à Mme Vacret, rue d'Aligre, n° 12, 1er messidor an XI. Réponse à une demande de renseignements sur le sort de son mari. — Février 1808, Mme Vacret demande une audience « les papiers qu'elle désirerait remettre à S. Ex. (dit une note de pol.) consistent dans une pétition de son mari et de ses compagnons aux Seychelles, tendant à obtenir leur rappel en France. » — 26 novembre 1812, rapport au min. : Le sieur Vacret réclame quelques secours pour se rendre à Dijon où il doit résider d'après l'ordre qu'il a reçu en débarquant à Morlaix, de se fixer à quarante lieues de la capitale. V. E. lui a déjà permis de séjourner à Paris auprès de sa femme qui y est domiciliée, pour arranger ses affaires et soigner sa santé délabrée. M. Tissot, professeur au collège de France, intercède pour que ce malheureux puisse achever à Paris ce qui lui reste de tems à vivre. Il se rend sa caution sous tous les rapports. J'ai vu le s. Vacret, il porte au plus haut degré l'empreinte des souffrances et de l'infortune; perdu de santé, ruiné dans ses moyens d'existence, s'il avait l'intention de nuire, il n'en pourra jamais recouvrer les moyens. J'ai l'honneur de proposer à V. E. d'autoriser le sieur Vacret à rester à Paris sous la caution de M. Tissot, je la prie de vouloir bien me faire connaître ses intentions. (En marge : cela n'est pas possible, à cinquante lieues, classer, il y a eu une décision postérieure.) — 20 juillet 1813. On propose à S. E. d'autoriser cet individu en surveillance à Dijon, à son retour de l'Isle de France, à fixer sa résidence à Rouen, où il trouvera plus de moyens d'exercer son industrie. Par le ministre : approuvé. — Le chef de la 1re div. prie M. Pagès d'ajourner la décision de S. E. Elle vient de donner des ordres qui s'opposent à ce que les individus qui se trouvent dans le cas de Vacret, ne puissent venir soit à Paris, soit à Rouen. — Préf. Côte-d'Or à pol., 27 août 1813, a fait arrêter pour être conduit sans éclat, dans la prison de Pierre Chatel, le n. Vacret...

Il est parti le 18 du courant sous l'escorte de la gendarmerie, pour sa destination. — Paris, 18 juillet 1814, Vacret à M. Sonnier, secrétaire général de la direction de pol. du royaume de France. Vacret raconte sa déportation, puis... « en 1811, je suis revenu en France, et suis débarqué à Morlaix le 24 novembre, même année. Arrivé à Paris, lieu de ma naissance, le 2 mars 1812, je suis resté jusqu'à l'affaire du général Malet; où peu après par ordre du ministre de la police, je fus envoyé en surveillance à Dijon. Le 13 août 1813, par ordre du même ministre, je fus arrêté et conduit par la gendarmerie à la prison d'Etat de Pierre-Chatel ; enfin le 13 janvier 1814 l'approche des puissances alliées nous fit transférer de nouveau à Riom en Auvergne, et pour éviter leur rencontre on nous fit faire plus de 140 lieues dans cette saison rigoureuse, tant par le Rhône que par des montagnes de neige, nous laissant des trois à quatre jours sans pain, où plusieurs périrent de froid et de misère... J'adressai une pétition au gouvernement provisoire et au ministre de la police... J'obtins alors la liberté. »

VANHECK (Jean-Baptiste), propriétaire, 43 ans en l'an IX, né à Paris, demeurant rue Meslée, nº 20, division des Gravilliers, pp. 4, 18, 57, 91, 102, 114, 117, 110, 124, 301, 377, 515. — V. les Biographes.

VANNECK, v. VANHECK.

VATAR et non VATARD (René-François-Charles), né à Rennes, 41 ans en l'an XII, pp. 18, 175, 209, 244, 247, 345, 440, 523. — V. les Biographes. — 4 Frimaire an IX, préf. pol. à Fouché. Le n. Vatar, imprimeur, 913, rue Cassette, est sorti de Paris pour se rendre à Nemours, conformément à la soumission qu'il en avait faite devant moi. Signé : Dubois. —

Louise Boucaut, femme Vatar, 913, rue Cassette, à Fouché. « R. Vatar que vous nommiez
jadis votre ami, vient d'être arrêté. » (Lettre
sans date.) — 21 floréal an IX. Vatar au premier consul. La pétition est renvoyée à Fouché le 7 prairial... « Dans toute la république je suis le seul et unique individu qui,
depuis le 1er mai 1789 jusqu'au 6 frimaire
an VIII, ai chaque jour et sans interruption
constaté publiquement et par écrit sa pensée...
Je dois espérer obtenir justice, ou au moins un
honorable ostracisme... Monarchie, l'Etat doit
rigoureusement me punir, République, j'ai
fait mon devoir. » Il réclame sa radiation, il a
fait de nombreux sacrifices, sa situation est
pénible pour sa famille et son commerce. « Républicain depuis le 6 frimaire an VIII, comme
je l'étais auparavant, je m'étais néanmoins
prescrit le devoir de ne m'occuper que de mes
affaires personnelles, de renoncer même aux
liaisons que j'avais par conformité d'opinions
dans la révolution... Justice, et rendez un républicain à sa famille et à ses travaux. » —
16 messidor an IX, préf. à min. pol. Vatar-
Dubignon, détenu à Pélagie, demande la permission d'en sortir quelques jours, ne fut-ce
qu'une décade pour vacquer aux affaires dé-
labrées de son commerce... — 25 floréal an X.
Vatar à Sainte-Pélagie, à Fouché. « C'est donc
à vous que je dois demander mon expatriement
d'un Etat qui me devrait récompenser... à
vous auquel j'étais et je suis encore peut-être
plus qu'attaché... Eh bien !... je vous le demande, mon expatriement... Ainsi, justice et
liberté, ou ostracisme et liberté de me rendre
où je voudrai : point d'Isles Séchelles ni d'Oléron, plus de prisons d'Etat, et soulagement à
mes malheurs affreux, suites d'espérances

trompées..., etc. » (En marge : écrire au préf.
de lui donner un passeport pour sortir de
France et se rendre en pays étranger. F.) —
Prairial an X, pol. gén. à préf. pol. Délivrez à
René Vatar, détenu à Pélagie, un passeport
pour sortir de France (en marge : « inutile.
Renvoyé par le c. Desmarets comme inutile. »)
— Pendant son internement à Oléron, Vatar
est noté comme « très tranquille. » Au moment
de son embarquement pour Cayenne, le min.
pol. écrit à son sujet : « A Vatar, il faut également
ment rapporter ce qu'on a dit dans un des
états sur l'esprit de son journal, afin que l'on
sache au moins que c'est de lui qu'il est question.
tion. On ajoutera qu'il a tenu une conduite
tranquille depuis son arrestation, si les notes
données sur les détenus le portent. » — Une
note placée en marge de son nom sur l'état
des dép. pour Cayenne est ainsi conçue :
« Ancien propriétaire du *Journal des hommes
libres*. Ecrit souvent avec plus d'esprit que de
sagesse. » — A Cayenne, Vatar demeure chez
Mme Allaire, négociant tenant bazar. Il fait
campagne sur un corsaire, contre les Anglais,
et est blessé. — Après la capitulation de
Cayenne, en 1809, Vatar continue à demeurer
dans la colonie ; il envoie de là, des rapports
au gouvernement, soit sur l'état de la colonie
pendant la domination de l'ennemi, soit sur
les circonstances qui ont amené la capitulation.
— Rapport de Vatar : Excellence, j'ai eu l'honneur
neur de vous écrire le 3 mars, relativement à
la livraison de cette colonie. L'arrivée du premier
mier parlementaire vous aura donné toutes
les indications nécessaires, elles deviennent de
plus en plus importantes de jour en jour. (Le
mémoire contient des renseignements sur les
forces étrangères dans la colonie, les Brési-

liens recevaient de nouveaux hommes, leur
total armé était hier 14 avril, de 1.612, ils doivent s'élever à 2.100, etc.). « Le commandant,
lieutenant-colonel Marquez, homme bon, mais
de la dernière faiblesse, a, en outre, le défaut
de boire beaucoup... Un homme connu à Paris
par ses dettes, ses intrigues et je crois, par
son peu de probité, s'est totalement emparé
de lui. Cet homme nommé Vidal s'est adjoint
un méchant imbécile, aussi lâche qu'impudent,
jadis son ennemi, et qu'il avait acheté pendant
les trois dernières années de commissariat
français 4.000 fr. par an, pour le servir dans
toutes les affaires, discussions et procès sans
nombre, que, par ce moyen, il suscitait de
tous côtés dans la colonie. Ce dernier se
nomme André, il est passé par tous les éche-
lons qui peuvent être imaginés, depuis l'état
de procureur, et membre du comité révolutionnaire de Rochefort, jusqu'à être procureur
impérial, et ensuite procureur royal de S. M.
brésilienne. Au moyen de ces deux hommes la
colonie est exploitée de la plus effrayante manière... » (Renseignements sur les canons, les
fortifications, etc.) « Malgré cela, un bataillon
qui aurait vu le feu se rirait de ces 2.400 hommes
et même du double. Ils chargent passablement
le fusil, mais ils ne savent ni marcher, ni manœuvrer. En revanche, ils volent, pillent la
nuit, le jour, à main armée, donnent des
coups de couteau et vont à la messe. » (Détails
sur le commerce, le change des valeurs, sur
l'état général de l'Amérique et ce qu'on devrait faire des colonies portugaises en cas de
conquête.) « Vous devez croire, et vous me
connaissez assez bien, Excellence, pour être
certain que je ne négligerai de m'instruire de
rien de ce que je croirai être utile au gouver-

nement de France qui ne cessa jamais d'être
le mien. Je vous ai dit, par ma dernière que
si le gouvernement jetait les yeux sur moi,
lors de la remise de la colonie entre ses mains,
j'emploierais tout ce que j'ai de moyens pour
acquitter la confiance qu'il voudrait bien me
témoigner. J'ose assurer que j'en serai digne,
zélé, dévoué, et quelques talens acquis, voilà
ce que je lui offre. Sans doute il faudrait renvoyer, le plus possible, les documents qu'a
rapportés en France le commissaire français,
et remplacer ceux qui ont été et seront détruits. Étant sur les lieux je pourrais peut-être
être utile, et quoique estropié pour la vie, en
combattant contre les Anglais, je n'ai point
perdu toute mon activité ancienne, toute entière elle est à la disposition du gouvernement
s'il veut m'honorer de toute ou partie de sa
confiance dans cette colonie (colonie d'avenir
à condition de ne-plus être gouvernée par un
homme qui ne songe qu'à sa fortune comme
cela est arrivé jusqu'à présent). Or Excellence,
avec ou sans orgueil, je suis cet homme là. Je
promets, et vous savez, quand je promets, si je
tiens ma promesse ! »...Cayenne, 19 avril 1809.
— Vatar devint juge auditeur au tribunal de
première instance de Cayenne. Il occupait cette
fonction lorsqu'il mourut le 24 juin 1837. (Fils de
Vatar et de Julie Eon, dit l'acte mortuaire), il
habitait au moment de son décès rue Fran-
klin, maison des héritiers Favard, à Cayenne.

VAUVERSIN (Pierre), pp. 14, 18, 52, 102,
108, 125, 127, 131, 254, 308, 309, 324. — 7 ventôse an X, femme Vauversin, rue Tirebou-
din, chez le serrurier, au cinquième. Expose
au min. pol. qu'elle est dans la misère depuis
le départ de son mari, elle a trois enfants en
bas âge, elle ne sait où loger, forcée de sortir

faute de paiement. — 16 pluviôse an XII, le magistrat de sûreté du 6ᵉ arrondissement au c. Réal: « un n. Vauversin... a été vu rue de Richelieu-Sorbonne. On ne sait dans mon bureau s'il a été rappelé, on veut savoir s'il était bon à arrêter... Signé: Saussay, rue de Vaugirard, 1110. — Travail avec S. E. le ministre; Dubois rapporteur, 9 thermidor an XII. J'ai fait arrêter... le 17 germinal Pierre Vauversin. — Vauversin, à La Force, 4 thermidor an XII, à Desmarets: cy joint, monsieur, est un court abrégé des événemens qui sont arrivés aux déportés... moi cinquième, quittâmes cette Isle (d'Anjouan) empoisonnée pour les Européens, et gagnâmes l'Isle de Comore... Comme tout jusqu'à l'eau nous manquait, nous résolûmes de la quitter pour gagner Zanzibar... Mais... le 21 prairial an X, nous naufragions à la suite d'une tempête qui brisa notre petit bâtiment... nous nous trouvions éloignés de deux milles de terre. Quelle terre... la Cafrerie occidentale ! uniquement habitée par des sauvages où jamais Européens ne sont allés. Nous trouvâmes fort heureusement des Arabes en traite qui nous prirent sous leur protection (nous en avions besoin, car les Cafres nous eussent tués), nous restâmes cinquante-deux jours avec les Arabes à errer de déserts en déserts sur les sables brûlants de l'Afrique... ne vivant que de mays, et obligés d'attendre l'eau du ciel pour nous désaltérer... C'est chez ce peuple anthropophage qu'est décédé Vanheck. (A la pétition est annexée une masse de pièces réunies)... J'ai l'honneur de vous observer que je suis le seul des déportés qui ait rassemblé ses notes... Après cinquante-deux jours de séjour dans des pays affreux nous en partîmes pour venir à Zanzibar. Là y moururent

Corchant et Laporte. Je ne restais qu'avec Gosset jeune (son frère était mort à Anjouan), qui depuis longtemps avait les fièvres. Après un mois de résidence à Zanzibar, nous partîmes pour gagner Marcati, en Arabie. Gosset passait alors pour mon domestique (c'est un homme de sur le port) le sultan nous accueillit avec enthousiasme, nous combla de bontés. Nous quittâmes Mascate après vingt-cinq jours de résidence. C'est un capitaine anglais qui venait de la côte de Perse qui nous donna passage pour les Grandes Indes. En ma qualité de capitaine naufragé, j'eus la compagnie et la table d'un évêque Arménien. Quant à mon compagnon, il me servait à table, et mangea avec l'équipage. Nous arrivâmes à Bombay en frimaire de l'an XI. Vérification faite de notre naufrage, le gouverneur m'accorda de quoi subsister avec aisance, quant à Gosset, mon prétendu domestique, il obtint un billet d'hôpital, ayant toujours les fièvres, suite de la maladie d'Anjouan... à Bombay j'apprens qu'un bâtiment Danois allait appareiller pour l'Europe, je me présente chez le capitaine comme capitaine moi-même... Touché, et après avoir examiné le procès-verbal de mon naufrage, il m'accorda le passage et sa table de Bombay au cap de Bonne-Espérance. Je laissai Gosset à l'hôpital. Je restai près d'un mois au cap, sans savoir comment gagner l'Europe... fin de février 1803 arrive un brick anglais, apportant l'ordre de remettre la place aux Hollandais, ce qui eut lieu. La flotte anglaise devant mettre à la voile dans les premiers jours de mars... j'eus le bonheur d'obtenir passage en Europe avec table des officiers (nous étions alors en paix), nous mouillâmes devant Portsmouth le 27 mai, époque à laquelle MM. les Anglais me consti-

tuèrent prisonnier de guerre... Je passai cinq
mois dans cet état, dans cette petite ville, sous
parole d'honneur, et on me renvoya avec
cent treize autres prisonniers, avec promesse
de ne pas servir; nous débarquâmes à Morlaix
le 5 brumaire dernier. J'avais un passeport,
comme les autres pour Calais. Passant par
Paris en frimaire, je me présentai de suite à
M. Bertrand, lui remis les pièces... Nous eûmes
des entrevues... il m'accorda secours pécuniaires et, tacitement, ma liberté... Mon arrestation a eu lieu le 22 ventôse... — On doit
observer à S. E. le ministre de la police que par
décision de S. M. du 26 frimaire (an XII), Lefranc et Saulnois, déportés rentrés avec Vauversin, ont été envoyés en surveillance dans
l'Hérault, avec 40 fr. par mois jusqu'à ce qu'ils
aient formé un établissement. Ces décisions
motivées sur l'exposé des maux et dangers
éprouvés pendant la déportation. Vauversin est
revenu avec eux et a couru les mêmes dangers. — 4 thermidor an XII, à pol. gén., il demande sa liberté comme Lefranc et Saunois,
avec secours. « J'ai eu, Mgr, la douleur de voir
mourir la grande majorité de mes compagnons d'infortune, j'ai, pour me soustraire à
une mort certaine, erré de déserts en déserts
dans l'Afrique, et bravé mille dangers pour
revoir ma patrie heureuse et triomphante, mon
épouse chérie et trois enfants que j'adore. Ma
rentrée en France n'a point été clandestine, en
frimaire dernier j'arrivais à Paris, de suite, et
d'après le désir du chef de la première division
de la préfecture de police, M. Bertrand, je me
rendis près de lui, lui ai remis mes passeports,
la relation historique de mon voyage, avec
pièces à l'appui, dont quelques-unes en langue
arabe ont été traduites par M. de Sacy... M.

Bertrand m'accorda tacitement ma liberté jusqu'au moment de mon arrestation le 22 ventôse... N'ayant point été interrogé depuis bientôt cinq mois... je désirerais être entendu... je voudrais que la relation historique de notre voyage... aventures plus que romanesques, etc., qui sont entre les mains de M. Bertrand, fussent à votre ministère. — 30 thermidor an XII, M. le préfet de police propose de le renvoyer à Lyon, où il pourra travailler de sa profession de bijoutier. Adopté. — 3 fructid. an XII, à min. pol. Grâce à votre bonté je suis libre, je reçois un passeport pour Lyon. Il demande des secours, n'a ni linge, ni vêtement, ni chaussure, il demande un délai de dix jours au lieu de trois pour partir. « Lorsque les nommés Lefranc et Saunois furent exilés, ils reçurent les secours que je sollicite. » — A Desmarets... Je demande à servir le gouvernement soit à l'armée d'Angleterre (je parle un peu anglais), à Paris, dans les départements ou à l'étranger, fut-ce enfin au bout de la terre... que je sache enfin si, plus malheureux que Lefranc et Saunois, je doive périr de misère et proscrit... mes trois enfants et mon épouse manquent jusqu'aux premiers aliments... des larmes coulent le long de ma plume en vous peignant ma triste situation.

LA VENDÉE (femme), p. 14. — « Très liée avec les anarchistes, s'est cachée et n'a pu être arrêtée. » (Note de police, germinal an IX.) — V. *femmes détenues*.

VERPAUX (Barthélemy-Augustin), p. 14. — 21 nivôse an IX, extrait de la maison de Pélagie et envoyé en surveillance à Beaune (Côte-d'Or).

VERRIER, ex-employé au ministère de la police, p. 14.

VILAIN-D'AUBIGNY ou DAUBIGNY (Jean-Louis-Marie), né à Nesle (Somme), homme de loi, adjoint au ministère de la guerre, 51 ans en l'an XII. Pp. 4, 16, 175, 196, 199, 209. — V. *les Biographes.* — 14 nivôse an IX, envoie un mémoire discutant le rapport de l'agent qui dit l'avoir entendu le soir du 3 nivôse, vers six heures, se promenant rue Notre-Dame-des-Champs avec Pijot, Millières, Roux et Labarre, dire « qu'ils attendaient une grande nouvelle. » Daubigny déclare qu'au contraire il était allé entendre l'*oratorio,* qu'il vit arriver le 1er consul, qu'à dix heures il rencontra Bernadotte, le salua et rentra chez lui. Tel est l'emploi de son temps. Il ne connaît aucun de ses co-accusés, si ce n'est le c. Lacombe, inspecteur de l'habillement, auquel il n'a parlé que trois mois avant maison Joseph, pour objet d'administration. Jamais pendant la Révolution il n'a fait verser une seule larme, fait répandre une goutte de sang. « Si vous jugez, citoyen ministre... que mes mains innocentes doivent porter de nouveaux fers (elles en ont porté déjà 25 mois dans la Révolution), indiqués-moi la maison de détention que vous jugerez à propos, *et je m'y rends sur-le-champ.* » Sur le 1er consul : « Ils savent que si on ne me voit pas au nombre de ceux qui le flagornent, on me trouvera encore moins parmi ceux qui voudraient le trahir ou le tromper. » — La femme Daubigny, 821, faubourg Honoré, rue de la Pépinière, écrit au 1er consul une lettre renvoyée au min. pol. le 26 thermidor an X. Son mari arrêté le 8 de ce mois, conduit à Sainte-Pélagie et envoyé le lendemain à l'île d'Oléron, « il est resté tranquille sans sortir un seul jour, sous la surveillance de la police, et bénissant un gouvernement qui ne respire

que la paix et le bonheur des citoyens. »
Fanny Compan, femme Daubigny, même mois,
même année, envoie « les gémissements d'une
mère et d'une épouse, » demande pour son
mari « un passeport qui lui permette de se
rendre librement en Hollande et d'être à même
de secourir sa femme, ses enfants, son père,
sa mère, etc., qui ne subsistent que par les
services de l'amitié. » Après la déportation de
son mari, elle demande au 1er consul « les
moyens d'exister et de pourvoir à l'éducation
de ses enfants. » Avant la Révolution, son
mari jurisconsulte avait un cabinet qui le mettait à même de pourvoir à l'existence de sa
famille. — Au moment de son embarquement
pour la Guyane, cette note est à son dossier :
« La place qu'il a occupée, et le genre d'affaires qu'il suivait précédemment et depuis,
doivent le rendre propre à être employé utilement. » — 14 fructidor an XII, Victor Hugues
annonce le décès à Cayenne de Vilain-Daubigny. — Mar. à Mme Daubigny, 10 janvier 1809.
Le ministre me charge de vous transmettre ici
le bref état de la succession de votre mari,
que M. le commissaire de l'empereur dans la
Guyane française vient de faire parvenir à
S. E., vous pourrez charger une personne de
confiance de votre procuration, à l'effet de retirer le reliqua de cette succession qui se monte
à mille quarante-un francs quinze centimes.

VILNER (André), p. 14.

VINGTERGNIER (Jean-Baptiste), 42 ans en
l'an XII, né à Rheims, adjudant général réformé, pp. 209, 243, 247, 248, 257, 260, 323. Les
notes de police disent : « Son exagération et
ses déclamations contre le gouvernement ont
motivé son arrestation. Immoral, sans instruction. Arrêté à Rheims et conduit de cette

ville à Oléron. Propos injurieux contre le premier consul, clameurs séditieuses au spectacle. » — Est à l'île de Ré en l'an XI. — Rentré en France, après la capitulation de Cayenne, Vingtergnier adresse à Desmarets une supplique, il lui transmet des notes pour sa justification, etc. — Une note dit : «On peut lui permettre de venir à Paris. » — Paris, 13 octobre 1809 : A min. d'Etat, comte de Cessac. Convaincu que je suis de votre équité, et de cette candeur militaire qui vous caractérise particulièrement, je sollicite de V. E , monseigneur, d'être entendu dans l'affaire de la reddition de Cayenne. Je croirais mon silence coupable si je me taisais en ce moment, car, monseigneur, les exemples de grandeur d'âme et de générosité que vous nous donnez chaque jour seraient en quelque sorte dépréciés si nous oublions le précepte : *quid quid principes faciunt præcipere videntur*. J'ai pensé que mon témoignage serait d'autant plus utile, qu'ayant concouru à la défense de cette place sous les ordres de M. V. Hugues, y étant interné, par mon affection envers le gouvernement et pour l'honneur national, on ne peut regarder mes déclarations comme dictées par la passion ou par l'intérêt. J'ai l'honneur, etc. L'ancien adjudant général : Vingtergnier, rue Saint-Eloy, n° 2, proche le Palais de Justice. — 14 octobre 1809, le min. d'Etat à M. Vingtergnier. J'ai l'honneur de vous prévenir, monsieur, que le conseil d'enquête, chargé de connaître les causes et circonstances de la reddition de Cayenne et que je préside, se réunira mercredi prochain à l'hôtel de la Direction générale des revues et de la conscription militaire, à deux heures après midi. Le conseil recevra les renseignements que vous voulez bien lui offrir dans votre lettre du 13 de ce mois. Vous voudrez bien vous présenter dans le lieu de ses séances, à deux heures et demie, le jour indiqué. — On trouve au dossier un long mémoire apologétique de la conduite de V. Hugues, intitulé : Précis de ce qui a précédé la reddition de Cayenne, et motifs qui l'ont déterminée, par Vingtergnier, ancien adjudant général, 17 octobre 1809. Ce mémoire figure parmi les pièces remises à la commission d'enquête le 18 octobre, en voici un passage : « Je n'ai pas l'immodestie de vouloir fixer l'opinion de la commission par ce précis ; je dirai seulement, et de bonne foi, c'est un témoignage libre de ma conscience que je dois au supérieur sous la discipline duquel j'étais, et quoique je n'aie eu que fort peu accès auprès de sa personne, excepté depuis l'attaque de la colonie, je me suis vu engagé envers lui comme envers un patron, un chef enfin... » — Je certifie que... Vingtergnier... bonne conduite, qu'au moment de l'attaque de cette colonie, il s'est réuni aux hommes du gouvernement et a concouru à sa défense, qu'il a préféré abandonner ses intérêts et sa propriété plutôt que de se soumettre au joug ennemi. Qu'il est à ma connaissance qu'il lui a été fait des offres par les ennemis et les habitans de Cayenne auxquelles il a résisté hautement et publiquement, ce qui me décida à le faire passer sur le même parlementaire qui m'a ramené en France avec l'état-major... Fait à Cayenne, 10 février 1809. V. Hugues. » — Ce qui suit paraît être une dénonciation fournie à la police par un individu de Cayenne, la pièce est remise (à la commission d'enquête?) « par M. le général Hullin, le 25 octobre » : M. Vingtergnier, adjudant général, fut déporté à

Cayenne par ordre de l'empereur alors premier consul; on croit que ce fut pour avoir trempé dans la conspiration de la machine infernale; il arriva dans la colonie avec Sabatier, Vatard, rédacteur du *Journal des Hommes libres* et Destrem. Vintergnier a été considéré à Cayenne comme un homme crapuleux, sans mœurs, sans principes, intrigant et ivrogne; l'opinion générale était qu'il avait été chassé de France pour inconduite, et tous les honnêtes gens fuyaient sa société. On croit aussi que l'ancien gouvernement l'a quelquefois employé comme espion, il ne manque pas de talens et a assez de souplesse dans le caractère pour jouer ce rôle. Avec de l'argent on en fait tout ce qu'on veut, en un mot, c'est un homme méprisable. Vers la dernière année de son séjour à Cayenne, il se livrait moins à la boisson, il avait même cherché à se rendre utile par ses talens; il exerçait dans la colonie les métiers de tapissier, peintre décorateur, sans rétribution exigée; on lui faisait des cadeaux; il était toujours chez V. Hugues et il est revenu en France sur le même vaisseau que lui, les motifs de sa déportation à Cayenne doivent se trouver dans les bureaux de la police générale de l'empire. — 25 octobre 1809. « Note envoyée à M. Veyrat... Le sieur Vingtergnier a été, en vertu d'un ordre de Sa Majesté adressé directement à M. le premier inspecteur général de la gendarmerie, arrêté à Rheims et conduit de cette ville à Oléron dans le mois de thermidor an X. Les motifs de cette mesure sont «propos injurieux contre le premier consul, clameurs séditieuses au spectacle. »... « Revenu en France au mois de juin dernier sur le parlementaire qui a ramené la garnison de Cayenne, il a été retenu d'abord en surveillance à Morlaix. De cet endroit il a demandé à reprendre du service dans l'armée. M. le général Victor Hugues ayant été consulté, a rendu un compte très favorable de la conduite de cet individu... M. le délégué de Morlaix a, en conséquence, été autorisé à lui délivrer le passeport qu'il demandait pour Paris à l'effet de solliciter sa réintégration, mais sa surveillance a été continuée et doit être suivie avec beaucoup de soin. » — 20 décembre 1809. Vingtergnier à pol. gén. « Le sacrifice que j'ai fait à l'honneur du nom français me met dans la nécessité de servir, mon exil à Cayenne semble être dans les bureaux de la guerre un obstacle à ma réintégration parce qu'on en croit la cause déshonorante... vous pouvez... vaincre cet obstacle et faire le bonheur d'un officier dont tous les crimes ont été l'amour de son pays et un désintéressement sans bornes... Si j'ai servi avec fidélité pendant 27 ans et le roi et la patrie, à combien plus forte raison servirai-je honorablement celui qui fait la gloire du nom français.»

VITRA (Agricole-Louis), 36 ans en l'an IX, né à Avignon (Vaucluse), mercier pour les cordonniers, marchand de crépins, demeurant à Paris rue Neuve Guillemain, n° 416. Pp. 18, 20, 57, 150, 304. — « Cordonnier pour femmes, père de famille, faubourg Saint-Germain, âgé de 48 ans, physique faible, mauvaise vue, caractère assez doux, reste chez le c. Gilles-Marche-à-terre. » (Note de l'administration des Seychelles.) — Etait encore aux Seychelles en 1808. — 1809, 15 juin, est à l'Ile-de-France, où il exerce l'état de cordonnier.

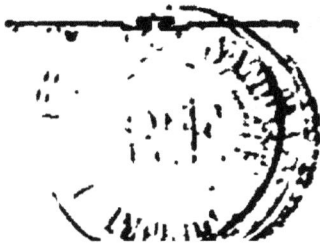

ERRATA

—

ANDRÉ, ajouter p. 415.
ANTONELLE, ajouter p. 429.
BERNE, p. 283 au lieu de p. 282.
CARDINAUX, ajouter p. 463.
CHRÉTIEN, ajouter p. 479.
CORCHAND, ajouter p. 516.
DELAPORTE, ajouter p. 516.
DESFORGES, ajouter p. 463.
DESTREM, ajouter pp. 458, 523.
ETIENNE, ajouter p. 489.
FERNANDO, ajouter p. 489.
FERRAGUS, ajouter p. 507.
GOSSET (Les frères) ajouter p. 516.
JOLICŒUR, ajouter p. 489.
JOURDEUIL, ajouter p. 494.
JUMILLARD, ajouter p. 463.
LAIGNELOT, ajouter p. 495.
LEFRANC, ajouter pp. 517, 518.

Cet ouvrage était déjà imprimé, lorsque j'ai appris que : Bertin (Louis-François), dit Bertin l'aîné, l'un des premiers directeurs du *Journal des Débats*, né à Paris, demeurant rue du Cloître-Saint-Germain-l'Auxerrois, 35, fut, en 1801, déporté à l'île d'Elbe. (V. sur ce personnage et sa déportation le travail de M. Forneron, dans le *Journal des Débats* des 25 et 26

avril 1885 : *La police de Napoléon Ier et les direc-*
teurs du Journal des Débats.)

P. 294, *ajouter à la note au bas de la page :* Ce
travail fait connaître les noms des déportés
italiens. Consulter aussi sur le prêtre Hochard,
déporté de la Guyane en France sous le Consulat, notre travail : « *Note sur la politique reli-*
gieuse de Bonaparte dans la Guyane. » (Revue
historique, mars-avril 1879.)

Paris. — Imp. Balitout et Ce, 7, rue Baillif.

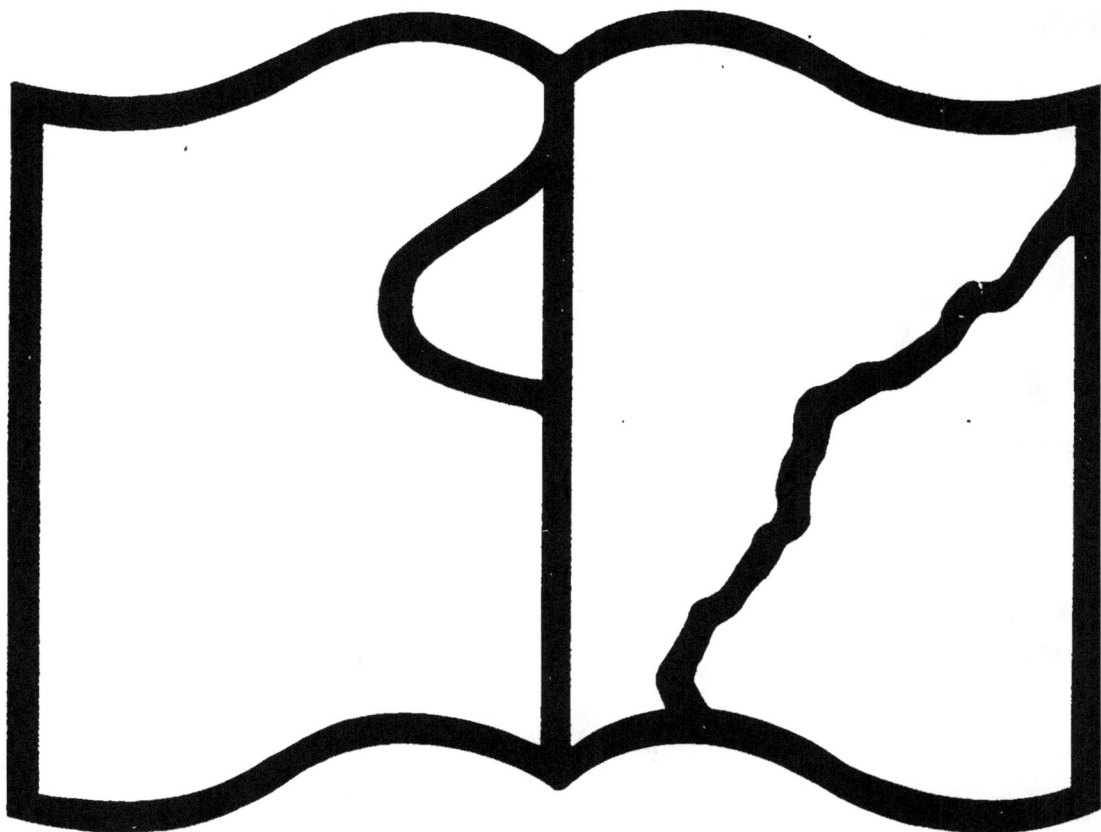

Texte détérioré — reliure défectueuse

NF Z 43-120-11